올패스 *All Pass*

9급 고용노동직류
노동법개론

SD에듀
(주)시대고시기획

Always **with you**

사람이 길에서 우연하게 만나거나 함께 살아가는 것만이 인연은 아니라고 생각합니다.
책을 펴내는 출판사와 그 책을 읽는 독자의 만남도 소중한 인연입니다.
SD에듀는 항상 독자의 마음을 헤아리기 위해 노력하고 있습니다.
늘 독자와 함께하겠습니다.

머리말 | P R E F A C E

고용노동직렬의 인기는 계속될 것이다.

이 책은 고용노동행정의 전문성 강화를 위하여 2018년 공개경쟁채용시험에서 처음으로 도입한 고용노동행정직 및 직업상담직 시험에 대비하기 위한 도서입니다. 시험을 준비하는 분들이 노동법개론에 대한 기본적인 이론들을 쉽게 이해할 수 있도록 적은 시간 내에 꼭 필요한 내용을 확인하여 기본 이론서 역할을 할 수 있도록 쓰려고 노력하였습니다.

고용노동 분야는 타 직렬에 비해 상당히 많은 인원을 선발하였으며 고용노동부에 따르면 '매년 고용노동 분야 공채 인력을 지속적으로 선발함과 동시에 직무교육시스템 개선 등을 통한 전문성 확보로 국민들이 체감할 수 있는 현장 중심의 고용노동행정서비스 체계를 구축해 나갈 것'이라 하여 앞으로도 전망이 상당히 밝을 것이라 예상됩니다.

도서의 특징은 다음과 같습니다.

첫 째 2019 ~ 2022년 공개경쟁채용시험 기출문제 및 해설을 수록하였습니다.

실제로 어떤 유형으로 출제가 되는지 및 어느 정도의 난이도인지 기출문제를 통해 눈으로 직접 확인할 수 있으며 이를 통해 어느 부분을 어느 정도까지 상세히 학습해야 하는지 등에 대한 기준을 정할 수 있습니다. 또한 상세한 해설을 통해 문제를 습득하는 것에 더욱 도움이 될 수 있을 것입니다.

둘 째 학습에 용이하도록 주제별 이론과 공인노무사 기출문제를 선별하여 배치하였습니다.

국가공무원 9급의 출제범위에 따라 노동법Ⅰ, 노동법Ⅱ편으로 구성하였습니다. 기출문제의 경우에는 주제별로 문제를 배치하여 단순히 문제를 풀어보는 것만으로도 이론 부분에서의 학습내용이 보다 쉽게 떠오를 수 있도록 하였습니다. 오답의 경우에도 왜 틀린 답인지에 대한 해설 역시 최대한 수록하여 보다 상세한 학습이 가능합니다.

어느 정도 공부가 되어있는 수험생이라면 핵심내용과 관련 기출문제를 확인하는 마무리 교재로 활용할 수 있다고 생각합니다. 관련 문제를 더 풀어보고자 하는 분들은 노동법 관련 기출문제집, 예컨대 공인노무사 시험 기출문제 등을 풀어봄으로써 실력을 더욱 향상시킬 수 있을 것으로 보입니다.

노동존중 사회구현 및 양질의 일자리 창출을 지원한다는 국정과제로 인하여 고용노동 분야는 규모도 크고 전문화된 공개경쟁채용시험이 이루어지기에 이 책을 통해 체계적으로 공부한다면 앞으로의 시험에서 좋은 결과를 얻을 수 있으리라 생각합니다.

편저자 씀

시험안내

고용노동직류란?

- 고용노동부가 노동존중 사회구현 및 양질의 일자리 창출을 지원하는 것을 목적으로 고용노동행정의 전문성 강화를 위해 2018년도 공개경쟁채용시험부터 공채 선발을 진행하는 직류를 의미한다.
- 고용노동직류는 노동법 과목이 포함되어 전문성은 강화되지만 행정직렬에 포함된 직류로 인력의 운용은 일반 행정직류와 동일하게 진행된다.
- 행정직렬 : 일반 행정직류, 고용노동직류, 교육행정직류, 선거행정직류 등

▌ 선발 예정인원 ▌ (2022년 기준)

- 일반 : 469명
- 장애인 : 40명
- 저소득 : 16명

▌ 시험과목 ▌

구 분	시험과목
필수과목	국어, 영어, 한국사, 노동법개론, 행정법총론

※ 9급 공개경쟁채용시험의 경우 전 과목이 필수화됨에 따라, 선택과목 및 조정(표준)점수 제도는 폐지되었습니다.
※ 노동법개론은 근로기준법, 최저임금법, 노동조합 및 노동관계조정법에서 하위법령을 포함하여 출제됩니다.

▌ 가산점 ▌

응시자가 변호사, 공인노무사, 직업상담사 1급, 직업상담사 2급을 소지하고 있을 경우, 각 과목 만점의 40% 이상 득점한 사람에 한하여 각 과목별 득점에 각 과목별 만점의 5%에 해당하는 점수를 가산합니다.

┃ 시험일정 ┃ (2022년 기준)

원서접수	필기시험			면접시험	
	시험장소 공고일	시험일	합격자 발표	시험일	합격자 발표
2.10~2.12	3.25	4.2	5.11	6.11~6.17	7.6

┃ 고용노동직류 필기 합격선 ┃

❶ 연도별 응시인원 및 합격선

모집단위	2022년			2021년	2020년	2019년
	선발인원(명)	응시자(명)	경쟁률	합격선(점)	합격선(점)	합격선(점)
행정 (고용노동 ; 일반)	469	2,887	6.1	387.34	386.22	388.88
행정 (고용노동 ; 저소득)	16	52	3.2	344.85	320.38	350.86
행정 (고용노동 ; 장애인)	40	74	1.9	216.19	252.58	271.76
소 계	525	3,013	-	-	-	-

❷ 최근 모집단위별 필기 합격선

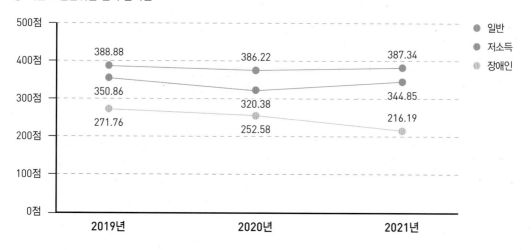

이 책의 구성과 특징

최신 기출문제

2019~2022년에 시행된 최신 기출문제를 수록하였습니다. 각 문제에는 자세한 해설이 추가되어 핵심이론만으로는 부족했던 내용을 보충학습하고 최근 출제경향까지 파악할 수 있습니다.

2022년 국가공무원 9급 노동법개론(가책형)

01 최저임금법령상 수습 중에 있는 근로자(단순 노무업무로 고용노동부장관이 정하여 고시한 직종에 종사하는 근로자는 제외)에 대한 최저임금액의 내용이다. (가)~(다)에 들어갈 내용을 바르게 연결한 것은?

(가)년 이상의 기간을 정하여 근로계약을 체결하고 수습 중에 있는 근로자로서 수습을 시작한 날부터 (나)개월 이내인 사람에 대하여는 시간급 최저임금액에서 100분의 (다)을/를 뺀 금액을 그 근로자의 시간급 최저임금액으로 한다.

	(가)	(나)	(다)
①	1	2	5
②	1	3	10
③	2	3	5
④	2	3	10

해설
수습 중에 있는 근로자에 대한 최저임금액(최저임금법 시행령 제3조)
1년 이상의 기간을 정하여 근로계약을 체결하고 수습 중에 있는 근로자로서 수습을 시작한 날부터 3개월 이내인 사람에 대해서는 시간급 최저임금액(최저임금으로 정한 금액을 말함)에서 100분의 10을 뺀 금액을 그 근로자의 시간급 최저임금액으로 한다.

정답 01 ②   2022년 국가공무원 9급 노동법개론(가책형)

CHAPTER 01 총 설

제1절 노동법의 개념

1 규율대상을 형식적으로 파악하는 입장
근로관계와 노사관계를 규율하는 법규의 총체

2 노동법의 이념을 중시하는 입장
근로자의 생존확보를 목적으로 하는 법

3 노동의 종속성을 중심으로 파악하는 입장
사용자의 지휘명령 아래에서 근로자가 노동력을 제공하는 종속노동관계를 규율하는 법
① 인격적 종속설 : 신체, 인격과 분리할 수 없는 노동을 제공함으로써
② 경제적 종속설 : 생산수단을 갖어야 하는 경제적 지위로부터
③ 법적 종속설 : 근로계약을 통해서
④ 조직적 종속설 : 사용자의 경영에 편입함에 의해
⑤ 타인결정설 : 사용자의 지시에 따라 노동의 내용이 결정된다.

4 판 례
'근로기준법상의 근로자에 해당하는지 여부는 계약의 형식이 고용계약인지 또는 도급계약인지보다 그 실질에 있어 근로자가 사업 또는 사업장에 임금을 목적으로 종속적인 관계에서 사용자에게 근로를 제공하였는지 여부에 따라 판단하여야 하고, 여기에서 종속적인 관계가 있는지 여부는 업무 내용을 사용자가 정하고 취업규칙 또는 복무(인사)규정 등의 적용을 받으며 업무수행과정에서 사용자가 상당한 지휘・감독을 하는지, 사용자가 근무시간과 근무장소를 지정하고 근로자가 이에 구속을 받는지, 노무 제공자가 스스로 비품・원자재나 작업도구 등을 소유하거나 제3자를 고용하여 업무를 대행케 하는 등 독립하여 자신의 계산으로 사업을 영위할 수 있는지, 노무 제공을 통한 이윤의 창출과 손실의 초래 등 위험을 스스로 안고 있는지, 보수의 성격이 근로 자체의 대상적 성격인지, 기본급이나 고정급이 정하여졌는지 및 근로소득세의 원천징수 여부 등 보수에 관한 사항, 근로제공관계의 계속성과 사용자에 대한 전속성의 유무와 그 정도, 사회보장제도에 관한 법령에서 근로자로서의 지위를 인정받는지

CHAPTER 01 | 총 설 3

핵심이론

국가공무원 9급 공채 노동법개론 기출문제를 분석하여 시험에 반드시 출제되는 핵심이론을 수록하였습니다. 또한 본문 중간중간에 표와 핵심 법조항을 수록함으로써 수험생들의 학습 이해도를 높이고자 하였습니다.

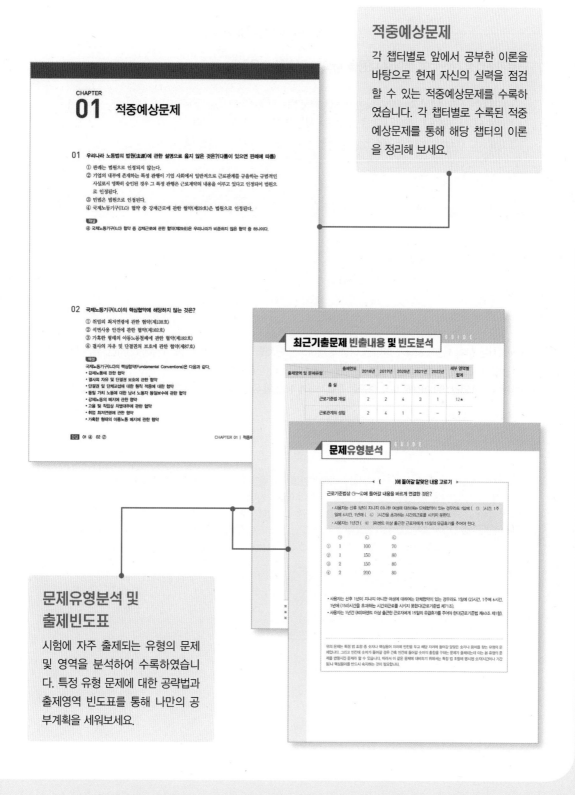

적중예상문제

각 챕터별로 앞에서 공부한 이론을 바탕으로 현재 자신의 실력을 점검할 수 있는 적중예상문제를 수록하였습니다. 각 챕터별로 수록된 적중예상문제를 통해 해당 챕터의 이론을 정리해 보세요.

문제유형분석 및 출제빈도표

시험에 자주 출제되는 유형의 문제 및 영역을 분석하여 수록하였습니다. 특정 유형 문제에 대한 공략법과 출제영역 빈도표를 통해 나만의 공부계획을 세워보세요.

문제유형분석

◀ (   )에 들어갈 알맞은 내용 고르기 ▶

근로기준법상 ㉠~㉢에 들어갈 내용을 바르게 연결한 것은?

- 사용자는 산후 1년이 지나지 아니한 여성에 대하여는 단체협약이 있는 경우라도 1일에 (㉠)시간, 1주일에 6시간, 1년에 (㉡)시간을 초과하는 시간외근로를 시키지 못한다.
- 사용자는 1년간 (㉢)퍼센트 이상 출근한 근로자에게 15일의 유급휴가를 주어야 한다.

	㉠	㉡	㉢
①	1	100	70
②	1	150	80
③	2	150	80
④	2	200	80

- 사용자는 산후 1년이 지나지 아니한 여성에 대하여는 단체협약이 있는 경우라도 1일에 (2)시간, 1주에 6시간, 1년에 (150)시간을 초과하는 시간외근로를 시키지 못한다(근로기준법 제71조).
- 사용자는 1년간 (80)퍼센트 이상 출근한 근로자에게 15일의 유급휴가를 주어야 한다(근로기준법 제60조 제1항).

위의 문제는 특정 법 조항 중 숫자나 핵심용어 자리에 빈칸을 두고 해당 자리에 들어갈 알맞은 숫자나 용어를 찾는 유형의 문제입니다. 그리고 빈칸에 숫자가 들어갈 경우 간혹 빈칸에 들어갈 숫자의 총합을 구하는 문제가 출제되는데 이는 본 유형의 문제를 변형시킨 문제라 할 수 있습니다. 따라서 이 같은 문제에 대비하기 위해서는 특정 법 조항에 명시된 숫자(시간이나 기간 등)나 핵심용어를 반드시 숙지하는 것이 필요합니다.

◀ 비슷하거나 같은 성격의 보기 고르기 ▶

근로기준법령상 상시 4명 이하의 근로자를 사용하는 사업장에 적용되는 것만을 모두 고른 것은?

ㄱ. 법령 요지 등의 게시(근로기준법 제14조)　　　ㄴ. 근로조건의 명시(근로기준법 제17조)

ㄷ. 휴업수당(근로기준법 제46조)　　　　　　　　ㄹ. 휴일(근로기준법 제55조)

① ㄱ, ㄴ　　　　　② ㄱ, ㄷ　　　　　③ ㄴ, ㄷ　　　　　④ ㄴ, ㄹ

근로기준법 시행령 별표 1
상시 4명 이하의 근로자를 사용하는 사업 또는 사업장에 적용하는 법 규정(제7조 관련)

구 분	적용 법 규정
제1장 총칙	제1조부터 제13조까지의 규정
제2장 근로계약	제15조, 제17조, 제18조, 제19조 제1항, 제20조부터 제22조까지의 규정, 제23조 제2항, 제26조, 제36조부터 제42조까지의 규정
제3장 임금	제43조부터 제45조까지의 규정, 제47조부터 제49조까지의 규정
제4장 근로시간과 휴식	제54조, 제55조 제1항, 제63조
제5장 여성과 소년	제64조, 제65조 제1항 · 제3항(임산부와 18세 미만인 자로 한정한다), 제66조부터 제69조까지의 규정, 제70조 제2항 · 제3항, 제71조, 제72조, 제74조
제6장 안전과 보건	제76조
제8장 재해보상	제78조부터 제92조까지의 규정
제11장 근로감독관 등	제101조부터 제106조까지의 규정
제12장 벌칙	제107조부터 제116조까지의 규정(제1장부터 제6장까지, 제8장, 제11장의 규정 중 상시 4명 이하 근로자를 사용하는 사업 또는 사업장에 적용되는 규정을 위반한 경우로 한정한다)

위의 문제는 하나의 법령 속에 비슷하거나 같은 성격의 법 조항이 있는 경우 이를 찾는 유형의 문제입니다. 비슷하거나 같은 성격의 법 조항이라 하더라도 각 장 및 절별로 구분되어 있는 경우가 많습니다. 예를 들면 벌칙 중 같은 징역형이나 벌금형에 속하는 조항이라도 각 조항별로 속해 있는 장이나 절이 다를 수 있습니다. 따라서 이와 같은 문제에 대비하기 위해서는 법령을 전체적으로 파악하면서 특히 중요시 여겨지는 법 규정을 중심으로 비슷하거나 같은 성격의 법 조항을 묶어 공부하는 것도 하나의 방법이라 할 수 있습니다.

최근기출문제 빈출내용 및 빈도분석

출제영역 및 문제유형		출제연도 2018년	2019년	2020년	2021년	2022년	세부 영역별 합계
근로 기준법	총 설	–	–	–	–	–	–
	근로기준법 개설	2	2	4	3	1	12★
	근로관계의 성립	2	4	1	–	–	7
	임 금	1	–	–	3	2	6
	근로시간	1	2	4	1	2	10★
	휴게 · 휴일 · 휴가 및 여성과 연소근로자의 보호	2	1	2	3	2	10★
	취업규칙 및 기숙사	2	1	1	1	1	6
	근로관계의 변경	–	–	–	–	2	2
	근로관계의 종료	2	2	2	1	2	9★
최저임금법		3	2	1	3	3	12★
노동 조합법	총 설	1	–	–	–	–	1
	단결권	1	2	1	1	1	6
	단체교섭권	1	1	1	1	2	6
	단체행동권	–	1	1	1	1	4
	노동쟁의조정제도	1	1	1	1	–	4
	부당노동행위구제제도	1	1	1	1	1	5

※ ★은 특히 빈번히 출제된 영역
※ 위의 문제유형별 분류 및 빈도는 절대적인 기준에 의한 것이 아니므로 일부는 관점에 따라 다른 유형에 속할 수도 있습니다.
※ 위 표의 출제영역 중 '노동조합법'은 '노동조합 및 노동관계조정법'의 약칭입니다.

ID : dskldf＊＊＊

안녕하세요. 고용노동직류 9급 공무원에 합격한 직장인입니다.

무엇보다 향후 고용노동직류 공무원의 비중을 늘린다는 소식을 듣고 큰 맘 먹고 준비했습니다. 공부기간은 대략 1년 정도였고요. 낮에는 직장에 다니다 보니 일을 하고 밤에 주로 공부하였습니다. 어떻게 보면 주경야독한 셈이죠. 하지만 주말에는 하루 종일 도서관에서 공부하는 데 집중하였습니다. 따라서 주말에는 대략 6~8시간 정도 공부를 한 것 같아요. 물론 주말에 조금씩 쉬기도 했어요. 특히 저는 주중에 일을 하다 보니 몸과 마음이 빨리 지쳤습니다. 그래서 공부시작 후 최대한 마음을 편하게 먹고 열심히 공부를 하되 여유 있게 하였습니다. 또한 과거에 오랫동안 노무사 시험과 7급 시험을 준비한 적이 있었기 때문에 몇몇 겹치는 과목에 대해서는 많이 익숙했습니다.

본격적인 공부방법에 대해서는 우선 기본 강의와 복습, 기출문제를 번갈아 가며 진행했습니다. 주중에 인강으로 공부 후 복습하고 주말에는 주중에 공부한 내용에 대해 기출문제를 푸는 방식입니다. 이렇게 하면 암기를 하고 잊어버리더라도 주말에 기출문제를 풀면서 다시 복습할 기회가 생기기 때문에 암기와 관련해 큰 스트레스를 받을 일이 없습니다. 여러 합격수기에도 나와 있지만 저 또한 시험공부를 하는 데에 있어 가장 중요한 것이 기본 이론공부와 기출문제풀이 그리고 공부시간과 집중이라고 생각합니다. 만약 주말에 좀 쉬고 싶거나 늦게 일어났더라도 어떻게든 책을 손에서 놓지 마세요. 일단 공부하는 습관을 가지는 것이 중요합니다.

두서없이 쓰다 보니 글만 길어졌네요. 간략하게 핵심적인 내용만 정리하면 다음과 같습니다.

첫째, 우선 독학이든 인강이든 기본 이론은 두세 번 반복학습이 중요합니다. 복습은 말할 것도 없습니다.
둘째, 암기한 내용을 잊을 때쯤 기출문제를 통해 다시 상기시키는 것이 좋습니다. 이때는 항상 실전과 같이 문제를 푸세요.
셋째, 쉬는 날이라도 책을 손에서 놓지 마세요. 공부하는 습관을 들이는 것이 중요합니다.
끝으로 인강의 경우 처음 강사님을 선택할 땐 신중히 선택해야 하지만 일단 한번 선택을 했으면 끝까지 믿고 따라 가세요.

비록 아직까지도 제가 많이 부족하다는 걸 느끼고 앞으로도 계속 제 업무와 관련해 열심히 공부를 해야겠다는 다짐도 합니다. 하지만 모든 열정을 쏟아 지난 1년 동안 후회 없이 공부한 것을 생각하면 한편으로 제 자신이 대견스럽게도 느껴집니다. 지금 이 순간 내년 시험을 위해 열정을 쏟으시는 모든 분들도 내년 이맘때 후회 없이 홀가분한 마음으로 합격수기를 작성하시기를 바랍니다. 응원합니다!!!

이 책의 목차

CONTENTS

고용노동직류
노동법개론

PART 1

노동법 I

01 총 설

제 1절 노동법의 개념

1 규율대상을 형식적으로 파악하는 입장

근로관계와 노사관계를 규율하는 법규의 총체

2 노동법의 이념을 중시하는 입장

근로자의 생존확보를 목적으로 하는 법

3 노동의 종속성을 중심으로 파악하는 입장

사용자의 지휘명령 아래에서 근로자가 노동력을 제공하는 종속노동관계를 규율하는 법

① **인격적 종속설** : 신체, 인격과 분리할 수 없는 노동을 제공함으로써

② **경제적 종속설** : 생산수단을 팔아야 하는 경제적 지위로부터

③ **법적 종속설** : 근로계약을 통해서

④ **조직적 종속설** : 사용자의 경영에 편입함에 의해

⑤ **타인결정설** : 사용자의 지시에 따라 노동의 내용이 결정된다.

4 판 례

'근로기준법상의 근로자에 해당하는지 여부는 계약의 형식이 고용계약인지 또는 도급계약인지보다 그 실질에 있어 근로자가 사업 또는 사업장에 임금을 목적으로 종속적인 관계에서 사용자에게 근로를 제공하였는지 여부에 따라 판단하여야 하고, 여기에서 종속적인 관계가 있는지 여부는 업무 내용을 사용자가 정하고 취업규칙 또는 복무(인사)규정 등의 적용을 받으며 업무수행과정에서 사용자가 상당한 지휘·감독을 하는지, 사용자가 근무시간과 근무장소를 지정하고 근로자가 이에 구속을 받는지, 노무 제공자가 스스로 비품·원자재나 작업도구 등을 소유하거나 제3자를 고용하여 업무를 대행케 하는 등 독립하여 자신의 계산으로 사업을 영위할 수 있는지, 노무 제공을 통한 이윤의 창출과 손실의 초래 등 위험을 스스로 안고 있는지, 보수의 성격이 근로 자체의 대상적 성격인지, 기본급이나 고정급이 정하여졌는지 및 근로소득세의 원천징수 여부 등 보수에 관한 사항, 근로제공관계의 계속성과 사용자에 대한 전속성의 유무와 그 정도, 사회보장제도에 관한 법령에서 근로자로서의 지위를 인정받는지

등의 경제적·사회적 여러 조건을 종합하여 판단하여야 한다. 다만, 기본급이나 고정급이 정하여졌는지, 근로소득세를 원천징수하였는지, 사회보장제도에 관하여 근로자로 인정받는지 등의 사정은 사용자가 경제적으로 우월한 지위를 이용하여 임의로 정할 여지가 크기 때문에, 그러한 점들이 인정되지 않는다는 것만으로 근로자성을 쉽게 부정하여서는 안 된다(대판 2006.12.7, 2004다29736).

제 2 절 노동법의 특수성

1 공법과 사법의 교착

노동법은 시민법체계의 사법적 원리의 모순을 극복하기 위해 시민법 원리를 수정(부정한 것은 아님)한 것이다.

2 노동의 특수한 상품성

노동은 객관적으로 상품으로서 성질을 가지나 근로자의 인격과 주관적으로 깊이 관련되어 있어 다른 상품과는 다르다. 즉, 노동은 상품이 아니다.

3 집단자치성

노동법은 근로조건의 최저기준을 정해 근로관계에 개입은 하나 노동3권을 보장하여 노사대등을 통한 단체협약이라는 자율입법으로 노사관계를 규율한다.

제 3 절   노동법의 경향

1 노동관습에 기인하는 경향

2 발전적 · 진보적 경향

3 통일적 경향

ILO를 통한 국제적 통일

4 협력적 경향

노사협의제도에 의해 구현

5 ILO(국제노동기구)

(1) 성 립

① 1919년 베르사유평화조약 13편

② 제26차 총회 필라델피아 선언 → 제29차 총회에서 ILO 헌장과 부속서로 구성

(2) 목적(필라델피아 선언)

① 노동은 상품이 아니다.

② 사회의 지속적인 진보를 위해 표현 및 결사의 자유는 필수불가결하다.

③ 일부 계층의 빈곤은 전체의 번영에 위험하다.

④ 빈곤의 극복은 근로자대표 및 사용자대표가 정부대표와 동등한 지위에서 자유로운 토의 및 민주적 결정에 참가함으로써 수행하는 것이 필요하다.

(3) 가 입

국제연합(UN) 회원국은 신청만으로, 회원국이 아닌 경우에는 총회의 의결을 요한다.

(4) 발 전

창립 50주년에 노벨평화상 수상

CHAPTER 01 | 총 설 **5**

(5) 조 직

① 총회 : 정부대표 2인, 노사대표 각 1인

② 이사회 : 정책 및 사업에 관한 사항 토의·결정

③ 사무국 : 이사회에서 선출한 사무총장이 통합 관리

④ 지역의회 및 산업별 위원회

(6) 협약 및 권고

① 협약 : 출석 총회대표 3분의 2 이상이 동의·비준해야 법적 구속력을 가짐

② 권고 : 국가별 자유 채택

(7) 우리나라가 비준·공표하지 않은 ILO협약

① 결사의 자유 : 87호 결사의 자유 및 단결권 보호에 관한 협약

98호 단결권 및 단체교섭권의 원칙의 적용에 관한 협약

② 강제 노동 금지 : 29호 강제근로에 관한 협약

105호 강제근로의 폐지에 관한 협약

제 **4** 절 노동법의 법원

1 의 의

일반적으로 법의 존재 형식을 의미한다. 노동법의 법원에는 실정노동법, 노동관습법, 자치규범이 있다. 다만, 실정노동법, 노동관습법은 일반적·추상적인 객관적 법규범임에 반하여 자치규범은 노사당사자에게만 적용된다는 점에서 주관적 법규범이다. 따라서 자치규범은 법원의 개념을 주관적 재판규범으로 파악할 때에만 법원성이 인정된다.

2 법원의 종류

(1) 실정노동법

① 국내법 : 노동법의 법원으로서 가장 중요하며 헌법과 법률 그리고 시행령 등이 있다.

② 국제법 : ILO 협약 등 노동에 관한 국제협약은 헌법 제6조 제1항(헌법에 의하여 체결·공포된 조약과 일반적으로 승인된 국제법규는 국내법과 같은 효력을 가진다)에 의해 국내법과 동일한 효력을 갖는다(우리나라는 1991년 ILO 가입).

(2) 노동관습법

노동법은 그 특성상 관습기원의 성질을 갖기에 노동관행이나 관습이 성문법으로 제정되어 왔으며 노사관계에 대해서는 노동관습법이 보완 적용되어 왔다. 다만, 우리나라는 노사관계의 역사가 짧아 관습노동법의 비중은 낮다. 또한 노동법의 경우 관습법과 사실인 관습의 엄격한 구별은 요하지 않는다.

(3) 자치규범

① 단체협약

노동조합과 사용자가 단체교섭을 실시하고 그 결과 합의된 사항을 문서화한 것으로, 계약으로 보든 규범으로 보든 노사당사자를 구속하는 재판규범으로서의 법원성이 인정된다.

② 취업규칙

사업장에서 사용자가 근로자에게 적용하는 근로조건 및 복무규율 등에 관하여 일방적으로 작성한 것으로 대체로 법규범성을 인정한다. 다만, 그 근거에 대해서는 근로기준법 제96조, 제100조에서 법원성을 찾는 견해, 사실인 관습에서 법원성을 찾는 견해 등이 있다.

③ 조합규약

노동조합의 조직 및 활동, 운영에 관하여 조합원이 자율적으로 정한 기본규칙으로 조합 내 조합원을 구속하는 한도 내에서 법원성을 가진다.

④ 근로계약

통설은 법원성을 부정한다.

(4) 부정례

행정해석, 판례, 사용자의 지시는 법원성이 부정된다.

3 법원의 적용순서

법원이 충돌하는 경우 과연 어느 법원을 먼저 적용할 것인지의 문제이다.

① 일반원칙

⊙ 상위법 우선의 원칙

헌법 > 법률 > 명령 > 단체협약 > 취업규칙 > 근로계약

ⓒ 특별법 우선의 원칙

선원법 > 근로기준법, 사업장단위 단체협약 > 기업단위 단체협약

ⓒ 신법 우선의 원칙(신·구법의 적용범위가 동일한 경우)

적용범위가 같은 두 개의 단체협약이 있는 경우, 후에 성립된 신(新) 단체협약이 적용된다.

② 학설 및 판례

하위의 법원이 상위의 법원보다 근로자에게 유리한 내용을 규정하고 있을 때 하위의 법원이 효력을 발생하고 상위의 법원은 적용되지 않는다는 노동법 특유의 원칙이다. 상위의 법원이 최저기준을 정한 것이 명백한 경우 유리의 원칙이 적용되나, 법률상 명문의 규정이 없는 경우나 명확하지 않은 경우에도 인정할 것인가에 대해서는 견해가 대립한다.

판례는 '협약자치의 원칙상 노동조합은 사용자와 근로조건을 유리하게 변경하는 내용의 단체협약뿐만 아니라 근로조건을 불리하게 변경하는 내용의 단체협약을 체결할 수 있으므로, 근로조건을 불리하게 변경하는 내용의 단체협약이 현저히 합리성을 결하여 노동조합의 목적을 벗어난 것으로 볼 수 있는 경우와 같은 특별한 사정이 없는 한 그러한 노사 간의 합의를 무효라고 볼 수는 없다(대판 2007.12.14, 2007다18584)'라고 하였다. 또한 '단체협약의 개정에도 불구하고 종전의 단체협약과 동일한 내용의 취업규칙이 그대로 적용된다면 단체협약의 개정은 그 목적을 달성할 수 없으므로 개정된 단체협약에는 당연히 취업규칙상의 유리한 조건의 적용을 배제하고 개정된 단체협약이 우선적으로 적용된다는 내용의 합의가 포함된 것이라고 봄이 당사자의 의사에 합치한다(대판 2002.12.27, 2002두9063)'고 판시하였다.

01 우리나라 노동법의 법원(法源)에 관한 설명으로 옳지 않은 것은?(다툼이 있으면 판례에 따름)

① 판례는 법원으로 인정되지 않는다.
② 기업의 내부에 존재하는 특정 관행이 기업 사회에서 일반적으로 근로관계를 규율하는 규범적인 사실로서 명확히 승인된 경우 그 특정 관행은 근로계약의 내용을 이루고 있다고 인정되어 법원으로 인정된다.
③ 민법은 법원으로 인정된다.
④ 국제노동기구(ILO) 협약 중 강제근로에 관한 협약(제29호)은 법원으로 인정된다.

> **해설**
> ④ 국제노동기구(ILO) 협약 중 강제근로에 관한 협약(제29호)은 우리나라가 비준하지 않은 협약 중 하나이다.

02 국제노동기구(ILO)의 핵심협약에 해당하지 않는 것은?

① 취업의 최저연령에 관한 협약(제138호)
② 석면사용 안전에 관한 협약(제162호)
③ 가혹한 형태의 아동노동 폐지에 관한 협약(제182호)
④ 결사의 자유 및 단결권의 보호에 관한 협약(제87호)

> **해설**
> 국제노동기구(ILO)의 핵심협약(Fundamental Conventions)
> • 강제근로에 관한 협약
> • 결사의 자유 및 단결권 보호에 관한 협약
> • 단결권 및 단체교섭에 대한 원칙 적용에 대한 협약
> • 동일 가치 노동에 대한 남녀 노동자 동일보수에 관한 협약
> • 강제근로의 폐지에 관한 협약
> • 고용 및 직업상 차별대우에 관한 협약
> • 취업 최저연령에 관한 협약
> • 가혹한 형태의 아동노동 폐지에 관한 협약

03 헌법 제32조에 명시된 내용이 아닌 것은?

① 국가는 사회적·경제적 방법으로 근로자의 고용의 증진과 최저임금의 보장에 노력하여야 한다.
② 연소자의 근로는 특별한 보호를 받는다.
③ 근로조건의 기준은 인간의 존엄성을 보장하도록 법률로 정한다.
④ 국가는 근로의 의무의 내용과 조건을 민주주의원칙에 따라 법률로 정한다.

해설

헌법 제32조
- 모든 국민은 근로의 권리를 가진다. 국가는 사회적·경제적 방법으로 근로자의 고용의 증진과 적정임금의 보장에 노력하여야 하며, 법률이 정하는 바에 의하여 최저임금제를 시행하여야 한다.
- 모든 국민은 근로의 의무를 진다. 국가는 근로의 의무의 내용과 조건을 민주주의원칙에 따라 법률로 정한다.
- 근로조건의 기준은 인간의 존엄성을 보장하도록 법률로 정한다.
- 여자의 근로는 특별한 보호를 받으며, 고용·임금 및 근로조건에 있어서 부당한 차별을 받지 아니한다.
- 연소자의 근로는 특별한 보호를 받는다.
- 국가유공자·상이군경 및 전몰군경의 유가족은 법률이 정하는 바에 의하여 우선적으로 근로의 기회를 부여받는다.

04 노동관계법에 관한 헌법재판소의 결정으로 옳지 않은 것은?

① 헌법 제32조 제3항은 "근로조건의 기준은 인간의 존엄성을 보장하도록 법률로 정한다"라고 규정하고 있는 바, 인간의 존엄에 상응하는 근로조건의 기준이 무엇인지를 구체적으로 정하는 것은 일차적으로 입법자의 형성의 자유에 속한다.
② 근로자가 퇴직급여를 청구할 수 있는 권리도 헌법상 바로 도출되는 것이 아니라 근로자퇴직급여보장법 등 관련 법률이 구체적으로 정하는 바에 따라 비로소 인정될 수 있는 것이다.
③ 근로의 권리는 "일할 자리에 관한 권리"만이 아니라 "일할 환경에 관한 권리"도 함께 내포하고 있는 바, 후자는 생존권적 기본권의 성격을 갖고 있으므로 외국인 근로자에게는 근로의 권리에 관한 기본권 주체성이 인정되지 않는다.
④ 해고예고제도는 근로관계의 존속이라는 근로자보호의 본질적 부분과 관련되는 것이 아니므로, 해고예고제도를 둘 것인지 여부, 그 내용 등에 대해서는 상대적으로 넓은 입법 형성의 여지가 있다.

해설

③ 근로의 권리가 "일할 자리에 관한 권리"만이 아니라 "일할 환경에 관한 권리"도 함께 내포하고 있는 바, 후자는 인간의 존엄성에 대한 침해를 방어하기 위한 자유권적 기본권의 성격도 갖고 있어 건강한 작업환경, 일에 대한 정당한 보수, 합리적인 근로조건의 보장 등을 요구할 수 있는 권리 등을 포함한다고 할 것이므로 외국인 근로자라고 하여 이 부분에까지 기본권 주체성을 부인할 수는 없다. 즉, 근로의 권리의 구체적인 내용에 따라, 국가에 대하여 고용증진을 위한 사회적·경제적 정책을 요구할 수 있는 권리는 사회권적 기본권으로서 국민에 대하여만 인정해야 하지만, 자본주의 경제질서 하에서 근로자가 기본적 생활수단을 확보하고 인간의 존엄성을 보장받기 위하여 최소한의 근로조건을 요구할 수 있는 권리는 자유권적 기본권의 성격도 아울러 가지므로 이러한 경우 외국인 근로자에게도 그 기본권 주체성을 인정함이 타당하다(헌재 2007.8.30, 2004헌마670).

05 노동법의 법원(法源)에 관한 설명으로 옳지 않은 것은?(다툼이 있으면 판례에 따름)

① 해외연수 근로자가 퇴직할 당시 인사규정이 근로자에게 더 유리하게 개정되었다면 아직 면제기간이 진행 중이던 근로자의 해외연수비용 상환의무를 면제받는 의무복무기간은 개정된 인사규정에 소급적용을 배제하는 별도의 규정이 없는 한 유리하게 개정된 인사규정이 적용된다.
② 고용노동부장관은 법령이나 단체협약에 어긋나는 취업규칙의 변경을 명할 수 있다.
③ 근로기준법 시행령은 법률에 위임이 없다 하더라도 법률이 규정한 개인의 권리, 의무의 내용을 변경·보충하거나 새로운 내용을 규정할 수 있다.
④ 고용노동부의 업무지침이나 예규 등이 그 성질과 내용이 행정기관 내부의 사무처리지침에 불과한 경우에는 대외적인 구속력은 없다.

> **해설**
> ③ 법률의 시행령은 모법(母法)인 법률에 의하여 위임받은 사항이나 법률이 규정한 범위 내에서 법률을 현실적으로 집행하는데 필요한 세부적인 사항만을 규정할 수 있을 뿐, 법률에 의한 위임이 없는 한 법률이 규정한 개인의 권리·의무에 관한 내용을 변경·보충하거나 법률에 규정되지 아니한 새로운 내용을 규정할 수는 없다(대판 1990.09.28, 89누2493).

06 헌법 제32조에서 명시된 내용이 아닌 것은?

① 국가는 근로의 의무의 내용과 조건을 민주주의원칙에 따라 법률로 정한다.
② 장애인의 근로는 특별한 보호를 받는다.
③ 국가는 법률이 정하는 바에 의하여 최저임금제를 시행하여야 한다.
④ 국가는 사회적·경제적 방법으로 근로자의 고용의 증진과 적정임금의 보장에 노력하여야 한다.

> **해설**
> ② 헌법 제32조에는 장애인의 근로를 특별히 보호하는 규정은 명시되어 있지 않다.

07 국제노동기구(ILO) 협약 중 우리나라가 비준한 것을 모두 고른 것은?

> ㄱ. 강제근로에 관한 협약(제29호)
> ㄴ. 결사의 자유 및 단결권의 보호에 관한 협약(제87호)
> ㄷ. 동일 가치 노동에 대한 남녀근로자의 동일보수에 관한 협약(제100호)
> ㄹ. 고용 및 직업상 차별금지에 관한 협약(제111호)
> ㅁ. 취업의 최저연령에 관한 협약(제138호)

① ㄱ, ㄴ, ㄷ   ② ㄱ, ㄴ, ㅁ
③ ㄱ, ㄹ, ㅁ   ④ ㄷ, ㄹ, ㅁ

해설

우리나라는 국제노동기구의 기본협약 중 강제근로에 관한 협약(제29호) 및 강제근로 폐지에 관한 협약(제105호)과 결사의 자유 및 단결권의 보호에 관한 협약(제87호), 단결권 및 단체교섭권에 대한 원칙의 적용에 관한 협약(제98호)을 비준하지 않았고, 동일 가치 노동에 대한 남녀근로자의 동일보수에 관한 협약(제100호) 및 고용 및 직업상의 차별금지에 관한 협약(제111호)과 취업의 최저연령에 관한 협약(제138호) 및 가혹한 형태의 아동노동 폐지에 관한 협약(제182호)은 비준하였다.

08 국제노동기구(ILO)의 협약 중 우리나라가 비준·공포하지 않은 것은?

① 제29호 강제근로에 관한 협약
② 제100호 동일 가치 노동에 대한 남녀근로자의 동일보수에 관한 협약
③ 제111호 고용 및 직업상 차별금지에 관한 협약
④ 제138호 취업의 최저연령에 관한 협약

해설

우리나라는 국제노동기구의 기본협약 중 강제근로에 관한 협약(제29호) 및 강제근로 폐지에 관한 협약(제105호)과 결사의 자유 및 단결권의 보호에 관한 협약(제87호), 단결권 및 단체교섭권에 대한 원칙의 적용에 관한 협약(제98호)을 비준하지 않았다.

CHAPTER 02 근로기준법 개설

1 개 념

(1) 자유권적 측면

개인이 근로를 행함에 있어서 국가 또는 타인의 방해를 받지 아니하고 자유로이 근로를 하거나 하지 아니할 수 있는 권리를 말한다.

(2) 생존권적 측면

근로의 의사와 능력이 있는 개인이 국가에 대해 근로기회의 제공을 요구하고 국가가 근로기회를 제공하지 못한 경우에는 이에 대신하여 생활비의 지급을 요청할 수 있는 권리를 말한다.

2 법적 성질

(1) 자유권설

개인이 근로의 기회를 얻음에 있어서 국가 또는 타인이 이를 침해하지 못하며 개인이 근로의 여부, 종류, 내용 및 장소를 자유로이 선택할 수 있는 권리를 말한다.

(2) 생존권설

국가의 책임하에 근로기회의 보장을 요구할 수 있는 권리를 말한다.

① 추상적 권리설

국가가 근로의 권리를 보장하기 위하여 구체적인 법령을 제정하는 경우에만 법률에 근거하여 근로의 권리를 요구할 수 있는 권리로 파악하며, 헌법상 근로의 권리는 이러한 법률 제정 및 해석의 지침이 된다.

② 구체적 권리설

근로의 권리의 실현을 위한 구체적인 입법이 없는 경우에도 입법부작위에 대한 위헌소송을 제기하는 등 국민이 국가에 대해 구체적으로 근로를 요구할 수 있는 성질의 권리라고 한다.

③ 검 토

근로의 권리는 자유권적 성격과 생존권적 성격을 동시에 갖는다고 본다. 또한 근로의 권리는 그 자체가 구체적 권리가 아니라 입법에 의해 그 내용이 구체화되어야 하는 추상적 권리이다.

3 주 체

(1) 견 해

근로자에 한정하는 견해가 있으나 모든 국민이 근로의 권리의 주체가 된다고 본다. 헌법 제32조는 모든 국민은 근로의 권리를 가진다고 규정하고 있다.

(2) 외국인과 법인의 주체성

근로의 권리는 국민의 권리이고 자연인의 권리이므로 외국인과 법인은 근로의 권리의 주체가 될 수 없다.

4 내 용

> **헌법 제32조**
> ① 모든 국민은 근로의 권리를 가진다. 국가는 사회적·경제적 방법으로 근로자의 고용의 증진과 적정임금의 보장에 노력하여야 하며, 법률이 정하는 바에 의하여 최저임금제를 시행하여야 한다.
> ② 모든 국민은 근로의 의무를 진다. 국가는 근로의 의무의 내용과 조건을 민주주의원칙에 따라 법률로 정한다.
> ③ 근로조건의 기준은 인간의 존엄성을 보장하도록 법률로 정한다.
> ④ 여자의 근로는 특별한 보호를 받으며, 고용·임금 및 근로조건에 있어서 부당한 차별을 받지 아니한다.
> ⑤ 연소자의 근로는 특별한 보호를 받는다.
> ⑥ 국가유공자·상이군경 및 전몰군경의 유가족은 법률이 정하는 바에 의하여 우선적으로 근로의 기회를 부여받는다.

① **본원적 내용**
    ㉠ 근로기회제공청구권
        근로의 의사와 능력이 있는 자는 누구든지 국가에 대하여 근로의 기회를 청구할 수 있는 권리를 그 내용으로 한다.
    ㉡ 생활비지급청구권
        국가가 근로의 기회를 제공할 수 없는 경우에 이에 상응하는 상당한 생활비의 지급을 국가에 청구할 수 있는 권리를 그 내용으로 한다. 추상적 권리로 파악하는 견해에서도 인정할 수 있다.
② **파생적 내용(헌법 제32조)**
    ㉠ 국가의 고용증진 및 적정·최저임금의 보장(제1항)
        고용증진 및 적정임금보장 노력, 최저임금제 시행 의무
    ㉡ 근로조건의 법정화(제3항)
        인간의 존엄성을 보장하도록 법률로 정한다. 이를 구체화한 법이 근로기준법이다.
    ㉢ 여성 근로자의 보호와 차별대우의 금지(제4항)
        근로기준법 제5장에 규정, 남녀고용평등과 일·가정 양립 지원에 관한 법률이 구체화하고 있다.

ⓔ 연소자의 보호(제5항)

근로기준법 제5장은 여성과 소년의 근로보호에 관한 특별규정을 두고 있다.

ⓜ 국가유공자 유가족 등의 근로기회보장(제6항)

국가유공자 등 예우 및 지원에 관한 법률, 독립유공자예우에 관한 법률이 구체화하고 있다.

5 효 력

(1) 대국가적 효력

국가는 소극적으로 취업을 방해하거나 강요해서는 아니 되며 적극적으로 취업의 기회를 확대하도록 노력해야 한다.

(2) 대사인적 효력

근로의 권리는 대사인적 효력을 가진다는 것이 일반적인 견해인바 사인은 다른 개인의 근로의 권리를 침해해서는 아니 된다. 이와 관련하여 사용자의 해고의 자유 제한의 근거가 될 수 있는지 여부가 논의되고 있는 바 근로의 권리는 사인 간의 개별적 근로관계에도 적용되므로 사용자의 해고자유 제한의 근거가 된다고 본다.

제 2 절 | 개별적 근로관계법과 근로기준법

1 개별적 근로관계법

개개의 근로자와 개개의 사용자와의 법률관계로서 근로관계법과 사용자 또는 국가와의 관계에 있어서의 근로자보호의 법률관계인 노동보호법을 말한다. 이에는 근로기준법, 선원법, 산업재해보상보험법, 직업안정법, 남녀고용평등과 일·가정 양립 지원에 관한 법률, 산업안전보건법, 최저임금법 등이 있다.

2 근로기준법

(1) 의 의

근로조건의 최저기준을 정한 것으로서 개별 근로자에게 적용되는 노동보호법이다. 근로관계의 성립, 내용, 변경, 및 종료 등 근로조건 전반에 걸쳐 규정하고 있는 일반법이다.

(2) 법적 성질

① 강행법규이므로 근로자도 근로기준법상 권리를 포기할 수 없다.
② 사용자의 의무설정은 물론 사용자에 대한 근로자의 권리까지 설정함으로써 사법관계인 근로관계를 직접 규율하는 법이다.

1 기본원칙 18 기출

> **제11조(적용 범위)**
> 이 법은 상시 5명 이상의 근로자를 사용하는 모든 사업 또는 사업장에 적용한다. 다만, 동거하는 친족만을 사용하는 사업 또는 사업장과 가사(家事) 사용인에 대하여는 적용하지 아니한다.

① 상시 5인 이상의 근로자 사용

  ㉠ 상 시

  '상시 5인 이상의 근로자를 사용하는 사업 또는 사업장'이라 함은 '상시 근무하는 근로자의 수가 5인 이상인 사업 또는 사업장'이 아니라 '사용하는 근로자의 수가 상시 5인 이상인 사업 또는 사업장'을 뜻하는 것이고, 이 경우 상시라 함은 상태라고 하는 의미로서 근로자의 수가 때때로 5인 미만이 되는 경우가 있어도 사회통념에 의하여 객관적으로 판단하여 상태적으로 5인 이상이 되는 경우에는 이에 해당할 것이고, 여기의 근로자에는 당해 사업장에 계속 근무하는 근로자뿐만 아니라 그때그때의 필요에 의하여 사용하는 일용근로자를 포함한다고 해석하여야 할 것이다 (대판 2008.3.27, 2008도364).

  ㉡ 5인 이상

  5인 이상이라 함은 하나의 사업 또는 사업장을 전제로 하고 있으므로 독립된 개체로서의 하나의 사업 또는 사업장의 범위를 확정지어 주는 판단기준이 필요하게 된다. 사업주가 여러 개의 사업을 영위하고 있을 때 각각의 사업에 근로기준법이 개별적으로 적용되는지, 아니면 이들 중 일부 또는 전부를 하나의 사업으로 보아 근로기준법이 일괄 적용되는지는 개개 사업의 독립성 여부에 따라 판단된다.

  ㉮ 여러 개의 사업장이 동일한 장소에 있는 경우

  본사, 지점, 출장소 및 공장 등 여러 개의 사업장이 동일한 장소에 있는 것이면 원칙적으로 하나의 사업으로 보는 것이 일반적이다. 다만, 동일한 장소에 있는 경우라도 현저하게 근로의 형태가 다른 부문이 존재하고 독립적으로 운영되는 경우에는 서로 다른 사업장으로 보아야 할 것이다.

  ㉯ 여러 개의 사업장이 서로 다른 장소에 있는 경우

  원칙적으로 각각 독립된 사업장으로 본다. 다만, 장소적으로 분산되어 있더라도 하나의 사업장으로 독립성을 갖추고 있지 아니한 경우에는 직근 상위조직과 일괄하여 하나의 사업으로 볼 것이다.

② 사업 또는 사업장

사업과 사업장은 동일한 개념으로 파악하는 것이 일반적이다. 근로기준법이 적용되는 사업이 되기
위해서는 일정한 장소에서 유기적인 조직 하에 업으로 행해져야 한다. 업으로 행하는 경우 이를 계속
적으로 행하여야 한다는 견해가 있으나 그 사업이 일회적이거나 일시적이라 해도 근로기준법이 적용
된다(다수설, 판례). "업으로 행한다"라고 함은 반드시 영리를 목적으로 하여야 하는 것은 아니다.

③ 구체적 사례

   ㉠ 정부투자기관, 공기업 : 적용된다.

   ㉡ 국가, 지방자치단체에 고용된 공무원 아닌 근로자 : 적용된다.

   ㉢ 종교, 사회사업단체 : 적용된다.

   ㉣ 국내소재 외국계 기업 : 적용된다.

   ㉤ 국외소재 우리나라 기업 : 적용되지 않는다. 단, 본사가 국내에 있는 경우 외국의 지점, 출장소에
     근무하는 내국인 근로자에게는 적용된다.

   ㉥ 신고 또는 허가를 받지 않은 경우 : 근로제공 자체가 강행법규에 위배되는 불법행위가 아닌 이상
     근로기준법이 적용된다.

   ㉦ 주한미군부대의 한국인 종사자인 근로자 : 적용된다(한·미 행정협정).

   ㉧ 외국정부기관, 국제법에 의하여 외교특권이 인정되어 있는 자 : 한국의 재판권이 미치지 않으므
     로 근로기준법이 적용될 수 없다.

2 예 외

(1) 근로기준법상의 예외

① 동거의 친족만을 사용하는 사업 또는 사업장

사용종속관계를 쉽사리 인정할 수 없고 동거의 친족관계에까지 국가가 개입하는 것은 바람직하지
않기 때문이다.

   ㉠ 동거란 세대를 같이 하면서 생활을 공동으로 하는 것을 말한다.

   ㉡ 친족이란 8촌 이내의 혈족, 4촌 이내의 인척 및 배우자를 말한다(민법 제777조).

   ㉢ 근로자 중에 동거의 친족뿐만 아니라 동거하지 아니하는 친족 또는 친족이 아닌 자가 혼합되어
     있는 경우에는 근로기준법이 적용된다.

② 가사 사용인

가사 사용인의 근로제공은 주로 개인의 사생활과 밀접한 관련을 맺고 있어 국가가 개입하여 지도·
감독하는 것은 적합하지 않기 때문이다. 가사 사용인인지 여부는 근로의 장소 및 내용 등을 그 실제
에 따라 구체적으로 판단하여 가정의 사생활에 관한 것인가의 여부를 결정하여야 할 것이다. 가사와
다른 업무를 겸하는 경우 본래의 업무가 어느 쪽에 속하느냐에 따라 판단한다.

③ 상시 4인 이하의 근로자를 사용하는 사업 또는 사업장 18 20 21 기출
  ㉠ 대통령령이 정하는 바에 따라 일부 규정을 적용할 수 있다. 이는 산업사회의 변화에 따라 규모별로 신축성 있게 확대해 나가려는 취지이다.
  ㉡ 적용되는 규정

구 분	적용 규정
제1장 총 칙	제1조부터 제13조까지의 규정(목적, 정의, 근로조건의 기준·결정·준수, 균등한 처우, 강제근로의 금지, 폭행의 금지, 중간착취의 배제, 공민권 행사의 보장, 적용범위, 보고, 출석의 의무)
제2장 근로계약	제15조(이 법을 위반한 근로계약), 제17조(근로조건의 명시), 제18조(단시간근로자의 근로조건), 제19조(근로조건의 위반) 제1항, 제20조부터 제22조까지의 규정(위약예정의 금지, 전차금 상계의 금지, 강제 저금의 금지), 제23조(해고 등의 제한) 제2항, 제26조(해고의 예고), 제36조부터 제42조까지의 규정(금품 청산, 미지급 임금에 대한 지연이자, 임금채권의 우선변제, 사용증명서, 취업 방해의 금지, 근로자의 명부, 계약서류의 보존)
제3장 임 금	제43조부터 제45조까지의 규정(임금 지급, 체불사업주 명단 공개, 임금 등 체불자료의 제공, 도급 사업에 대한 임금 지급, 건설업에서의 임금 지급 연대책임, 건설업의 공사도급에 있어서의 임금에 관한 특례, 비상시 지급), 제47조부터 제49조까지의 규정(도급 근로자, 임금대장, 임금의 시효)
제4장 근로시간과 휴식	제54조(휴게), 제55조(휴일) 제1항, 제63조(적용의 제외)
제5장 여성과 소년	제64조(최저 연령과 취직 인허증), 제65조(사용금지) 제1항·제3항(임산부와 18세 미만인 자로 한정), 제66조부터 제69조까지의 규정(연소자 증명서, 근로계약, 임금의 청구, 근로시간), 제70조(야간근로와 휴일근로의 제한) 제2항·제3항, 제71조(시간외 근로), 제72조(갱내근로의 금지), 제74조(임산부의 보호)
제6장 안전과 보건	제76조(안전과 보건)
제8장 재해보상	제78조부터 제92조까지의 규정(요양보상, 휴업보상, 장해보상, 휴업보상과 장해보상의 예외, 유족보상, 장례비, 일시보상, 분할보상, 보상 청구권, 다른 손해배상과의 관계, 고용노동부장관의 심사와 중재, 노동위원회의 심사와 중재, 도급 사업에 대한 예외, 서류의 보존, 시효)
제11장 근로감독관 등	제101조부터 제106조까지의 규정(감독기관, 근로감독관의 권한, 근로감독관의 의무, 감독기관에 대한 신고, 사법경찰권 행사자의 제한, 권한의 위임)
제12장 벌 칙	제107조부터 제116조까지의 규정(벌칙, 양벌규정, 과태료)(제1장부터 제6장까지, 제8장, 제11장의 규정 중 상시 4명 이하 근로자를 사용하는 사업 또는 사업장에 적용되는 규정을 위반한 경우로 한정한다)

(2) 특별법상의 예외

① **국가공무원법의 적용을 받는 공무원** : 다만, 특별한 규정이 없는 경우에는 공무원에 대하여도 근로 기준법 제46조(휴업수당)는 적용된다.

② **선원** : 선원법이 적용된다.

③ **사립학교 교원** : 사립학교법이 적용된다.

④ **청원경찰** : 청원경찰법령이 적용된다.

제4절 근로기준법상 근로자 및 사용자

1 근로자

(1) 의 의

이 법에서 근로자라 함은 직업의 종류에 관계없이 임금을 목적으로 사업이나 사업장에 근로를 제공하는 사람을 말한다(법 제2조).

(2) 범 위 20 기출

① **직업의 종류 불문**

정신노동, 육체노동을 불문하고 상용, 일용, 임시직, 촉탁직 등 근무형태나 직종, 직급도 불문한다.

② **임금을 목적으로 근로제공**

㉠ 사용자에게 고용되어 사용자의 지휘, 명령에 따라 자신의 노무를 제공하고 그 대가로 임금을 수령받는 자를 말한다.

㉡ 현재 임금을 받고 있지 아니하더라도 근로계약관계를 유지하고 있는 근로자도 근로기준법이 적용된다. 무급으로 휴직·정직 중인 자, 파업참가근로자, 무급의 노조전임자 등이 이에 해당된다.

③ **사업 또는 사업장**

사업 또는 사업장에서 근로를 제공하여야 한다. 따라서 사용자에게 현실적으로 고용되어 있는 취업자만이 근로자에 해당하며 실업자 및 해고자는 해당하지 아니한다. 이에 반하여 노사관계법상의 근로자 개념에는 사용자에게 고용되어 있는 취업자뿐 아니라 실업자 및 해고자 등의 미취업자도 포함된다.

④ **사용종속관계의 판단기준**

㉠ 근로기준법상의 사용종속관계는 당해 노무공급계약의 형태가 고용, 도급, 위임, 무명계약 등 어느 형태이든 상관없이 사용자와 노무제공자 사이에 지휘·감독관계의 여부, 보수의 노무대가성 여부, 노무의 성질과 내용 등 그 노무의 실질관계에 의하여 결정되는 것이다(대판 2006.10.13, 2005다64385).

ⓛ 근로기준법상의 근로자에 해당하는지 여부는 계약의 형식이 고용계약인지 도급계약인지보다 그 실질에 있어 근로자가 사업 또는 사업장에 임금을 목적으로 종속적인 관계에서 사용자에게 근로를 제공하였는지 여부에 따라 판단하여야 하고, 위에서 말하는 종속적인 관계가 있는지 여부는, 업무 내용을 사용자가 정하고 취업규칙 또는 복무(인사)규정 등의 적용을 받으며 업무 수행 과정에서 사용자가 상당한 지휘·감독을 하는지, 사용자가 근무시간과 근무장소를 지정하고 근로자가 이에 구속을 받는지, 노무제공자가 스스로 비품·원자재나 작업도구 등을 소유하거나 제3자를 고용하여 업무를 대행하게 하는 등 독립하여 자신의 계산으로 사업을 영위할 수 있는지, 노무제공을 통한 이윤의 창출과 손실의 초래 등 위험을 스스로 안고 있는지, 보수의 성격이 근로 자체의 대상적 성격인지, 기본급이나 고정급이 정하여졌는지 및 근로소득세의 원천징수 여부 등 보수에 관한 사항, 근로제공 관계의 계속성과 사용자에 대한 전속성의 유무와 그 정도, 사회보장제도에 관한 법령에서 근로자로서 지위를 인정받는지 등의 경제적·사회적 여러 조건을 종합하여 판단하여야 한다. 다만, 기본급이나 고정급이 정하여졌는지, 근로소득세를 원천징수하였는지, 사회보장제도에 관하여 근로자로 인정받는지 등의 사정은 사용자가 경제적으로 우월한 지위를 이용하여 임의로 정할 여지가 크다는 점에서, 그러한 점들이 인정되지 않는다는 것만으로 근로자성을 쉽게 부정하여서는 안 된다(대판 2006.12.7, 2004다29736).

(3) 구체적 사례(판례)

① 근로자성을 인정한 경우

신문사광고 외근사원, 직장예비군중대장, 맹인 안마사, 수련의, 불법체류 외국인 근로자, 일당제 대기 운전기사

② 근로자성을 부정한 경우

보험모집인, 레미콘운송업자(지입차주), 한국방송공사 드라마 외부제작요원, 해고의 효력을 다투는 자, 하역근로자

(4) 노동조합법상 근로자 개념과의 구별

① 노동조합법 제2조 제1호의 "근로자"라 함은 직업의 종류를 불문하고 임금·급료 기타 이에 준하는 수입에 의하여 생활하는 자를 말한다.

② 근로기준법에서 정한 근로조건의 보호를 받을 사람이 누구인가를 확정하기 위한 개념이라는 점에서 근로3권을 행사할 수 있는 사람의 범위를 설정하려는 노동조합법상의 근로자개념과 구별된다.

③ 근로기준법은 '현실적으로 근로를 제공하는 자에 대하여 국가의 관리·감독에 의한 직접적인 보호의 필요성이 있는가'라는 관점에서 개별적 노사관계를 규율할 목적으로 제정된 것인 반면에, 노동조합 및 노동관계조정법은 '노무공급자들 사이의 단결권 등을 보장해 줄 필요성이 있는가'라는 관점에서 집단적 노사관계를 규율할 목적으로 제정된 것으로 그 입법목적에 따라 근로자의 개념을 상이하게 정의하고 있다.

④ 따라서 근로기준법상의 근로자는 '사업 또는 사업장에' 현실적으로 '근로를 제공하는 자'인 취업자임에 반하여 노동조합법상의 근로자는 취업자 외에도 실직자, 구직자 등 근로를 제공하고자 하는 자도 포함된다.

2 사용자

(1) 의 의

사용자라 함은 사업주 또는 사업경영담당자, 그 밖에 근로자에 관한 사항에 대하여 사업주를 위하여 행위하는 자를 말한다(법 제2조 제1항 제2호).

근로기준법상의 사용자는 법에서 정한 최저기준을 준수해야 할 의무주체이며 이를 위반한 경우 책임을 져야 할 책임주체이나 노동조합 및 노동관계조정법상의 사용자는 노동조합의 상대방 단체교섭의 당사자 또는 부당노동행위금지의 수규자로서의 의미를 가진다.

(2) 범 위 19 기출

① 사업주

ⓐ 경영의 주체로서 개인기업의 경우에는 경영주 개인, 법인기업의 경우에는 법인을 말한다.

ⓑ 사업주는 근로자와 체결한 근로계약의 타방당사자인 것이 일반적이다.

ⓒ 하도급의 경우 하도급회사에 고용된 근로자는 하도급회사의 사업주가 사용자로 되는 것이 원칙이지만 하도급회사 전체가 원기업의 지휘, 명령에 따르는 경우에는 그 원기업의 사업주가 사용자로 된다.

② 사업경영담당자

사업경영담당자란 사업경영 일반에 관하여 책임을 지는 자로서 사업주로부터 사업경영의 전부 또는 일부에 대하여 포괄적인 위임을 받고 대외적으로 사업을 대표하거나 대리하는 자를 말한다(대판 2008.4.10, 2007도1199).

③ 근로자에 관한 사항에 대하여 사업주를 위하여 행위하는 자

채용, 인사, 급여, 후생, 노무관리 및 재해방지 등의 근로조건의 결정 또는 근로의 제공에 관하여 지휘, 명령 내지 감독을 할 수 있는 권한과 책임이 사업주에 의하여 주어진 자를 말한다. 이와 같은 권한과 책임의 유무는 부장, 과장이라는 형식적인 직명에 따를 것이 아니라 구체적인 권한과 책임에 의하여 판단하여야 한다(대판 2006.5.11, 2005도8364).

(3) 사용자 개념의 상대성

사업주가 아닌 사용자, 즉 사업경영담당자, 사업주를 위하여 행위하는 자는 한편으로는 사용자에 해당하지만 다른 한편으로는 근로계약의 당사자인 근로자에 해당하는 경우가 있다. 이사, 총무과장, 공장장, 지점장, 영업소장 등 중간관리자들이 그 예이다. 이들은 재해보상, 퇴직금, 해고 등의 근로조건에 있어서는 근로자에 해당하고 근로기준법의 준수의무와 그에 대한 책임에 있어서는 사용자에 해당한다.

(4) 사용자 개념의 확대

근로계약을 체결한 사업 또는 사업장이 아닌 다른 사업장의 사업주에게도 사용자성을 확대 적용하는 경우가 있다.

① 판 례

원고용주에게 고용되어 제3자의 사업장에서 제3자의 업무에 종사하는 자를 제3자의 근로자라고 할 수 있으려면, 원고용주는 사업주로서의 독자성이 없거나 독립성을 결하여 제3자의 노무대행기관과 동일시할 수 있는 등 그 존재가 형식적, 명목적인 것에 지나지 아니하고, 사실상 당해 피고용인은 제3자와 종속적인 관계에 있으며, 실질적으로 임금을 지급하는 자도 제3자이고, 또 근로제공의 상대방도 제3자이어서 당해 피고용인과 제3자 간에 묵시적 근로관계가 성립되어 있다고 평가될 수 있어야 한다(대판 2010.7.22, 2008두4367).

② 원수급인의 사용자책임

사업이 여러 차례의 도급에 따라 행하여지는 경우의 재해보상에 대하여는 원수급인을 사용자로 본다(법 제90조 제1항).

③ 직상 수급인의 연대책임

사업이 한 차례 이상의 도급에 따라 행하여지는 경우에 하수급인이 직상 수급인의 귀책사유로 근로자에게 임금을 지급하지 못한 경우에는 그 직상 수급인은 그 하수급인과 연대하여 책임을 진다(법 제44조 제1항).

④ 근로자파견 등의 경우

파견사업주는 물론 사용사업주도 공동의 사용자로서 파견근로자에 대한 법적 책임을 부담한다.

⑤ 모회사가 자회사의 경영을 지배하는 경우

모회사의 사업주가 사용자로서의 지위를 가진다.

⑥ 위장도급의 경우

실질적으로 원청회사가 근로자들을 직접 채용한 것과 마찬가지이다.

제5절 　근로기준법상의 근로조건 결정규범

1 의 의

근로계약, 관계법령, 단체협약, 취업규칙 및 노사관행 등 근로기준을 결정하는 규범을 말한다.

2 근로조건 결정규범 상호 간의 관계

근로조건은 근로자와 사용자가 근로계약을 통해 자유로이 결정하는 것이 원칙이지만 관계법령, 단체협약, 취업규칙 및 노사관행 등에 의해 결정되는 경우도 있다.

① 법령과 단체협약 간의 관계
  ㉠ 헌법, 강행법규에 위반되는 단체협약 : 무효
  ㉡ 행정관청은 단체협약 중 위법한 내용이 있는 경우에는 노동위원회의 의결을 얻어 시정명령(노동조합 및 노동관계조정법 제31조 제3항)

② 법령과 취업규칙 간의 관계(법 제96조)
  ㉠ 법령에 위반된 취업규칙 : 무효
  ㉡ 고용노동부장관은 취업규칙의 변경을 명할 수 있다(법 제96조 제2항). 이때 무효가 된 취업규칙이 법령에 의해 대체되느냐에 대해서는 견해가 대립한다.

③ 법령과 근로계약 간의 관계(법 제15조) 21 기출
  법령에 위반된 근로계약은 그 부분에 한정하여 무효가 되고 무효인 부분은 법령에서 정하고 있는 기준으로 대체된다.

④ 단체협약과 근로계약 간의 관계(노동조합 및 노동관계조정법 제33조)
  ㉠ 단체협약에 정한 근로조건, 기타 근로자의 대우에 관한 기준에 위반하는 근로계약부분은 무효(규범적 효력 중 강행적 효력)가 된다.
  ㉡ 근로계약에 규정되지 않은 사항, 단체협약에 위반되어 무효가 된 부분은 단체협약에 정한 기준에 의한다(규범적 효력 중 대체적 효력).

⑤ 단체협약과 취업규칙 간의 관계 22 기출
  ㉠ 근로기준법 제96조
    ㉮ 취업규칙은 법령이나 해당 사업 또는 사업장에 대하여 적용되는 단체협약과 어긋나서는 아니 된다.
    ㉯ 고용노동부장관은 법령이나 단체협약에 어긋나는 취업규칙의 변경을 명할 수 있다.
  ㉡ 노동조합 및 노동관계조정법 제33조
    ㉮ 단체협약에 정한 근로기준에 위반되는 취업규칙은 무효이다.
    ㉯ 무효로 된 취업규칙의 부분에는 단체협약의 기준이 적용된다.
  ㉢ 유리한 조건 우선의 원칙과의 관계
    취업규칙에서 정한 근로조건보다 불리하게 신 단체협약을 체결하는 경우 유리한 조건 우선의 원칙이 적용될 것인지 아니면 상위규범인 단체협약이 우선 적용되는지 여부가 문제될 수 있다. 이에 대하여 판례는 단체협약이 취업규칙보다 우선 적용된다고 판결하고 있다.

⑥ 취업규칙과 근로계약 간의 관계(법 제97조) 19 20 기출
  취업규칙에서 정한 기준에 미달하는 근로조건을 정한 근로계약은 그 부분에 관하여는 무효로 한다(강행적 효력). 이 경우 무효로 된 부분은 취업규칙에 정한 기준에 따른다(직접·보충적 효력).

제**6**절 근로기준법의 기본원리

1 최저 근로조건 보장의 원칙

이 법에서 정하는 근로조건은 최저기준이므로 근로관계 당사자는 이 기준을 이유로 근로조건을 낮출수 없다(법 제3조). 다만, 사회통념상 사회·경제적 사정의 변화 등으로 인하여 근로조건을 저하시키지 아니할 객관적 사정이 있는 경우에는 근로조건의 저하가 가능하다.

2 근로조건 노사대등결정원칙

근로조건은 근로자와 사용자가 동등한 지위에서 자유의사에 따라 결정하여야 한다(법 제4조).

3 근로조건의 준수원칙

근로자와 사용자는 각자가 단체협약, 취업규칙과 근로계약을 지키고 성실하게 이행할 의무가 있다(법 제5조).

4 균등대우의 원칙

(1) 의 의

사용자는 근로자에 대하여 남녀의 성(性)을 이유로 차별적 대우를 하지 못하며 국적, 신앙 또는 사회적 신분을 이유로 근로조건에 대한 차별적 처우를 하지 못한다(법 제6조).

(2) 남녀의 차별적 대우금지

① 차별사유

㉠ 근로기준법은 근로조건 전반에 관하여 포괄적으로 남녀의 차별대우를 금지하고 있다.

㉡ 근로기준법 제5장에서 여성 근로자에 대한 차별보호규정을 두고 있는데 이는 여성 근로자의 육체적·생리적 특수성을 감안한 모성을 보호하고자 하는 것으로 제6조의 차별대우에 해당하지 않는다.

② 임금에 대한 차별대우금지
  ㉠ 동일노동 동일임금의 원칙
  ㉡ 사업주는 동일한 사업 내의 동일 가치 노동에 대하여는 동일한 임금을 지급하여야 한다(남녀고용평등과 일·가정 양립 지원에 관한 법률 제8조 제1항).
  ㉢ 동일 가치 노동의 기준은 기술, 노력, 책임, 작업조건 등을 기준으로 구체적으로 판단한다. 따라서 근로의 성질, 내용, 근무형태 등의 구체적인 사정을 감안하여 합리적인 규정을 두어 직책 또는 직급에 따라 여성 근로자에 대하여 차별대우하는 것은 위법이 아니다.
  ㉣ 임금이라 함은 근로기준법 제17조에서 정의하고 있는 임금을 말하는데 단순히 임금액뿐만 아니라 임금체계, 임금형태, 지급 방법 등에 관한 차별적 대우도 포함된다.
③ 차별정년제
  ㉠ 여성이라는 것을 이유로 남자보다 낮은 정년제를 설정한다는 것은 성별에 의한 차별대우에 해당한다.
  ㉡ 사업주는 근로자의 정년·퇴직 및 해고에서 남녀를 차별하여서는 아니 된다(남녀고용평등과 일·가정 양립 지원에 관한 법률 제11조 제1항). 그러나 여성에 대한 차별정년이 사업이나 작업의 성질, 내용, 근무형태 등에 비추어 객관적으로 합리적일 때에는 근로기준법 제6조의 위반이라 할 수 없다.
④ 결혼퇴직제 및 출산퇴직제
  ㉠ 결혼 및 출산을 이유로 여성 근로자를 퇴직시키는 것도 차별대우로서 허용될 수 없다.
  ㉡ 사업주는 여성 근로자의 혼인, 임신 또는 출산을 퇴직 사유로 예정하는 근로계약을 체결하여서는 아니 된다(남녀고용평등과 일·가정 양립 지원에 관한 법률 제11조 제2항). 그러나 업무의 성질상 결혼 또는 출산으로 인하여 업무를 감당할 수 없는 합리적이고 정당한 사유가 있는 경우에는 차별대우에 해당하지 않는다.

(3) 국적, 신앙, 사회적 신분을 이유로 하는 차별대우금지

① 외국의 국적을 가진 자나 이중국적자 또는 무국적자인 근로자에 대하여 국적을 이유로 차별하는 것은 허용되지 않는다. 외국인도 근로자인 이상 근로기준법이 적용된다.
② 신앙은 종교적 신념뿐만 아니라 정치적 신조까지 포함하는 개념이다. 그러나 경향사업체의 목적활동이 근로의 주된 내용을 이루고 있을 때에는 해당 종교나 정당의 목적활동에 반하는 행위를 한 근로자에 대한 차별대우는 근로기준법에서 말하는 차별대우에 해당하지 아니한다.
③ 사회적 신분에 선천적 신분 외에 후천적 신분이 포함될 것인가에 관해서 학설이 대립한다. 후천적 지위는 전과자, 파산자 등 사람이 자신의 의사로서 그러한 지위를 피할 수 없는 것을 말하므로 노동조합 임원과 같은 임시적 지위는 사회적 신분에 해당되지 않는다.

(4) 차별대우의 내용

① 채 용

'사업주는 근로자의 모집 및 채용에 있어서 남녀를 차별하여서는 아니 된다(남녀고용평등과 일·가정 양립 지원에 관한 법률)'고 규정하고 있으나 다수의 견해는 채용은 근로관계 이전의 사항이므로 근로조건에 해당하지 아니하므로 균등대우를 해야 하는 것은 아니라고 보고 있다.

② 해 고

해고의 기준이나 사유가 단체협약 또는 취업규칙 등으로 정해져 있는 경우 해고는 근로조건에 포함된다는 데에 학설은 대부분 일치하고 있다. 따라서 단체협약 또는 취업규칙에 정하여진 해고의 기준이나 사유에 해당되어 근로자를 해고하는 경우 성별, 국적, 신앙 및 사회적 신분 등을 이유로 차별대우하여서는 아니 된다.

5 강제근로금지의 원칙

(1) 의 의

사용자는 폭행, 협박, 감금, 그 밖에 정신상 또는 신체상의 자유를 부당하게 구속하는 수단으로써 근로자의 자유의사에 어긋나는 근로를 강요하지 못한다(법 제7조).

(2) 대 상

근로의 실행뿐만 아니라 준비단계의 착수도 포함된다.

(3) 정신상, 신체상의 자유를 부당하게 구속하는 수단

장기근로계약, 사표수리거부 등을 포함한다.

(4) 근로의 강제

근로자의 자유의사에 반하는 근로의 강요이면 족하다. 따라서 근로의 강요 그 자체가 금지되어 강요를 한 이상 강제근로가 실제로 이루어지지 아니한 경우에도 동조 위반이 된다(다수설).

(5) 기타의 강제근로수단

배상액의 예정(법 제20조), 전차금 상계(법 제21조), 강제 저금(법 제22조) 등도 그 제도를 둘러싼 각종의 구체적 조건이 그것이 근로자의 의사에 반하여 근로할 것을 강요할 수 있을 정도의 것이면 부당한 구속수단이라고 볼 수 있다. 다만, 기업체에서 비용을 부담하여 직원을 해외에 파견하여 위탁 교육훈련을 시키고 일정한 의무재직기간 이상 근무하지 아니한 때에는 그 부담한 교육비용의 전부 또는 일부를 상환하도록 하는 기업체의 규정 등은 근로기준법 제21조에서 말하는 근로계약기간이 아니라 교육비용반환채무의 면제기간을 정한 것으로 봄이 상당하므로 근로자의 자유의사에 반하는 근로를 강요하는 것이 아니다.

(6) 위반의 효과

벌칙, 민법 제103조의 반사회질서의 법률행위로서 무효가 된다.

6 폭행금지의 원칙

(1) 의 의

사용자는 사고의 발생이나 그 밖에 어떠한 이유로도 근로자에게 폭행을 하지 못한다(법 제8조).

(2) 내 용

① 업무와 관련되어 발생할 것을 요한다. 업무시간 외에 사업장 밖에서 발생한 폭행이라도 업무와 관련하여 발생하였다면 본조에 해당한다.
② 버스회사의 간부가 안내양의 취침장소에 들어가 몸수색을 하는 행위도 폭행에 해당한다.

(3) 법 제7조의 폭행과 법 제8조의 폭행의 구별

법 제7조의 폭행은 근로자에게 강제근로를 시키기 위한 수단임에 반하여 법 제8조의 폭행은 근로과정에 있어서의 사용자의 근로자에 대한 인권유린행위 그 자체이다.

(4) 형법과의 관계

형법상의 폭행죄는 피해자가 원하는 경우에 한하여 처벌되는 반의사불벌죄이나, 동조 위반죄는 피해자가 원하지 않아도 처벌되는 일반범죄이다.

7 중간착취의 배제원칙

(1) 의 의

누구든지 법률에 따르지 아니하고는 영리로 다른 사람의 취업에 개입하거나 중간인으로서 이익을 취득하지 못한다(법 제9조). Kick-back(뇌물)의 폐습을 근절시키기 위한 것이다.

(2) 직업안정법과의 비교

직업안정법에서는 주로 근로자의 취업을 조건으로 하는 중간착취를 금지하고 있는 데 반하여 본조에서는 취업 시에 있어서 뿐만 아니라 취업 후의 중간착취까지도 배제하려 하려는 데 그 목적이 있다.

(3) 내 용

① 누구든지
근로기준법의 적용을 받는 사업주 또는 사용자는 물론이고 기타 사인, 단체 등을 묻지 아니하며 공무원도 이에 포함될 수 있다.
② 법률에 따르지 아니하고
법률에 근거하는 경우에는 동조의 적용을 받지 아니한다. 이에는 직업안정법과 근로자파견 등에 관한 법률에 의한 경우가 이에 해당한다.
③ 영리의 목적
단, 1회의 행위라도 영리의 목적으로 한 것이면 동조 위반이 된다(다수설).

④ 타인의 취업에 개입

근로기준법이 적용되는 근로관계의 개시 및 존속 등에 관여하여 알선 또는 소개행위를 하는 것을 말한다. 근로관계의 성립과정에서 취업을 조건으로 하는 개입과 근로관계의 성립 후에 근로관계의 존속, 유지를 조건으로 하는 개입이 모두 해당한다.

⑤ 이익의 취득

이익이라 함은 보상금, 수수료, 소개료, 중개 및 수고비 등 형식적 명칭에 상관없이 일체의 금품 및 경제적 가치가 있는 것을 포함하며 유·무형 모두가 포함된다. 또한 근로자, 사용자는 물론 제3자 등 누구로부터 이익을 받았는가도 묻지 않는다.

8 공민권 행사의 보장원칙

(1) 의 의 19 20 기출

사용자는 근로자가 근로시간 중에 선거권, 그 밖의 공민권 행사 또는 공의 직무를 집행하기 위하여 필요한 시간을 청구하면 거부하지 못한다. 다만, 그 권리 행사나 공의 직무를 수행하는 데에 지장이 없으면 청구한 시간을 변경할 수 있다(법 제10조).

(2) 내 용

① 공민권

법령에 근거한 공직의 선거권, 피선거권은 물론 국민투표권과 같이 국민으로서 공무에 참가하는 권리 및 의무를 말한다. 근로자가 스스로 입후보하는 피선거권은 포함되나 다른 후보자를 위한 선거운동은 공민권행사에 포함되지 아니한다. 공법상의 소권(공직선거법상 선거 또는 당선에 관한 소송)은 공민권의 행사라고 보아야 할 것이나, 사법상의 채권·채무에 관한 소송은 공민권의 행사라고 볼 수 없다.

② 공의 직무

법령에 근거를 두고 있는 공적인 직무를 말한다. 노동위원회 위원으로 직무를 수행하는 경우, 민사소송법·노동위원회법 등 법령에 의한 증인·감정인의 직무 등이 해당된다. 노동조합활동, 정당활동 또한 공의 직무가 아니다. 근로시간 중의 노동조합활동은 여기에 해당하지 아니하고 또한 부당노동행위 구제신청을 한 당사자가 사건조사를 위하여 노동위원회의 요구에 따라 출석하는 시간은 공권이 아닌 사권의 성격이 강하므로 공의 직무로 볼 수 없다.

③ 필요한 시간의 부여

필요한 시간은 공민권의 행사, 공의 직무의 성질에 따라 판단해야 한다. 권리의 행사를 위한 사전준비나 사후정리 등을 포함한 충분한 시간이 되어야 할 것이다. 사용자의 거부만으로 동조 위반이 되고 거부의 결과 당해 근로자가 권리를 행사할 수 없었느냐의 여부는 문제되지 않는다.

④ 시각의 변경

사용자는 공민권의 행사, 공의 직무의 집행에 지장이 없는 한 청구한 시각을 근로시간 중의 다른 시각으로 변경하는 것은 허용된다. 또한 청구한 날짜의 변경도 시각의 변경에 포함된다(다수설).

(3) 공민권행사와 근로관계

① 평균임금 산정 시 병역법, 예비군법 또는 민방위기본법에 따른 의무를 이행하기 위하여 휴직하거나 근로하지 못한 기간 중에 임금을 지급받지 못한 기간이 있을 경우에는 그 기간은 평균임금의 산정기준이 되는 기간에서 제외한다(영 제2조 제7호).

② 연차휴가를 부여하기 위한 개근 여부를 산정하는 경우 공민권행사를 위한 기간은 이를 근로한 것으로 본다.

③ '사용자의 승인을 얻지 않고 공직에 취임한 때는 해고한다.'고 정한 취업규칙은 근로자의 공민권 행사를 중대하게 제한하는 것으로 무효이다. 다만, 공직수행으로 인하여 회사의 업무수행에 현저한 지장을 주는 등 겸직이 불가능한 경우에는 해고의 대상이 된다.

④ 임금은 법률에 특별한 규정이 없는 한 취업규칙이나 단체협약에서 정한 바에 따르고 따로 정함이 없는 경우에는 무급으로 해도 위법이 아니다. 다만, 공직선거법, 예비군법, 민방위기본법에 의한 공민권행사기간은 유급으로 해석된다.

9 기능습득자에 대한 폐단금지

사용자는 양성공, 수습, 그 밖의 명칭을 불문하고 기능의 습득을 목적으로 하는 근로자를 혹사하거나 가사, 그 밖의 기능 습득과 관계없는 업무에 종사시키지 못한다(법 제77조).

제7절 · 근로기준법의 실효성 확보

1 의 의 18 기출

근로기준법은 최저근로조건을 명문의 법률로 규정함으로써 근로자의 생활을 보장, 향상시키는 것을 목적으로 한다. 이 법이 정한 최저근로기준은 강행법규로서 반드시 준수되어 실효성이 확보되어야 한다.

① **민사상** 21 기출

근로계약의 내용이 근로기준법상의 최저기준에 미달하는 경우에는 당해 근로계약의 민사상 효력은 무효가 되고 무효가 된 부분에는 근로기준법의 근로조건이 대체적으로 적용된다(법 제15조).

② **형사상**

사용자가 근로기준법상의 최저근로조건을 근로자에게 적용하지 아니하는 등 근로기준법을 위반하는 경우에는 형사상의 벌칙이 적용된다(법 제107조 이하).

③ **행정상**

근로기준법이 입법취지에 부합되게 제대로 시행되고 있는지를 사전에 점검 및 감독하고 근로자의 사후적 권리구제를 효율적으로 보장하기 위하여 고용노동부 산하에 근로감독관을 설치하여 근로조건의 기준을 확보하고 있다.

2 근로감독관제도

(1) 설 치

근로조건의 기준을 확보하기 위하여 고용노동부와 그 소속 기관에 근로감독관을 둔다(법 제101조 제1항).

(2) 근로감독관의 권한과 의무

① 근로감독관의 권한 **19** **21** 기출

　㉠ 행정상 권한(법 제102조)

　　㉮ 근로감독관은 사업장, 기숙사, 그 밖의 부속 건물을 현장조사하고 장부와 서류의 제출을 요구할 수 있으며 사용자와 근로자에 대하여 심문할 수 있다.

　　㉯ 의사인 근로감독관이나 근로감독관의 위촉을 받은 의사는 취업을 금지하여야 할 질병에 걸릴 의심이 있는 근로자에 대하여 검진할 수 있다.

　　㉰ 위의 경우 근로감독관이나 그 위촉을 받은 의사는 그 신분증명서와 고용노동부장관의 현장조사 또는 검진지령서를 제시하여야 한다.

　　㉱ 현장조사 또는 검진지령서에는 그 일시, 장소 및 범위를 분명하게 적어야 한다.

　㉡ 사법상 권한(법 제102조 및 제105조)

　　㉮ 근로감독관은 이 법이나 그 밖의 노동 관계 법령 위반의 죄에 관하여 사법경찰관리의 직무를 행할 자와 그 직무범위에 관한 법률에서 정하는 바에 따라 사법경찰관의 직무를 수행한다.

　　㉯ 이 법이나 그 밖의 노동 관계 법령에 따른 현장조사, 서류의 제출, 심문 등의 수사는 검사와 근로감독관이 전담하여 수행한다. 다만, 근로감독관의 직무에 관한 범죄의 수사는 그러하지 아니하다.

② 근로감독관의 의무(법 제103조)

　근로감독관은 직무상 알게 된 비밀을 엄수하여야 한다. 근로감독관을 그만 둔 경우에도 또한 같다.

③ 감독기관에 대한 신고(법 제104조)

　㉠ 사업 또는 사업장에서 이 법 또는 이 법에 따른 대통령령을 위반한 사실이 있으면 근로자는 그 사실을 고용노동부장관이나 근로감독관에게 통보할 수 있다.

　㉡ 사용자는 통보를 이유로 근로자에게 해고나 그 밖에 불리한 처우를 하지 못한다.

02 적중예상문제

01 근로기준법에서 사용하는 용어의 뜻으로 옳은 것은?

① 사용자란 사업주 또는 사업 경영 담당자, 그 밖에 사용자의 이익을 대표하여 행동하는 자를 말한다.
② 근로자란 직업의 종류를 불문하고 임금·급료 기타 이에 준하는 수입에 의하여 생활하는 사람을 말한다.
③ 근로계약이란 근로자가 사용자에게 근로를 제공하고 사용자는 이에 대하여 임금을 지급하는 것을 목적으로 체결된 계약을 말한다.
④ 단시간근로자란 1일의 소정근로시간이 통상 근로자의 1일의 소정근로시간에 비하여 짧은 근로자를 말한다.

해설

③ 근로기준법 제2조 제1항 제4호
① 사용자란 사업주 또는 사업 경영 담당자, 그 밖에 근로자에 관한 사항에 대하여 사업주를 위하여 행위하는 자를 말한다.
② 근로기준법상 근로자란 직업의 종류와 관계없이 임금을 목적으로 사업이나 사업장에 근로를 제공하는 사람을 말한다. ②는 노동조합 및 노동관계조정법상 근로자의 개념이다.
④ 단시간근로자란 1주 동안의 소정근로시간이 그 사업장에서 같은 종류의 업무에 종사하는 통상 근로자의 1주 동안의 소정근로시간에 비하여 짧은 근로자를 말한다.

02 근로기준법령상 상시 4명 이하의 근로자를 사용하는 사업 또는 사업장에 적용하는 법 규정을 모두 고른 것은?

ㄱ. 근로기준법 제9조(중간착취의 배제)
ㄴ. 근로기준법 제18조(단시간근로자의 근로조건)
ㄷ. 근로기준법 제21조(전차금 상계의 금지)
ㄹ. 근로기준법 제60조(연차 유급휴가)
ㅁ. 근로기준법 제72조(갱내근로의 금지)

① ㄱ, ㄷ
② ㄴ, ㄹ
③ ㄱ, ㄴ, ㅁ
④ ㄱ, ㄴ, ㄷ, ㅁ

근로기준법 시행령 별표 1

상시 4명 이하의 근로자를 사용하는 사업 또는 사업장에 적용하는 법 규정(제7조 관련)

구 분	적용법규정
제1장 총 칙	제1조부터 제13조까지의 규정
제2장 근로계약	제15조, 제17조, 제18조, 제19조 제1항, 제20조부터 제22조까지의 규정, 제23조 제2항, 제26조, 제36조부터 제42조까지의 규정
제3장 임 금	제43조부터 제45조까지의 규정, 제47조부터 제49조까지의 규정
제4장 근로시간과 휴식	제54조, 제55조 제1항, 제63조
제5장 여성과 소년	제64조, 제65조 제1항·제3항(임산부와 18세 미만인 자로 한정한다), 제66조부터 제69조까지의 규정, 제70조 제2항·제3항, 제71조, 제72조, 제74조
제6장 안전과 보건	제76조
제8장 재해보상	제78조부터 제92조까지의 규정
제11장 근로감독관 등	제101조부터 제106조까지의 규정
제12장 벌 칙	제107조부터 제116조까지의 규정(제1장부터 제6장까지, 제8장, 제11장의 규정 중 상시 4명 이하 근로자를 사용하는 사업 또는 사업장에 적용되는 규정을 위반한 경우로 한정한다)

03 근로기준법에 규정된 내용으로 옳지 않은 것은?

① 소정근로시간이란 근로기준법 제50조, 제69조 본문에 따른 근로시간의 범위에서 근로자와 사용자 사이에 정한 근로시간을 말한다.

② 사용자는 계속하여 근로한 기간이 1년 미만인 근로자에게 1개월간 80퍼센트 이상 출근 시 1일의 유급휴가를 주어야 한다.

③ 야간근로는 오후 10시부터 오전 6시까지 사이의 근로를 말한다.

④ 단시간근로자란 1주 동안의 소정근로시간이 그 사업장에서 같은 종류의 업무에 종사하는 통상근로자의 1주 동안의 소정근로시간에 비하여 짧은 근로자를 말한다.

해설

② 사용자는 1년간 80퍼센트 이상 출근한 근로자에게 15일의 유급휴가를 주어야 한다(근로기준법 제60조 제1항). 사용자는 계속하여 근로한 기간이 1년 미만인 근로자 또는 1년간 80퍼센트 미만 출근한 근로자에게 1개월 개근 시 1일의 유급휴가를 주어야 한다(근로기준법 제60조 제2항).

04 근로기준법에 규정된 내용으로 옳지 않은 것은?

① 근로기준법에서 정하는 근로조건은 최저기준이므로 근로관계 당사자는 이 기준을 이유로 근로조건을 낮출 수 없다.

② 근로조건은 근로자와 사용자가 동등한 지위에서 자유의사에 따라 결정하여야 한다.

③ 사용자는 근로자에 대하여 남녀의 성(性)을 이유로 차별적 대우를 하지 못한다.

④ 사용자는 근로자가 공(公)의 직무를 집행하기 위하여 근로시간 중에 필요한 시간을 청구하면 이를 거부할 수 있다.

> **해설**
>
> ④ 사용자는 근로자가 근로시간 중에 선거권, 그 밖의 공민권(公民權) 행사 또는 공(公)의 직무를 집행하기 위하여 필요한 시간을 청구하면 거부하지 못한다. 다만, 그 권리 행사나 공(公)의 직무를 수행하는 데에 지장이 없으면 청구한 시간을 변경할 수 있다(근로기준법 제10조). 사용자가 거부 시 근로기준법 제10조 위반이 되며, 만일 거부의 의사표시가 없이 다른 수단으로 근로가 강제되더라도 근로기준법 제7조 위반이 된다. 추가로 사용자가 휴게시간을 이용하여 공민권을 행사하도록 하는 것은 근로시간 중의 공민권 행사를 보장하는 근로기준법 규정에 반할 뿐 아니라 동법 제54조 제2항의 휴게시간 자유이용의 원칙에도 위배된다.

05 근로기준법의 총칙에 관한 설명으로 옳은 것은?(다툼이 있는 경우에는 판례에 의함)

① 근로기준법은 사용자가 근로자를 모집·채용할 때 차별을 금지하고 있다.

② 노동조합 대의원선거에 입후보하여 그 선거운동을 하는 것은 공민권의 행사 또는 공(公)의 직무에 해당한다.

③ 법률에 따르더라도 타인의 취업에 개입하여 이익을 취득하는 것은 허용되지 않는다.

④ 다른 법률이나 단체협약, 취업규칙 등에서 정함이 없으면 공(公)의 직무를 수행하는데 필요한 시간은 임금을 지급하지 않아도 무방하다.

> **해설**
>
> ① 근로기준법은 제6조에서 사용자가 근로자에 대하여 성(性), 국적, 신앙 또는 사회적 신분을 이유로 근로조건에 대해 차별적 처우를 하는 것을 금지하고 있을 뿐, 모집이나 채용 시의 차별에 대해서는 규정하고 있지 않다.
>
> ② 공직 선거에서 타인을 위한 선거운동, 법원이나 노동위원회 사건에서 당사자로서의 활동, 정당 활동, 노동조합 활동 등은 공의 직무가 아니라고 해석된다.
>
> ③ 근로기준법 제9조는 누구든지 법률에 따르지 아니하고는 영리로 다른 사람의 취업에 개입하거나 중간인으로서 이익을 취득하지 못한다고 규정하고 있다. 따라서 법률에 따라 영리로 다른 사람의 취업에 개입하거나 이익을 취득하는 것은 허용된다.

06 근로기준법상 근로감독관에 관한 설명으로 옳지 않은 것은?

① 근로조건의 기준을 확보하기 위하여 고용노동부와 그 소속 기관에 근로감독관을 둔다.
② 근로감독관의 직무에 관한 범죄의 수사는 검사와 근로감독관이 전담하여 수행한다.
③ 근로감독관은 기숙사를 현장조사하고 장부와 서류의 제출을 요구할 수 있다.
④ 의사인 근로감독관이나 근로감독관의 위촉을 받은 의사는 취업을 금지하여야 할 질병에 걸릴 의심이 있는 근로자에 대하여 검진할 수 있다.

> **해설**
> ② 이 법이나 그 밖의 노동 관계 법령에 따른 현장조사, 서류의 제출, 심문 등의 수사는 검사와 근로감독관이 전담하여 수행한다. 다만, 근로감독관의 직무에 관한 범죄의 수사는 그러하지 아니하다(근로기준법 제105조).

07 근로기준법상 근로계약 등에 관한 설명으로 옳지 않은 것은?

① 사용자는 근로계약 불이행에 대한 위약금 또는 손해배상액을 예정하는 계약을 체결하지 못한다.
② 사용자는 전차금이나 그 밖에 근로할 것을 조건으로 하는 전대채권과 임금을 상계하지 못한다.
③ 법 제36조(금품 청산)를 위반한 자에 대하여는 피해자의 명시적인 의사와 다르게 공소를 제기할 수 있다.
④ 근로자는 근로계약 체결 시 명시된 근로조건이 사실과 다를 경우에 근로조건 위반을 이유로 즉시 근로계약을 해제할 수 있다.

> **해설**
> ③ 제36조(금품 청산), 제43조(임금 지급), 제44조(도급 사업에 대한 임금 지급), 제44조의2(건설업에서의 임금 지급 연대책임), 제46조(휴업수당) 또는 제56조(연장·야간 및 휴일근로)를 위반한 자에 대하여는 피해자의 명시적인 의사와 다르게 공소를 제기할 수 없다(근로기준법 제109조 제2항).

08 근로기준법에 관한 설명으로 옳지 않은 것은?(다툼이 있는 경우에는 판례에 의함)

① 근로관계 당사자는 근로기준법에서 정하는 근로조건의 기준을 이유로 근로조건을 낮출 수 없다.
② 근로조건은 근로자와 사용자가 동등한 지위에서 자유의사에 따라 결정하여야 한다.
③ 대법원 판례에 따르면, 현실의 근로 제공을 전제로 하지 않고 단순히 근로자로서의 지위에 기하여 발생한다는 이른바 생활보장적 임금은 인정되지 않는다.
④ 불법체류 외국인근로자는 임금을 목적으로 사업이나 사업장에 근로를 제공하고 있더라도 근로기준법상 근로자가 아니다.

④ 산업기술연수생이라는 명목으로 입국하여 취업자격이 없는 외국인이 출입국관리법상의 고용제한규정에 위반하여 사업장에 취업하여 근로를 제공하고 연수비 명목의 임금과 시간외수당을 지급 받은 경우 산재보험법이 적용되는 근로자에 해당한다(대판 1997.10.10, 97누10352).

09 근로기준법의 규정에 따라 사용자가 근로자의 요구가 없더라도 서면으로 명시하여 교부하여야 할 근로조건에 해당하지 않는 것은?

① 소정근로시간
② 임금의 구성항목
③ 취업의 장소에 관한 사항
④ 근로기준법의 규정에 따른 휴일

③ 임금의 구성항목·계산방법·지급 방법, 소정근로시간, 휴일, 연차 유급휴가에 관한 사항은 서면으로 명시하여 근로자에게 교부하여야 한다(근로기준법 제17조). 취업의 장소에 관한 사항은 명시사항에는 해당하나, 근로자에게 교부하여야 할 의무는 없다(근로기준법 시행령 제8조).

10 근로기준법상 상시근로자 수를 산정하는 경우 연인원에 포함되지 않는 근로자는?

① 기간제 및 단시간근로자 보호 등에 관한 법률에 따른 기간제근로자
② 기간제 및 단시간근로자 보호 등에 관한 법률에 따른 단시간근로자
③ 파견근로자보호 등에 관한 법률에 따른 파견근로자
④ 외국인근로자의 고용 등에 관한 법률에 따른 외국인근로자

③ 근로기준법 시행령 제7조의2 제4항에서 상시근로자 수를 산정하는 경우의 연인원에는 파견근로자보호 등에 관한 법률에 따른 파견근로자를 제외한다고 규정하고 있다.

11 근로기준법상 사업 또는 사업장에 근로자의 과반수로 조직된 노동조합이 없는 경우 근로자대표는?

① 사용자가 지명하는 자
② 근로자의 과반수를 대표하는 자
③ 근로자의 과반수
④ 근로감독관

② 근로자대표란 해당 사업 또는 사업장에 근로자 과반수로 조직된 노동조합이 있는 경우에는 그 노동조합, 그러한 노동조합이 없는 경우에는 근로자 과반수를 대표하는 자를 말한다(근로기준법 제24조 제3항).

12 근로기준법의 기본원칙에 관한 설명으로 옳은 것은?

① 사용자는 근로자에 대하여 남녀의 성(性)을 이유로 차별적 대우를 하지 못하고, 국적·신앙 또는 사회적 신분을 이유로 모집 및 채용에 있어서 차별적 처우를 하지 못한다.

② 누구든지 법률에 따르지 아니하고는 영리로 다른 사람의 취업에 개입하거나 중간인으로서 이익을 취득하지 못한다.

③ 사고의 발생을 제외하고는 어떠한 이유로도 근로자에게 폭행을 하지 못한다.

④ 근로조건은 근로자와 사용자가 동등한 지위에서 자유의사에 따라 결정되어서는 아니 된다.

해설
② 근로기준법 제9조
① 모집, 채용에 있어서 차별적 처우가 아니라 근로조건에 대한 차별적 처우를 하지 못한다(근로기준법 제6조 참고).
③ 사용자는 사고의 발생이나 그 밖의 어떠한 이유로도 근로자에게 폭행을 하지 못한다(근로기준법 제8조).
④ 근로자와 사용자가 동등한 지위에서 자유의사에 따라 결정하여야 한다(근로기준법 제4조).

13 근로기준법에 규정된 "근로자란 직업의 종류를 불문하고 임금을 목적으로 사업 또는 사업장에 근로를 제공하는 사람을 말한다."라는 내용에 관한 해석으로 옳지 않은 것은?

① 사업은 원칙적으로 영리 또는 비영리를 불문한다.

② 근로의 제공이 임금을 목적으로 하지 않는 사람은 근로자가 아니다.

③ 근로의 제공은 육체적·정신적 활동을 포함한다.

④ 사업장에서 근로를 제공해야 하므로 재택근무자는 근로자가 아니다.

해설
④ 근로자는 사업장뿐만 아니라 사업에 근로를 제공하는 사람이므로, 사용종속관계가 인정되면 재택근무자도 근로자에 포함될 수 있다.

14 균등처우에 관한 설명 중 옳은 것은?(다툼이 있는 경우 판례에 따름)

① 사업양도의 경우 승계된 근로자들과 종래 근로자들 사이에 근로조건에 차이가 있는 경우 균등처우의 원칙에 반한다.

② 업무의 성질에 따라 근로조건을 달리하는 것은 균등처우의 원칙에 반한다.

③ 근로자의 근로내용이나 근무형태 등 합리적인 기준을 두어 정년을 달리하는 것은 균등처우 원칙에 반한다.

④ 기술이 다르면 다르게 취급할 수 있으며 학위도 기술을 판단하는 요소의 하나이다.

12 ② 13 ④ 14 ④ 정답

① 사업양도의 경우 승계된 근로자들과 종래 근로자들 사이에 퇴직금 등 근로조건에 차이가 있더라도 이는 합리적 차별로서 균등처우의 원칙에 반하지 않는다.
② 업무의 성질에 따라 근로조건을 달리하는 것은 합리적 기준에 의한 차별이므로 균등처우의 원칙에 반하지 않는다.
③ 근로자의 근로내용이나 근무형태 등 합리적인 기준을 두어 정년을 달리하는 것은 합리적 기준에 의한 차별이므로 균등처우원칙에 반하지 않는다.

15 근로기준법의 적용범위에 관한 설명으로 옳은 것은?(다툼이 있는 경우에는 대법원 판례에 의함)

① 당해 사업이 1회에 그치거나 사업기간이 일시적인 경우에는 근로기준법의 적용대상이 아니다.
② 국가 또는 지방자치단체에는 근로기준법이 적용되지 않는다.
③ 종교단체는 헌법상 종교의 자유가 있고 영리를 목적으로 하지 않으므로 근로기준법의 적용대상에서 제외된다.
④ 근로기준법 적용을 위한 상시근로자수의 판단 시 사업장의 상황에 맞추어 임시적으로 사용하는 일용근로자도 포함하여 계산한다.

① 업으로 행하는 경우에는 그 사업의 횟수는 상관이 없다.
②·③ 근로기준법이 적용된다.

16 근로기준법상 1주간의 소정근로시간이 15시간 미만인 근로자 및 상시 4인 이하 근로자를 사용하는 사업 또는 사업장에 공통적으로 적용되는 법규정에 해당하는 것은?

① 제34조의 규정에 의한 퇴직금제도
② 제55조의 규정에 의한 주휴일
③ 제60조의 규정에 의한 연차 유급휴가
④ 제74조의 규정에 의한 출산전후휴가

단시간근로자에게는 주휴일, 연차 유급휴가규정이 적용되지 않는다. 근로기준법 제5장의 여성과 연소자에 관한 규정에서 임산부와 연소자에 관한 규정은 모든 사업장에 적용된다.

03 근로관계의 성립

제 1 절 ▶ 근로계약의 의의 및 법적성질

1 근로계약의 의의

근로계약이란 근로자가 사용자에게 근로를 제공하고 사용자는 이에 대하여 임금을 지급하는 것을 목적으로 체결된 계약을 말한다(법 제2조 제1항 제4호).

2 근로계약의 법적 성질

(1) 채권계약설

근로자와 사용자간의 근로제공 및 임금지급에 관한 순수한 쌍무적 채권채무관계로 파악한다.

(2) 신분계약설

채권계약설에서 주장하는 내용은 물론이고 나아가 종업원 지위의 취득이라는 신분계약적 측면도 동시에 보유하고 있다고 주장한다.

(3) 판 례

판례입장은 분명하지는 않으나 기본적으로 채권계약적 성질을 전제로 하면서, 인간관계의 형성 등 인격실현행위라는 표현을 쓰고 있다.

3 근로계약체결의 자유 및 법적 제한

근로자와 사용자가 근로계약을 체결하기 이전까지는 근로계약의 체결 여부에 관하여 대체로 이를 자유로이 결정할 수 있는 것이 원칙이다. 그러나 근로자와 사용자가 근로계약을 일단 체결하기로 결정한 경우에는 체결의 형식, 방법, 내용 및 기간 등에 관하여 근로기준법 등 관련 법령에서 법적 제한을 부과하고 있다.

1 근로계약의 당사자

(1) 근로자

① 의 의

근로계약체결의 당사자로서의 근로자는 근로의 능력과 의사가 있는 사람으로서 사용자와 근로계약을 체결하고 이에 따라 근로를 제공하고자 하는 사람을 말한다.

② 미성년자의 근로계약체결

㉠ 친권자나 후견인은 미성년자의 근로계약을 대리할 수 없다(법 제67조 제1항).

㉡ 민법에서는 미성년자가 고용계약을 체결하고자 하는 경우 미성년자 자신이 친권자 또는 후견인의 동의를 얻어 직접 계약을 체결하는 방법과 친권자 또는 후견인이 법정대리인으로서 미성년자의 계약을 체결하는 방법 두 가지가 있으나 근로기준법에서 전자의 방법은 허용되나 후자의 방법은 허용되지 아니한다. 그 이유는 법정대리인이 그 권한을 남용하여 미성년자가 원하지 않는 근로를 강제할 우려가 있기 때문이다.

㉢ 미성년자가 체결한 근로계약의 해지

㉮ 친권자, 후견인 또는 고용노동부장관은 근로계약이 미성년자에게 불리하다고 인정하는 경우에는 이를 해지할 수 있다(법 제67조 제2항).

㉯ 미성년자가 그 근로를 감당할 수 없을 정도의 사정이 존재할 것이 필요한 것은 아니고 법정대리인 또는 고용노동부장관이 불리하다고 인정하면 족하다(주관적).

㉣ 미성년자의 근로조건 서면명시

사용자는 18세 미만인 사람과 근로계약을 체결하는 경우에는 근로조건을 서면으로 명시하여 교부하여야 한다(법 제67조 제3항).

③ 근로계약 체결 시의 근로자의 의무

㉠ 근로자의 협력의무

계약체결을 위한 교섭의 사실적인 개시와 더불어 근로자와 사용자는 각각 상대방에 대하여 신의칙상 배려, 조사, 고지, 주의 등을 해야 할 행태상의 의무를 진다.

㉡ 착오와 사기

근로계약에 있어서도 착오와 사기에 관한 민법의 규정이 그대로 적용되며 손해가 발생한 경우에는 사용자는 손해배상을 청구할 수 있다.

㉢ 경력사칭

취업규칙에서 근로자가 고용 당시 제출한 이력서 등에 학력 등을 허위로 기재한 행위를 징계해고사유로 특히 명시하고 있는 경우에 이를 이유로 해고하는 것은 고용 당시 및 그 이후 제반 사정에 비추어 보더라도 사회통념상 현저히 부당하지 않다면 정당성이 인정된다(대판 2012.7.5, 2009두16763).

(2) 사용자

근로계약체결 당사자로서 사용자는 사업주에 국한된다. 사업경영담당자 또는 사업주를 위하여 행위하는 자는 사업주로부터 근로계약체결의 권한을 위임받은 경우에 한하여 근로계약체결의 당사자가 될 수 있다. 그러나 사업주가 아닌 사용자와 근로자 간에 근로계약이 체결되지 아니한 경우에도 실제로 사용종속관계가 존재한다면 당해 사용자는 사업주로 간주될 수 있음에 유의해야 한다(파견근로자 사용사업주 등의 소위 사용자개념이 확대되는 경우).

2 근로계약의 형식

특별한 형식을 요구하지 아니하며 문서는 물론 구두에 의해서도 체결할 수 있다. 일반적으로 사용종속관계 아래서 근로의 제공과 임금의 지급이라는 실질적 사실이 있다고 인정되면 서면계약이 체결되어 있지 아니한 경우에도 구두계약 및 관행, 관습에 의하여 근로계약이 체결되어 있는 것으로 보아야 한다.

3 근로계약의 내용

(1) 근로조건의 명시의무

① 의 의

㉠ 사용자는 근로계약을 체결할 때에 근로자에게 임금, 소정근로시간, 휴일, 연차 유급휴가 및 그 밖에 대통령령으로 정하는 근로조건을 명시하여야 한다. 이 경우 사용자는 임금의 구성항목 · 계산방법 · 지급 방법 및 소정근로시간, 휴일, 연차 유급휴가의 사항이 명시된 서면(전자문서를 포함)을 근로자에게 교부하여야 한다(법 제17조).

㉡ 사용자는 기간제근로자 또는 단시간근로자와 근로계약을 체결하는 때에는 근로계약기간, 근로시간 · 휴게, 임금의 구성항목 · 계산방법 및 지불방법, 휴일 · 휴가, 취업의 장소와 종사하여야 할 업무를 서면으로 명시하여야 한다. 또한, 단시간근로자의 경우에는 근로일 및 근로일별 근로시간도 명시하여야 한다(기간제 및 단시간근로자 보호 등에 관한 법률 제17조).

㉢ 위의 규정들은 사용자가 자신의 우월한 지위를 남용하여 구체적인 근로조건을 제시하지 아니한 채 근로조건의 불확정상태 하에서 근로자의 근로를 수령하는 것을 방지하기 위한 것이다.

② 근로조건의 의무적 명시내용

㉠ 임금, 소정근로시간, 휴일, 연차 유급휴가, 기타의 근로조건을 말한다.

㉡ 기타의 근로조건은 취업의 장소와 종사하여야 할 업무에 관한 사항, 취업규칙 작성 시 포함되어야 할 필요적 기재사항(법 제93조), 사업장의 부속 기숙사에 근로자를 기숙하게 하는 경우에는 기숙사규칙에 관한 사항을 말한다.

ⓒ 반드시 동 규정에 해당하지는 아니하더라도 근로자의 근로조건과 밀접한 관계가 있는 사항은 명시되어야 한다는 견해가 있다. 판례는 "취업규칙에 신규 채용하는 근로자에 대한 시용기간의 적용을 선택적 사항으로 규정하고 있는 경우에는 그 근로자에 대하여 시용기간을 적용할 것인가의 여부를 근로계약에 명시하여야 한다."라고 판시하였다(대판 1999.11.12, 99다30473).

③ 근로조건의 명시시기
　　㉠ 근로계약의 체결 시다. 근로계약의 체결 이전이라도 근로자와 사용자 간에 계약에 관한 교섭이 진행되는 시기를 포함하는 것으로 넓게 해석하여야 할 것이다.
　　㉡ 근로계약이 변경되는 경우에도 근로조건을 명시해야 하는가에 관한 명문의 규정은 없지만 근로계약의 변경이 새로운 계약에 준한다고 인정될 때에는 이를 긍정적으로 해석하여야 할 것이다.

④ 근로조건의 명시방법
　　근로조건의 명시는 구두로도(임금의 구성항목·계산방법·지급 방법 및 소정근로시간, 휴일, 연차유급휴가에 관한 사항은 제외) 무방하다. 그러나 서면으로 하면 이후에 발생할 수 있는 분쟁을 줄일 수 있다.

⑤ 위반 시 근로계약의 효력
　　근로조건이 명시되지 않았다 하더라도 그 계약 자체는 유효하게 성립한다. 다만 처벌의 대상이 될 뿐이다.

⑥ 명시의무 위반에 대한 구제방법 **19** 기출
　　㉠ 사용자에 대한 제재
　　　벌칙이 부과된다(법 제114조 제1호). 명시한 근로조건이 사실과 다를 때에는 사용자에 대한 벌칙 규정이 없다. 이는 입법자의 실수로 보는 것이 일반적이다.
　　㉡ 근로자에 대한 구제(법 제19조)
　　　명시된 근로조건이 사실과 다르다는 의미는 사실에 미달하는 경우만을 의미한다.
　　　㉮ 손해배상청구
　　　　ⓐ 근로자는 근로조건 위반으로 인한 손해배상을 노동위원회에 청구할 수 있고, 또한 일반법원에 손해배상 청구도 가능하다.
　　　　ⓑ 근로자는 두 개의 절차 중 어느 한 절차를 선택할 수 있다.
　　　　ⓒ 노동위원회에 손해배상청구는 명시한 근로조건을 위반한 경우에만 허용된다.
　　　㉯ 계약의 즉시해지권
　　　　명시된 근로조건이 사실과 다를 때에는 근로자는 근로계약을 즉시 해제할 수 있다. 상당한 기간이 지난 뒤에는 즉시해제권을 행사할 수 없다. 근로기준법은 해제라는 표현을 쓰고 있으나 근로계약관계를 장래에 향하여 소멸시키는 것이므로 이는 해지를 의미한다고 할 것이다.
　　　㉰ 귀향여비
　　　　ⓐ 근로자가 근로관계를 해제하고 귀향하는 경우 사용자는 취업을 목적으로 거주를 변경하는 근로자에게 귀향여비를 지급하여야 한다.
　　　　ⓑ 귀향여비는 금품청산이므로 14일 이내에 지급하여야 한다(법 제36조).

(2) 금지되는 근로조건

① 의 의

어떠한 경우에도 근로계약의 내용으로 규정되어서는 아니 되는 근로조건을 말한다.

근로기준법은 금지되는 계약으로서 위약 예정의 금지, 전차금상계의 금지, 강제 저금의 금지의 3가지 형태를 명문으로 규정하고 있다.

② 위약 예정의 금지

⊙ 사용자는 근로계약 불이행에 대한 위약금 또는 손해배상액을 예정하는 계약을 체결하지 못한다(법 제20조).

⊙ 위약금을 예정하는 계약의 금지

근로자의 채무불이행의 경우에 근로자가 사용자에게 실제 손해의 발생 여부 및 손해의 액수에 상관없이 일정액을 지불할 것을 미리 약정하는 것으로 일종의 벌금부과적 성격을 갖는다.

③ 손해배상액을 예정하는 계약의 금지(법 제20조)

⊙ 근로자의 채무불이행의 경우에 실제 발생된 손해액과 관계없이 손해배상액을 미리 정하는 것을 말한다. 근로기준법은 채무불이행으로 인한 손해배상액의 예정만 금지하도록 규정하고 있으나 동조의 취지가 손해배상의 사유 및 액수를 불문하고 손해배상액의 예정을 통한 근로자의 강제노동을 금지하고 있는 것이므로 불법행위로 인한 손해배상의 예정도 금지된다.

⊙ 근로자의 채무불이행 및 불법행위 등으로 사용자에게 손해가 발생했을 때 실제로 발생한 손해에 해당하는 손해배상을 할 수 있도록 단체협약 및 취업규칙 등에 정하는 것은 허용된다.

⊙ 해외 파견된 근로자가 귀국일로부터 일정기간 소속회사에 근무하여야 한다는 사규나 약정 또는 일정기간 근무하지 않으면 해외 파견 소요경비를 배상한다는 사규나 약정은 근로계약기간이 아니라 경비반환채무의 면제기간을 정한 것이므로 근로기준법 제21조에 위배하는 것이 아니다(대판 1982.6.22, 82다카90).

⊙ 근로자의 불법행위 또는 채무불이행으로 인하여 발생한 손해에 대한 담보를 전제로 하는 신원보증계약은 허용된다.

④ 전차금상계의 금지

⊙ 사용자는 전차금이나 그 밖에 근로할 것을 조건으로 하는 전대채권과 임금을 상계하지 못한다(법 제21조).

⊙ 전차금은 근로자가 근로를 제공하여 향후 임금에서 변제하기로 하고 근로계약을 체결할 때에 사용자로부터 미리 차용한 금전을 말하고 전대채권이란 전차금 이외에 근로자 또는 친권자 등에게 근로를 조건으로 지급된 금전으로 전차금과 동일한 내용을 가지는 것이다.

⊙ 임금과의 상계(상쇄)금지

사용자가 근로자에게 임금과의 상계를 전제로 하지 않고 전차금을 대여하는 것은 허용된다. 가불, 학자금대여, 주택구입자금의 대부 등은 근로자의 편의를 위하여 임금의 일부를 미리 지급한 것으로서 근로기준법에 위배되지 아니한다.

⑤ 강제 저축 및 저축금관리의 금지(법 제22조 제1항)

사용자는 근로계약에 덧붙여 강제 저축 또는 저축금의 관리를 규정하는 계약을 체결하지 못한다. 강제 저축의 범위에는 사용자 자신이 명의인이 되는 것은 물론 사용자가 지정하는 제3자, 즉 특정 은행, 우체국 및 공제조합 등의 금융기관과 저축계약을 하는 것도 포함된다.

(3) 근로자의 위탁에 의한 저축금관리(법 제22조 제2항)

사용자가 근로자의 위탁으로 저축을 관리하는 경우에는 다음의 사항을 지켜야 한다.

① 저축의 종류·기간 및 금융기관을 근로자가 결정하고, 근로자 본인의 이름으로 저축할 것

② 근로자가 저축증서 등 관련 자료의 열람 또는 반환을 요구할 때에는 즉시 이에 따를 것

4 근로계약의 기간

(1) 종래의 규정

종래 근로기준법은 근로자가 장기간 사용자에게 구속되는 것을 방지하기 위하여 제23조에서 "근로계약은 기간의 정함이 없는 것과 일정한 사업완료에 필요한 기간을 정한 것을 제외하고는 그 기간은 1년을 초과하지 못한다"라고 규정하고 있었다.

(2) 기간제 및 단시간근로자 보호 등에 관한 법률의 제정

① 종래의 근로기준법 제23조

새로 제정된 기간제 및 단시간 근로자 보호 등에 관한 법률이 근로계약의 기간에 관하여 규정함으로써 법률의 혼선을 피하기 위해 종래의 근로기준법 제23조는 삭제되었다.

② 기간제 및 단시간근로자 보호 등에 관한 법률 제4조

사용자는 2년을 초과하지 아니하는 범위 안에서 기간제근로자를 사용할 수 있다. 다만 다음의 어느 하나에 해당하는 경우에는 2년을 초과하여 기간제근로자로 사용할 수 있다.

㉠ 사업의 완료 또는 특정한 업무의 완성에 필요한 기간을 정한 경우

㉡ 휴직·파견 등으로 결원이 발생하여 해당 근로자가 복귀할 때까지 그 업무를 대신할 필요가 있는 경우

㉢ 근로자가 학업, 직업훈련 등을 이수함에 따라 그 이수에 필요한 기간을 정한 경우

㉣ 고령자고용촉진법 상의 고령자와 근로계약을 체결하는 경우

㉤ 전문적 지식·기술의 활용이 필요한 경우와 정부의 복지정책·실업대책 등에 따라 일자리를 제공하는 경우로서 대통령령으로 정하는 경우

㉥ 그 밖에 ㉠부터 ㉤까지에 준하는 합리적인 사유가 있는 경우로서 대통령령으로 정하는 경우

1 근로관계의 의의

일반적으로 근로자가 사용자에게 근로를 제공하고 사용자는 근로자에게 임금을 지급하는 것을 내용으로 하는 근로계약의 체결에 의하여 성립되는 당사자 간의 법률관계를 말한다.

2 근로계약과 근로관계의 관계

유효한 근로계약이 체결되면 이와 동시에 근로관계가 성립한다는 견해(계약설), 유효한 근로계약 이외에 근로자의 작업개시 또는 경영체계로의 편입이라는 사실적 요소가 필요하다고 하는 견해(편입설)가 있다. 판례는 근로관계가 성립하기 위해서는 양 당사자 사이에 명시적 또는 묵시적으로 체결된 계약이 있거나, 기타의 법적 근거가 있어야 한다고 하여 계약설의 입장을 취하고 있다.

3 비전형적 근로관계

(1) 채용내정

① 의 의

회사가 근로자를 채용하기로 내정은 되어 있으나 아직 정식의 근로계약을 체결하지 아니한 경우를 의미한다.

② 법적 성질

근로계약예정설, 근로계약체결과정설, 근로계약성립설 등이 있으나 다수설과 판례는 근로계약성립설을 취하고 있다. 즉, 회사의 모집공고를 사용자에 의한 청약의 유인으로, 응모자의 응모를 근로자의 청약으로, 채용내정을 사용자의 승낙으로 간주함으로써 근로계약이 성립한다고 본다. 판례 또한 채용내정 시에 근로계약이 성립한다고 보고 있다. 다만, '채용내정 시부터 정식발령일 사이에는 사용자에게 근로계약의 해약권이 유보되어 있다'고 판시하였다.

회사가 채용내정자들에게 최종합격통보를 하여 줌으로써 당사자 간에는 근로계약관계가 유효하게 성립되어 늦어도 근무개시 약속기한 이후에는 채용내정자들이 회사의 근로자가 되었다고 할 것이므로 그 후의 신규채용의 취소 통보는 실질적으로 해고에 해당한다는 판례가 있다.

③ 채용내정과 근로관계

채용내정을 근로계약의 체결로 보면 채용내정기간은 근로제공의무의 이행시기가 도래하지 아니하거나 근로계약의 효력이 발생하지 아니한 것이 된다. 따라서 근로제공과 관련된 근로기준법상의 규정들은 적용되지 않는다. 다만, 채용내정의 취소는 근로계약의 해지로서 법 제23조가 적용되어 사용자는 정당한 이유 없이는 채용내정자를 해고하여서는 아니 된다.

(2) 시용기간

① 의 의
근로계약을 체결하고 입사한 근로자를 그대로 정규사원으로 임명하지 않고 종업원으로서 적격성을 가졌는가를 판단한 후 최종적으로 근로관계의 존속 여부를 판단하기 위하여 근로계약의 효력을 유보한 상태에서 근로관계를 갖는 일정한 기간을 말한다.

② 법적 성질
정지조건부 근로계약설, 해제조건부 근로계약설, 해지권유보부 근로계약설 등의 견해가 있으나 해지권유보부 근로계약설이 통설·판례이다.

③ 시용기간과 근로관계
㉠ 사용자는 근로자를 시용으로 채용하는 경우 이를 근로계약에 명시하여야 한다. 이를 명시하지 않은 경우 일반근로자로 채용된 것으로 보아야 할 것이다. 시용기간도 명시해야 한다.

㉡ 시용기간 중에 근로자를 해고하거나 시용기간의 종료 후에 사용자가 근로자의 본채용을 거부하는 것은 법 제23조의 해고에 해당한다. 판례는 "시용기간 중에 있는 근로자를 해고하거나 시용기간 만료 시 본계약의 체결을 거부하는 것은 사용자에게 유보된 해약권의 행사로서, 당해 근로자의 업무능력, 자질, 인품, 성실성 등 업무적격성을 관찰·판단하려는 시용제도의 취지·목적에 비추어 볼 때 보통의 해고보다는 넓게 인정되나, 이 경우에도 객관적으로 합리적인 이유가 존재하여 사회통념상 상당하다고 인정되어야 한다"라고 하였다(대판 2006.2.24, 2002다62432).

④ 시용기간 만료 후 효과
㉠ 해약권 유보가 없는 정규근로자로 전환된다.

㉡ 기존의 시용기간은 퇴직금, 연차휴가 등의 계산 시 계속 근로 연수에 산입되고 정규근로관계의 존속기간으로 산입된다.

(3) 수습기간

① 의 의
정식의 근로계약을 체결한 후에 근로자의 근무능력이나 사업장에서의 적응능력을 향상시키기 위하여 설정되는 근로관계를 말한다.

② 수습기간과 근로관계
근로기준법이 전면 적용된다. 따라서 법 제23조의 정당한 이유가 없이는 해고하여서는 아니 된다. 또한 1년 이상의 기간을 정하여 근로계약을 체결하고 수습 중에 있는 근로자로서 수습을 시작한 날부터 3개월 이내인 사람에 대해서는 시간급 최저임금액에서 100분의 10을 뺀 금액을 그 근로자의 시간급 최저임금액으로 한다(최저임금법 시행령 제3조).

1 개 요

근로계약이 체결되는 경우 당사자 간의 대표적인 권리 의무는 근로자의 근로제공에 대한 근로자의 근로제공의무 및 사용자의 근로수령권리와 임금지급에 대한 근로자의 수령권리 및 사용자의 임금지급의무이다. 또한 근로자는 충실의무를, 사용자는 배려의무를 부담한다.

2 근로자의 권리

(1) 주된 권리 – 임금청구권

근로자는 근로계약에 따라 근로를 제공하고 사용자에게 임금을 청구할 권리를 갖는다. 임금청구권의 소멸시효기간은 3년이다(법 제49조).

(2) 종된 권리 – 취업청구권

사용자가 업무를 주지 않는 경우 근로자가 업무수행을 위한 보직을 청구할 권리를 말한다. 판례는 "사용자는 특별한 사정이 없는 한 근로자와 사이에 근로계약의 체결을 통하여 자신의 업무지휘권·업무명령권의 행사와 조화를 이루는 범위 내에서 근로자가 근로제공을 통하여 참다운 인격의 발전을 도모함으로써 자신의 인격을 실현시킬 수 있도록 배려하여야 할 신의칙상의 의무를 부담한다. 따라서 사용자가 근로자의 의사에 반하여 정당한 이유 없이 근로자의 근로제공을 계속적으로 거부하는 것은 이와 같은 근로자의 인격적 법익을 침해하는 것이 되어 사용자는 이로 인하여 근로자가 입게 되는 정신적 고통에 대하여 배상할 의무가 있다"라고 판시하였다(대판 2012.5.9, 2010다88880).

3 근로자의 의무

(1) 근로제공의무

근로자는 근로계약에 따라 사용자에게 근로를 제공하여야 할 의무를 부담한다. 근로자가 근로의무를 이행한다는 것은 반드시 근로를 실제로 제공해야 하는 것을 의미하는 것이 아니며 근로자 자신의 노동력을 사용자의 지휘, 명령하에 처분 가능한 상태에 두는 것으로 충분하다. 근로제공의무의 내용은 관련법령, 단체협약, 취업규칙, 근로계약, 경영관행, 사회통념에 의하여 결정된다.

(2) 충실의무

근로자는 근로제공의무 외에도 사용자에 대한 충실의무를 지는데 이는 사용자 또는 경영상의 이익이 침해되지 아니하도록 특정행위를 하여야 하는 작위의무와 특정행위를 하여서는 아니 되는 부작위의무를 말한다. 충실의무의 개념 및 범위는 근로관계의 내용에 따라 구체적·개별적으로 판단되어야 한다. 대체로 명령이행의무, 성실의무, 직무전념의무, 비밀유지의무, 경업금지의무 및 기타 회사의 사회적 신용을 훼손하지 아니할 의무 등이 이에 해당된다.

4 근로자의 책임

(1) 위험작업에서의 책임 제한

① 근로자가 근로의무를 이행하는 과정에서 자신의 과실에 의해 사용자에게 손해를 발생케 한 경우에는 채무불이행, 불법행위책임을 부담하게 된다.

② 위험작업에서 작업수행 중에 발생한 모든 손해의 책임을 근로자가 부담하는 것은 정당하지 않다. 따라서 위험작업에 종사하는 근로자에게 손해발생에 경과실이 있는 경우에는 배상책임이 경감되거나 면제되는 것이 타당하다(통설, 판례). 또한 제3자에게 발생한 손해에 대해서도 근로자는 그의 책임이 경감·면제되는 한도 내에서 사용자에게 제3자에 대한 책임을 면제해 줄 것을 요구할 수 있다.

(2) 결손책임

① 근로자가 사용자에게 위임받아 관리하고 있는 금고 또는 창고에 금전이나 물품의 결손이 발생한 경우에 근로자가 부담하는 책임을 결손책임이라 한다.

② 결손책임에 관한 특별한 약정이 없는 경우에 민법의 일반원칙에 따라 근로자의 고의, 과실이 있는 경우에는 채무불이행, 불법행위책임을 질 수 있다. 그러나 이 경우에도 근로자의 책임경감방안이 강구되어야 할 것이다.

5 사용자의 권리

(1) 주된 권리 – 근로급부 채권

사용자는 근로계약에 따라 근로자에게 근로를 시킬 권리를 갖는다.

(2) 종된 권리 – 지휘명령권, 시설관리권

사용자는 근로를 수령하고 이를 지휘·감독할 수 있고 회사의 물적 시설 등을 관리·사용할 수 있는 권리를 갖는다.

6 사용자의 의무

(1) 임금지급의무

① 사용자는 근로계약에 따라 근로자에게 임금을 지급하여야 한다.

② 근로자가 근로를 제공하지 않은 경우에는 사용자는 임금지급의무가 없다. 다만, 유급휴일, 유급휴가, 유급휴직 등의 경우에는 임금을 지급해야 한다.

(2) 근로수령의무

근로수령의무를 부정하는 견해도 없지는 않으나 근로자는 근로를 함으로써 임금을 받는 이익 이외에도 근로제공 그 자체에 특별한 이익이 있으므로 특별한 사정이 없는 한 마땅히 사용자에게 근로수령의무가 인정되어야 한다(다수설, 판례).

(3) 안전배려의무

① 사용자는 생산시설, 기계, 기구 등의 위험으로부터 근로자의 생명, 신체, 건강을 안전하게 보호할 의무가 있다.

② 근로자가 사용자의 경영체 또는 사업장 내에 현실적으로 편입됨으로써 안전배려의무의 효력이 발생하기 때문에 근로계약이 무효로 되거나 취소되더라도 이 의무의 효력은 부인될 수 없다.

(4) 균등대우의무

사용자는 정당한 이유가 없는 한 근로자를 균등하게 대우할 의무를 부담한다.

(5) 공법상의 의무

근로기준법은 행정감독의 편의를 위해 여러 공법상의 의무를 사용자에게 부과하고 있다. 이를 이행하지 않을 경우 사용자에게 일정한 처벌을 과할 것을 정하고 있다.

(6) 계약서류의 보존의무 20 기출

사용자는 근로자 명부와 대통령령으로 정하는 근로계약에 관한 중요한 서류를 3년간 보존하여야 한다.

03 적중예상문제

01 근로기준법상 근로계약에 관한 설명으로 옳지 않은 것은?

① 친권자는 미성년자의 근로계약을 대리할 수 있다.
② 근로기준법에 따른 연차 유급휴가는 사용자가 근로계약을 체결할 때에 근로자에게 명시하여야
   할 사항에 해당한다.
③ 사용자는 근로계약 불이행에 대한 손해배상액을 예정하는 계약을 체결하지 못한다.
④ 사용자는 근로계약에 덧붙여 저축금의 관리를 규정하는 계약을 체결하지 못한다.

> **해설**
> ① 친권자나 후견인은 미성년자의 근로계약을 대리할 수 없다(근로기준법 제67조 제1항).

02 근로기준법에 규정된 내용으로 옳은 것은?

① 단시간근로자의 근로조건은 그 사업장의 같은 종류의 업무에 종사하는 통상 근로자의 근로시간
   을 기준으로 산정한 비율에 따라 결정되어야 한다.
② 근로자는 근로기준법 제17조에 따라 명시된 근로조건이 사실과 다르더라도 근로계약을 즉시 해
   제할 수는 없다.
③ 근로기준법 제17조에 따라 근로계약서에 명시된 근로조건이 사실과 다를 경우에 근로자는 근로
   조건 위반을 이유로 고용노동부장관에게 손해배상의 청구를 신청하여야 한다.
④ 사용자는 근로계약 불이행에 대한 손해배상액을 예정하는 계약을 체결할 수 있다.

> **해설**
> ① 근로기준법 제18조 제1항
> ② 제17조(근로조건의 명시)에 따라 명시된 근로조건이 사실과 다를 경우에 근로자는 근로조건 위반을 이유로 손해의
>   배상을 청구할 수 있으며 즉시 근로계약을 해제할 수 있다(근로기준법 제19조 제1항).
> ③ 근로자가 손해배상을 청구할 경우에는 노동위원회에 신청할 수 있으며, 근로계약이 해제되었을 경우에는 사용자는
>   취업을 목적으로 거주를 변경하는 근로자에게 귀향 여비를 지급하여야 한다(근로기준법 제19조 제2항).
> ④ 사용자는 근로계약 불이행에 대한 위약금 또는 손해배상액을 예정하는 계약을 체결하지 못한다(근로기준법 제20조).

03 근로기준법령상 근로계약을 체결할 때 사용자가 근로자에게 반드시 서면으로 명시하여 교부해야 하는 사항이 아닌 것은?

① 임금의 구성항목·계산방법·지급 방법
② 종사하여야 할 업무
③ 주휴일
④ 연차 유급휴가

해설
사용자는 임금과 관련한 임금의 구성항목·계산방법·지급 방법 및 소정근로시간, 주휴일, 연차 유급휴가의 사항이 명시된 서면(전자문서를 포함)을 근로자에게 교부하여야 한다(근로기준법 제17조 제2항 전단).

04 근로기준법상 근로계약에 관한 설명으로 옳은 것은?

① 사용자는 근로계약 불이행에 대한 손해배상액을 예정하는 계약을 체결할 수 있다.
② 취업규칙에서 정한 기준보다 유리한 내용의 근로조건을 정한 근로계약은 그 부분에 관하여는 이를 무효로 한다.
③ 명시된 근로조건이 사실과 다를 경우에 근로자는 근로조건 위반을 이유로 즉시 근로계약을 해제할 수 있다.
④ 사용자는 미성년자의 근로계약에 덧붙여 사용자 본인의 이름으로 미성년자의 임금을 저축하여 관리하는 계약을 체결할 수 있다.

해설
③ 근로기준법 제19조 제1항
① 사용자는 근로계약 불이행에 대한 위약금 또는 손해배상액을 예정하는 계약을 체결하지 못한다(근로기준법 제20조).
② 취업규칙에서 정한 기준에 미달하는 근로조건을 정한 근로계약은 그 부분에 관하여는 무효로 한다(근로기준법 제97조).
④ 사용자는 근로계약에 덧붙여 강제 저축 또는 저축금의 관리를 규정하는 계약을 체결하지 못한다(근로기준법 제22조 제1항). 사용자가 근로자의 위탁으로 저축을 관리하는 경우에는 저축의 종류·기간 및 금융기관을 근로자가 결정하고, 근로자 본인의 이름으로 저축하여야 하며, 근로자가 저축증서 등 관련 자료의 열람 또는 반환을 요구할 때에는 즉시 이에 따라야 한다(근로기준법 제22조 제2항).

05 근로기준법상 근로계약에 관한 설명으로 옳지 않은 것은?(다툼이 있는 경우에는 판례에 의함)

① 사용자가 근로계약을 체결할 때 임금에 관한 근로조건을 근로자에게 명시하지 아니하는 경우에는 벌칙이 적용된다.

② 시용기간 중에 있는 근로자를 해고하는 것은 보통의 해고보다 넓게 인정되나, 이 경우에도 객관적으로 합리적인 이유가 존재하여 사회통념상 상당하다고 인정되어야 한다.

③ 근로자가 연수를 종료한 후 의무복무기간을 근무하지 않으면 연수기간 중에 받은 임금을 반환하기로 하는 약정은 유효하다.

④ 취업규칙에서 정한 기준에 미달하는 근로조건을 정한 근로계약은 그 부분에 관하여는 무효로 한다.

> **해설**
> ③ 근로기준법 제27조에서 "사용자는 근로계약불이행에 대한 위약금 또는 손해배상액을 예정하는 계약을 체결하지 못한다"라고 규정하고 있는 취지는 … 근로자가 퇴직의 자유를 제한받아 부당하게 근로의 계속을 강요당하는 것을 방지하고, 근로계약 체결 시의 근로자의 직장선택의 자유를 보장하며 불리한 근로계약의 해지를 보호하려는 데 있다 할 것인 바, 기업체에서 비용을 부담 지출하여 직원에 대하여 위탁교육훈련을 시키면서 일정 임금을 지급하고 이를 이수한 직원이 교육수료일자부터 일정한 의무재직기간 이상 근무하지 아니할 때에는 기업체가 지급한 임금이나 해당 교육비용의 전부 또는 일부를 상환하도록 하되 의무재직기간 동안 근무하는 경우에는 이를 면제하기로 약정한 경우, 교육 비용의 전부 또는 일부를 근로자로 하여금 상환하도록 한 부분은 근로기준법 제27조에서 금지된 위약금 또는 손해배상을 예정하는 계약이 아니므로 유효하지만, 임금반환을 약정한 부분은 기업체가 근로자에게 근로의 대상으로 지급한 임금을 채무불이행을 이유로 반환하기로 하는 약정으로서 실질적으로는 위약금 또는 손해배상을 예정하는 계약이므로 근로기준법 제27조에 위반되어 무효이고, 직원의 해외파견근무의 주된 실질이 연수나 교육훈련이 아니라 기업체의 업무상 명령에 따른 근로 장소의 변경에 불과한 경우, 이러한 해외근무기간 동안 임금 이외에 지급 또는 지출한 금품은 장기간 해외근무라는 특수한 근로에 대한 대가이거나 또는 업무수행에 있어서의 필요불가결하게 지출할 것이 예정되어 있는 경비에 해당하여 재직기간 의무근무 위반을 이유로 이를 반환하기로 하는 약정 또한 마찬가지로 무효라고 보아야 할 것이다(대판 2004.4.28, 2001다53875).

06 근로기준법령상 사용자가 근로자에게 근로조건을 명시하여야 할 의무에 관한 설명으로 옳지 않은 것은?

① 17세 근로자 A와 근로계약을 체결할 때 취업의 장소와 종사하여야 할 업무에 관한 사항을 서면으로 명시하여 A에게 교부하여야 한다.

② 17세 근로자 B와 근로계약을 체결할 때 법 제55조에 따른 휴일에 관한 사항을 서면으로 명시하여 B에게 교부하여야 한다.

③ 21세 근로자 C와 근로계약을 체결할 때 임금의 구성항목·계산방법·지급 방법이 명시된 서면을 C에게 교부하여야 한다.

④ 21세 근로자 E와 근로계약을 체결할 때 표창과 제재에 관한 사항이 명시된 서면을 E에게 교부하여야 한다.

> **해설**
> ④ 사용자는 근로계약을 체결할 때에 임금의 구성항목·계산방법·지급 방법 및 소정근로시간, 휴일, 연차 유급휴가가 명시된 서면(전자문서 포함)을 근로자에게 교부하여야 한다(근로기준법 제17조 제2항).

07 다음 미성년자의 근로계약 및 임금청구에 대하여 옳지 않은 것은?

① 미성년자는 친권자나 후견인의 동의를 받아 단독으로 근로계약을 체결할 수 있다.
② 친권자나 후견인은 미성년자인 근로자의 동의를 받았다 하더라도 근로계약을 대리하여 체결하지 못한다.
③ 미성년자에게 불리함이 인정되는 경우에는 친권자나 후견인 또는 고용노동부장관은 미성년자의 의사에 반하여 근로계약을 해지할 수 있다.
④ 친권자나 후견인의 근로계약의 해지는 사용자에게 통보함으로써 소급적으로 효력이 발생한다.

> **해설**
> ④ 친권자나 후견인의 근로계약의 해지는 소급효가 있는 해제와는 달리 장래효를 가진다. 따라서 사용자에게 통보함으로써 장래적으로 효력을 상실할 뿐이다.
> ① 미성년자는 법정대리인인 친권자나 후견인의 동의를 얻어 단독으로 근로계약의 체결이 가능하다.
> ② 친권자나 후견인은 미성년자의 근로계약을 대리할 수 없다(근로기준법 제67조 제1항).
> ③ 친권자, 후견인 또는 고용노동부장관은 근로계약이 미성년자에게 불리하다고 인정하는 경우에는 이를 해지할 수 있다(근로기준법 제67조 제2항).

08 근로조건 명시의무 및 그 위반의 법적 효과에 관한 설명 중 옳지 않은 것으로만 묶인 것은?

> ㉠ 명시된 근로조건이 사실과 다른 경우에는 근로자는 근로계약을 즉시 해제할 수 있다.
> ㉡ 근로조건은 반드시 서면으로 명시하여야 효력이 인정된다.
> ㉢ 명시된 근로조건이 사실과 다른 경우에 근로자는 근로조건 위반을 이유로 손해배상청구를 노동위원회에 신청할 수 있다.
> ㉣ 근로계약을 해제한 근로자가 여성 또는 연소근로자인 경우 취업목적 여부와 상관없이 사용자는 그에게 귀향여비를 지급하여야 한다.

① ㉠, ㉡

② ㉠, ㉢

③ ㉡, ㉣

④ ㉡, ㉢

> **해설**
> ㉡ 근로조건의 명시는 구두로도(임금의 구성항목·계산방법·지급 방법 및 소정근로시간, 휴일, 연차 유급휴가에 관한 사항은 제외) 무방하다. 그러나 서면으로 하면 이후에 발생할 수 있는 분쟁을 줄일 수 있다.
> ㉣ 근로계약이 해제되었을 경우에는 사용자는 취업을 목적으로 거주를 변경하는 근로자에게 귀향 여비를 지급하여야 한다(근로기준법 제19조 제2항).

04 임 금

제 1 절 | 임금의 의의

1 임금의 개념

임금이란 사용자가 근로의 대가로 근로자에게 임금, 봉급, 그 밖에 어떠한 명칭으로든지 지급하는 모든 금품을 말한다(법 제2조 제5호).

2 구체적 내용

(1) 사용자가 근로자에게 지급하는 금품

① 임금은 사용자가 지급하는 것이므로 사용자가 아닌 제3자가 지급하였다면 임금이 아니다.

② 손님으로부터 받는 봉사료 또는 팁은 임금이 아니다.

③ 봉사료 팁을 사용자가 고객으로부터 일단 받은 후 이를 나중에 근로자에게 분배하는 경우에는 임금이라 볼 수 있다.

④ 사용자가 지급하는 금품은 금전뿐만 아니라 물건 또는 이익도 포함하는 것이며 현실적인 수수뿐만 아니라 널리 이익의 제공도 포함된다.

(2) 근로의 대가

① 근로의 대가라 함은 사용종속관계 아래서 제공되는 근로에 대한 보상을 의미한다.

② 임의적·은혜적으로 지급되는 것, 복리후생을 위하여 지급되는 이익, 비용, 기업설비의 일환으로 지급되는 것은 임금이 아니다.

③ 근로의 대가로서 임금인 것

ㄱ 단체협약, 취업규칙 또는 관례에 따라 지급되는 급식비, 교육비, 급식수당, 체력단련비, 가족수당

ㄴ 퇴직금 및 휴업수당

ㄷ 정기적·제도적으로 지급되는 상여금

ㄹ 유급휴일, 연차 유급휴가기간 중에 지급되는 급여 등

④ 임금이 아닌 것

ㄱ 임의적·의례적인 경조금, 위문금

ㄴ 해고수당

ㄷ 회사창립일에 호의적으로 특별히 지급되는 금품

ㄹ 장비구입비, 출장비, 판공비, 업무비용 등과 같은 실비 변상적 금품

(3) 임금의 지급 22 기출

① 사용자는 근로자가 출산, 질병, 재해, 그 밖에 대통령령으로 정하는 비상한 경우의 비용에 충당하기 위하여 임금 지급을 청구하면 지급기일 전이라도 이미 제공한 근로에 대한 임금을 지급하여야 한다(근로기준법 제45조).

② 사용자는 도급이나 그 밖에 이에 준하는 제도로 사용하는 근로자에게 근로시간에 따라 일정액의 임금을 보장하여야 한다(근로기준법 제47조).

③ 사용자는 임금을 지급하는 때에는 근로자에게 임금의 구성항목·계산방법, 임금의 일부를 공제한 경우의 내역 등 대통령령으로 정하는 사항을 적은 임금명세서를 서면(「전자문서 및 전자거래 기본법」 제2조 제1호에 따른 전자문서를 포함)으로 교부하여야 한다(근로기준법 제48조 제2항).

(4) 명칭 여하를 불문

수당, 퇴직금, 정보비, 복리후생비 등 명칭만을 가지고 임금에의 해당 여부를 판단하여서는 아니 되며 구체적으로 근로에 대한 대가로 지급되었는가를 기준으로 판단하여야 한다.

제2절 통상임금

1 의 의

통상임금이라 함은 근로자에게 정기적이고 일률적으로 소정근로 또는 총근로에 대하여 지급하기로 정하여진 시간급 금액·일급 금액·주급 금액·월급 금액 또는 도급 금액을 말한다(영 제6조 제1항).

2 통상임금에 포함되기 위한 기준

(1) 근로의 대상

근로의 대상이어야 한다. 소정의 근로의 양 또는 질과 관련이 있어야 하며 은혜적 수당은 제외된다. 다만, 가족수당, 주택수당 등이 일률적·정기적으로 지급되는 경우에는 통상임금에 포함된다.

(2) 사전에 지급하기로 정하여진 일반임금

실제 근무일수나 수령액에 구애됨이 없이 사전에 지급하기로 정하여진 일반임금이다. 따라서 근무일수 등에 의하여 그 지급 여부 및 지급액이 달라지는 근속수당은 통상임금에서 제외된다. 다만, 일정근로연수에 달한 자에게 고정적으로 지급되는 근속수당은 통상임금에 포함된다.

(3) 정기적·일률적으로 지급

정기적·일률적으로 지급되어야 한다. 하나의 임금산정기간에 지급하기로 정해진 고정급임금이어야 하며 연장근로수당, 학비보조금, 야간수당 등과 같이 비정기적·비일률적인 것은 제외된다.

3 **통상임금을 기초로 하여 산정하여야 할 경우** 18 기출

해고예고수당(법 제26조), 연장·야간·휴일근로수당(법 제56조), 출산전후휴가(법 제74조), 기타 법에 '유급'으로 표시되어 있는 경제적 보상의 경우에는 통상임금을 기준으로 한다.

4 **통상임금의 산정**

통상임금의 산정방법은 다음과 같다.
① 시간급이 원칙이다.
② 임금이 시간급이 아니라 일급, 주급, 월급, 도급제임금 등으로 지급되는 경우에 임금을 시간급으로 환산하는 것이 필요하다. 통상임금을 시간급 금액으로 산정할 경우에는 다음의 방법에 의하여 산정된 금액으로 한다(영 제6조 제2항).
  ㉠ 시간급 금액으로 정한 임금은 그 금액
  ㉡ 일급 금액으로 정한 임금은 그 금액을 1일의 소정근로시간 수로 나눈 금액
  ㉢ 주급 금액으로 정한 임금은 그 금액을 1주의 통상임금 산정 기준시간 수(1주의 소정근로시간과 소정근로시간 외에 유급으로 처리되는 시간을 합산한 시간)로 나눈 금액
  ㉣ 월급 금액으로 정한 임금은 그 금액을 월의 통상임금 산정 기준시간 수(1주의 통상임금 산정 기준시간 수에 1년 동안의 평균 주의 수를 곱한 시간을 12로 나눈 시간)로 나눈 금액
  ㉤ 일·주·월 외의 일정한 기간으로 정한 임금은 ㉡부터 ㉣까지의 규정에 준하여 산정된 금액
  ㉥ 도급 금액으로 정한 임금은 그 임금 산정 기간에서 도급제에 따라 계산된 임금의 총액을 해당 임금 산정 기간(임금 마감일이 있는 경우에는 임금 마감 기간을 말한다)의 총 근로 시간 수로 나눈 금액
  ㉦ 근로자가 받는 임금이 ㉠부터 ㉥까지의 규정에서 정한 둘 이상의 임금으로 되어 있는 경우에는 ㉠부터 ㉥까지의 규정에 따라 각각 산정된 금액을 합산한 금액
③ 통상임금을 일급 금액으로 산정할 때에는 위에 의한 시간급 금액에 1일의 소정근로시간 수를 곱하여 계산한다(영 제6조 제3항).

1 평균임금의 개념 22 기출

평균임금이란 이를 산정하여야 할 사유가 발생한 날 이전 3개월 동안에 그 근로자에게 지급된 임금의 총액을 그 기간의 총일수로 나눈 금액을 말한다. 근로자가 취업한 후 3개월 미만인 경우도 이에 준한다 (법 제2조 제1항 제6호). 평균임금은 근로자가 현실적으로 지급받는 임금이 아니라 어떤 급여산출에 기초가 되는 단위 개념에 지나지 않는다.

2 평균임금을 기초로 산정하여야 할 경우

퇴직금(법 제34조, 근로자퇴직급여 보장법 제8조 제1항), 휴업수당(법 제46조), 재해보상금(법 제79조 내지 제85조), 감급액(법 제95조), 산업재해보상보험법상의 보험급여, 고용보험법상 구직급여기초일 액 산정 등

3 평균임금의 산정

(1) 기본원칙

$$1일\ 평균임금 = \frac{사유가\ 발생한\ 날\ 이전\ 3개월\ 동안의\ 임금\ 총액}{사유가\ 발생한\ 날\ 이전\ 3개월\ 동안의\ 총일수}$$

① 3개월 동안의 임금 총액
  ㉠ 근로기준법상 임금 모두가 포함되며 실제 지급된 임금은 물론 임금채권으로 확보된 임금도 포함한다.
  ㉡ 임시로 지급된 임금, 수당과 통화 이외의 것으로 지불된 임금으로서 고용노동부장관이 정하는 것 이외의 것은 산입하지 않는다. 예컨대 해외에 근무하는 동안 국내에 근무하는 국내직원보다 많은 급여를 받은 경우 그 차액은 실비변상적인 것이거나 해외근무라는 특수조건에 따라 임시로 지급받은 임금으로 평균임금에 산입하지 아니한다.
② 3개월 동안의 총일수
  ㉠ 3월은 근로자가 실제 근로한 근로일수가 아니라 기산일로부터 소급하여 역법에 의한 총일수를 의미한다.
  ㉡ 취업 후 3월 미만인 경우에는 그 기간만을 대상으로 기간을 산정한다.
③ 평균임금산정기준에서 제외되는 기간 및 임금(영 제2조 제1항)
  ㉠ 근로계약을 체결하고 수습 중에 있는 근로자가 수습을 시작한 날부터 3개월 이내의 기간
  ㉡ 사용자의 귀책사유로 인하여 휴업한 기간

ⓒ 출산전후휴가 기간

ⓔ 업무상 부상 또는 질병으로 요양하기 위하여 휴업한 기간

ⓜ 남녀고용평등과 일·가정 양립 지원에 관한 법률 규정에 따른 육아휴직 기간

ⓗ 노동조합 및 노동관계조정법에 따른 쟁의행위기간

ⓢ 병역법, 예비군법 또는 민방위기본법에 따른 의무를 이행하기 위하여 휴직하거나 근로하지 못한 기간. 다만, 그 기간 중 임금을 지급받은 경우에는 그러하지 아니하다.

ⓞ 업무 외 부상이나 질병, 그 밖의 사유로 사용자의 승인을 받아 휴업한 기간

(2) 예외적인 산정방법

① 일용근로자(영 제3조)
일용근로자의 평균임금은 고용노동부장관이 사업이나 직업에 따라 정하는 금액으로 한다.

② 특별한 경우(영 제4조)
일반적인 평균임금의 산정방법에 의하여 평균임금을 산정할 수 없는 경우에는 고용노동부장관이 정하는 바에 의한다. 그 산정이 불가능한 경우와 근로기준법의 관계규정에 의하여 그 평균임금을 산정하는 것이 현저하게 불합리한 경우가 이에 해당한다.

③ 평균임금의 조정(영 제5조)
ⓐ 의 의
근로자의 임금 수준은 매년 상당한 폭으로 계속 인상되고 있는 데 비하여 장기 요양근로자에게 피재 당시의 평균임금을 기준으로 각종 급여를 지급하게 되면 피재근로자는 상대적으로 낮은 급여를 받는 결과가 되기 때문에 이를 방지하기 위하여 당해 근로자가 소속된 사업장 동종 근로자의 통상임금의 변동에 따라 임금을 변동시키는 것을 말한다.

ⓑ 원 칙
보상금 등을 산정함에 있어서 적용할 평균임금은 그 근로자가 소속한 사업 또는 사업장에서 같은 직종의 근로자에게 지급된 통상임금의 1명당 1개월 평균액(이하 '평균액'이라 함)이 그 부상 또는 질병이 발생한 달에 지급된 평균액보다 100분의 5 이상 변동된 경우에는 그 변동비율에 따라 인상되거나 인하된 금액으로 하되, 그 변동 사유가 발생한 달의 다음 달부터 적용한다. 다만, 제2회 이후의 평균임금을 조정한 때에는 직전 회의 변동 사유가 발생한 달의 평균액을 산정기준으로 한다.

ⓒ 소속사업장이 폐지된 경우
근로자가 소속한 사업 또는 사업장이 폐지된 때에는 그 근로자의 업무상 부상 또는 질병이 발생한 당시에 그 사업 또는 사업장과 같은 종류, 같은 규모의 사업 또는 사업장을 기준으로 한다.

ⓓ 동일한 직종이 없는 경우
그 근로자의 직종과 같은 직종의 근로자가 없는 때에는 그 직종과 유사한 직종의 근로자를 기준으로 한다.

       ⑫ 적용대상

          법 제79조(휴업보상), 제80조(장해보상), 제82조(유족보상), 제83조(장례비), 제84조(일시보상)
          또는 제78조(요양보상)에 따른 업무상 부상을 당하거나 질병에 걸린 근로자에게 지급할 근로자
          퇴직급여 보장법에 따른 퇴직금 산정 시에 적용된다.

    ④ 평균임금의 보장

       평균임금이 근로자의 통상임금보다 저액일 경우에는 그 통상임금액을 평균임금으로 한다(법 제2조
       제2항).

제4절   임금 수준의 보호

1 의 의

    근로기준법은 근로조건의 최저기준을 정하고 있다. 다만, 최저임금제도는 최저임금법에 의해 규율되
고 근로기준법은 도급근로자에 대한 임금보호를 규정하고 있을 뿐이다.

2 근로기준법상 도급근로자의 임금보호

(1) 내 용

    사용자는 도급이나 그 밖에 이에 준하는 제도로 사용하는 근로자에게 근로시간에 따라 일정액의 임금
을 보장하여야 한다(법 제47조).

(2) 구체적인 보장액 수준

    ① 규정이 있는 경우

       근로계약, 취업규칙, 단체협약 등에 규정이 있는 경우 이에 따른다.

    ② 규정이 없는 경우

       휴업수당에 상당한 평균임금이 70% 이상의 임금 수준을 보장하여야 한다는 견해가 일반적이다.

1 임금지급의 원칙

근로기준법 제43조에서는 직접불, 전액불, 통화불, 매월 1회 이상의 정기불의 임금지급의 4원칙을 규정하고 있다.

2 직접불의 원칙

(1) 의 의

① 임금은 반드시 근로자 본인에게 지급되어야 한다.
② 직접불의 원칙은 근로기준법상 법령 또는 단체협약에 의한 예외를 인정하고 있지 않다.
③ 다만, 민사집행법, 선원법 등에서 예외가 인정된다.

> **제43조(임금 지급)**
> ① 임금은 통화(通貨)로 직접 근로자에게 그 전액을 지급하여야 한다. 다만, 법령 또는 단체협약에 특별한 규정이 있는 경우에는 임금의 일부를 공제하거나 통화 이외의 것으로 지급할 수 있다.
> ② 임금은 매월 1회 이상 일정한 날짜를 정하여 지급하여야 한다. 다만, 임시로 지급하는 임금, 수당, 그 밖에 이에 준하는 것 또는 대통령령으로 정하는 임금에 대하여는 그러하지 아니하다.

(2) 임금채권이 양도된 경우 21 기출

양수인에게 임금을 지급할 수 없고 직접 양도인인 근로자에게 지급하여야 한다.
근로기준법 제43조에서 임금직접지급의 원칙을 규정하는 한편 동법 제109조에서 그에 위반하는 자는 처벌을 하도록 하는 규정을 두어 그 이행을 강제하고 있는 취지가 임금이 확실하게 근로자 본인의 수중에 들어가게 하여 그의 자유로운 처분에 맡기고 나아가 근로자의 생활을 보호하고자 하는 데 있는 점에 비추어 보면 근로자가 그 임금채권을 양도한 경우라 할지라도 그 임금의 지급에 관하여는 같은 원칙이 적용되어 사용자는 직접 근로자에게 임금을 지급하지 아니하면 안 되는 것이고 그 결과 비록 양수인이라고 할지라도 스스로 사용자에 대하여 임금의 지급을 청구할 수는 없다(대판[전합] 1988.12.13. 87다카2803).

(3) 직접불의 원칙 위반이 아닌 경우

① 근로자의 희망에 의하여 지정된 은행의 본인 명의로 개설된 보통예금계좌에 입금하는 것
② 사자(死者)에게 임금을 지급하는 것
③ 선원법 제52조 제3항에 따라 선원의 청구에 의하여 가족 등 다른 제3자에게 지급하는 경우
④ 급료, 연금, 봉급, 상여금, 퇴직연금 등 이와 비슷한 성질을 가진 급여채권의 2분의 1에 해당하는 금액의 압류의 경우(민사집행법 제246조 제1항 제4호)

3 전액불의 원칙

(1) 의 의

임금은 전액이 근로자에게 지급되어야 한다. 그러나 법령 또는 단체협약에 특별한 규정이 있는 경우에는 임금의 일부를 공제할 수 있다.

(2) 전액불의 원칙에 위반되지 않는 경우

① 임금이 과다 지급된 경우에 차기 임금에서 공제하는 것, 학자금·대출금·주택자금 등을 근로자의 자유로운 의사에 따라 근로자와의 합의에 의하여 임금에서 공제하는 것, 가불 등이 있다.
② 법령에 의한 예외법령에 의해 임금 일부의 공제가 인정되는 것에는 근로소득세, 국민연금기여금 및 의료보험료 등이 있다.
③ 단체협약에 의한 예외
노동조합의 조합비를 조합원의 임금에서 일괄공제하고 사용자가 이를 노동조합에 일괄납입하게 하는 조합비 사전공제제도 및 대부금 반환 등이 있다.

4 통화불의 원칙

(1) 의 의

임금은 우리나라에서 강제통용력이 인정되는 화폐로 지급되어야 한다. 그러나 법령 또는 단체협약에 특별한 규정이 있는 경우에는 통화 이외의 것으로 지급할 수 있다.

(2) 통화불의 원칙에 위반되지 않는 경우

① 단체협약을 체결하여 근로자에게 점심식사제공 및 현금수당 중에서 어느 하나를 임의로 선택하게 하거나 은행발행 자기앞수표, 보증수표로 임금을 지급하는 것 또는 성과배분제도를 도입하면서 성과지급수단으로 주식을 지급하는 것 등
② 예 외
㉠ 법령에 의한 예외
선원법 제52조 제4항에 의하여 기항지에서 통용되는 통화로 지급되는 경우
㉡ 단체협약에 의한 예외
단체협약을 체결하여 수당, 상여금 등을 현물, 주식, 상품교환권으로 지급하는 경우

5 매월 1회 이상 정기불의 원칙

(1) 의 의

임금은 매월 1회 이상 일정한 기일을 정하여 지급되어야 한다. 여기서 매월이라 함은 매월 1일부터 말일까지, 즉 역일상의 1월을 의미하는 것이 아니라 1개월의 기간을 말한다. 취업규칙에는 반드시 임금의 지급시기를 명시하여야 한다(법 제93조).

(2) 정기불의 원칙에 위반되지 않는 경우

임시로 지급되는 임금, 수당, 기타 이에 준하는 것과 대통령령으로 정하는 임금

> **대통령령이 정하는 임금(시행령 제23조)**
> 1. 1개월을 초과하는 기간의 출근 성적에 따라 지급되는 정근수당
> 2. 1개월을 초과하는 일정 기간을 계속하여 근무한 경우에 지급되는 근속수당
> 3. 1개월을 초과하는 기간에 걸친 사유에 따라 산정되는 장려금, 능률수당 또는 상여금
> 4. 그 밖에 부정기적으로 지급되는 모든 수당

6 임금의 비상시 지불

(1) 의 의

사용자는 근로자가 출산, 질병, 재해, 그 밖에 대통령령으로 정하는 비상한 경우의 비용에 충당하기 위하여 청구하면 지급기일 전이라도 이미 제공한 근로에 대한 임금을 지급하여야 한다(법 제45조).

(2) 요 건

① 출산, 질병, 재해 등의 비상시(영 제25조)

법 제45조에서 '그 밖에 대통령령으로 정하는 비상한 경우'라 함은 근로자나 그의 수입으로 생계를 유지하는 자가 다음의 어느 하나에 해당하게 되는 경우를 말한다.

㉠ 출산하거나 질병에 걸리거나 재해를 당한 경우

㉡ 혼인 또는 사망한 경우

㉢ 부득이한 사유로 인하여 1주일 이상 귀향하게 되는 경우

② 근로자의 청구

(3) 비상시 지불의 대상

비상시 지불을 청구할 수 있는 자는 근로자이나 그 지불의 대상은 근로자 또는 그의 수입에 따라 생계를 유지하는 자이다. 친족이 아니라 해도 근로자가 부양의무를 지고 있다면 그러한 자의 비상한 사유에 대해 비상시 지급이 인정된다.

(4) 비상시 지불의 효과

근로자의 청구가 있으면 사용자는 임금의 지급기일 전이라도 지체 없이 기왕의 근로에 대한 임금을 지급해야 한다.

1 휴업수당

(1) 의 의

① 사용자의 귀책사유로 인하여 휴업하는 경우에는 사용자는 휴업기간 동안 그 근로자에게 평균임금의 100분의 70 이상의 수당을 지급하여야 한다. 다만, 평균임금의 100분의 70에 해당하는 금액이 통상임금을 초과하는 경우에는 통상임금을 휴업수당으로 지급할 수 있다(법 제46조 제1항).

② ①에 불구하고 부득이한 사유로 사업을 계속하는 것이 불가능하여 노동위원회의 승인을 얻은 경우에는 ①의 기준에 못 미치는 휴업수당을 지급할 수 있다(법 제46조 제2항).

(2) 요 건

① **사용자의 귀책사유가 있을 것**

사용자에게 고의, 과실이 있는 경우뿐만 아니라 사용자가 불가항력이라고 주장할 수 없는 모든 경우를 포함한다. 즉, 사용자의 고의·과실이 없는 경우에도 사용자의 세력범위 안에서 발생한 경영장애는 사용자의 귀책사유에 해당된다. 그러나 천재지변 및 이에 준하는 사유가 있는 경우에는 사용자의 귀책사유에 해당되지 않는다.

② **휴업을 할 것**

휴업이라 함은 근로계약을 존속시키면서 사업의 전부 또는 일부를 사용자의 결정에 의하여 정지하는 것을 말하며 1일의 전부만이 아니라 1일의 일부만을 휴업하는 경우까지 포함한다.

(3) 휴업수당액

① 평균임금의 100분의 70 이상이다.

② 다만, 평균임금의 100분의 70에 해당하는 금액이 통상임금을 초과하는 경우에는 통상임금을 휴업수당으로 지급할 수 있다(법 제46조 제1항 단서).

③ 사용자의 귀책사유로 휴업한 기간 중에 근로자가 임금의 일부를 지급받은 경우에는 사용자는 법 제46조 제1항 본문에 따라 그 근로자에게 평균임금에서 그 지급받은 임금을 뺀 금액을 계산하여 그 금액의 100분의 70 이상에 해당하는 수당을 지급하여야 한다. 다만, ②에 따라 통상임금을 휴업수당으로 지급하는 경우에는 통상임금에서 휴업한 기간 중에 지급받은 임금을 뺀 금액을 지급하여야 한다(영 제26조).

(4) 휴업수당의 감액

① 사용자의 귀책사유가 있다 하더라도 부득이한 사유로 사업계속이 불가능하여 노동위원회의 승인을 얻은 경우에는 평균임금의 100분의 70에 미달하는 휴업수당을 지급할 수 있다. 평균임금의 100분의 70보다 '감경'하는 것은 물론 완전한 '면제'도 허용된다고 본다(다수설).

② 대법원 판례는 정당성이 상실된 파업으로 정상조업이 불가능한 경우 이를 부득이한 사유로 보고 있다. 따라서 이러한 경우에 휴업수당의 지급예외를 인정한다.

2 기타 관련문제

(1) 부분파업과 휴업수당

파업에 참가한 근로자에게는 당연히 휴업수당이 지급되지 아니한다. 부분파업 시에 파업불참가자나 비조합원이 근로를 희망하여 근로제공의 이행상태에 있었으나 사용자가 이의 수령을 거부한 경우 근로자는 임금 또는 휴업수당을 청구할 수 있는가의 문제가 제기될 수 있다.

① 근로희망자만으로 조업을 할 수 있는 경우에는 사용자가 근로제공을 거부하면 임금지급책임을 진다.

② 근로희망자만으로 조업을 할 수 없는 경우에는 근로기준법 제46조에 규정된 휴업수당의 감액을 위한 부득이한 사유에 해당하느냐의 문제가 제기된다. 이에 대해 학설은 대립되나 판례는 부득이한 사유에 해당한다고 본다.

(2) 직장폐쇄와 휴업수당

① 직장폐쇄가 적법한 경우에 사용자는 임금지급의무나 휴업수당지급의무를 부담하지 않는다.

② 직장폐쇄가 위법한 경우에 근로기준법 제46조의 휴업수당을 지급해야 하는지에 대해 견해가 대립한다. 또한 채무불이행에 따른 임금 전액의 지급의무를 부담한다는 견해도 있다.

(3) 민법상의 임금지급청구와 휴업수당

사용자의 귀책사유가 민법상의 고의·과실에 해당하는 경우에 근로기준법상의 휴업수당지급 의무와 민법상의 임금지급의무가 경합한다는 견해와 근로기준법상의 휴업수당지급의무만 발생한다는 견해가 있다.

(4) 휴업기간 중 다른 기업에 취업한 경우

휴업수당은 근로자의 최저생활을 보장하려는 취지에서 규정하고 있는 것이고, 사용자의 귀책사유로 인하여 해고된 근로자가 해고기간 중에 다른 직장에 종사하여 얻은 이익(중간수입)의 공제에 있어서 근로자가 지급받을 수 있는 임금액 중 근로기준법 소정의 휴업수당의 한도에서는 이를 이익공제의 대상으로 삼을 수 없고, 그 휴업수당을 초과하는 금액에서 중간수입을 공제하여야 한다(대판 1991.6.28, 90다카25277).

1 체불임금에 대한 보호

(1) 3년 이하의 징역 또는 3천만원 이하의 벌금(법 제109조 제1항)

제36조(금품 청산), 제43조(임금 지급), 제44조(도급 사업에 대한 임금 지급), 제44조의2(건설업에서의 임금 지급 연대책임), 제46조(휴업수당), 제56조(연장·야간 및 휴일근로)를 위반한 자

(2) 1천만원 이하의 벌금(법 제113조)

제45조(비상시 지급)를 위반한 자

(3) 500만원 이하의 벌금(법 제114조)

제47조(사용자는 도급이나 그 밖에 이에 준하는 제도로 사용하는 근로자에게 근로시간에 따라 일정액의 임금을 보장하여야 한다)를 위반한 자

2 사망, 퇴직 시 임금 지급에 대한 보호

(1) 금품청산(법 제36조) 21 기출

사용자는 근로자가 사망 또는 퇴직한 경우에는 그 지급 사유가 발생한 때부터 14일 이내에 임금, 보상금, 그 밖에 일체의 금품을 지급하여야 한다. 다만, 특별한 사정이 있을 경우에는 당사자 사이의 합의에 의하여 기일을 연장할 수 있다.

(2) 미지급 임금에 대한 지연이자(법 제37조)

① 사용자는 제36조에 따라 지급하여야 하는 임금 및 근로자퇴직급여 보장법에 따른 급여(일시금만 해당)의 전부 또는 일부를 그 지급 사유가 발생한 날부터 14일 이내에 지급하지 아니한 경우 그 다음 날부터 지급하는 날까지의 지연일수에 대하여 연 100분의 40 이내의 범위에서 은행법에 따른 은행이 적용하는 연체금리 등 경제 여건을 고려하여 대통령령으로 정하는 이율에 따른 지연이자를 지급하여야 한다. 이 때 법 제37조 제1항에서 "대통령령으로 정하는 이율"이란 연 100분의 20을 말한다(영 제17조).

② ①은 사용자가 천재·사변, 그 밖에 대통령령으로 정하는 사유에 따라 임금 지급을 지연하는 경우 그 사유가 존속하는 기간에 대하여는 적용하지 아니한다. 여기에서 '그 밖에 대통령령으로 정하는 사유'란 다음의 어느 하나에 해당하는 경우를 말한다(영 제18조).

ⓐ 임금채권보장법 제7조 제1항 각 호의 어느 하나에 해당하는 경우
  ㉮ 채무자 회생 및 파산에 관한 법률에 따른 회생절차개시의 결정이 있는 경우
  ㉯ 채무자 회생 및 파산에 관한 법률에 따른 파산선고의 결정이 있는 경우
  ㉰ 고용노동부장관이 대통령령으로 정한 요건과 절차에 따라 미지급 임금 등을 지급할 능력이 없다고 인정하는 경우
  ㉱ 사업주가 근로자에게 미지급 임금 등을 지급하라는 다음의 어느 하나에 해당하는 판결, 명령, 조정 또는 결정 등이 있는 경우
    ⓐ 민사집행법 제24조에 따른 확정된 종국판결
    ⓑ 민사집행법 제56조 제3호에 따른 확정된 지급명령
    ⓒ 민사집행법 제56조 제5호에 따른 소송상 화해, 청구의 인낙(認諾) 등 확정판결과 같은 효력을 가지는 것
    ⓓ 민사조정법 제28조에 따라 성립된 조정
    ⓔ 민사조정법 제30조에 따른 확정된 조정을 갈음하는 결정
    ⓕ 소액사건심판법 제5조의7 제1항에 따른 확정된 이행권고결정
ⓛ 채무자 회생 및 파산에 관한 법률, 국가재정법, 지방자치법 등 법령상의 제약에 따라 임금 및 퇴직금을 지급할 자금을 확보하기 어려운 경우
ⓒ 지급이 지연되고 있는 임금 및 퇴직금의 전부 또는 일부의 존부를 법원이나 노동위원회에서 다투는 것이 적절하다고 인정되는 경우
ⓔ 그 밖에 ㉠부터 ㉢까지의 규정에 준하는 사유가 있는 경우

3 임금채권의 우선변제

(1) 의 의

① 임금, 재해보상금, 그 밖에 근로관계로 인한 채권은 사용자의 총재산에 대하여 질권·저당권 또는 동산·채권 등의 담보에 관한 법률에 따른 담보권에 따라 담보된 채권 외에는 조세·공과금 및 다른 채권에 우선하여 변제되어야 한다. 다만, 질권·저당권 또는 동산·채권 등의 담보에 관한 법률에 따른 담보권에 우선하는 조세·공과금에 대하여는 그러하지 아니하다(법 제38조 제1항).

② 최종 3개월분의 임금 채권, 재해보상금 채권은 사용자의 총재산에 대하여 질권·저당권 또는 동산·채권 등의 담보에 관한 법률에 따른 담보권에 따라 담보된 채권, 조세·공과금 및 다른 채권에 우선하여 변제되어야 한다(법 제38조 제2항).

③ 퇴직금에 대해서는 근로자퇴직급여 보장법에서 규율한다.

> **퇴직급여 등의 우선변제(근로자퇴직급여 보장법 제12조)**
> ① 사용자에게 지급의무가 있는 퇴직금, 확정급여형퇴직연금제도의 급여, 확정기여형퇴직연금제도의 부담금 중 미납입 부담금 및 미납입 부담금에 대한 지연이자, 중소기업퇴직연금기금제도의 부담금 중 미납입 부담금 및 미납입 부담금에 대한 지연이자, 개인형퇴직연금제도의 부담금 중 미납입 부담금 및 미납입 부담금에 대한 지연이자("퇴직급여 등")는 사용자의 총재산에 대하여 질권 또는 저당권에 의하여 담보된 채권을 제외하고는 조세·공과금 및 다른 채권에 우선하여 변제되어야 한다. 다만, 질권 또는 저당권에 우선하는 조세·공과금에 대하여는 그러하지 아니하다.
> ② 최종 3년간의 퇴직급여 등은 사용자의 총재산에 대하여 질권 또는 저당권에 의하여 담보된 채권, 조세·공과금 및 다른 채권에 우선하여 변제되어야 한다.
> ③ 퇴직급여 등 중 퇴직금, 확정급여형퇴직연금제도의 급여는 계속근로기간 1년에 대하여 30일분의 평균임금으로 계산한 금액으로 한다.
> ④ 퇴직급여 등 중 확정기여형퇴직연금제도의 부담금, 중소기업퇴직연금기금제도의 부담금 및 개인형퇴직연금제도의 부담금은 가입자의 연간 임금총액의 12분의 1에 해당하는 금액으로 계산한 금액으로 한다.

(2) 임금채권과 사용자 총재산의 개념

① 임금채권의 개념

임금채권이라 함은 임금, 퇴직금, 재해보상금, 기타 근로관계로 인한 채권을 말하고, 이때 기타 근로관계로 인한 채권이라 함은 각종 수당, 상여금, 귀향여비 등 근로자가 근로관계를 원인으로 하여 사용자로부터 수령할 수 있는 모든 금품에 관한 채권을 말한다.

② 사용자 총재산의 개념

㉠ 사용자라 함은 근로기준법 제2조에 의한 사용자 중에서 사업주만이 해당된다. 회사인 경우에는 회사가 사용자가 되므로 대표이사인 사장의 개인재산은 이에 포함되지 않는다.

㉡ 사용자의 총재산은 동산, 부동산은 물론 각종 유·무형의 재산권을 포함한다. 따라서 사용자의 제3자에 대한 채권도 사용자의 총재산에 포함된다.

(3) 임금채권과 다른 채권의 우선순위

① 최종 3월분의 임금, 최종 3년간의 퇴직금, 재해보상금(다만, 1997년 12월 24일 이전에 입사한 근로자는 1989년 3월 29일 이후부터 1997년 12월 24일 사이에 근무한 기간에 대한 퇴직금도 받을 수 있으나 총 퇴직금은 1997년 12월 24일 이후에 발생한 퇴직금을 합산하여 250일간의 평균임금을 초과할 수 없다)

② 질권·저당권에 우선하는 조세, 공과금

③ 질권·저당권에 의하여 담보된 채권

④ ①에 해당하지 아니하는 임금, 퇴직금, 재해보상금, 기타 근로관계로 인한 채권

⑤ 조세, 공과금 및 다른 채권

4 임금채권의 지급보장제도

(1) 의의

임금채권의 보장제도라 함은 임금 및 퇴직금을 지급받지 못한 상태로 퇴직한 근로자에게 국가가 사용자를 대신하여 지급하는 제도를 말한다.

(2) 임금채권의 지급

① 고용노동부장관은 사업주가 다음의 어느 하나에 해당하는 경우에 퇴직한 근로자가 지급받지 못한 임금 등의 지급을 청구하면 제3자의 변제에 관한 민법 제469조에도 불구하고 그 근로자의 미지급 임금 등을 사업주를 대신하여 지급한다(임금채권보장법 제7조 제1항).

㉠ 채무자 회생 및 파산에 관한 법률에 따른 회생절차개시의 결정이 있는 경우

㉡ 채무자 회생 및 파산에 관한 법률에 따른 파산선고의 결정이 있는 경우

㉢ 고용노동부장관이 대통령령으로 정한 요건과 절차에 따라 미지급 임금 등을 지급할 능력이 없다고 인정하는 경우

㉣ 사업주가 근로자에게 미지급 임금 등을 지급하라는 다음의 어느 하나에 해당하는 판결, 명령, 조정 또는 결정 등이 있는 경우

㉮ 민사집행법에 따른 확정된 종국판결

㉯ 민사집행법에 따른 확정된 지급명령

㉰ 민사집행법에 따른 소송상 화해, 청구의 인낙 등 확정판결과 같은 효력을 가지는 것

㉱ 민사조정법에 따라 성립된 조정

㉲ 민사조정법에 따른 확정된 조정을 갈음하는 결정

㉳ 소액사건심판법에 따른 확정된 이행권고결정

㉤ 고용노동부장관이 근로자에게 체불임금 등과 체불사업주 등을 증명하는 서류(이하 '체불 임금 등·사업주 확인서'라 함)를 발급하여 사업주의 미지급임금 등이 확인된 경우

② ①에 따라 고용노동부장관이 사업주를 대신하여 지급하는 체불 임금 등 대지급금(이하 '대지급금'이라 함)의 범위는 다음과 같다. 다만, 대통령령으로 정하는 바에 따라 ①의 ㉠부터 ㉢까지의 규정에 따른 대지급금의 상한액과 같은 항 ㉣ 및 ㉤에 따른 대지급금의 상한액은 근로자의 퇴직 당시의 연령 등을 고려하여 따로 정할 수 있으며 대지급금이 적은 경우에는 지급하지 아니할 수 있다.

㉠ 근로기준법에 따른 임금 및 근로자퇴직급여 보장법에 따른 최종 3년간의 퇴직급여 등

㉡ 근로기준법에 따른 휴업수당(최종 3개월분으로 한정)

㉢ 근로기준법에 따른 출산전후휴가기간 중 급여(최종 3개월분으로 한정)

③ 대지급금의 지급대상이 되는 근로자와 사업주의 기준

㉠ 대지급금 지급대상 근로자(임금채권보장법 시행령 제7조 제1항)

도산대지급금은 다음의 구분에 따른 날의 1년 전이 되는 날 이후부터 3년 이내에 해당 사업 또는 사업장에서 퇴직한 근로자에게 지급한다.

㉮ 파산선고 또는 회생절차개시결정이 있는 경우에는 그 신청일

㉯ 채무자 회생 및 파산에 관한 법률에 따른 회생절차개시의 신청 후 법원이 직권으로 파산선고를 한 경우에는 그 신청일 또는 선고일

ⓑ 도산 등 사실인정이 있는 경우에는 그 도산 등 사실인정 신청일(신청기간의 말일이 공휴일이어서 공휴일 다음 날 신청한 경우에는 신청기간의 말일을 말하며, 도산 등 사실인정의 기초가 된 사실이 동일한 둘 이상의 신청이 있는 경우에는 최초의 신청일을 말한다)

ⓒ 사업주의 기준(임금채권보장법 시행령 제8조 제1항)

근로자가 도산대지급금을 받을 수 있는 사업주는 법의 적용 대상이 되어 6개월 이상 해당 사업을 한 후에 ①의 ⓐ부터 ⓒ까지의 어느 하나에 해당하는 사유가 발생한 사업주로 한다.

5 임금채권의 시효 21 기출

임금채권의 소멸시효기간은 3년이다(법 제49조).

① 소멸시효의 기산점은 그 채권을 행사할 수 있는 날부터 진행한다.

ⓐ 임금 : 정기지급일부터

ⓑ 상여금 : 상여금에 관한 권리가 발생한 때부터

ⓒ 연차휴가수당 : 휴가취득 후 1년 경과한 다음 날부터

② 근로자가 아닌 이사 등 임원에 대한 퇴직금은 임금이 아니므로 일반채권의 소멸시효기간인 10년이 적용된다.

6 도급근로자의 임금지급보장

(1) 의 의

사업이 한 차례 이상의 도급에 따라 행하여지는 경우에 하수급인이 직상 수급인의 귀책사유로 근로자에게 임금을 지급하지 못한 경우에는 그 직상 수급인은 그 하수급인과 연대하여 책임을 진다. 다만, 직상 수급인의 귀책사유가 그 상위 수급인의 귀책사유에 의하여 발생한 경우에는 그 상위 수급인도 연대하여 책임을 진다(법 제44조 제1항).

(2) 직상 수급인의 정의

직상 수급인이라 함은 하수급인에게 직접 도급을 의뢰한 도급인을 말한다. 도급이 1차에 국한된 경우의 도급인은 직상 수급인에 해당하지 않는다는 견해도 있으나 직상 수급인에 해당한다고 보는 것이 다수의 견해이다.

(3) 수급인의 귀책사유 범위(영 제24조)

① 정당한 사유 없이 도급계약에서 정한 도급 금액 지급일에 도급 금액을 지급하지 아니한 경우

② 정당한 사유 없이 도급계약에서 정한 원자재 공급을 늦게 하거나 공급을 하지 아니한 경우

③ 정당한 사유 없이 도급계약의 조건을 이행하지 아니하여 하수급인이 도급사업을 정상적으로 수행하지 못한 경우

(4) 직상 수급인의 책임의 범위와 입증책임

직상 수급인과 하수급인은 근로자의 임금에 대하여 연대채무를 진다. 따라서 근로자는 그 중 1인 또는 양자 모두에 대하여 동시에 또는 순차적으로 임금채무의 전부 또는 일부의 이행을 청구할 수 있다.

7 건설업에 대한 임금지급 연대책임

> **제44조의2(건설업에서의 임금지급 연대책임)**
> ① 건설업에서 사업이 2차례 이상 건설산업기본법에 따른 도급("공사도급")이 이루어진 경우에 같은 법에 따른 건설업자가 아닌 하수급인이 그가 사용한 근로자에게 임금(해당 건설공사에서 발생한 임금으로 한정)을 지급하지 못한 경우에는 그 직상 수급인은 하수급인과 연대하여 하수급인이 사용한 근로자의 임금을 지급할 책임을 진다.
> ② 제1항의 직상 수급인이 건설산업기본법에 따른 건설사업자가 아닌 때에는 그 상위 수급인 중에서 최하위의 건설사업자를 직상 수급인으로 본다.

① 직상 수급인은 하수급인과 연대하여 해당 건설공사에서 발생한 임금에 한정하여 책임을 진다.

② 직상 수급인이 비건설업자여서 지불능력이 없는 경우에 대처하기 위해 그 상위의 건설사업자까지 책임을 확장하고 있다.

8 건설업에서 직상 수급인의 임금 직접 지급

제44조의3(건설업의 공사도급에 있어서의 임금에 관한 특례)

① 공사도급이 이루어진 경우로서 다음의 어느 하나에 해당하는 때에는 직상 수급인은 하수급인에게 지급하여야 하는 하도급 대금 채무의 부담 범위에서 그 하수급인이 사용한 근로자가 청구하면 하수급인이 지급하여야 하는 임금(해당 건설공사에서 발생한 임금으로 한정)에 해당하는 금액을 근로자에게 직접 지급하여야 한다.

1. 직상 수급인이 하수급인을 대신하여 하수급인이 사용한 근로자에게 지급하여야 하는 임금을 직접 지급할 수 있다는 뜻과 그 지급 방법 및 절차에 관하여 직상 수급인과 하수급인이 합의한 경우

2. 민사집행법에 따른 확정된 지급명령, 하수급인의 근로자에게 하수급인에 대하여 임금채권이 있음을 증명하는 같은 법에 따른 집행증서, 소액사건심판법에 따라 확정된 이행권고결정, 그 밖에 이에 준하는 집행권이 있는 경우

3. 하수급인이 그가 사용한 근로자에 대하여 지급하여야 할 임금채무가 있음을 직상 수급인에게 알려주고, 직상 수급인이 파산 등의 사유로 하수급인이 임금을 지급할 수 없는 명백한 사유가 있다고 인정하는 경우

② 건설산업기본법에 따른 발주자의 수급인("원수급인")으로부터 공사도급이 2차례 이상 이루어진 경우로서 하수급인(도급 받은 하수급인으로부터 재하도급 받은 하수급인 포함)이 사용한 근로자에게 그 하수급인에 대한 제1항 제2호에 따른 집행권원이 있는 경우에는 근로자는 하수급인이 지급하여야 하는 임금(해당 건설공사에서 발생한 임금으로 한정)에 해당하는 금액을 원수급인에게 직접 지급할 것을 요구할 수 있다. 원수급인은 근로자가 자신에 대하여 민법에 따른 채권자대위권을 행사할 수 있는 금액의 범위에서 이에 따라야 한다.

③ 직상 수급인 또는 원수급인이 하수급인이 사용한 근로자에게 임금에 해당하는 금액을 지급한 경우에는 하수급인에 대한 하도급 대금 채무는 그 범위에서 소멸한 것으로 본다.

① 하수급인의 근로자가 직상 수급인에게 임금을 청구하면 직상 수급인은 하수급인이 지급해야 하는 임금에 해당하는 금액을 근로자에게 직접 지급해야 한다. 해당 건설공사에서 발생한 임금에 한정한다.

② 이때 하수급인에 대한 하도급 대금 채무는 그 범위에서 소멸한 것으로 본다.

01 근로기준법령상 임금 지급에 관한 설명으로 옳지 않은 것은?(다툼이 있으면 판례에 따름)

① 사용자가 근로자의 대리인에게 임금을 지급하는 것은 근로기준법에 위반된다.

② 임금은 매월 1회 이상 일정한 날짜를 정하여 근로자에게 지급하여야 하며, 연봉제를 적용하는 경우에도 마찬가지이다.

③ 근로자가 임금채권을 타인에게 양도한 경우 사용자는 임금채권의 양수인에게 임금을 지급할 수 있다.

④ 근로자가 본인의 혼인 비용에 충당하기 위하여 임금 지급을 청구하면 임금 지급기일 전이라도 이미 제공한 근로에 대한 임금을 지급하여야 한다.

> **해설**
>
> ③ 근로기준법 제43조 제1항에서 임금직접지급의 원칙을 규정하고 그에 위반하는 자는 처벌을 하도록 하는 규정(같은 법 제109조)을 두어 그 이행을 강제하고 있는 이유는 임금이 확실하게 근로자 본인의 수중에 들어가게 하여 그의 자유로운 처분에 맡기고 나아가 근로자의 생활을 보호하고자 하는데 있는 것이므로 이와 같은 근로기준법의 규정의 취지에 비추어 보면 근로자가 그 임금채권을 양도한 경우라 할지라도 그 임금의 지급에 관하여는 같은 원칙이 적용되어 사용자는 직접 근로자에게 임금을 지급하지 아니하면 안 되는 것이고 그 결과 비록 양수인이라고 할지라도 스스로 사용자에 대하여 임금의 지급을 청구할 수는 없다고 해석하여야 할 것이며, 그렇게 하지 아니하면 임금직접지급의 원칙을 정한 근로기준법의 규정은 그 실효를 거둘 수가 없게 될 것이다(대판 [전합] 1988.12.13, 87다카2803).

02 임금 등에 관하여 근로기준법령에 규정된 내용으로 옳지 않은 것은?

① 임금이란 사용자가 근로의 대가로 근로자에게 임금, 봉급, 그 밖에 어떠한 명칭으로든지 지급하는 일체의 금품을 말한다.

② 평균임금이란 이를 산정하여야 할 사유가 발생한 날 이전 3개월 동안에 그 근로자에게 지급된 임금의 총액을 말한다.

③ 사용자는 도급이나 그 밖에 이에 준하는 제도로 사용하는 근로자에게 근로시간에 따라 일정액의 임금을 보장하여야 한다.

④ 사용자는 각 사업장별로 임금대장을 작성하여야 한다.

> **해설**
>
> ② 평균임금이란 이를 산정하여야 할 사유가 발생한 날 이전 3개월 동안에 그 근로자에게 지급된 임금의 총액을 그 기간의 총일수로 나눈 금액을 말한다(근로기준법 제2조 제1항 제6호).

03 근로기준법상 임금 지급에 관한 설명으로 옳은 것은?(다툼이 있으면 판례에 따름)

① 임금채권의 양수인은 스스로 사용자에 대하여 임금의 지급을 청구할 수 있다.
② 단체협약에 특별한 규정이 있는 경우에는 임금의 일부를 통화(通貨) 이외의 것으로 지급할 수 있다.
③ 노동조합은 조합원인 근로자의 임금을 대리하여 수령할 수 있다.
④ 근로자는 사용자에 대한 임금청구권을 지급기한이 도래한 이후에도 포기하지 못한다.

> **해설**

② 근로기준법 제43조 제1항
① 근로자가 그 임금채권을 양도한 경우라 할지라도 그 임금의 지급에 관하여는 같은 원칙이 적용되어 사용자는 직접 근로자에게 임금을 지급하지 아니하면 안 되는 것이고 그 결과 비록 양수인이라고 할지라도 스스로 사용자에 대하여 임금의 지급을 청구할 수는 없다(대판[전합] 1988.12.13, 87다카2803).
③ 임금은 근로자에게 직접 지급해야 하므로, 노동조합이 조합원인 근로자의 임금을 대리하여 수령하는 것은 불가하다고 보인다.
④ 이미 구체적으로 그 지급청구권이 발생한 임금(상여금 포함)이나 퇴직금은 근로자의 사적 재산영역으로 옮겨져 근로자의 처분에 맡겨진 것이기 때문에 노동조합이 근로자들로부터 개별적인 동의나 수권을 받지 않는 이상, 사용자와 사이의 단체협약만으로 이에 대한 포기나 지급유예와 같은 처분행위를 할 수는 없다(대판 2000.9.29, 99다67536). 즉, 지급기한이 도래한 임금은 근로자의 사적 재산이므로 근로자는 임금채권을 포기할 수 있다.

04 통상임금에 관한 설명으로 옳지 않은 것은?(다툼이 있으면 판례에 따름)

① 어떠한 임금이 통상임금에 속하는지 여부는 그 임금이 소정근로의 대가로 근로자에게 지급되는 금품으로서 정기적·일률적·고정적으로 지급되는 것인지를 기준으로 그 객관적인 성질에 따라 판단하여야 한다.
② 임금의 지급주기가 1개월을 넘는다는 사정만으로 그 임금이 통상임금에서 제외된다고 할 수 없다.
③ 근무실적에서 최하 등급을 받더라도 최소한도의 지급이 확정되어 있다면 그 최소한도의 임금은 고정적 임금이라고 할 수 있다.
④ 근무일수에 따라 일할계산하여 지급되는 임금은 실제 근무일수에 따라 그 지급액이 달라지므로 고정적 임금이라고 할 수 없다.

> **해설**

④ 상여금 지급 대상기간 중에 퇴직한 근로자에게는 근무일수에 따라 일할계산하여 지급한 사안에서, 위 상여금은 근속기간에 따라 지급액이 달라지기는 하나 일정 근속기간에 이른 근로자에게는 일정액의 상여금이 확정적으로 지급되는 것이므로, 위 상여금은 소정근로를 제공하기만 하면 지급이 확정된 것이라고 볼 수 있어 정기적·일률적으로 지급되는 고정적인 임금인 통상임금에 해당한다(대판[전합] 2013.12.18, 2012다89399).

05 근로기준법령상 임금에 관한 설명으로 옳지 않은 것은?

① 사용자는 각 사업장별로 임금대장을 작성하고 임금과 가족수당 계산의 기초가 되는 사항, 임금액, 그 밖에 대통령령으로 정하는 사항을 임금을 지급할 때마다 적어야 한다.

② 고용노동부장관은 체불사업주의 명단을 공개할 경우에 해당 체불사업주에게 3개월 이상의 기간을 정하여 소명 기회를 주어야 한다.

③ 일용근로자의 통상임금은 고용노동부장관이 사업이나 직업에 따라 근로시간을 고려하여 정하는 금액으로 한다.

④ 사용자는 도급으로 사용하는 근로자에게 근로시간에 따라 일정액의 임금을 보장하여야 한다.

해설

③ 일용근로자의 평균임금은 고용노동부장관이 사업이나 직업에 따라 정하는 금액으로 한다(근로기준법 시행령 제3조).

06 근로기준법상 평균임금을 기준으로 산정해야 하는 것을 모두 고른 것은?

> ㄱ. 휴일근로에 대한 가산임금
> ㄴ. 해고예고수당
> ㄷ. 장해보상금
> ㄹ. 취업규칙상 감급(減給)의 제재를 정할 경우 1회 감급(減給) 금액의 한도

① ㄱ, ㄴ   ② ㄱ, ㄷ

③ ㄴ, ㄷ   ④ ㄷ, ㄹ

해설

ㄷ. 장해보상금 : 근로자가 업무상 부상 또는 질병에 걸리고, 완치된 후 신체에 장해가 있으면 사용자는 그 장해 정도에 따라 평균임금에 별표에서 정한 일수를 곱한 금액의 장해보상을 하여야 한다(근로기준법 제80조 제1항).

ㄹ. 취업규칙에서 근로자에 대하여 감급(減給)의 제재를 정할 경우에 그 감액은 1회의 금액이 평균임금의 1일분의 2분의 1을, 총액이 1임금지급기의 임금 총액의 10분의 1을 초과하지 못한다(근로기준법 제95조).

ㄱ. 사용자는 휴일근로에 대하여는 다음의 기준에 따른 금액 이상을 가산하여 근로자에게 지급하여야 한다(근로기준법 제56조 제2항).
  • 8시간 이내의 휴일근로 : 통상임금의 100분의 50
  • 8시간을 초과한 휴일근로 : 통상임금의 100분의 100

ㄴ. 사용자는 근로자를 해고하려면 적어도 30일 전에 예고를 하여야 하고, 30일 전에 예고를 하지 아니하였을 때에는 30일분 이상의 통상임금을 지급하여야 한다(근로기준법 제26조).

07 다음은 근로기준법상 체불사업주의 명단 공개에 관한 설명이다. (   ) 안에 들어갈 내용으로 옳은 것은?

> 고용노동부장관은 임금 등을 지급하지 아니한 체불사업주가 명단 공개 기준일 이전 (ㄱ)년 이내
> 임금 등을 체불하여 (ㄴ)회 이상 유죄가 확정된 자로서 명단 공개 기준일 이전 (ㄷ)년 이내 임금
> 등의 체불총액이 (ㄹ)천만원 이상인 경우에는 그 인적사항 등을 공개할 수 있다.

① ㄱ : 2, ㄴ : 1, ㄷ : 1, ㄹ : 2
② ㄱ : 2, ㄴ : 1, ㄷ : 1, ㄹ : 3
③ ㄱ : 3, ㄴ : 2, ㄷ : 1, ㄹ : 2
④ ㄱ : 3, ㄴ : 2, ㄷ : 1, ㄹ : 3

[해설]

④ 고용노동부장관은 임금, 보상금, 수당, 그 밖에 일체의 금품을 지급하지 아니한 사업주가 명단 공개 기준일 이전 3년 이내 임금 등을 체불하여 2회 이상 유죄가 확정된 자로서 명단 공개 기준일 이전 1년 이내 임금 등의 체불총액이 3천만원 이상인 경우에는 그 인적사항 등을 공개할 수 있다(근로기준법 제43조의2 제1항).

08 근로기준법상 평균임금을 기초로 산정하지 않는 것은?

① 장해보상
② 퇴직금
③ 휴업수당
④ 야근근로수당

[해설]

④ 평균임금은 퇴직금(법 제34조), 휴업수당(법 제46조), 연차 유급휴가수당(법 제60조), 재해보상금(법 제79조부터 제85조)과 제재로서의 감급액(법 제95조)을 산출하는 기초가 된다.

09 근로기준법상 비상시 지급규정에 따라 근로자가 그 비용에 충당하기 위하여 임금 지급을 청구하면 사용자는 지급기일 전이라도 이미 제공한 근로에 대한 임금을 지급하여야 하는 경우에 해당하는 것은?

① 출산(근로자의 수입으로 생계를 유지하는 자의 출산은 제외한다)
② 질병(근로자의 수입으로 생계를 유지하는 자의 질병은 제외한다)
③ 혼인(근로자의 수입으로 생계를 유지하는 자의 혼인은 제외한다)
④ 재해(근로자의 수입으로 생계를 유지하는 자의 재해를 포함한다)

[해설]

④ 근로자가 출산, 질병, 재해, 혼인의 경우(근로자의 수입으로 생계를 유지하는 자의 경우 포함) 비용에 충당하기 위하여 임금 지급을 청구하면 지급기일 전이라도 이미 제공한 근로에 대한 임금을 지급하여야 한다(근로기준법 제45조 및 근로기준법 시행령 제25조).

10 근로기준법상 임금에 관한 설명으로 옳은 것은?(다툼이 있는 경우에는 판례에 의함)

① 정기 상여금은 그 성격이나 종류 등에 상관없이 통상임금에 포함되지 않는다는 것이 대법원의 일관된 입장이다.
② 사용자는 사용기간이 30일 미만인 일용근로자에 대하여 임금대장을 작성하지 아니할 수 있다.
③ 임금채권의 소멸시효는 1년이다.
④ 단체협약에 특별한 규정이 있는 경우에는 임금의 일부를 공제할 수 있다.

해설

④ 근로기준법 제43조 제1항
① 상여금은 계속적·정기적으로 지급되고 그 지급액이 확정되어 있는 경우에는 임금으로 인정되지만, 그 지급 사유의 발생이 불확정이고 일시적으로 지급되는 경우에는 임금이라 볼 수 없을 것이다(대판 2006.5.26, 2003다54322, 54339).
② 사용기간이 30일 미만인 일용근로자도 임금대장을 작성하여야 한다. 다만 주민등록번호와 임금 및 가족수당의 계산 기초가 되는 사항을 적지 아니할 수 있다(근로기준법 시행령 제27조 제2항).
③ 임금채권은 3년간 행사하지 아니하면 시효로 소멸한다(근로기준법 제49조).

11 근로기준법상 임금지급에 관한 설명으로 옳지 않은 것은?(다툼이 있는 경우에는 판례에 의함)

① 법령 또는 단체협약에 특별한 규정이 있는 경우에는 임금의 일부를 공제할 수 있다.
② 근로자가 임금채권을 타인에게 양도한 경우 사용자는 양수인에게 임금을 지급하여야 한다.
③ 사용자가 자기 직원으로 근무하다가 사망한 근로자의 퇴직금에 대하여 사용자의 그 근로자에 대한 대출금채권으로 상계충당할 수 없다.
④ 임금채권에 대하여 사용자가 근로자에 대하여 가지고 있는 불법행위를 원인으로 하는 손해배상 채권으로 상계할 수는 없다.

해설

② 근로자가 임금채권을 타인에게 양도한 경우에도 양수인에게 임금을 지급할 수 없고 직접 근로자에게 지급해야 한다(대판[전합] 1988.12.13, 87다카2803).
① 근로기준법 제43조 제1항
③ 근로자가 받을 퇴직금은 임금의 성질을 가지는 것으로서 근로기준법 제43조에 의하여 사용자는 그 수령권자에게 직접 전액을 지급하여야 하는 것이므로 사용자가 자기 직원으로 근무하다가 사망한 근로자의 퇴직금에 대하여 사용자의 동인에 대한 대출금채권으로 상계충당할 수 없다(대판 1990.5.8, 88다카26413).
④ 사용자가 근로자에 대하여 가지는 대출금이나 불법행위를 원인으로 한 채권으로써 근로자의 임금채권과 상계하지 못한다(대판 1999.7.13, 99도2168).

12 근로기준법상 임금에 관한 설명으로 옳지 않은 것은?(다툼이 있는 경우에는 판례에 의함)

① 상여금이 계속적·정기적으로 지급되고 그 지급액이 확정되어 있다면 이는 근로의 대가로 지급되는 임금의 성질을 가지므로 평균임금계산에 산입된다.

② 가족수당이 회사에게 지급의무가 있고, 일정한 요건에 해당하는 근로자에게 일률적으로 지급되어 왔다면, 근로에 대한 대가의 성질을 가지는 것으로서 임금에 해당한다.

③ 일용근로자의 평균임금은 고용노동부장관이 사업이나 직업에 따라 정하는 금액으로 한다.

④ 운송회사 근로자들이 운송수입금 중 사납금 초과 수입금을 개인수입으로 자신에게 직접 귀속시킨 경우, 그 초과 수입금 부분은 퇴직금 산정의 기초가 되는 평균임금에 포함된다.

> **해설**
>
> ④ 근로자들이 총 운송수입금을 전부 운송회사에 납부하는 경우에는 근로자들이 사납금 초과 수입금을 개인 자신에게 직접 귀속시킨 경우와 달리, 운송회사가 근로자들로부터 납부 받은 사납금 초과 수입금은 퇴직금의 산정의 기초가 되는 평균임금에 포함되는 것으로 보아야 할 것이다(대판 2007.7.12, 2005다25113).
>
> ① 대판 2013.4.11, 2012다48077
>
> ② 대판 2006.5.26, 2003다54322
>
> ③ 근로기준법 시행령 제3조

13 근로기준법상 임금과 관련된 대법원 판례의 내용으로 옳지 않은 것은?

① 택시회사가 그 소속 운전사의 운송수입금 중 사납금을 공제한 잔액을 그 운전사 개인의 수입으로 하여 자유로운 처분에 맡겨 왔다면, 그 부분은 근로의 대가인 임금에 해당되지 아니한다.

② 근로자가 특수한 근무조건이나 환경에서 직무를 수행하는 데 소요되는 비용을 변상하기 위하여 지급되는 실비변상적 급여는 임금에 포함되지 않는다.

③ 골프장 사업자가 고객으로부터 받은 금액 중 봉사료 상당금액의 전액을 캐디들에게 준 경우 이는 임금에 해당된다고 볼 수 있다.

④ 사회보험제도에 따라 사용자가 부담하는 보험료는 임금에 해당하지 아니한다.

> **해설**
>
> ① 사납금을 공제한 나머지 수입금을 운전사 개인의 수입으로 하여 자유로운 처분에 맡겨 온 경우에는 이 역시 임금에 해당한다(대판 2000.4.25, 98두15269).

14 평균임금에 관한 다음 설명 중 옳지 않은 것은?(다툼이 있는 경우에는 판례에 의함)

① 적법한 쟁의행위기간은 평균임금 산정기간에서 제외한다.
② 취업규칙으로 감급의 제재를 정할 경우 그 감액은 평균 임금의 일정한 비율을 초과하지 못한다.
③ 평균임금을 산출하는 임금 총액에서 임시적 성과급은 포함되지 않는다.
④ 일용근로자의 평균임금은 노동위원회에서 정한다.

> **해설**
> ④ 일용근로자에 대하여는 고용노동부장관이 사업이나 직업에 따라 정하는 금액을 평균임금으로 한다(근로기준법 시행령 제3조).

15 근로기준법상 임금지급의 원칙에 관한 설명으로 옳은 것은?

① 상품교환권은 현금과 같이 유통되므로 임금으로 지급할 수 있다.
② 임금채권을 타인에게 양도하는 계약도 유효하므로 사용자는 임금채권의 양수인에게 임금을 직접 지급할 수 있다.
③ 임금채권이 압류된 경우 사용자가 압류채권자에게 해당분을 지급하는 것은 직접지급의 원칙에 반하지 않는다.
④ 사용자는 물론이고 근로자가 스스로 임금채권을 상계하는 것도 허용되지 않는다.

> **해설**
> ③ 급여채권의 2분의 1에 해당하는 금액의 압류는 인정된다(민사집행법 제246조 제1항 제4호).

05 근로시간

제 1 절 근로시간의 개념과 산정

1 근로시간

(1) 개 념

① 사용자의 지휘·감독하에서 근로를 제공한 시간은 물론 사용자의 지휘·감독이 없을지라도 근로계약상의 업무를 수행하는 시간도 근로시간에 포함된다고 보는 업무성설도 있으나 근로기준법상 근로시간이란 근로자가 사용자의 지휘·감독하에서 근로계약에 따라 실제로 근로를 제공하는 실근로시간이라고 보는 지휘·감독설이 통설·판례이다. 따라서 근로자가 그의 노동력을 사용자의 처분하에 둔 시간이면 실제로 근로자가 근로를 제공하였는지 여부와 관계없이 근로시간에 포함된다.

② 실근로의 제공에 부수되는 시간이 단체협약, 취업규칙, 근로계약 등에 의무화되어 있거나 사용자의 지휘·명령하에 행하여지는 경우 또는 업무수행에 필수불가결한 경우 등에는 이에 소요되는 시간은 근로시간에 포함된다.

③ 대기시간은 사용자의 지휘·명령하에 놓여 있는지 그 시간을 자유롭게 이용할 수 있는지의 여부에 따라 휴게시간인지 근로시간인지의 여부가 결정된다.

④ 일·숙직근무시간은 그 근무의 내용 및 방법 등이 통상적인 업무와 동일하다고 인정되는 경우에 한하여 근로시간으로 인정된다.

⑤ 예비군, 민방위훈련은 예비군법, 민방위기본법에서 근로시간으로 보고 있다.

(2) 구 분

① 1주 **21** 기출

휴일을 포함한 7일을 말한다(법 제2조 제1항).

② 기준근로시간

기준근로시간은 근로자의 최장근로시간을 정하고 있는 법정근로시간을 말한다.

㉠ 성인의 경우 : 1일 8시간, 1주 40시간(법 제50조)

㉡ 연소자의 경우 : 1일 7시간, 1주 35시간(법 제69조 본문)

㉢ 유해·위험작업 : 1일 6시간, 1주 34시간(산업안전보건법 제139조)

③ 소정근로시간

기준근로시간의 범위 안에서 근로자와 사용자 사이에 정한 근로시간을 말한다(법 제2조 제1항). 소정근로시간의 개념은 시간급 통상임금의 산정에 있어 일급이나 월급을 시간급으로 환산하기 위하여 주로 사용한다. 소정근로시간을 초과하여 근무하는 경우 총 근로시간이 기준근로시간의 범위 내인 경우에는 시간외근로에 해당하지 않는다.

④ 연장근로시간

기준근로시간을 초과한 근로시간을 말하며, 통상임금의 100분의 50 이상을 가산하여 지급하여야 한다(법 제56조 제1항).

⑤ 야간근로시간

사용자는 야간근로(오후 10시부터 다음 날 오전 6시 사이의 근로를 말함)에 대하여는 통상임금의 100분의 50 이상을 가산하여 근로자에게 지급하여야 한다(법 제56조 제3항).

⑥ 표준근로시간

선택적 근로시간제에서 유급휴가 등의 계산기준으로서 사용자와 근로자의 대표가 합의하여 정한 1일의 근로시간을 말한다.

⑦ 임의근로시간대(선택근로시간대, 자유근로시간대)

선택적 근로시간제에서 근로자의 선택에 맡겨진 시간대를 말한다.

⑧ 의무근로시간

선택적 근로시간제에서 근로자의 선택에 맡기지 않고 반드시 근로하도록 정한 시간대를 말한다.

2 근로시간의 산정

(1) 원 칙

근로시간은 작업의 개시부터 종료까지의 시간에서 휴게시간을 제외한 시간을 말한다. 특별한 사유가 없는 경우 근로시간의 시업·종업시간은 단체협약 및 취업규칙 등에 정하여지는 출근시간과 퇴근시간이 되는 것이 일반적이다.

(2) 근로시간계산의 특례(인정, 간주근로시간제)

① 근로자가 출장이나 그 밖의 사유로 근로시간의 전부 또는 일부를 사업장 밖에서 근로하여 근로시간을 산정하기 어려운 때에는 소정근로시간을 근로한 것으로 본다. 다만, 그 업무를 수행하기 위하여 통상적으로 소정근로시간을 초과하여 근로할 필요가 있는 경우에는 그 업무의 수행에 통상 필요한 시간을 근로한 것으로 본다(법 제58조 제1항, 인정근로시간제).

② ①의 단서의 규정에 불구하고 그 업무에 관하여 근로자대표와의 서면 합의를 한 경우에는 그 합의에서 정하는 시간을 그 업무의 수행에 통상 필요한 시간으로 본다(법 제58조 제2항).

③ 업무의 성질에 비추어 업무 수행 방법을 근로자의 재량에 위임할 필요가 있는 업무로서 대통령령으로 정하는 업무는 사용자가 근로자대표와 서면 합의로 정한 시간을 근로한 것으로 본다. 이 경우 그 서면 합의에는 다음의 사항을 명시하여야 한다(법 제58조 제3항, 간주근로시간제).

　㉠ 대통령령이 정하는 업무(영 제31조)

　　㉮ 신상품 또는 신기술의 연구개발이나 인문사회과학 또는 자연과학분야의 연구 업무

　　㉯ 정보처리시스템의 설계 또는 분석 업무

　　㉰ 신문, 방송 또는 출판 사업에서의 기사의 취재, 편성 또는 편집 업무

　　㉱ 의복·실내장식·공업제품·광고 등의 디자인 또는 고안 업무

　　㉲ 방송 프로그램·영화 등의 제작 사업에서의 프로듀서 또는 감독 업무

　　㉳ 그 밖에 고용노동부장관이 정하는 업무

ⓛ 서면 합의 명시사항(법 제58조 제3항)

㉮ 대상 업무

㉯ 사용자가 업무의 수행 수단 및 시간 배분 등에 관하여 근로자에게 구체적인 지시를 하지 아니한다는 내용

㉰ 근로시간의 산정은 당해 서면 합의로 정하는 바에 따른다는 내용

제2절 ▶ 근로시간의 보호

1 기본체계

근로자의 근로시간보호는 근로기준법상 보호와 산업안전보건법상의 보호로 나눌 수 있다.

근로기준법상의 보호는 크게 일반근로자의 근로시간보호와 여성 근로자, 연소근로자의 근로시간보호로 나누어 볼 수 있다. 다만, 사업의 성질, 업무의 특수성으로 인하여 출퇴근시간을 엄격하게 적용하는 것이 부적절한 근로자에게는 근로기준법상의 근로시간에 관한 규정의 적용을 배제하고 있다.

2 일반근로자의 근로시간보호

(1) 기준근로시간(법 제50조) 20 기출

① 1주간의 근로시간은 휴게시간을 제외하고 40시간을 초과할 수 없다.

② 1일의 근로시간은 휴게시간을 제외하고 8시간을 초과할 수 없다.

③ 근로시간을 산정하는 경우 작업을 위하여 근로자가 사용자의 지휘·감독 아래에 있는 대기시간 등은 근로시간으로 본다.

④ 1주 및 1일의 개념은 반드시 특정일, 특정시간부터 특정일, 특정시간까지를 의미하는 것이 아니라 1일은 24시간 동안, 1주는 7일 동안의 시간적 길이를 의미한다. 따라서 하나의 근로가 2일에 걸쳐 지속적으로 행하여지는 경우에도 전체 근로시간이 8시간 이내인 한 동조 위반이 아니다.

⑤ 근로시간의 신축적 운용

탄력적 근로시간제도(법 제51조 및 제51조의2) 및 선택적 근로시간제도(법 제52조)를 채택하는 경우 1일 8시간, 1주 40시간을 초과하여 근로하게 할 수 있다.

(2) 기준근로시간의 연장

① 원칙(통상연장근로) - 당사자의 합의

당사자 간에 합의하면 1주간에 12시간을 한도로 제50조의 근로시간을 연장할 수 있다(법 제53조 제1항). 당사자 간에 합의하면 1주간에 12시간을 한도로 제51조 및 제51조의2의 근로시간을 연장할 수 있으며 제52조 제1항 제2호의 정산기간을 평균하여 1주간에 12시간을 초과하지 아니하는 범위 안에서 제52조 제1항의 근로시간을 연장할 수 있다(법 제53조 제2항).

㉠ 당사자

　　당사자 간의 합의라 함은 원칙적으로 사용자와 근로자와의 개별적 합의를 의미한다(대판 1995.2.10, 94다19228).

　㉡ 합의의 방법

　　연장근로에 관한 합의는 근로자 보호를 위하여 단체협약·노사합의서 및 근로계약 등과 같은 서면에 의한 협정을 말하며 당해 합의에는 연장근로의 사유, 기간 및 시간, 종류 및 대상 근로자 등이 반드시 명시되어야 한다. 이에 대하여 서면은 물론 구두합의도 인정된다는 견해도 있다. 판례는 "개별 근로자와의 연장근로에 관한 합의는 연장근로를 할 때마다 그때그때 할 필요는 없고 근로계약 등으로 미리 이를 약정하는 것도 가능하다"라고 한다(대판 1995.2.10, 94다19228).

　㉢ 1주 12시간 연장

　　1주 12시간을 초과하지 않는 범위 내에서 1일 8시간을 초과하여도 무방하다.

② 예 외

　㉠ 특별한 사정에 의한 예외(인가연장근로 또는 응급연장근로)

　　사용자는 특별한 사정이 있으면 고용노동부장관의 인가와 근로자의 동의를 얻어 위 ①의 근로시간을 연장할 수 있다. 다만, 사태가 급박하여 고용노동부장관의 인가를 받을 시간이 없는 경우에는 사후에 지체 없이 승인을 얻어야 한다(법 제53조 제4항). 이때 고용노동부장관은 근로시간의 연장이 부적당하다고 인정하면 그 후 연장시간에 상당하는 휴게 또는 휴일을 줄 것을 명할 수 있다(법 제53조 제5항).

　㉡ 특별한 사업에 대한 예외 20 22 기출

　　통계법 제22조 제1항에 따라 통계청장이 고시하는 산업에 관한 표준의 중분류 또는 소분류 중 다음의 어느 하나에 해당하는 사업에 대하여 사용자가 근로자대표와 서면으로 합의한 경우에는 주(週) 12시간을 초과하여 연장근로를 하게 하거나 휴게시간을 변경할 수 있다(법 제59조 제1항).

　　1. 육상운송 및 파이프라인 운송업. 다만, 여객자동차 운수사업법 제3조 제1항 제1호에 따른 노선(路線) 여객자동차운송사업은 제외한다.

　　2. 수상운송업

　　3. 항공운송업

　　4. 기타 운송관련 서비스업

　　5. 보건업

3 연소근로자 및 여성 근로자의 근로시간보호

(1) 연소근로자의 근로시간보호

① 15세 이상 18세 미만인 사람(연소근로자)의 근로시간은 1일에 7시간, 1주에 35시간을 초과하지 못한다. 다만, 당사자 간의 합의에 따라 1일에 1시간, 1주에 5시간을 한도로 연장할 수 있다(법 제69조).

② 연소근로자에 대하여는 탄력적 근로시간제도 및 선택적 근로시간제도는 인정되지 아니한다(법 제51조 제3항, 제51조의2 제6항, 제52조 제1호).

(2) 18세 이상의 여성 근로자의 근로시간보호 ⑱ ⑲ ⑳ 기출

① 임신 중인 여성 근로자

사용자는 임신 중의 여성 근로자에게 시간외근로를 하게 하여서는 아니 되며, 그 근로자의 요구가 있는 경우에는 쉬운 종류의 근로로 전환하여야 한다(법 제74조 제5항).

② 산후 1년이 경과하지 아니한 여성 근로자

사용자는 산후 1년이 지나지 아니한 여성에 대하여는 단체협약이 있는 경우라도 1일에 2시간, 1주에 6시간, 1년에 150시간을 초과하는 시간외근로를 시키지 못한다(법 제71조).

③ 연소근로자와 여성 근로자의 야간근로 및 휴일근로의 제한(법 제70조)

ⓐ 18세 이상의 여성

사용자는 18세 이상의 여성을 오후 10시부터 오전 6시까지의 시간 및 휴일에 근로시키려면 그 근로자의 동의를 받아야 한다.

ⓑ 임산부와 18세 미만자

사용자는 임산부와 18세 미만자를 오후 10시부터 오전 6시까지의 시간 및 휴일에 근로시키지 못한다. 다만, 다음의 어느 하나에 해당하는 경우로서 고용노동부장관의 인가를 받으면 그러하지 아니하다.

㉮ 18세 미만자의 동의가 있는 경우

㉯ 산후 1년이 지나지 아니한 여성의 동의가 있는 경우

㉰ 임신 중의 여성이 명시적으로 청구하는 경우

ⓒ 사용자는 ⓑ의 경우 고용노동부장관의 인가를 받기 전에 근로자의 건강 및 모성 보호를 위하여 그 시행 여부와 방법 등에 관하여 그 사업 또는 사업장의 근로자대표와 성실하게 협의하여야 한다.

ⓓ 임신 중인 여성 근로자에 대하여는 탄력적 근로시간제가 적용되지 아니한다(법 제51조 제3항, 제51조의2 제6항).

④ 적용의 제외(법 제63조)

제4장(근로시간과 휴식)과 제5장(여성과 소년)에서 정한 근로시간, 휴게와 휴일에 관한 규정은 다음의 어느 하나에 해당하는 근로자에 대하여는 적용하지 아니한다.

① 토지의 경작·개간, 식물의 식재·재배·채취 사업, 그 밖의 농림 사업

② 동물의 사육, 수산 동식물의 채취·포획·양식 사업, 그 밖의 축산, 양잠, 수산 사업

③ 감시 또는 단속적으로 근로에 종사하는 자로서 사용자가 고용노동부장관의 승인을 받은 사람

④ 대통령령으로 정하는 업무(사업의 종류에 관계없이 관리·감독 업무 또는 기밀을 취급하는 업무)에 종사하는 근로자

5 산업안전보건법상의 근로시간의 보호

사업주는 유해하거나 위험한 작업으로서 높은 기압에서 하는 작업 등 대통령령으로 정하는 작업에 종사하는 근로자에게는 1일 6시간, 1주 34시간을 초과하여 근로하게 하여서는 아니 된다(산업안전보건법 제139조 제1항).

제**3**절	시간외근로와 시간외근로수당

1 의 의

(1) 시간외근로

근로기준법에 정하여진 기준근로시간 이외의 시간에 근로를 하는 것을 말한다.

(2) 합의연장근로

당사자의 합의로 1주 40시간, 1일 8시간을 초과하여 근로하는 것을 말한다.

(3) 인가연장근로

사용자는 특별한 사정이 있는 경우에는 고용노동부장관의 인가와 근로자의 동의를 얻어 기준근로시간을 연장하는 것을 말한다.

(4) 야간근로

오후 10시부터 오전 6시까지의 근로를 말한다.

(5) 휴일근로

주휴일, 법정휴일, 단체협약이나 취업규칙에 의하여 정하여진 약정휴일에 근로하는 것을 말한다.

2 시간외근로수당(가산임금)

(1) 가산임금의 산정(법 제56조) [20] [기출]

① 사용자는 연장근로(제53조·제59조 및 제69조 단서에 따라 연장된 시간의 근로를 말함)에 대하여는 통상임금의 100분의 50 이상을 가산하여 근로자에게 지급하여야 한다.

② ①에도 불구하고 사용자는 휴일근로에 대하여는 다음의 기준에 따른 금액 이상을 가산하여 근로자에게 지급하여야 한다.
　　㉠ 8시간 이내의 휴일근로 : 통상임금의 100분의 50
　　㉡ 8시간을 초과한 휴일근로 : 통상임금의 100분의 100
③ 사용자는 야간근로(오후 10시부터 다음 날 오전 6시 사이의 근로를 말함)에 대하여는 통상임금의 100분의 50 이상을 가산하여 근로자에게 지급하여야 한다.

(2) 수 당
① 연장근로와 시간외근로수당
　㉠ 지급되는 경우
　　합의, 인가연장근로, 특별한 사업에 대하여 근로자대표와의 서면 합의를 통하여 근로시간을 연장한 경우, 연소근로자의 연장근로의 경우에 모두 연장된 근로시간에 대하여 연장근로수당을 지급하여야 한다.
　㉡ 지급되지 아니하는 경우
　　탄력적 근로시간제도 및 선택적 근로시간제도 등을 채택하는 경우 1일 8시간을 초과하여도 연장근로수당이 지급되지 아니한다. 또한 단시간근로자의 경우에 근로계약에 규정된 소정근로시간을 초과하더라도 1일 8시간, 1주 40시간의 기준근로시간 이내의 경우에는 시간외근로 수당이 지급되지 아니한다.
② 야간근로와 시간외근로수당
　㉠ 근로시간·휴게·휴일에 관한 규정이 적용되지 않는 사업(법 제63조의 사업)에 대해서도 야간근로에 대해서는 시간외근로수당이 지급된다.
　㉡ 경비 등 야간에만 근무하는 근로자에 대해서 처음부터 시간외근로수당을 포함하여 임금이 정해진 것이 명백한 경우에는 별도로 시간외근로수당을 지급하지 않아도 무방하다.
③ 휴일근로와 시간외근로수당
　㉠ 시간외근로수당이 지급되어야 하는 휴일근로는 유급휴일과 무급휴일을 구별하지 않는다.
　㉡ 휴일근로가 연장근로 또는 야간근로에 해당하는 경우에는 각각 시간외근로수당을 합산하여 지급하여야 한다.
　㉢ 상위 법령의 위임을 받은 조례 또는 단체협약 등에서 특정된 휴일을 근로일로 하고 대신 통상의 근로일을 휴일로 교체할 수 있도록 하는 규정을 두거나 그렇지 않더라도 근로자의 동의를 얻은 경우, 미리 근로자에게 교체할 휴일을 특정하여 고지하면 달리 보아야 할 사정이 없는 한 이는 적법한 휴일대체가 되어, 원래의 휴일은 통상의 근로일이 되고 그 날의 근로는 휴일근로가 아닌 통상근로가 되므로 사용자는 근로자에게 휴일근로수당을 지급할 의무를 지지 않는다(대판 2000.9.22, 99다7367).

④ 보상 휴가제
  ㉠ 의 의
    사용자는 근로자대표와의 서면 합의에 따라 제51조의3, 제52조 제2항 제2호 및 제56조의 규정에 의한 연장근로·야간근로 및 휴일근로 등에 대하여 임금을 지급하는 것을 갈음하여 휴가를 줄 수 있다(법 제57조).
  ㉡ 임금의 범위 등
    연장근로·야간근로·휴일근로에 대한 실제임금은 근로자에게 지급되어야 하고 시간외근로수당만이 대체대상에 해당하며 동 시간외근로수당에 해당하는 근로시간을 산정하여 휴가를 부여하여야 한다는 견해와 연장근로·야간근로·휴일근로에 대한 실제임금은 물론 시간외근로수당 모두가 대체대상에 해당하고 동 전체임금의 전부 또는 일부에 해당하는 근로시간을 산정하여 보상 휴가를 부여할 수 있다는 견해가 대립한다. 예를 들면, x시간을 연장근로 하였다면 근로자대표와 서면 합의에 따라 $1.5 \times x$시간에 해당하는 보상 휴가를 부여할 수 있다는 견해다.
⑤ 포괄임금산정제도
  ㉠ 의 의
    근로형태 및 업무의 성질이 시간외근로수당을 명확히 산정하기 어려운 경우, 계산의 편의와 직원의 근무의욕을 고취하는 뜻에서 매월 일정액의 시간외근로수당을 지급하는 경우가 있는데 이러한 임금지급 방법을 포괄임금산정제도라 한다.
  ㉡ 유효성
    근로시간의 산정이 어려운 등의 사정이 없음에도 포괄임금제 방식으로 약정된 경우 그 포괄임금에 포함된 정액의 법정수당이 근로기준법이 정한 기준에 따라 산정된 법정수당에 미달하는 때에는 그에 해당하는 포괄임금제에 의한 임금지급 계약 부분은 근로자에게 불이익하여 무효라 할 것이고, 사용자는 근로기준법의 강행성과 보충성 원칙에 의해 근로자에게 그 미달되는 법정수당을 지급할 의무가 있다(대판 2010.5.13, 2008다6052).

제4절 ┃ 근로시간의 신축적 운용

1 탄력적 근로시간제도

(1) 의 의

업무량이 많고 바쁜 시기에는 근로시간을 집중적으로 배치하고 업무량이 적고 한가한 시기에는 근로시간의 배치를 줄이는 것과 같이 사업자의 근로시간 운용실태에 부합하도록 하기 위하여 마련한 제도이다. 즉, 탄력적 근로시간제도는 일정기간을 평균한 근로시간이 법정근로시간을 초과하지 않는 범위 내에서 특정일 또는 특정주의 근로시간을 탄력적으로 운용하는 제도이다.

(2) 유 형

① 3개월 이내의 탄력적 근로시간제(법 제51조) **19** 기출

ⓐ 2주 48시간제도 : 사용자는 취업규칙(취업규칙에 준하는 것을 포함)에서 정하는 바에 따라 2주 이내의 일정한 단위기간을 평균하여 1주간의 근로시간이 제50조 제1항의 근로시간(40시간)을 초과하지 아니하는 범위에서 특정한 주에 제50조 제1항의 근로시간(40시간)을, 특정한 날에 제50조 제2항(8시간)의 근로시간을 초과하여 근로하게 할 수 있다. 다만, 특정한 주의 근로시간은 48시간을 초과할 수 없다.

ⓑ 3개월 이내 52시간제도 : 사용자는 근로자대표와의 서면 합의에 따라 다음의 사항을 정하면 3개월 이내의 단위기간을 평균하여 1주간의 근로시간이 제50조 제1항(40시간)의 근로시간을 초과하지 아니하는 범위에서 특정한 주에 제50조 제1항(40시간)의 근로시간을, 특정한 날에 제50조 제2항(8시간)의 근로시간을 초과하여 근로하게 할 수 있다. 다만, 특정한 주의 근로시간은 52시간을, 특정한 날의 근로시간은 12시간을 초과할 수 없다.

ⓐ 대상 근로자의 범위

ⓑ 단위기간(3개월 이내의 일정한 기간으로 정함)

ⓒ 단위기간의 근로일과 그 근로일별 근로시간

ⓓ 그 밖에 대통령령으로 정하는 사항(서면 합의의 유효기간)

ⓒ 취업규칙의 작성의무가 있는 10인 이상의 사업장은 취업규칙의 작성 및 변경을 통하여, 10인 미만의 사업장에서는 취업규칙에 준하는 것으로 이를 채택하여야 한다. 취업규칙에 준하는 것이란 명칭 또는 호칭에 구애됨이 없이 당사자 간의 서면 합의에 의한 것이면 충분하다고 할 것이다.

② 3개월을 초과하는 탄력적 근로시간제(법 제51조의2)

ⓐ 사용자는 근로자대표와의 서면 합의에 따라 다음의 사항을 정하면 3개월을 초과하고 6개월 이내의 단위기간을 평균하여 1주간의 근로시간이 제50조 제1항(40시간)의 근로시간을 초과하지 아니하는 범위에서 특정한 주에 제50조 제1항의 근로시간(40시간)을, 특정한 날에 제50조 제2항(8시간)의 근로시간을 초과하여 근로하게 할 수 있다. 다만, 특정한 주의 근로시간은 52시간을, 특정한 날의 근로시간은 12시간을 초과할 수 없다.

ⓐ 대상 근로자의 범위

ⓑ 단위기간(3개월을 초과하고 6개월 이내의 일정한 기간으로 정함)

ⓒ 단위기간의 주별 근로시간

ⓓ 그 밖에 대통령령으로 정하는 사항(서면 합의의 유효기간)

ⓑ 사용자는 근로자를 근로시킬 경우에는 근로일 종료 후 다음 근로일 개시 전까지 근로자에게 연속하여 11시간 이상의 휴식 시간을 주어야 한다. 다만, 천재지변 등 대통령령으로 정하는 불가피한 경우에는 근로자대표와의 서면 합의가 있으면 이에 따른다.

③ 위 ①과 ②의 규정은 15세 이상 18세 미만의 근로자와 임신 중인 여성 근로자에 대해서는 적용하지 아니한다(법 제51조 제3항, 법 제51조의2 제6항).

2 선택적 근로시간제도

(1) 의 의

선택적 근로시간제란 일정한 정산기간 동안의 총 근로시간을 당사자가 결정한 다음 근로자가 자신의 근로시간의 시작과 종료를 일정한 시간대에서 자유롭게 선택할 수 있는 근로시간제도이다.

(2) 요 건 19 기출

① 취업규칙(취업규칙에 준하는 것 포함)에 따라 업무의 시작 및 종료 시각을 근로자의 결정에 맡기기로 할 것
② 근로자대표와의 서면 합의에 따라 다음의 사항을 정할 것
    ㉠ 대상 근로자의 범위(15세 이상 18세 미만의 근로자 제외)
    ㉡ 정산기간(1개월 이내의 일정한 기간으로 정하여야 한다)
    ㉢ 정산기간의 총 근로시간
    ㉣ 반드시 근로하여야 할 시간대를 정하는 경우에는 그 시작 및 종료 시각
    ㉤ 근로자가 그의 결정에 따라 근로할 수 있는 시간대를 정하는 경우에는 그 시작 및 종료 시각
    ㉥ 그 밖에 대통령령으로 정하는 사항(표준근로시간)

(3) 효 과

1개월 이내의 정산기간을 평균하여 1주간의 근로시간이 40시간을 초과하지 아니하는 범위에서 1주간에 40시간을, 1일에 8시간을 초과하여 근로하게 할 수 있다.

3 재량적 근로시간제도

(1) 의 의

업무의 성질에 따라서는 업무 수행 방법을 근로자의 재량에 맡기고 근로의 시간보다는 근로의 성과에 따른 임금지급 및 근로시간의 책정이 필요한 경우가 있다. 이와 같이 고도의 전문적 업무에 종사하는 근로자에 대하여는 실제 근로시간을 당사자의 약정에 의하여 결정하게 되는 바 이를 재량적 근로시간제도라고 한다.

(2) 재량적 근로시간제도와 선택적 근로시간제도의 비교

① 재량적 근로시간제도는 전문직 근로자에게만 주로 인정되나 선택적 근로시간제는 주부 등 비전문직 근로자에게도 인정된다.
② 재량적 근로시간제도는 근로시간의 결정이 곤란한 경우에 근로시간의 길이를 확정하겠다는 취지의 제도이나 선택적 근로시간제도는 근로시간대의 변경과 관련하여 근로시간의 배분과 관련된 제도이다.

(3) 재량적 근로시간제도의 요건

- 업무의 성질에 비추어 업무 수행 방법을 근로자의 재량에 위임할 필요가 있는 다음의 업무(영 제31조)
  - 신상품 또는 신기술의 연구개발이나 인문사회과학 또는 자연과학분야의 연구 업무
  - 정보처리시스템의 설계 또는 분석 업무
  - 신문, 방송 또는 출판 사업에서의 기사의 취재, 편성 또는 편집 업무
  - 의복·실내장식·공업제품·광고 등의 디자인 또는 고안 업무
  - 방송 프로그램·영화 등의 제작 사업에서의 프로듀서나 감독 업무
  - 그 밖에 고용노동부장관이 정하는 업무
- 사용자는 근로자대표와 근로시간에 대하여 다음의 사항을 명시하여 서면 합의를 할 것(법 제58조 제3항)
  - 대상 업무
  - 사용자가 업무의 수행 수단 및 시간 배분 등에 관하여 근로자에게 구체적인 지시를 하지 아니한다는 내용
  - 근로시간의 산정은 그 서면 합의로 정하는 바에 따른다는 내용

(4) 재량적 근로시간제도에서 근로시간

실근로시간과 관계없이 근로자대표와 서면 합의한 시간을 근로한 것으로 본다.

4 단시간근로제도

(1) 단시간근로자의 의의 19 기출

단시간근로자란 1주 동안의 소정근로시간이 그 사업장에서 같은 종류의 업무에 종사하는 통상 근로자의 1주 동안의 소정근로시간에 비하여 짧은 근로자를 말한다(법 제2조 제1항 제9호).

(2) 단시간근로자의 근로조건(영 제9조 별표 2) 22 기출

단시간근로자의 근로조건은 그 사업장의 같은 종류의 업무에 종사하는 통상 근로자의 근로시간을 기준으로 산정한 비율에 따라 결정되어야 한다(법 제18조 제1항).

① 근로계약의 체결

사용자는 단시간근로자를 고용할 경우에 임금, 근로시간, 그 밖의 근로조건을 명확히 적은 근로계약서를 작성하여 근로자에게 내주어야 한다.

② 임금의 계산

㉠ 단시간근로자의 임금산정단위는 시간급을 원칙으로 하며, 시간급 임금을 일급 통상임금으로 산정할 경우에는 ㉡에 따른 1일 소정근로시간 수에 시간급 임금을 곱하여 산정한다.

㉡ 단시간근로자의 1일 소정근로시간 수는 4주 동안의 소정근로시간을 그 기간의 통상 근로자의 총 소정근로일 수로 나눈 시간 수로 한다.

③ 초과근로

　　㉠ 사용자는 단시간근로자를 소정 근로일이 아닌 날에 근로시키거나 소정근로시간을 초과하여 근로시키고자 할 경우에는 근로계약서나 취업규칙 등에 그 내용 및 정도를 명시하여야 하며, 초과근로에 대하여 가산임금을 지급하기로 한 경우에는 그 지급률을 명시하여야 한다.

　　㉡ 사용자는 근로자와 합의한 경우에만 초과근로를 시킬 수 있다.

④ 휴일·휴가의 적용

　　㉠ 사용자는 단시간근로자에게 유급휴일을 주어야 한다.

　　㉡ 사용자는 단시간근로자에게 연차 유급휴가를 주어야 한다. 이 경우 유급휴가는 다음의 방식으로 계산한 시간 단위로 하며, 1시간 미만은 1시간으로 본다.

$$통상\ 근로자의\ 연차휴가일수 \times \frac{단시간근로자의\ 소정근로시간}{통상\ 근로자의\ 소정근로시간} \times 8시간$$

　　㉢ 사용자는 여성인 단시간근로자에 대하여 생리휴가 및 산전후휴가를 주어야 한다.

　　㉣ ㉠ 및 ㉢의 경우에 사용자가 지급하여야 하는 임금은 ②의 ㉠에 따른 일급 통상임금을 기준으로 한다.

　　㉤ ㉡의 경우에 사용자가 지급하여야 하는 임금은 시간급을 기준으로 한다.

⑤ 취업규칙의 작성 및 변경

　　㉠ 사용자는 단시간근로자에게 적용되는 취업규칙을 통상 근로자에게 적용되는 취업규칙과 별도로 작성할 수 있다.

　　㉡ ㉠에 따라 취업규칙을 작성하거나 변경하고자 할 경우에는 적용대상이 되는 단시간근로자 과반수의 의견을 들어야 한다. 다만, 취업규칙을 단시간근로자에게 불이익하게 변경하는 경우에는 그 동의를 받아야 한다.

　　㉢ 단시간근로자에게 적용될 별도의 취업규칙이 작성되지 아니한 경우에는 통상 근로자에게 적용되는 취업규칙이 적용된다. 다만, 취업규칙에서 단시간근로자에 대한 적용을 배제하는 규정을 두거나 다르게 적용한다는 규정을 둔 경우에는 그에 따른다.

　　㉣ ㉠ 및 ㉢에 따라 단시간근로자에게 적용되는 취업규칙을 작성 또는 변경하는 경우에는 법 제18조(단시간근로자의 근로조건) 제1항의 취지에 어긋나는 내용이 포함되어서는 아니 된다.

(3) 적용배제

4주 동안(4주 미만으로 근로하는 경우에는 그 기간)을 평균하여 1주 동안의 소정근로시간이 15시간 미만인 근로자에 대하여는 제55조(휴일)와 제60조(연차 유급휴가)를 적용하지 아니한다(법 제18조 제3항).

5 교대제근로제도

(1) 의 의

교대제근로제도란 1일 근로를 2개조 이상의 근로자들이 일정한 시간마다 각 조를 교대로 작업하는 형태를 말한다. 교대제근로제도는 철강·정유 및 화학의 경우와 같이 업무의 중단이 생산자체를 불가능하게 하거나, 공공의 일상생활에 필수적인 가스·전기·수도·운수 및 통신업무 등의 경우 이러한 업무의 중단이 국민의 일상생활에 커다란 부정적 영향을 주거나, 이윤극대화라는 경영목적을 달성하기 위하여 기업시설을 최대한으로 가동할 필요가 있는 경우에 채택된다.

(2) 유 형

2조 격일제, 2조 1일 2교대제, 3조 1일 2교대제, 3조 1일 3교대제, 4조 1일 3교대제 등이 있다.

(3) 법적 규제

교대제근로제도에 대하여 근로기준법은 아무런 명문의 규정도 두고 있지 않다. 따라서 사업장에서 교대제근로제도를 채택하고 운영하는 경우에는 근로기준법상 일반규정이 그대로 적용된다. 따라서 근로기준법상 1일 8시간의 근로원칙을 준수하기 위해서는 4조 1일 3교대제를 채택하여야 한다.

[여성 근로자의 근로시간보호]

구 분	18세 미만	18세 이상 非임산부	18세 이상 임신 중인 임산부	18세 이상 산후 1년 이내
기준 근로시간	1일 7시간, 1주 35시간 (제69조)	1일 8시간, 1주 40시간 (제50조)	1일 8시간, 1주 40시간 (제50조)	1일 8시간, 1주 40시간 (제50조)
초과근로	당사자 간에 합의하면 1일 1시간 1주 5시간 연장 可 (제69조)	당사자 간에 합의하면 12시간 한도로 연장 可(제53조)	금지되는 것이 원칙이며, 근로자의 요구가 있는 경우에는 쉬운 종류의 근로로 전환하여야 함 (제74조 제5항)	단체협약이 있는 경우라도 1일 2시간, 1주 6시간, 1년 150시간을 넘지 못함 (제71조)
야간 휴일근로	1. 원칙 : 금지 2. 예외 : 고용노동부 장관의 인가와 당사자동의로 可 (제70조 제2항)	원칙 : 당해 근로자의 동의로 可 (제70조 제1항)	1. 원칙 : 금지 2. 예외 : 고용노동부 장관의 인가와 당사자의 명시적인 청구로 可 (제70조 제2항)	18세 미만의 근로자와 동일

05 적중예상문제

01 근로기준법령상 근로시간에 관한 설명으로 옳은 것은?

① 3개월 이내 탄력적 근로시간제에서 특정한 주의 근로시간의 한도는 56시간이다.

② 사용자가 2주 이내의 탄력적 근로시간제를 시행하려면 근로자대표와 서면 합의에 의해 미리 정하여야 한다.

③ 수상운송업에 해당되는 사업에서 사용자가 근로자대표와 서면 합의를 한 경우에는 1주간에 12시간을 초과하는 연장근로가 가능하다.

④ 사용자가 근로자대표와 서면 합의로 정한 시간을 근로한 것으로 보는 재량근로의 대상 업무에 정보처리시스템의 설계 업무는 해당하지 않는다.

> ### 해설
>
> ③ 근로시간 및 휴게시간의 특례(근로기준법 제59조)
>
> 통계법 제22조 제1항에 따라 통계청장이 고시하는 산업에 관한 표준의 중분류 또는 소분류 중 다음의 어느 하나에 해당하는 사업에 대하여 사용자가 근로자대표와 서면으로 합의한 경우에는 제53조 제1항에 따른 주(週) 12시간을 초과하여 연장근로를 하게 하거나 제54조에 따른 휴게시간을 변경할 수 있다.
> - 육상운송 및 파이프라인 운송업. 다만, 여객자동차 운수사업법 제3조 제1항 제1호에 따른 노선(路線) 여객자동차운송사업은 제외한다.
> - 수상운송업
> - 항공운송업
> - 기타 운송관련 서비스업
> - 보건업
>
> ① 다만, 특정한 주의 근로시간은 52시간을, 특정한 날의 근로시간은 12시간을 초과할 수 없다(근로기준법 제51조 제2항 단서).
>
> ② 사용자는 근로자대표와의 서면 합의에 따라 다음의 사항(생략)을 정하면 3개월 이내의 단위기간을 평균하여 1주간의 근로시간이 제50조 제1항의 근로시간을 초과하지 아니하는 범위에서 특정한 주에 제50조 제1항의 근로시간을, 특정한 날에 제50조 제2항의 근로시간을 초과하여 근로하게 할 수 있다. 다만, 특정한 주의 근로시간은 52시간을, 특정한 날의 근로시간은 12시간을 초과할 수 없다(근로기준법 제51조 제2항). 2주 이내의 탄력적 근로시간제를 시행하는 것은 취업규칙(취업규칙에서 준하는 것을 포함)에서 정하는 바에 따를 것을 요한다.
>
> ④ 재량근로의 대상 업무는 다음과 같다(근로기준법 시행령 제31조).
> - 신상품 또는 신기술의 연구개발이나 인문사회과학 또는 자연과학분야의 연구 업무
> - 정보처리시스템의 설계 또는 분석 업무
> - 신문, 방송 또는 출판 사업에서의 기사의 취재, 편성 또는 편집 업무
> - 의복 · 실내장식 · 공업제품 · 광고 등의 디자인 또는 고안 업무
> - 방송 프로그램 · 영화 등의 제작 사업에서의 프로듀서나 감독 업무
> - 그 밖에 고용노동부장관이 정하는 업무

02 근로기준법상 사용자가 특별한 사정이 있어 1주 12시간의 연장근로의 한도를 초과하여 근로시간을 연장하고자 할 경우에 요구되는 절차는?

① 근로자의 동의만 필요하다.
② 노동위원회의 승인만 필요하다.
③ 고용노동부장관의 인가만 필요하다.
④ 근로자의 동의와 고용노동부장관의 인가가 모두 필요하다.

> **해설**
>
> 사용자는 특별한 사정이 있으면 고용노동부장관의 인가와 근로자의 동의를 받아 1주간에 12시간의 한도를 초과하여 근로시간을 연장할 수 있다(근로기준법 제53조 제4항).

03 근로기준법령상 근로시간과 휴식에 관한 설명으로 옳은 것은?

① 사용자는 고용노동부장관의 승인을 받으면 법 제56조에 따른 연장근로에 대하여 임금을 지급하는 것을 갈음하여 휴가를 줄 수 있다.
② 사용자는 1년간 80퍼센트 이상 출근한 근로자에게 10일의 유급휴가를 주어야 한다.
③ 사용자는 계속하여 근로한 기간이 2년 미만인 근로자 또는 1년간 80퍼센트 미만 출근한 근로자에게 1개월 개근 시 1일의 유급휴가를 주어야 한다.
④ 법 제55조에 따른 유급휴일은 1주 동안의 소정근로일을 개근한 자에게 주어야 한다.

> **해설**
>
> ④ 근로기준법 시행령 제30조
> ① 사용자는 근로자대표와의 서면 합의에 따라 제51조의3, 제52조 제2항 제2호 및 제56조에 따른 연장근로·야간근로 및 휴일근로 등에 대하여 임금을 지급하는 것을 갈음하여 휴가를 줄 수 있다(근로기준법 제57조).
> ② 사용자는 1년간 80퍼센트 이상 출근한 근로자에게 15일의 유급휴가를 주어야 한다(근로기준법 제60조 제1항).
> ③ 사용자는 계속하여 근로한 기간이 1년 미만인 근로자 또는 1년간 80퍼센트 미만 출근한 근로자에게 1개월 개근 시 1일의 유급휴가를 주어야 한다(근로기준법 제60조 제2항).

04 근로기준법령상 재량근로의 대상 업무로 열거되지 않은 것은?

① 기밀을 취급하는 업무
② 신문 사업에서의 기사의 취재 업무
③ 실내장식의 디자인 업무
④ 방송 프로그램 제작 사업에서의 프로듀서 업무

해설

재량근로의 대상 업무(근로기준법 시행령 제31조)
- 신상품 또는 신기술의 연구개발이나 인문사회과학 또는 자연과학분야의 연구 업무
- 정보처리시스템의 설계 또는 분석 업무
- 신문, 방송 또는 출판 사업에서의 기사의 취재, 편성 또는 편집 업무
- 의복·실내장식·공업제품·광고 등의 디자인 또는 고안 업무
- 방송 프로그램·영화 등의 제작 사업에서의 프로듀서나 감독 업무
- 그 밖에 고용노동부장관이 정하는 업무

05 근로기준법상 연장근로에 관한 설명으로 옳지 않은 것은?(다툼이 있는 경우에는 판례에 의함)

① 탄력적 근로시간제를 채택한 경우에 당사자 간에 합의하면 1주간에 12시간을 한도로 근로시간을 연장할 수 있다.
② 개별근로자와의 연장근로에 관한 합의는 연장근로를 할 때마다 하여야 효력이 있다.
③ 소정근로시간을 초과하였으나 법정근로시간 범위 내에서 이루어진 법내 초과근로에 대하여는 가산임금이 지급되지 않는다.
④ 개별근로자의 연장근로에 관한 합의권을 박탈하거나 제한하지 아니하는 범위에서는 단체협약에 의한 연장근로에 관한 합의도 가능하다.

해설

② 개별근로자와의 연장근로에 관한 합의는 연장근로를 할 때마다 그때 그때 할 필요는 없고 근로계약 등으로 미리 이를 약정하는 것도 가능하다(대판 2000.6.23, 98다54960).

06 근로기준법령상 근로시간에 관한 설명으로 옳은 것은?

① 야간근로란 자정부터 오전 6시까지 사이의 근로를 말한다.

② 15세 이상 18세 미만인 사람의 소정근로시간은 1일에 7시간, 1주일에 40시간을 초과하지 못한다.

③ 광고업에 대하여 사용자는 개별근로자와의 합의를 통하여 주 12시간을 초과하여 연장근로를 하게 할 수 있다.

④ 관리·감독 업무에 종사하는 근로자에 대하여는 근로기준법 제4장과 제5장의 근로시간에 관한 규정을 적용하지 않는다.

> **해설**
> ④ 근로기준법 제63조 제4호
> ① 야간근로란 오후 10시부터 오전 6시까지 사이의 근로를 말한다(근로기준법 제56조).
> ② 15세 이상 18세 미만인 사람의 근로시간은 1일에 7시간, 1주일에 35시간을 초과하지 못한다(근로기준법 제69조).
> ③ 육상운송 및 파이프라인 운송업(다만, 여객자동차 운수사업법 제3조 제1항 제1호에 따른 노선(路線) 여객자동차운송 사업은 제외), 수상운송업, 항공운송업, 기타 운송관련 서비스업, 보건업의 사업에 대하여 사용자가 근로자대표와 서면으로 합의한 경우에는 제53조 제1항에 따른 주(週) 12시간을 초과하여 연장근로를 하게 하거나 제54조에 따른 휴게시간을 변경할 수 있다.

07 근로기준법령상 재량근로의 대상 업무에 해당하지 않는 것은?

① 정보처리시스템의 설계 업무

② 보험업에서의 영업 업무

③ 실내장식의 디자인 업무

④ 방송 사업에서의 편성 업무

> **해설**
> 재량근로의 대상 업무(근로기준법 시행령 제31조)
> • 신상품 또는 신기술의 연구개발이나 인문사회과학 또는 자연과학분야의 연구 업무
> • 정보처리시스템의 설계 또는 분석 업무
> • 신문, 방송 또는 출판 사업에서의 기사의 취재, 편성 또는 편집 업무
> • 의복·실내장식·공업제품·광고 등의 디자인 또는 고안 업무
> • 방송 프로그램·영화 등의 제작 사업에서의 프로듀서나 감독 업무
> • 그 밖에 고용노동부장관이 정하는 업무

08 근로기준법상 선택적 근로시간제에서 사용자와 근로자대표가 서면 합의에 따라 정하는 것으로 옳지 않은 것은?

① 대상 근로자의 범위(15세 이상 18세 미만의 근로자는 제외한다)
② 정산기간(1개월 이내의 일정한 기간으로 정하여야 한다)
③ 반드시 근로하여야 할 시간대를 정하는 경우에는 그 시작 및 종료 시각
④ 사용자가 그의 결정에 따라 근로자를 근로하게 할 수 있는 시간대를 정하는 경우에는 그 시작 및 종료 시각

> **해설**
> 선택적 근로시간제에서의 서면 합의 내용(근로기준법 제52조)
> • 대상 근로자의 범위(15세 이상 18세 미만의 근로자는 제외)
> • 정산기간(1개월 이내의 일정한 기간으로 정하여야 함)
> • 정산기간의 총 근로시간
> • 반드시 근로하여야 할 시간대를 정하는 경우에는 그 시작 및 종료 시각
> • 근로자가 그의 결정에 따라 근로할 수 있는 시간대를 정하는 경우에는 그 시작 및 종료 시각
> • 그 밖의 대통령령으로 정하는 사항

09 근로기준법상 탄력적 근로시간제에 관한 설명으로 옳지 않은 것은?

① 2주 단위 탄력적 근로시간제는 임신 중인 여성 근로자에게 적용되지 않는다.
② 2주 단위 탄력적 근로시간제는 15세 이상 18세 미만 근로자에게 적용된다.
③ 2주 단위 탄력적 근로시간제는 18세 이상 여성 근로자에게 적용된다.
④ 3개월 단위 탄력적 근로시간제는 15세 이상 18세 미만 근로자에게 적용되지 않는다.

> **해설**
> ② 2주 단위와 3개월 단위 탄력적 근로시간제 모두 임신 중인 여성 근로자와 15세 이상 18세 미만 근로자에게 적용되지 않는다(근로기준법 제51조 제3항).

10 근로기준법상 근로자대표와의 서면 합의로 표준 근로시간을 반드시 정하여야 하는 근로시간제도는?

① 2주 단위 탄력적 근로시간제(제51조 제1항)
② 3개월 단위 탄력적 근로시간제(제51조 제2항)
③ 선택적 근로시간제(제52조)
④ 외근간주 근로시간제(제58조 제1항)

> **해설**
> ③ 선택적 근로시간제의 경우 사용자와 근로자대표의 서면 합의에 따라 표준 근로시간을 정해야 한다.

11 근로기준법상 근로시간에 관한 설명으로 옳지 않은 것은?

① 사용자는 탄력적 근로시간제에서 주 평균 근로시간이 법정근로시간을 초과하지 아니하는 범위에서 법정근로시간을 초과하는 특정한 주나 특정한 날의 연장근로에 대해 가산임금을 지급하지 아니할 수 있다.

② 탄력적 근로시간제는 주 평균 근로시간이 법정근로시간을 초과하지 아니할 것을 요건으로 하므로 특정한 주나 특정한 날에 대한 근로시간의 제한은 없다.

③ 선택적 근로시간제는 임신 중의 여성 근로자에게도 적용할 수 있다.

④ 근로시간의 전부 또는 일부를 사업장 밖에서 근로하여 근로시간을 산정하기 어려운 경우에 원칙적으로 소정근로시간을 근로한 것으로 본다.

> **해설**
> ② 2주 이내 탄력적 근로시간제의 경우 특정한 주의 근로시간이 48시간을 초과할 수 없으며(근로기준법 제51조 제1항), 3개월 이내 탄력적 근로시간제의 경우 특정한 날에 12시간, 특정한 주에는 52시간을 초과할 수 없다(근로기준법 제51조 제2항).

12 근로기준법상 사용자와 근로자대표 사이에 서면 합의가 필요한 것은?

> ㉠ 선택적 근로시간제
> ㉡ 2주 단위기간의 탄력적 근로시간제
> ㉢ 취업규칙의 불이익 변경
> ㉣ 경영상 이유에 의한 해고
> ㉤ 여성 근로자의 야간근로
> ㉥ 3개월 단위기간의 탄력적 근로시간제

① ㉠, ㉥

② ㉠, ㉢

③ ㉡, ㉥

④ ㉣, ㉤

> **해설**
> 근로기준법상 사용자와 근로자대표 사이에 서면 합의가 필요한 것은 ㉠, ㉥이다.

13 다음 중 ( ) 안에 들어갈 내용이 다른 것은?

① 평균임금이란 이를 산정하여야 할 사유가 발생한 날 이전 ( ) 동안에 그 근로자에게 지급된 임금의 총액을 그 기간의 총일수로 나눈 금액을 말한다.
② 노동위원회에 대한 부당해고 구제신청은 부당해고 등이 있었던 날부터 ( ) 이내에 하여야 한다.
③ 선택적 근로시간제에서의 정산기간은 ( ) 이내의 일정한 기간으로 정하여야 한다.
④ 최종 ( )분의 임금채권은 최우선변제 되어야 한다.

> **해설**
> ③ 1개월(근로기준법 제52조 제2호)
> ① 3개월(근로기준법 제2조 제6호)
> ② 3개월(근로기준법 제28조 제2항)
> ④ 3개월(근로기준법 제38조 제2항 제1호)

14 3개월 단위의 탄력적 근로시간제에 관한 설명으로 옳지 않은 것은?

① 근로자대표와의 서면 합의가 필요하다.
② 당사자가 합의하더라도 연장근로는 허용되지 않는다.
③ 임신 중인 여성 근로자와 15세 이상 18세 미만의 근로자에게는 실시할 수 없다.
④ 단위기간의 근로일과 그 근로일별 근로시간을 미리 정해야 한다.

> **해설**
> ② 당사자 간에 합의하면 1주간에 12시간을 한도로 탄력적 근로시간제의 근로시간을 연장할 수 있다(근로기준법 제53조 제2항).

15 근로기준법상 연장근로에 관한 설명으로 옳지 않은 것은?(다툼이 있는 경우에는 판례에 의함)

① 특별한 사정이 없더라도 당사자 간의 합의만 있으면 1주간에 12시간의 연장근로를 시킬 수 있다.
② 1주간의 소정근로시간이 30시간인 근로자가 3시간 연장근로를 한 경우 사용자는 연장근로에 대한 가산임금을 지급하지 않아도 무방하다.
③ 개별 근로자와의 연장근로에 관한 합의는 근로계약으로 미리 약정할 수 있다.
④ 제조업에서 연장근로가 불가피한 경우 근로자대표와의 서면 합의로 법상 연장근로 제한을 초과하여 연장근로를 시킬 수 있다.

> **해설**
> ④ 제조업은 근로기준법에 의한 주 12시간을 초과할 수 있는 사업에 해당하지 않는다.

16 근로기준법상 1주 40시간의 법정근로시간제를 적용하는 사업장에서 탄력적 근로시간제에 관한 법령상 규정으로 틀린 것은?

① 사용자는 근로자대표와의 서면 합의에 의하여 3개월 이내의 단위기간을 정하여 탄력적 근로시간 제를 도입할 수 있다.

② 3월 이내의 단위기간으로 정한 탄력적 근로시간제에서는 특정주의 근로시간은 52시간을, 특정일 의 근로시간은 12시간을 초과할 수 없다.

③ 임신 중인 여성 근로자에 대하여는 탄력적 근로시간제를 실시할 수 없다.

④ 탄력적 근로시간제 하에서는 당사자 간의 합의에 의한 연장근로를 시킬 수 없다.

> 해설
>
> ④ 당사자 간에 합의하면 1주간에 12시간을 한도로 탄력적 근로시간제의 근로시간을 연장할 수 있다(근로기준법 제53 조 제2항).

17 근로기준법상 연장근로에 관한 설명으로 옳은 것은?

① 개별 근로자와의 연장근로에 관한 합의는 근로계약으로 사전에 미리 약정할 수 있다는 것이 판례 의 태도이다.

② 탄력적 근로시간제를 적용하고 있는 사업장에서는 당사자 간의 합의가 있더라도 연장근로를 실 시할 수 없다.

③ 사회복지사업의 사용자는 근로자의 동의를 얻어 1주간에 12시간을 초과하여 연장근로를 시킬 수 있다.

④ 업무증가로 연장근로가 필요한 때에는 고용노동부장관의 인가를 얻어 1주간에 12시간을 초과하 여 연장근로를 시킬 수 있다.

> 해설
>
> ① 근로기준법은 당사자의 합의에 의한 연장근로를 허용하고 있는 바, 여기서 당사자 간의 합의라 함은 원칙적으로 사용자와 근로자와의 개별적 합의를 의미한다 할 것이고, 이와 같은 개별 근로자와의 연장근로에 관한 합의는 연장 근로를 할 때마다 그때그때 할 필요는 없고 근로계약 등으로 미리 이를 약정하는 것도 가능하다(대판 2000.6.23, 98다54960).

18 근로기준법상 선택적 근로시간제에 관한 설명 중 옳은 것은?

① 선택적 근로시간제를 시행하고자 하는 경우 그 정산기간은 1개월 이내의 일정한 기간으로 정하여야 한다.

② 18세 미만 근로자라도 선택적 근로시간제의 시행대상이 될 수 있다.

③ 사용자가 선택적 근로시간제를 시행하기 위해서는 근로자 과반수의 동의를 얻어야 한다.

④ 사용자는 근로자와 개별 근로계약으로 선택적 근로시간제를 시행할 수 있다.

해설

선택적 근로시간제(근로기준법 제52조)

사용자는 취업규칙(취업규칙에 준하는 것을 포함)에 따라 업무의 시작 및 종료 시각을 근로자의 결정에 맡기기로 한 근로자에 대하여 근로자대표와의 서면 합의에 따라 다음의 사항을 정하면 1개월 이내의 정산기간을 평균하여 1주간의 근로시간이 40시간을 초과하지 아니하는 범위에서 1주간에 40시간을, 1일에 8시간을 초과하여 근로하게 할 수 있다.

• 대상 근로자의 범위(15세 이상 18세 미만의 근로자를 제외)
• 정산기간(1개월 이내의 일정한 기간으로 정하여야 함)
• 정산기간의 총 근로시간
• 반드시 근로하여야 할 시간대를 정하는 경우에는 그 시작 및 종료 시각
• 근로자가 그의 결정에 따라 근로할 수 있는 시간대를 정하는 경우에는 그 시작 및 종료 시각
• 그 밖의 대통령령으로 정하는 사항

19 근로기준법에 의한 근로시간, 휴게 · 휴일에 관한 규정이 적용되지 않는 근로자는?

① 관리 · 감독 업무 또는 기밀을 취급하는 업무에 종사하는 근로자

② 감시 또는 단속적인 근로에 종사하는 자로서 고용노동부장관에게 신고한 근로자

③ 운수업에 종사하는 근로자

④ 신문 · 방송 분야에 종사하는 근로자

해설

근로시간, 휴게와 휴일에 관한 규정 적용의 제외(근로기준법 제63조)

• 토지의 경작 · 개간, 식물의 식재 · 재배 · 채취 사업, 그 밖의 농림 사업
• 동물의 사육, 수산 동식물의 채취 · 포획 · 양식 사업, 그 밖의 축산, 양잠, 수산 사업
• 감시 또는 단속적으로 근로에 종사하는 사람으로서 사용자가 고용노동부장관의 승인을 받은 사람
• 대통령령으로 정하는 업무에 종사하는 근로자

안심Touch

휴게 · 휴일 · 휴가 및 여성과 연소근로자의 보호

제 1 절 휴게 · 휴일 · 휴가

1 의 의

근로가 장기간 계속되면 근로자의 건강 · 신체에 부정적 영향을 미치게 되고 업무상 능률이 저하되므로 사용자는 근로자의 심신을 보호하고 생산성을 유지 · 향상시키기 위하여 휴게 · 휴일 · 휴가를 부여하여야 한다. 또한 휴게 · 휴일 · 휴가는 근로자의 인간으로서 사회적 · 문화적 생활의 향유를 위해서도 반드시 필요하다.

2 휴게시간

(1) 의 의

휴게시간이란 근로자가 근로시간 도중에 사용자의 지휘 · 감독을 받지 아니하고 근로제공의 의무 없이 자유로이 사용할 수 있는 시간을 말한다. 실제로 근로를 제공하고 있지 아니하나 사용자의 지휘 · 감독 하에 놓여 있는 시간은 휴게시간에 해당하지 아니한다.

(2) 휴게시간의 길이와 부여방법

사용자는 근로시간이 4시간인 경우에는 30분 이상, 8시간인 경우에는 1시간 이상의 휴게시간을 근로시간 도중에 주어야 한다(법 제54조 제1항).

(3) 자유이용의 원칙

휴게시간은 근로자가 자유롭게 이용할 수 있다(법 제54조 제2항). 따라서 휴게시간 중에 유인물을 배포하는 등 노동조합활동을 하는 것은 다른 근로자의 휴게를 방해하거나 직장질서를 문란하게 하지 아니하는 한 이를 위법으로 볼 수 없다.

(4) 적용 제외

근로기준법 제59조의 특수 업종의 경우 사용자가 근로자대표와 서면 합의를 한 경우에는 휴게시간을 변경할 수 있고 동법 제63조에 해당하는 농림수산업종사자 또는 감시 · 단속적으로 근로에 종사하는 근로자에 대하여는 휴게 · 휴일에 관한 규정을 적용하지 않는다.

3 휴 일

(1) 의 의

휴일은 근로자가 사용자의 지휘·명령으로부터 완전히 벗어나 근로를 제공하지 아니하는 날을 의미한다. ILO조약이나 각국의 입법례와는 달리 주휴제를 유급으로 하고 있다는 점에 그 특색이 있다.

(2) 구별개념

휴일과 휴가는 사용자의 지휘·명령으로부터 완전히 벗어나는 날이라는 점에서 유사하나 휴일은 처음부터 근로의 의무가 없으나, 휴가는 본래 근로의무가 있는 날이나 근로자의 청구 또는 특별한 법정사유의 충족에 따라 근로의무가 면제된다는 점에서 차이가 있다.

(3) 종 류

휴일은 법정휴일인 주휴일 및 근로자의 날과 단체협약 또는 취업규칙에서 정하는 약정휴일이 있다.

(4) 주휴제의 원칙

① 사용자는 근로자에 대하여 1주에 평균 1회 이상의 유급휴일을 보장하여야 한다(법 제55조 제1항).
② 휴일부여대상자

격일제근무, 교대제근무, 일용직 및 시간제 근로 등 근로형태나 근로자의 종류를 불문하고 주휴일 부여의 요건이 충족되면 당연히 부여하여야 한다. 다만, 근로기준법 제63조에 해당하는 농림수산업 종사자 또는 감시·단속적으로 근로에 종사하는 근로자 등에게는 근로기준법상의 휴일에 관한 규정이 적용되지 않는다. 또한, 경제자유구역의 지정 및 운영에 관한 특별법에 따른 입주외국인투자기업의 경우에는 유급이 아니라 무급휴일을 줄 수 있다고 규정하고 있다.

③ 주 1회 이상의 유급휴일을 가질 수 있는 자

1주 동안의 소정근로일을 개근한 자에게 부여된다(영 제30조 제1항). 근로자가 1주일간의 소정근로일수를 하루라도 결근한 경우에는 유급으로 휴일을 청구할 수 없을 뿐 무급의 휴일청구권은 갖는다고 본다. 법정휴가·생리휴가 및 산전·후 휴가 등 법정휴가를 사용한 기간은 출근한 것으로 보아야 한다.

④ 1주 평균 1회 이상의 휴일 **21** 기출

1회의 휴일이란 원칙적으로 오전 0시부터 오후 12시까지의 역일을 의미하나 교대제작업 등의 경우에는 2일간에 걸쳐 계속 24시간의 휴식을 보장하면 휴일을 부여한 것으로 간주한다.

(5) 휴일근로와 임금

휴일근로에 대하여는 통상임금의 100분의 50 이상을 가산하여 지급하여야 한다(법 제56조). 월급근로자의 경우 특별한 약정이 없는 한 주휴제의 월급은 당연히 월급에 포함되어 있다고 해석된다(판례). 유급주휴일과 다른 유급휴일이 중복되는 경우에는 단체협약 또는 취업규칙에 특별한 규정이 없는 한 하나의 유급휴일로 보아야 한다.

(6) 휴일의 대체

① 휴일의 대체란 미리 휴일로 특정되어 있는 날에 근로를 시키고 대신 근로가 예정된 다른 날을 휴일로 하는 것을 말한다.

② 근로기준법에는 휴일의 대체에 대해 명문의 규정이 없다. 따라서 단체협약이나 취업규칙 등에 특별한 사정이 있는 경우의 휴일의 대체가 규정되어 있거나 근로자의 동의를 얻은 경우에는 휴일의 대체를 할 수 있을 것이다.

③ 휴일대체의 경우에는 휴일자체가 변경되어 버리기 때문에 본래 휴일로 예정된 날에 근로를 시켜도 휴일근로가 되지 않으므로 시간외임금 지급의무가 없다.

4 휴가(연차 유급휴가)

(1) 연차 유급휴가(법 제60조) 18 기출

① 사용자는 1년간 80퍼센트 이상 출근한 근로자에게 15일의 유급휴가를 주어야 한다.

② 사용자는 계속하여 근로한 기간이 1년 미만인 근로자 또는 1년간 80퍼센트 미만 출근한 근로자에게 1개월 개근 시 1일의 유급휴가를 주어야 한다.

③ 사용자는 3년 이상 계속하여 근로한 근로자에게는 ①에 따른 휴가에 최초 1년을 초과하는 계속 근로연수 매 2년에 대하여 1일을 가산한 유급휴가를 주어야 한다. 이 경우 가산휴가를 포함한 총 휴가일수는 25일을 한도로 한다.

(2) 연차휴가권의 법적 성질

청구권설, 형성권설, 시기지정권설, 종류채권설, 이분설 등이 대립하나 연차 유급휴가권과 시기지정권을 구별하는 이분설이 다수설이다. 다수설은 근로자의 연차 유급휴가권은 요건을 갖추면 법률상 당연히 발생하는 권리이며 근로자의 청구에 의해 권리가 발생하는 것은 아니고 근로자의 청구는 이미 발생한 연차 유급휴가권에 대하여 구체적인 시기지정권을 정한 것이라고 본다.

(3) 연차휴가권의 성립요건 21 기출

① 1년간 80퍼센트 이상 출근

ⓐ 1년간의 기산일은 당해 근로자의 채용일로 본다. 다만, 동일한 사업장에서 기산일의 통일을 기하기 위하여 모든 근로자에게 획일적으로 적용되는 기산일을 정하여도 무방할 것이다.

ⓑ 1년이라 함은 역일상의 365일을 의미하는 것이 아니라 1년의 총일수에서 휴일을 제외한 총근로일수를 말한다.

      © 80퍼센트 이상의 출근율은 소정근로일수를 분모, 출근일을 분자로 하여 계산한다.

      ② 주휴일, 약정휴일 등은 유·무급을 불문하고 소정근로일에서 제외된다. 사용자의 귀책사유에 의한 휴업이나 불가항력으로 인한 휴업기간, 정당한 쟁의행위기간, 육아휴직 기간 등 근로제공의무가 정지되는 날도 제외된다.

      ◎ 업무상 부상, 질병으로 휴업한 기간, 출산전후휴가 기간 및 유산·사산으로 인한 휴가기간은 출근한 것으로 본다.

  ② 계속 근로 연수가 1년 미만인 근로자에 대하여는 1개월간 개근 시

    단기 계약직 근로자에 대하여 계속근로기간이 1년에 미달하더라도 1개월당 1일의 휴가를 비례적으로 보장하여 1일의 유급휴가를 주도록 배려하고 있다.

(4) 연차 유급휴가권의 내용

  ① 휴가일수 `20` `기출`

    ⊙ 계속 근로 연수가 1년 미만인 경우

      1개월간 개근 시 1일의 유급휴가가 주어진다.

    ⊙ 계속 근로 연수가 1년 이상 2년 미만인 경우

      15일의 연차 유급휴가가 부여된다. 다만, 계속 근로 연수가 1년 미만인 시기에 이미 사용한 휴가일수는 공제한다.

    © 계속 근로 연수가 2년 이상 3년 미만인 경우

      15일의 연차 유급휴가가 주어진다.

    ② 계속 근로 연수가 3년 이상인 경우(가산휴가제도)

      15일의 연차 유급휴가일수에 매 2년에 대하여 1일을 가산한 유급휴가를 주어야 한다. 근로자가 가산휴가를 받기 위해서는 3년 이상 계속 근로하여야 하며, 휴가산정 대상기간 중에 80퍼센트 이상 출근하여야 하며 80퍼센트 미만 출근자의 경우에는 가산의 전제가 되는 휴가 자체가 발생하지 아니하는 것이므로 가산휴가도 발생하지 않는다. 다만, 가산휴가청구권은 산정대상기간 중의 출근율을 기준으로 하여 발생하며 산정대상기간 전년도 이전의 출근율은 고려하지 않는다. 가산일수를 포함한 총휴가일수는 25일을 한도로 한다.

  ② 연차 유급휴가수당

    ⊙ 사용자는 취업규칙이나 그 밖의 정하는 바에 따라 통상임금 또는 평균임금을 지급하여야 한다(법 제60조 제5항).

    ⊙ 연차 유급휴가수당은 유급휴가를 주기 전 또는 준 직후의 임금지급일에 지급하여야 한다(영 제33조).

③ 휴가부여시기

㉠ 근로자의 시기지정권(원칙)

사용자는 휴가를 근로자가 청구하는 시기에 연차 유급휴가를 주어야 한다(법 제60조 제5항 본문). 시기지정권의 행사방법에 대해서는 단체협약 및 취업규칙 등에 구체적인 방법 및 절차 등을 규정하는 것이 원칙이다. 이러한 규정이 없다 할지라도 서면 또는 구두의 방법으로 시기지정의 의사가 전달되었다면 시기지정권의 행사로 보아야 할 것이다.

㉡ 사용자의 시기변경권(예외)

사용자는 근로자의 청구가 있는 시기에 연차 유급휴가를 주어야 하나 사업 운영에 막대한 지장이 있는 경우에는 그 시기를 변경할 수 있다(법 제60조 제5항 단서). 시기변경권의 행사방법에 대해서는 단체협약 및 취업규칙 등에 구체적인 방법 및 절차 등을 규정하는 것이 좋다. 판례는 취업규칙에 연차 유급휴가를 청구하는 경우 사전에 기관장에 신청하여 승인을 얻도록 규정하고 있다면 이는 근로자의 시기지정권을 박탈하는 것이 아니라 사용자의 시기지정권의 적절한 행사를 위한 것이므로 유효하다고 판시하고 있다.

④ 연차 유급휴가의 분할사용 및 사용용도

㉠ 분할사용

연차 유급휴가는 계속하여 부여하는 것이 원칙이다. 단, 근로자가 분할하여 청구하는 경우에는 분할하여 부여할 수 있을 것이다. 그러나 근로자의 분할청구권도 사용자의 시기변경권에 의한 제한을 받는다.

㉡ 사용용도

근로자가 자유로이 결정할 수 있다.

근로기준법상 월차 유급휴가의 사용은 근로자의 자유의사에 맡겨진 것으로서 연차 유급휴가와는 달리 사용자에게 그 시기를 변경할 수 있는 권한조차 없는 것이지만, 정당한 쟁의행위의 목적이 없이 오직 업무방해의 수단으로 이용하기 위하여 다수의 근로자가 집단적으로 일시에 월차 유급휴가를 신청하여 일제히 결근함으로써 회사 업무의 정상적인 운영을 저해한 경우에는 업무방해행위를 구성한다(대판 1991.1.23, 90도2852).

(5) 연차 유급휴가의 소멸시효

① 연차 유급휴가는 1년간 행사하지 아니한 때에는 소멸된다. 다만, 사용자의 귀책사유로 사용하지 못한 경우에는 그러하지 아니하다(법 제60조 제7항).

② 휴가청구권의 소멸시효는 근로자가 휴가를 청구할 지위를 얻게 된 때, 즉 개근의 근로를 마친 다음 날부터 진행된다(대판 1972.11.28, 72다1758).

③ 연차 유급휴가를 사용하지 않고 계속 근로한 경우에도 그에 대한 임금청구권은 3년간 행사할 수 있고 또한 연차 유급휴가권이 소멸하기 전에 근로자가 퇴직한 경우에 휴가일수에 해당하는 임금청구권은 퇴직 시에 소멸되지 않는다.

④ 사용자의 귀책사유로 근로자가 휴가를 사용하지 못한 경우에는 휴가청구권 발생일로부터 1년이 지나더라도 휴가청구권은 소멸되지 않고 이월된다. 사용자의 귀책사유라 함은 시기변경권을 행사한 것을 말한다.

⑤ 근로자의 귀책사유로 인하여 1년간 연차 유급휴가를 행사하지 아니한 경우 이는 소멸된다. 근로자의 귀책사유라 함은 근로자가 연차휴가를 청구하지 아니한 경우를 말한다.

(6) 연차 유급휴가와 근로임금

① 연차 유급휴가임금

유급휴가 중에 근로를 제공하지 아니하여도 당연히 지급되는 수당은 단체협약 또는 취업규칙에서 정하는 통상임금 또는 평균임금으로 하여야 한다.

② 연차 휴가근로수당

㉠ 근로자가 연차 유급휴가를 이용하지 아니하고 계속 근로한 경우 사용자에게 그 휴가일수에 해당하는 임금(연차휴가근로수당)을 더 청구할 수 있고, 이러한 임금지급청구권은 근로자가 퇴직하기 전에 연차휴가청구권을 행사하지 않았다 하여도 발생하며, 이러한 연차휴가 근로수당 지급의무는 사용자의 보수규정의 무효 여부와 관계없이 발생한다(대판 1991.7.26, 90다카11636). 연차휴가근로수당청구권은 휴가 소멸일 이후 3년간 소멸하지 아니한다. 따라서 연차 유급휴가를 사용하지 않고 근로자가 근로한 경우에는 사용자는 이에 대한 임금을 별도로 지급하여야 한다. 이 경우 사용자의 휴가사용촉구에도 불구하고 근로자가 근로한 경우에는 임금을 지급할 필요가 없다.

㉡ 휴일근로가산수당 지급 여부

연차휴가제도는 주휴일제도나 시간외근로제도와는 그 취지가 다르다는 점, 근로기준법의 규정에서도 휴일과 휴가를 명백히 구분하고 있다는 점, 근로기준법 제56조의 시간외근로수당 지급대상에서 휴가를 규정하고 있지 않다는 점에서 시간외근로수당을 지급할 사용자의 법적 의무는 없는 것으로 본다.

㉢ 휴가의 환가

사용자가 휴가사용을 저지하기 위해 연차 유급휴가를 부여하지 않고 연차 유급근로수당을 주고 근로하게 하는 것은 허용되지 않는다.

(7) 연차 유급휴가의 사용촉진

① 법 규정(법 제61조)

사용자가 연차 유급휴가의 사용을 촉진하기 위하여 다음의 조치를 하였음에도 불구하고 근로자가 휴가를 사용하지 아니하여 소멸된 경우에는 사용자는 그 사용하지 아니한 휴가에 대하여 보상할 의무가 없고, 사용자의 귀책사유에 해당하지 아니하는 것으로 본다.

㉠ 연차 유급휴가의 소멸기간이 끝나기 6개월 전을 기준으로 10일 이내에 사용자가 근로자별로 사용하지 아니한 휴가 일수를 알려주고, 근로자가 그 사용 시기를 정하여 사용자에게 통보하도록 서면으로 촉구할 것

ⓛ 촉구에도 불구하고 근로자가 촉구를 받은 때부터 10일 이내에 사용하지 아니한 휴가의 전부 또는 일부의 사용시기를 정하여 사용자에게 통보하지 아니하면 연차 유급휴가의 소멸기간이 끝나기 2개월 전까지 사용자가 사용하지 아니한 휴가의 사용시기를 정하여 근로자에게 서면으로 통보할 것

② 취 지

휴가제도가 본래의 취지보다는 금전보전의 수단으로 이용되고 있는 실태를 개선하여 휴가사용률을 제고할 필요가 있어 사용자의 적극적인 사용권유에도 불구하고 근로자가 휴가를 사용하지 않은 경우 연차 유급휴가가 소멸되고 또한 사용자의 금전보상의무가 면제되도록 규정하고 있다.

(8) 연차 유급휴가의 대체

사용자는 근로자대표와의 서면 합의에 의하여 연차 유급휴가일을 갈음하여 특정한 근로일에 근로자를 휴무시킬 수 있다(법 제62조).

제2절 ┃ 여성과 연소근로자의 보호

1 여성과 연소근로자에 대한 공통된 특별보호

(1) 탄력적 근로시간제도의 금지

탄력적 근로시간제도는 15세 이상 18세 미만의 근로자와 임신 중인 여성 근로자에 대하여는 이를 적용하지 아니한다(법 제51조 제3항 및 제51조의2 제6항).

(2) 유해 · 위험사업에의 사용금지

① 사용자는 임신 중이거나 산후 1년이 경과되지 아니한 여성(이하 '임산부'라 함)과 18세 미만자를 도덕상 또는 보건상 유해 · 위험한 사업에 사용하지 못한다(법 제65조 제1항).
② 사용자는 임산부가 아닌 18세 이상의 여성을 위 ①의 규정에 의한 보건상 유해 · 위험한 사업 중 임신 또는 출산에 관한 기능에 유해 · 위험한 사업에 사용하지 못한다(법 제65조 제2항).
③ 유해 · 위험작업에의 사용금지직종은 대통령령으로 정한다(법 제65조 제3항).

(3) 야간 · 휴일근로의 금지(법 제70조)

① 18세 이상의 여성 근로자

사용자는 18세 이상의 여성을 오후 10시부터 오전 6시까지의 시간 및 휴일에 근로시키고자 하는 경우에는 그 근로자의 동의를 얻어야 한다.

② 임산부와 18세 미만자

　ⓕ 원 칙

　　사용자는 임산부, 즉 임신 중이거나 산후 1년이 경과하지 아니한 여성과 18세 미만자를 오후 10
　　시부터 오전 6시까지의 사이 및 휴일에 근로시키지 못한다.

　ⓛ 다음에 해당하는 경우로서 고용노동부장관의 인가를 받은 경우에는 근로시킬 수 있다.

　　㉮ 18세 미만자의 동의가 있는 경우

　　㉯ 산후 1년이 경과하지 아니한 여성의 동의가 있는 경우

　　㉰ 임신 중의 여성이 명시적으로 청구하는 경우

(4) 갱내근로의 금지

사용자는 여성과 18세 미만인 사람을 갱내에서 근로시키지 못한다. 다만, 보건·의료, 보도·취재 등 대
통령령이 정하는 업무를 수행하기 위하여 일시적으로 필요한 경우에는 그러하지 아니하다(법 제72조).

① 갱내란 광산과 같이 지하에 있는 광물을 채굴하는 장소 및 지표에 나타남이 없이 지하에 도달하기
　위하여 만들어진 지하도를 말한다.

② 작업장소가 갱내로 판단되는 한 그 작업의 내용이 반드시 광업이 아닐지라도 갱내근로에 해당된다.

2 연소근로자에 대한 특별보호

(1) 최저취업연령의 제한

① 원 칙

　15세 미만인 사람(초·중등교육법에 의한 중학교에 재학 중인 18세 미만인 사람을 포함)은 근로자로
　사용하지 못한다(법 제64조 제1항 본문).

② 예 외 **18** 기출

　대통령령이 정하는 기준에 따라 고용노동부장관이 발급한 취직인허증을 소지한 사람은 그러하지 아
　니하다(법 제64조 제1항 단서).

　ⓕ 취직인허증의 발급(영 제35조)

　　㉮ 취직인허증을 받을 수 있는 자는 13세 이상 15세 미만인 자로 한다. 다만, 예술공연 참가를
　　　위한 경우에는 13세 미만인 자도 취직인허증을 받을 수 있다. 취직인허증을 받으려는 자는
　　　고용노동부장관에게 신청하여야 한다.

　　㉯ 신청은 학교장 및 친권자 또는 후견인의 서명을 받아 사용자가 될 자와 연명으로 하여야 한다.

　ⓛ 취직인허증의 발행

　　㉮ 취직인허증은 본인의 신청에 따라 의무교육에 지장이 없는 경우에는 직종을 지정하여서만 발
　　　행할 수 있다(법 제64조 제2항).

㉯ 고용노동부장관은 임산부, 임산부가 아닌 18세 이상인 여성 및 18세 미만인 자의 사용이 금지되는 직종에 대하여는 취직인허증을 발급할 수 없다(영 제37조).

㉰ 고용노동부장관은 취직인허증의 발급 신청에 대하여 취직을 인허할 경우에는 고용노동부령으로 정하는 취직인허증에 직종을 지정하여 신청한 근로자와 사용자가 될 자에게 내주어야 한다(영 제36조 제1항).

(2) 18세 미만 연소자증명서의 비치 21 기출

① 사용자는 18세 미만인 사람에 대하여는 그 연령을 증명하는 가족관계기록사항에 관한 증명서와 친권자 또는 후견인의 동의서를 사업장에 갖추어 두어야 한다(법 제66조).

② 15세 미만인 자를 사용하는 사용자가 취직인허증을 갖추어 둔 경우에는 ①에 따른 가족관계기록사항에 관한 증명서와 친권자나 후견인의 동의서를 갖추어 둔 것으로 본다(영 제36조 제2항).

(3) 미성년자의 근로계약

① 근로계약의 대리금지

친권자 또는 후견인은 미성년자의 근로계약을 대리할 수 없다(법 제67조 제1항).

② 근로계약의 해지

친권자, 후견인 또는 고용노동부장관은 근로계약이 미성년자에게 불리하다고 인정하는 경우에는 이를 해지할 수 있다(법 제67조 제2항).

(4) 미성년자의 임금청구 20 기출

① 미성년자는 독자적으로 임금을 청구할 수 있다(법 제68조).

② 이는 민법상 행위능력이 없는 미성년자에게 법정대리인의 동의 없이 단독으로 임금을 청구할 수 있는 권리를 인정한 규정이다.

③ 임금의 청구는 미성년자에게 허용되는 것은 물론 친권자에게도 허용된다. 다만, 임금은 미성년자에게 직접 지불되어야 하므로 법정대리인은 대리수령할 수 없다.

(5) 연소자근로시간의 제한 22 기출

① 원 칙

15세 이상 18세 미만인 사람의 근로시간은 1일에 7시간, 1주일에 35시간을 초과하지 못한다(법 제69조 본문).

② 예 외

당사자 사이의 합의에 의하여 1일에 1시간, 1주일에 5시간을 한도로 연장할 수 있다(법 제69조 단서).

③ 적용범위

    ㉠ 근로기준법 제53조 제3항의 특별한 경우에 대한 연장예외 및 제59조의 특별한 사업에 대한 연장예외가 연소근로자에게도 인정된다고 본다.

    ㉡ 탄력적 근로시간제도와 선택적 근로시간제도는 연소자에게 적용되지 않는다.

3 근로기준법상 여성 근로자에 대한 특별보호

(1) 생리휴가

① 사용자는 여성 근로자가 청구하면 월 1일의 생리휴가를 주어야 한다(법 제73조).

② 여성 근로자의 특수한 신체적 및 생리적 사정을 보호하기 위한 제도이므로 직종, 근로시간 및 개근 여부 등에 관계없이 임시직 근로자 및 시간제근로자 등을 포함한 모든 여성 근로자에게 생리 여부 사실에 따라 부여되어야 한다.

③ 임신, 폐경 등 생리현상이 없는 여성 근로자에게는 생리휴가를 부여하지 아니하여도 무방하다.

(2) 출산전후휴가(법 제74조)

① 출산전후휴가의 부여

    ㉠ 사용자는 임신 중의 여성에게 출산 전과 출산 후를 통하여 90일(한 번에 둘 이상 자녀를 임신한 경우에는 120일)의 출산전후휴가를 주어야 한다.

    ㉡ ㉠의 경우 휴가 기간의 배정은 출산 후에 45일(한 번에 둘 이상 자녀를 임신한 경우에는 60일) 이상이 되어야 한다.

    ㉢ 출산 전 휴가는 근로자가 청구한 때 주어야 하나 출산 후에는 근로자의 청구가 없어도 주어야 한다.

    ㉣ 사업주는 근로자가 배우자의 출산을 이유로 휴가를 청구하는 경우에 10일의 휴가를 주어야 하고, 휴가기간은 유급으로 한다. 배우자 출산휴가는 근로자의 배우자가 출산한 날부터 90일이 지나면 청구할 수 없고, 1회에 한정하여 나누어 사용할 수 있다(남녀고용평등과 일·가정 양립 지원에 관한 법률 제18조의2).

② 유산·사산휴가

    ㉠ 사용자는 임신 중인 여성 근로자가 유산의 경험 등 대통령령으로 정하는 사유로 위 ①의 휴가를 청구하는 경우 출산 전 어느 때라도 휴가를 나누어 사용할 수 있도록 하여야 한다. 이 경우 출산 후의 휴가기간은 연속하여 45일(한 번에 둘 이상 자녀를 임신한 경우에는 60일) 이상이 되어야 한다.

    ㉡ 사용자는 임신 중인 여성이 유산 또는 사산한 경우로서 그 근로자가 청구하면 유산·사산 휴가를 주어야 한다. 다만, 임신중절 수술(모자보건법 제14조 제1항에 따른 경우는 제외)에 따른 유산의 경우는 그러하지 아니하다.

③ 휴가기간 중 임금

  ㉠ 휴가 중 최초 60일(한 번에 둘 이상 자녀를 임신한 경우에는 75일)은 유급으로 한다. 다만, 남녀 고용평등과 일·가정 양립 지원에 관한 법률에 따라 출산전후휴가급여 등이 지급된 경우에는 그 금액의 한도에서 지급의 책임을 면한다.

  ㉡ 국가는 배우자 출산휴가, 출산전후휴가 또는 유산·사산휴가를 사용한 근로자 중 일정한 요건에 해당하는 사람에게 그 휴가기간에 대하여 통상임금에 상당하는 금액('출산전후휴가급여 등')을 지급할 수 있다(남녀고용평등과 일·가정 양립 지원에 관한 법률 제18조 제1항).

④ 근로제공의무의 경감

  ㉠ 시간외근로의 금지

   사용자는 임신 중의 여성 근로자에게 시간외근로를 하게 하여서는 아니 된다. 이 때 시간외근로는 연장근로만을 의미하며 휴일근로 및 야간근로는 고용노동부장관의 인가와 근로자의 명시적 청구가 있는 경우에 인정된다.

  ㉡ 경이한 근로로의 전환

   임신 중의 여성 근로자의 요구가 있는 경우에는 쉬운 종류의 근로로 전환하여야 한다. 경이한 근로의 여부는 사회통념에 따라 구체적으로 판단하여야 한다.

⑤ 휴가 종료 후 직무 복귀

  사업주는 출산전후휴가 종료 후에는 휴가 전과 동일한 업무 또는 동등한 수준의 임금을 지급하는 직무에 복귀시켜야 한다.

⑥ 해고의 제한

  산전·후의 여성이 이 법에 따라 휴업한 기간과 그 후 30일 동안은 해고하지 못한다. 다만, 사용자가 일시보상을 하였을 경우 또는 사업을 계속할 수 없게 된 경우에는 그러하지 아니하다(법 제23조 제2항).

(3) 유급 수유 시간

생후 1년 미만의 유아를 가진 여성 근로자가 청구하면 1일 2회 각각 30분 이상의 유급 수유 시간을 주어야 한다(법 제75조).

(4) 연장근로시간의 제한

① 원 칙

  사용자는 산후 1년이 지나지 아니한 여성에 대하여는 단체협약이 있는 경우라도 1일에 2시간, 1주에 6시간, 1년에 150시간을 초과하는 시간외근로를 시키지 못한다(법 제71조). 취업규칙, 근로계약, 기타 당사자의 약정에 의하여도 연장근로를 시킬 수 없다.

② 근로기준법 제51조 제2항과의 관계

  산후 1년이 경과하지 아니한 여성 근로자에게도 탄력적·선택적 근로시간제도는 적용된다.

③ 근로기준법 제53조 제3항과의 관계

특별한 사정이 있는 경우에는 고용노동부장관의 인가와 근로자의 동의를 얻어 연장근로를 시킬 수 있다(법 제53조 제3항)는 예외규정이 산후 1년이 경과하지 아니한 여성의 연장근로에도 적용될 수 있는지에 대해 견해가 대립된다. 여성 근로자의 보호라는 관점에서 적용되지 않는다는 견해와 동 제도의 취지가 재해 등의 대처하기 위한 일시적인 연장이라는 점과 본인의 동의가 없으면 연장근로가 불가능하다는 점에서 연장근로가 인정되어야 한다는 견해가 있다.

④ 근로기준법 제59조와의 관계

법 제59조는 특별한 사업에 대하여 주 12시간을 초과하여 연장근로하게 할 수 있다고 규정하고 있다. 특별한 사업에 있어서 연장근로는 일시적인 것이 아니라 상시적일 수 있으며 근로자 본인의 동의를 요하지 않는다는 점에서 법 제71조가 적용되어야 한다고 본다.

06 적중예상문제

01 근로기준법령상 미성년자 또는 연소자에 관한 설명으로 옳지 않은 것은?

① 고용노동부장관은 근로계약이 미성년자에게 불리하다고 인정하는 경우에는 이를 해지할 수 있다.
② 사용자는 고용노동부장관의 허가가 있으면 오후 10시부터 오전 6시까지의 시간에 18세 미만자를 근로시킬 수 있다.
③ 미성년자는 독자적으로 임금을 청구할 수 있다.
④ 사용자는 18세 미만인 자에 대하여는 그 연령을 증명하는 가족관계기록사항에 관한 증명서를 사업장에 갖추어 두어야 한다.

해설

② 사용자는 임산부와 18세 미만자를 오후 10시부터 오전 6시까지의 시간 및 휴일에 근로시키지 못한다. 다만, 다음의 어느 하나에 해당하는 경우로서 고용노동부장관의 인가를 받으면 그러하지 아니하다(근로기준법 제70조 제2항).
• 18세 미만자의 동의가 있는 경우
• 산후 1년이 지나지 아니한 여성의 동의가 있는 경우
• 임신 중의 여성이 명시적으로 청구하는 경우

02 임산부의 보호 등에 관하여 근로기준법에 규정된 내용으로 옳지 않은 것은?

① 사용자는 임신한 여성 근로자가 모자보건법 제10조에 따른 임산부 정기건강진단을 받는 데 필요한 시간을 청구하는 경우 이를 허용하여 주어야 한다.
② 사용자는 임신 중인 여성이 사산한 경우로서 그 근로자가 청구하면 임신한 근로자에게 대통령령으로 정하는 바에 따라 사산 휴가를 주어야 한다.
③ 사용자는 임신 중의 여성에게 근로기준법 제74조 제1항에 따른 출산전후휴가를 주는 경우 휴가 기간의 배정은 출산 전에 45일 이상이 되어야 한다.
④ 사업주는 근로기준법 제74조 제1항에 따른 출산전후휴가 종료 후에는 휴가 전과 동일한 업무 또는 동등한 수준의 임금을 지급하는 직무에 복귀시켜야 한다.

해설

③ 사용자는 임신 중의 여성에게 출산 전과 출산 후를 통하여 90일(한 번에 둘 이상 자녀를 임신한 경우에는 120일)의 출산전후휴가를 주어야 한다. 이 경우 휴가 기간의 배정은 출산 후에 45일(한 번에 둘 이상 자녀를 임신한 경우에는 60일) 이상이 되어야 한다(근로기준법 제74조 제1항).

03 근로기준법에 규정된 내용으로 옳지 않은 것은?

① 사용자는 여성 근로자가 청구하면 월 1일의 생리휴가를 주어야 한다.
② 사용자는 기숙사 생활의 자치에 필요한 임원 선거에 간섭하지 못한다.
③ 생후 1년 미만의 유아(乳兒)를 가진 여성 근로자가 청구하면 1일 2회 각각 30분 이상의 유급 수유 시간을 주어야 한다.
④ 취업규칙에서 근로자에 대하여 감급(減給)의 제재를 정할 경우에 그 감액은 1회의 금액이 통상임금의 1일분의 2분의 1을, 총액이 1임금지급기의 임금 총액의 10분의 1을 초과하지 못한다.

해설
④ 취업규칙에서 근로자에 대하여 감급(減給)의 제재를 정할 경우에 그 감액은 1회의 금액이 평균임금의 1일분의 2분의 1을, 총액이 1임금지급기의 임금 총액의 10분의 1을 초과하지 못한다(근로기준법 제95조).

04 소년에 관하여 근로기준법에 규정된 내용으로 옳지 않은 것은?

① 사용자는 18세 미만인 사람에 대하여는 그 연령을 증명하는 가족관계기록사항에 관한 증명서와 친권자 또는 후견인의 동의서를 사업장에 갖추어 두어야 한다.
② 미성년자는 독자적으로 임금을 청구할 수 없다.
③ 친권자, 후견인 또는 고용노동부장관은 근로계약이 미성년자에게 불리하다고 인정하는 경우에는 이를 해지할 수 있다.
④ 친권자나 후견인은 미성년자의 근로계약을 대리할 수 없다.

해설
② 미성년자는 독자적으로 임금을 청구할 수 있다(근로기준법 제68조).

05 근로기준법상 연차 유급휴가에 관한 설명으로 옳지 않은 것은?(다툼이 있으면 판례에 따름)

① 출근율 산정에 있어 근로자가 정당한 파업에 참가한 기간은 출근한 것으로 본다.
② 1년간 80퍼센트 미만 출근한 근로자에게 1개월 개근 시 1일의 연차 유급휴가를 주어야 한다.
③ 출근율 산정에 있어 근로자의 정직기간을 연간 소정근로일수에 포함시키되 출근일수에서 제외할 수 있다.
④ 6년차 근로자가 5년차에 80퍼센트 이상 출근하였다면 6년차 1년 동안 사용할 수 있는 연차 유급휴가는 17일이다.

① 정당한 파업에 참가한 기간은 소정근로일수에서 제외된다고 본다.

② 근로기준법 제60조 제2항

③ 정직이나 직위해제 등의 징계를 받은 근로자는 징계기간 중 근로자의 신분을 보유하면서도 근로의무가 면제되므로, 사용자는 취업규칙에서 근로자의 정직 또는 직위해제 기간을 소정 근로일수에 포함시키되 그 기간 중 근로의무가 면제되었다는 점을 참작하여 연차 유급휴가 부여에 필요한 출근일수에는 포함하지 않는 것으로 규정할 수 있고, 이러한 취업규칙의 규정이 구 근로기준법 제59조에 반하여 근로자에게 불리한 것이라고 보기는 어렵다(대판 2008.10.9, 2008다41666).

④ 사용자는 1년간 80퍼센트 이상 출근한 근로자에게 15일의 유급휴가를 주어야 하며 3년 이상 계속하여 근로한 근로자에게는 최초 1년을 초과하는 계속 근로 연수 매 2년에 대하여 1일을 가산한 유급휴가를 주어야 한다(근로기준법 제60조 제4항 참고). 따라서 6년차 근로자의 연차휴가일수는 17일임을 알 수 있다.

06 근로기준법령상 취직인허증에 관한 설명으로 옳지 않은 것은?

① 취직인허증을 받으려는 자가 의무교육 대상자로서 재학 중인 경우에는 학교장이 고용노동부장관에게 신청하여야 한다.

② 고용노동부장관은 거짓이나 그 밖의 부정한 방법으로 취직인허증을 발급받은 자에게는 그 인허를 취소하여야 한다.

③ 15세 미만인 자를 사용하는 사용자가 취직인허증을 갖추어 둔 경우에는 법 제66조에 따른 가족관계기록사항에 관한 증명서와 친권자나 후견인의 동의서를 갖추어 둔 것으로 본다.

④ 예술공연 참가를 위한 경우에는 13세 미만인 자도 취직인허증을 받을 수 있다.

① 취직인허증을 받으려는 자는 학교장(의무교육대상자와 재학 중인 자로 한정) 및 친권자 또는 후견인의 서명을 받아 사용자가 될 자와 연명으로 고용노동부장관에게 신청하여야 한다(근로기준법 시행령 제35조 제2항 및 제3항).

07 근로기준법령상 임산부의 보호 등에 관한 설명으로 옳지 않은 것은?

① 법 제52조(선택적 근로시간제)는 임신 중인 여성 근로자에 대하여는 적용하지 아니한다.

② 사용자는 임신 중의 여성이 명시적으로 청구하는 경우로서 고용노동부장관의 인가를 받으면 그 임신 중의 여성 근로자를 오후 10시부터 오전 6시까지의 시간에 근로시킬 수 있다.

③ 사용자는 임신 중의 여성이 명시적으로 청구하는 경우로서 고용노동부장관의 인가를 받으면 그 임신 중의 여성 근로자를 휴일에 근로시킬 수 있다.

④ 사용자는 산후 1년이 지나지 아니한 여성에 대하여는 단체협약이 있는 경우라도 1일에 2시간, 1주일에 6시간, 1년에 150시간을 초과하는 시간외근로를 시키지 못한다.

① 근로기준법 제52조(선택적 근로시간제)는 15세 이상 18세 미만의 근로자에 대하여는 적용하지 아니한다(근로기준법 제52조 제1호).

08 근로기준법령상 휴게 및 휴일에 관한 설명으로 옳지 않은 것은?(다툼이 있는 경우에는 판례에 의함)

① 사용자는 근로시간이 8시간인 경우에는 1시간 이상의 휴게시간을 근로시간 도중에 주어야 한다.
② 휴게시간은 근로자가 자유롭게 이용할 수 있다.
③ 휴일제도는 매일 연속적으로 근로를 제공하는 경우에 한하지 않고, 2일 근무 1일 휴무를 되풀이하는 교대제근무에도 적용된다.
④ 사용자는 1주 동안의 소정근로일을 개근하지 아니한 근로자에게도 유급휴일을 부여하여야 한다.

> **해설**
> ④ 유급휴일은 1주 동안의 소정근로일을 개근한 자에게 주어야 한다(근로기준법 시행령 제30조 제1항).

09 근로기준법령상 휴가에 관한 설명으로 옳지 않은 것은?(다태아 임부는 고려하지 않음)

① 사업주는 법 제74조에 따라 유산휴가를 청구한 근로자에게 임신기간이 11주 이내인 경우에는 유산한 날부터 5일까지 유산휴가를 주어야 한다.
② 사용자는 1년간 80퍼센트 미만 출근한 근로자에게 1개월 개근 시 1일의 유급휴가를 주어야 한다.
③ 사용자는 근로자대표와의 서면 합의에 따라 연차 유급휴가일을 갈음하여 특정한 근로일에 근로자를 휴무시킬 수 있다.
④ 사용자는 계속하여 근로한 기간이 1년 미만인 근로자에게 연차 유급휴가의 사용촉진조치를 취하여 미사용휴가에 대한 보상의무를 면할 수 있다.

> **해설**
> ④ 계속하여 근무한 기간이 1년 미만인 근로자 또는 1년간 80퍼센트 미만 출근한 근로자에게 1개월 개근 시 부여하는 유급휴가는 연차 유급휴가의 사용촉진대상에서 제외된다.

10 근로기준법상 여성의 보호에 관한 설명으로 옳지 않은 것은?

① 사용자는 임신 중이거나 산후 1년이 지나지 아니한 여성을 보건상 유해 · 위험한 사업에 사용하지 못한다.
② 사용자는 임산부가 아닌 18세 이상의 여성을 보건상 유해 · 위험한 사업 중 임신 또는 출산에 관한 기능에 유해 · 위험한 사업에 사용하지 못한다.
③ 사용자는 임산부가 아닌 18세 이상의 여성을 휴일에 근로시키려면 그 근로자의 동의를 받아야 한다.
④ 사용자는 생후 1년 미만의 유아(乳兒)를 가진 여성 근로자가 청구하면 1일 2회 각각 1시간 이상의 유급 수유 시간을 주어야 한다.

해설
④ 생후 1년 미만의 유아를 가진 여성 근로자가 청구하면 1일 2회 각각 30분 이상의 유급 수유 시간을 주어야 한다(근로기준법 제75조).

11 근로기준법의 규정에 따른 연차 유급휴가에 관한 설명으로 옳지 않은 것은?

① 사용자는 1년간 8할 이상 출근한 근로자에게 15일의 유급휴가를 주어야 한다.
② 4주 동안을 평균하여 1주 동안의 소정근로시간이 15시간 미만인 근로자의 경우 사용자는 통상 근로자의 근로시간을 기준으로 산정한 비율에 따라 연차 유급휴가를 주어야 한다.
③ 연차 유급휴가는 사용자의 귀책사유로 사용하지 못한 경우를 제외하고 1년간 행사하지 아니하면 소멸된다.
④ 사용자는 계속하여 근로한 기간이 1년 미만인 근로자에게 1개월 개근 시 1일의 유급휴가를 주어야 한다.

해설
② 4주 동안을 평균하여 1주 동안의 소정근로시간이 15시간 미만인 근로자에 대하여 주휴일(근로기준법 제55조)과 유급휴가(근로기준법 제60조)를 적용하지 않는다(근로기준법 제18조 제3항).

12 근로기준법의 규정에 따른 휴일 및 휴게에 관한 설명으로 옳지 않은 것은?

① 근로시간이 3시간인 경우에는 휴게시간은 주지 않아도 된다.
② 주휴일이 반드시 일요일이어야 할 필요는 없다.
③ 유급인 주휴일은 1주 동안의 소정근로일을 개근한 자에게 주어야 한다.
④ 고용노동부장관의 승인을 받은 경우에 한하여 사용자는 동물의 사육에 종사하는 근로자에게 휴게에 관한 규정을 적용하지 아니할 수 있다.

해설
④ 동물의 사육에 종사하는 근로자는 근로시간, 휴게와 휴일에 관한 규정은 적용하지 아니한다(근로기준법 제63조). 이 경우 고용노동부장관의 승인을 요하는 것은 아니다.

13 근로기준법상 여성 근로자 보호에 관한 설명으로 옳은 것은?(다태아 임부는 고려하지 않음)

① 사용자는 18세 이상의 여성을 휴일에 근로시키기 위해서는 그 근로자의 동의를 받아야 한다.
② 사용자는 임신 중인 여성이 명시적으로 청구하는 경우에는 그 여성을 보건상 유해·위험한 사업에 사용할 수 있다.
③ 사용자는 산후 1년이 지나지 않은 여성에 대해서는 단체협약이 있는 경우에는 1일 2시간을 초과하는 시간외근로를 시킬 수 있다.
④ 사용자는 여성 근로자가 청구하면 월 1일의 유급 생리휴가를 주어야 한다.

해설
① 근로기준법 제70조 제1항
② 유해·위험한 사업에 대해서는 예외가 인정되지 않는다(근로기준법 제65조).
③ 사용자는 산후 1년이 지나지 아니한 여성에 대하여는 단체협약이 있는 경우라도 1일에 2시간, 1주에 6시간, 1년에 150시간을 초과하는 시간외근로를 시키지 못한다(근로기준법 제71조).
④ 생리휴가는 유급이 아니라 무급휴가이다(근로기준법 제73조).

14 근로기준법상 임신 중인 여성 근로자의 보호에 관한 설명으로 옳지 않은 것은?(다태아 임부는 고려하지 않음)

① 2주 단위의 탄력적 근로시간제에 따라 근로시킬 수 없다.
② 산전과 산후를 통하여 90일의 보호휴가를 주어야 하고, 최초 60일은 유급으로 한다.
③ 시간외근로를 하게 하여서는 아니 되며, 그 근로자의 요구가 있는 경우에는 쉬운 종류의 근로로 전환하여야 한다.
④ 휴일에 근로시키지 못하지만, 그 근로자의 동의가 있는 경우에는 휴일에 근로시킬 수 있다.

해설
④ 사용자는 임신 중인 여성 근로자에게 야간근로나 휴일근로를 시키지 못한다. 다만, 임신 중인 여성이 명시적으로 청구하고 또 고용부장관의 인가를 받은 경우에는 그렇지 않다(근로기준법 제70조 제2항).

15 근로기준법상 연차 유급휴가에 관한 설명 중 옳지 않은 것은?

① 연차 유급휴가권은 근로자가 1년간 80퍼센트 이상 근무한 경우에 발생한다.
② 계속 근로 연수에 따라 휴가일수가 가산되는 제도를 채택하고 있다.
③ 휴가기간 중 근로를 제공한 경우에는 통상임금의 50%를 가산하여 지급해야 한다는 것이 판례의 입장이다.
④ 휴가의 시기 지정권은 근로자에게 있다.

해설
③ 근로자가 연차 유급휴가를 사용하지 않고 근로한 경우 임금은 원래의 임금(100%)과 휴가일의 통상임금을 합하여 200%의 임금을 지급하여야 한다. 다만, 휴일근로수당의 지급 여부에 대해서는 논란이 있는 바, 판례는 연차 휴가근로수당을 지급하는 경우라 하더라도 시간외근로수당을 지급할 사용자의 법적 의무는 없는 것으로 본다(대판 1990.12.26, 90다카12493).

16 휴일, 휴게, 휴가에 관한 설명으로 옳지 않은 것은?

① 근로조건이므로 근로기준법의 내용에 위반되는 근로계약의 내용은 무효가 된다.
② 주휴일은 반드시 일요일로 한정할 필요가 없고 특정 요일에 24시간만 보장하면 된다.
③ 근로자는 휴게시간을 사업장 내에서는 사용자의 지시권에서 벗어나 자유롭게 이용할 수 있다.
④ 주휴일은 원칙적으로 유급이지만 개별 근로자의 동의가 있으면 이를 무급으로도 할 수 있다.

해설
④ 사용자는 근로자에게 1주에 평균 1회 이상의 유급휴일을 보장하여야 한다(근로기준법 제55조). 이 규정을 볼 때, 주휴일은 유급휴일이므로 이를 무급으로 전환하는 것은 근로기준법의 기준보다 불리한 조건이므로 근로자의 동의가 있더라도 무급휴일로 전환할 수 없다.

17 현행 근로기준법상 1,000인 이상의 근로자를 사용하는 사업 또는 사업장에 적용되는 연차 유급휴가에 관한 설명으로 옳지 않은 것은?

① 1년간 80퍼센트 이상 출근한 근로자에 대하여는 15일의 유급휴가를 주어야 한다.
② 계속 근로 연수가 1년 미만인 근로자에게는 1개월간 개근 시 1일의 유급휴가를 주어야 한다.
③ 사용자의 귀책사유로 유급휴가를 1년간 사용하지 못한 경우 연차휴가권은 소멸하지만 미사용휴가에 대하여는 보상해야 한다.
④ 가산휴가를 포함한 총 휴가 일수는 25일을 한도로 한다.

해설
③ 연차 유급휴가는 사용자의 귀책사유로 사용하지 못한 경우를 제외하고는 1년간 행사하지 아니하면 소멸된다(근로기준법 제60조 제7항).

18 근로기준법상 사용자와 근로자대표 사이에 서면 합의가 필요한 것은?

① 취업규칙의 변경
② 임산부와 18세 미만의 야간근로
③ 연차 유급휴가의 대체
④ 경영상 이유에 의한 해고

해설

③ 사용자는 근로자대표와의 서면 합의에 따라 제60조에 따른 연차 유급휴가일에 갈음하여 특정한 근로일에 근로자를 휴무시킬 수 있다(근로기준법 제62조).

19 18세 미만의 연소근로자에 대한 특별보호조치라고 볼 수 없는 것은?

① 장학금의 지급
② 갱내근로의 금지
③ 야간근로의 원칙적 금지
④ 유해·위험사업에 사용 금지

해설

근로기준법상 18세 미만의 연소근로자 보호 규정
• 탄력적 근로시간제 미적용(법 제51조 제3항 및 제51조의2 제6항)
• 선택적 근로시간제 미적용(법 제52조 제1호)
• 유해·위험사업에 사용 금지(법 제65조)
• 연소자 증명서 비치(법 제66조)
• 근로계약 대리금지(법 제67조)
• 독자적인 임금청구권 인정(법 제68조)
• 근로시간 제한(법 제69조)
• 야간근로와 휴일근로의 제한(법 제70조)
• 갱내근로의 금지(법 제72조)

20 임산부와 연소자의 보호에 관한 설명으로 옳지 않은 것은?

① 15세 미만의 사람은 어떠한 경우에도 근로자로 채용될 수 없다.
② 18세 미만의 사람을 사용하는 경우에는 사업장에 연소자증명서를 비치하여야 한다.
③ 임산부는 도덕상 또는 보건상 유해·위험한 사업에 사용할 수 없다.
④ 친권자 또는 후견인은 미성년자의 근로계약을 대리할 수 없다.

> **해설**
> ① 15세 미만인 사람은 근로자로 사용하지 못한다. 다만, 고용노동부장관이 발급한 취직인허증을 지닌 사람은 근로자로 사용할 수 있다(근로기준법 제64조 제1항).

21 다음 설명 중 옳은 것은?

① 임신한 근로자가 법상 허용되지 아니하는 인공 임신중절 수술에 따른 유산을 하였더라도 그 임신 기간이 16주 이상이었다면 사용자는 근로자의 청구에 대하여 보호 휴가를 주어야 한다.
② 미성년자가 체결한 근로계약이 미성년자에게 불리하다고 인정되더라도 친권자는 이를 해지할 수 없다.
③ 사용자는 여성 근로자의 산전, 산후휴가가 종료된 후 휴가 전과 동일한 업무 또는 동등한 수준의 임금을 지급하는 직무에 복귀시켜야 한다.
④ 임신 중인 여성 근로자의 경우 본인의 명시적 청구가 있으면 연장근로가 허용된다.

> **해설**
> ① 사용자는 임신 중인 여성이 유산 또는 사산한 경우로서 그 근로자가 청구하면 유산·사산휴가를 주어야 한다. 다만, 인공 임신중절 수술(모자보건법에 따른 경우 제외)에 따른 유산의 경우는 그러하지 아니하다(근로기준법 제74조 제3항).
> ② 친권자, 후견인 또는 고용노동부장관은 근로계약이 미성년자에게 불리하다고 인정하는 경우에는 이를 해지할 수 있다(근로기준법 제67조 제2항).
> ④ 사용자는 임신 중의 여성 근로자에게 시간외근로를 하게 하여서는 아니 된다(근로기준법 제74조 제5항).

22 근로기준법상 여성과 소년의 보호에 관한 설명 중 옳지 않은 것은?(다태아 임부는 고려하지 않음)

① 선택적 근로시간제도는 임신 중의 여성 근로자 및 18세 미만의 연소근로자에게도 적용된다.

② 임신 중의 여성이 명시적으로 청구하는 경우 근로자대표와 협의를 거쳐 고용노동부장관의 인가를 얻어 야간근로를 시킬 수 있다.

③ 임산부가 아닌 18세 이상의 여성이 동의하는 경우 휴일근로를 시킬 수 있다.

④ 임신 중의 여성에 대하여 산전·후를 통하여 90일의 휴가를 주되 휴가기간의 배치는 산후에 45일 이상이 되어야 한다.

> **해설**
>
> ① 선택적 근로시간제란 일정한 정산기간 동안의 총 근로시간을 결정한 다음 근로자가 근로시간의 시작과 종료를 일정한 시간대에서 자유로이 선택하도록 하는 근무시간제도로서, 대상 근로자의 범위와 관련하여 15세 이상 18세 미만의 근로자를 제외한다.

23 근로기준법상 18세 이상의 여성과 임산부에 관한 설명으로 틀린 것은?

① 사용자는 18세 이상의 여성을 오후 10시부터 오전 6시까지 사이에 근로시키고자 하는 경우에는 당해 근로자의 동의를 얻어야 한다.

② 임신 중인 여성의 명시적인 청구와 고용노동부장관의 인가가 있는 경우에는 오후 10시부터 오전 6시까지 사이에 근로시킬 수 있다.

③ 산후 1년이 경과되지 아니한 여성의 동의와 고용노동부장관의 인가가 있는 경우에는 휴일에 근로시킬 수 있다.

④ 사용자는 산후 1년이 경과되지 아니한 여성에 대하여 단체협약의 규정이 있더라도 1일에 2시간, 1주에 6시간, 1년에 120시간을 초과하는 시간외근로를 시키지 못한다.

> **해설**
>
> ④ 사용자는 산후 1년이 지나지 아니한 여성에 대하여는 단체협약이 있는 경우라도 1일에 2시간, 1주에 6시간, 1년에 150시간을 초과하는 시간외근로를 시키지 못한다(근로기준법 제71조).

07 취업규칙 및 기숙사

제 1 절 취업규칙

1 총 설

(1) 의 의

취업규칙이란 사용자가 기업경영의 필요상 사업장에서 근로자가 지켜야 할 복무규율과 임금·근로시간 등의 근로조건에 관한 구체적인 사항을 일방적·획일적·통일적으로 정한 규칙을 말한다. 사용자가 일방적으로 작성하고 근로자에 대하여 복종할 것을 사실상 강요하기 때문에 취업규칙에 관하여 근로기준법은 여러 제한을 가하고 있다.

(2) 법적 성질

사용자에 의해 일방적으로 작성·변경되는 취업규칙이 근로자를 구속하는 근거와 관련하여 문제가 발생하는데 계약설과 법규범설이 대립한다.

① **계약설**

계약설은 취업규칙의 구속력의 근거를 근로자와 사용자 간의 약정 또는 동의에서 구한다. 여기에는 순수계약설, 사실규범설, 사실관습설 등이 있다.

② **법규범설**

법규범설은 취업규칙이 일종의 법규범으로서 근로자와 사용자를 구속한다고 한다. 여기에는 경영권설, 사회자주법설, 수권설 등이 있다.

③ 판례는 '취업규칙이라 함은 그 명칭 여하를 불문하고 사업장에서의 근로자에 대한 복무규율과 근로조건에 관한 준칙의 내용을 정한 것으로서, 노사 간에 일반적으로 적용되는 일종의 법규범이라고 할 것이다(대판 2007.10.11, 2007두11566)'라고 한다.

2 취업규칙의 작성

(1) 작성·신고의무

상시 10명 이상의 근로자를 사용하는 사용자는 취업규칙을 작성하여 고용노동부장관에게 신고하여야 한다. 이를 변경하는 경우에도 또한 같다(법 제93조).

① 작성·신고의무자

　　상시 10인 이상의 근로자를 사용하는 모든 사업장의 사용자이다. 일시적으로 10인 미만이 되는 경우가 있다 하여도 상태적으로 보아 10인 이상이 되는 경우에는 상시 10인에 해당한다.

② 근로자의 의견청취·의견서 첨부

　　사용자는 취업규칙의 작성 또는 변경에 관하여 해당 사업 또는 사업장에 근로자의 과반수로 조직된 노동조합이 있는 경우에는 그 노동조합, 근로자의 과반수로 조직된 노동조합이 없는 경우에는 근로자의 과반수의 의견을 들어야 한다. 사용자는 취업규칙을 고용노동부장관에게 신고할 때에는 의견을 적은 서면을 첨부하여야 한다(법 제94조). 여기서 의견을 들어야 한다는 것은 근로자의 단체적인 의견을 구하여야 한다는 것이며 반드시 동의를 얻어야 한다는 것은 아니다.

③ 신고하지 않은 취업규칙의 효력

　　무효설과 유효설이 대립하나 취업규칙의 내용이 법령 및 단체협약 등에 위반되지 아니하고 그 내용을 게시·비치 또는 배부하여 이를 근로자에게 주지시킨 경우에는 신고하지 않아도 취업규칙은 유효한 것으로 보아야 할 것이다.

(2) 복수의 취업규칙 작성 가능 여부

　　하나의 사업장 내에서 상이한 근로자에게 별도로 적용되는 복수의 취업규칙을 작성하거나 근로자의 일부에게만 적용되는 취업규칙을 작성할 수 있는지 여부가 문제될 수 있다.

① 이에 대하여 근로기준법은 명문의 규정을 두고 있지 않으며, 다만 단시간근로자의 취업규칙을 일반 근로자와 별도로 작성할 수 있다고 규정하고 있다.

② 노동법은 모든 근로자를 획일적으로 동등하게 대우하는 것이 아니라 근로자의 능력·지위·특성 및 업무 등에 따라 별도로 대우하는 것을 원칙으로 한다. 따라서 근로자의 근로조건·근로형태 및 업무의 특수성에 따라 별도의 취업규칙을 작성하는 것을 위법이라 볼 수 없을 것이다.

③ 사용자는 같은 사업장에 소속된 모든 근로자에 대하여 일률적으로 적용되는 하나의 취업규칙만을 작성하여야 하는 것은 아니고, 근로자의 근로조건, 근로형태, 직종 등의 특수성에 따라 근로자 일부에 적용되는 별도의 취업규칙을 작성할 수 있다(대판 2007.9.6, 2006다83246).

3 취업규칙의 기재사항

(1) 기재사항

① 필요적 기재사항(법 제93조)

　　㉠ 업무의 시작과 종료 시각, 휴게시간, 휴일, 휴가 및 교대 근로에 관한 사항

　　㉡ 임금의 결정·계산·지급 방법, 임금의 산정기간·지급시기 및 승급에 관한 사항

　　㉢ 가족수당의 계산·지급 방법에 관한 사항

ⓔ 퇴직에 관한 사항

ⓜ 근로자퇴직급여 보장법에 따라 설정된 퇴직급여, 상여 및 최저임금에 관한 사항

ⓗ 근로자의 식비, 작업 용품 등의 부담에 관한 사항

ⓢ 근로자를 위한 교육시설에 관한 사항

ⓞ 출산전후휴가·육아휴직 등 근로자의 모성 보호 및 일·가정 양립 지원에 관한 사항

ⓩ 안전과 보건에 관한 사항

ⓩ 근로자의 성별·연령 또는 신체적 조건 등의 특성에 따른 사업장 환경의 개선에 관한 사항

ⓚ 업무상과 업무 외의 재해부조에 관한 사항

ⓣ 직장 내 괴롭힘의 예방 및 발생 시 조치 등에 관한 사항

ⓟ 표창과 제재에 관한 사항

ⓗ 그 밖에 해당 사업 또는 사업장의 근로자 전체에 적용될 사항

② 임의적 기재사항

위의 사항 외에도 사용자는 법령이나 단체협약에 반하지 않는 한 어떠한 사항이라도 기재할 수 있다.

(2) 필요적 기재사항이 미비된 경우

취업규칙의 작성·신고의무 위반이 되지만, 취업규칙 전체가 무효로 되는 것은 아니다. 기재되지 않은 부분에 대해서는 관련 법령·단체협약 및 근로계약 등에서 정한 내용이 적용된다.

4 취업규칙의 변경

(1) 불이익하지 아니한 취업규칙의 변경

① 사용자는 취업규칙의 작성 또는 변경에 관하여 해당 사업 또는 사업장에 근로자의 과반수로 조직된 노동조합이 있는 경우에는 그 노동조합, 근로자의 과반수로 조직된 노동조합이 없는 경우에는 근로자의 과반수의 의견을 들어야 한다(법 제94조 제1항 본문).

② 근로자나 노동조합이 의견 제시를 거부하는 경우에도 근로자대표의 의견을 들은 것으로 간주된다.

③ 의견청취 자체를 하지 아니한 경우에 유효라는 견해와 무효라는 견해가 대립한다. 판례는 근로기준법상의 의견청취의무는 단속법규에 불과할 뿐 효력규정이라고는 볼 수 없으므로 사용자가 이러한 규정들을 준수하지 않았다고 하더라도 그로 인하여 바로 취업규칙의 작성 또는 변경이 무효로 되는 것은 아니라고 한다(대판 2004.2.12, 2001다63599).

④ 취업규칙의 하나인 인사규정의 작성·변경에 관한 권한은 원칙적으로 사용자에게 있으므로 사용자는 그 의사에 따라 인사규정을 작성·변경할 수 있고, 원칙적으로 인사규정을 종전보다 근로자에게 불이익하게 변경하는 경우가 아닌 한 근로자의 동의나 협의 또는 의견청취절차를 거치지 아니하고 인사규정을 변경하였다고 하여 그 인사규정의 효력이 부정될 수는 없다(대판 1999.6.22, 98두 6647).

(2) 불이익한 취업규칙의 변경

① 취업규칙을 근로자에게 불리하게 변경하는 경우에는 그 동의를 받아야 한다(법 제94조 제1항 단서).

② 불이익변경의 판단기준 **18** 기출

　㉠ 판단기준

　　㉮ 근로자의 과반수가 반대한 경우에는 근로자에게 불이익한 변경이라고 보는 견해(주관적 기준)도 있으나, 사회통념상 합리성이 있는지의 여부에 따라 불이익 여부를 객관적으로 판단해야 한다는 견해(객관적 기준)가 판례의 태도이다.

　　㉯ 불이익한 변경 여부의 판단기준인 사회통념상 합리성의 유무는 취업규칙의 변경에 의하여 근로자가 입게 되는 불이익의 정도, 사용자측의 변경 필요성의 내용과 정도, 변경 후의 취업규칙 내용의 상당성, 대상조치 등을 포함한 다른 근로조건의 개선상황, 노동조합 등과의 교섭경위 및 노동조합이나 다른 근로자의 대응, 동종 사항에 관한 국내의 일반적인 상황 등을 종합적으로 고려하여 판단하여야 한다(대판 2010.1.28, 2009다32522,32539).

　㉡ 불이익변경과 이익변경이 혼재하는 경우

　　취업규칙에서 둘 이상의 근로조건을 동시에 변경하는 경우 어느 근로조건은 불이익으로, 다른 근로조건은 이익으로 변경된다면 변경되는 근로조건 전체를 종합적으로 고려하여 불이익변경의 여부를 판단하여야 할 것이다. 한편, 취업규칙의 변경이 일부의 근로자에게는 유리하고 일부의 근로자에게는 불리한 경우에는 근로자에게 불이익한 것으로 취급하여 근로자들 전체의 의사에 따라 결정하게 하는 것이 타당하다(대판 1993.5.14, 93다1893).

③ 동의의 방법

　㉠ 노동조합의 동의를 얻은 경우

　　노동조합 대표자의 동의를 얻는 것으로 충분하고 별도로 조합원 과반수의 동의를 얻을 필요는 없다.

　㉡ 근로자 과반수의 동의를 얻은 경우

　　근로자 과반수로 조직된 노동조합이 없는 경우에는 근로자들의 회의 방식에 의한 과반수의 동의를 요한다. 그리고 회의 방식에 의한 동의는 전 근로자가 반드시 한 자리에 모여 회의를 개최하는 방식만이 아니라 한 사업 또는 사업장의 기구별 또는 단위 부서별로 사용자측의 개입이나 간섭이 배제된 상태에서 근로자 간에 의견을 교환하여 찬반을 집약한 후 이를 전체적으로 모으는 방식도 허용된다(대판 2010.1.28, 2009다32522,32539).

　㉢ 단체협약을 통한 동의

　　취업규칙의 변경이 근로자에게 불이익함에도 불구하고, 사용자가 근로자의 집단적 의사결정방법에 의한 동의를 얻지 아니한 채 변경을 함으로써 기득이익을 침해하게 되는 기존의 근로자에 대하여는 종전의 취업규칙이 적용되어야 하는 경우에도 노동조합이 사용자측과의 사이에 새로운 내용의 단체협약을 체결한 경우에는 기득이익을 침해하게 되는 기존의 근로자에 대하여 종전의 취업규칙이 적용되어야 함을 알았는지 여부에 관계없이 원칙적으로 그 협약의 적용을 받게 될 노동조합원이나 근로자들에 대하여 효력이 생기고, 따라서 그 협약의 내용에 따라 개정된 취업규칙은 근로자들에 대하여 적용되어야 한다(대판 1997.6.10, 95다34316).

㉣ 일부 근로자에게만 적용되는 취업규칙 변경 시 동의의 주체

　　　㉮ 판례는 취업규칙 불이익 변경 시 '근로자의 과반수라 함은 기존 취업규칙의 적용을 받는 근로
　　　　자 집단의 과반수를 뜻한다'라고 판시하였다.

　　　㉯ 단시간근로자의 경우에도 같은 취지의 규정이 있다. 취업규칙을 작성하거나 변경하고자 할
　　　　경우에는 적용대상이 되는 단시간근로자 과반수의 의견을 들어야 한다. 다만, 취업규칙을 단
　　　　시간근로자에게 불이익하게 변경하는 경우에는 그 동의를 받아야 한다(영 제9조 제1항 및 별
　　　　표 2 제5호 나목).

④ **동의를 받지 못한 불이익변경의 효력** `21` `기출`

　　㉠ 근로자에게 불이익하게 취업규칙을 변경한 경우에 근로자집단의 동의를 얻지 못한 경우 변경된
　　　부분은 근로자 전체는 물론 변경에 동의한 근로자 개인에게도 취업규칙변경의 효력이 발생하지
　　　아니한다. 다만, 사회통념상 합리성이 인정되는 경우에는 동의를 받지 못한 경우에도 취업규칙
　　　이 당연히 무효로 되는 것은 아니다.

　　㉡ 신규근로자에 대한 적용 여부
　　　취업규칙을 근로자집단의 동의 없이 불이익하게 변경한 경우 변경 그 자체가 무효이므로 모든
　　　근로자에게 효력이 없다는 절대적 무효설과 기존 근로자집단의 동의를 얻지 못한 취업규칙은 기
　　　존 근로자에게는 당연히 적용되지 않지만 신규근로자에게는 변경의 효력이 미친다고 하는 상대
　　　적 효력설이 대립한다. 판례는 취업규칙에서 정한 근로조건을 불리하게 변경함에 있어서 근로자
　　　의 동의를 얻지 못한 경우에 그 변경으로 기득이익이 침해되는 기존의 근로자에 대한 관계에서
　　　는 그 변경의 효력이 미치지 않게 되어 종전 취업규칙의 효력이 그대로 유지되지만, 그 변경 후
　　　에 변경된 취업규칙에 따른 근로조건을 수용하고 근로관계를 갖게 된 근로자에 대한 관계에서는
　　　당연히 변경된 취업규칙이 적용되어야 한다고 하여 상대적 무효설에 따르고 있다.

　　㉢ 취업규칙의 수
　　　상대적 무효설에 의하는 경우 사업장에는 몇 개의 취업규칙이 존재하는가에 대하여 기존의 취업
　　　규칙과 변경된 취업규칙이 함께 병존한다는 견해와 사업장에는 변경된 취업규칙 1개만 존재한다
　　　는 견해가 있다.

　　㉣ 퇴직금차등제도
　　　근로자퇴직급여보장법 제4조 제2항은 퇴직금차등제도를 금지하고 있다. 취업규칙의 변경으로
　　　기존 근로자에게는 퇴직금누진제가, 신규근로자에게는 퇴직금단수제가 적용된다면 이는 하나의
　　　사업장에 서로 다른 2개의 퇴직금제도가 존재하게 되어 퇴직금차등제도를 설정한 것으로 법위반
　　　이 아닌지가 문제된다. 이에 대하여 판례는 퇴직금차등제도를 설정한 경우에 해당하지 아니한다
　　　고 한다.

ㅁ 단체협약에 의한 추인

㉮ 취업규칙의 불이익변경이 근로자집단의 동의를 받지 못하여 무효가 된 경우에도 노동조합과 단체협약을 체결하여 이를 소급적으로 적용하기로 추인하는 경우에는 취업규칙은 유효하게 된다.

㉯ 단체협약은 노동조합이 사용자 또는 사용자단체와 근로조건, 기타 노사관계에서 발생하는 사항에 관하여 체결하는 협정으로서, 노동조합이 사용자측과 기존의 임금, 근로시간, 퇴직금 등 근로조건을 결정하는 기준에 관하여 소급적으로 동의하거나 이를 승인하는 내용의 단체협약을 체결한 경우에 그 동의나 승인의 효력은 단체협약이 시행된 이후에 그 사업체에 종사하며 그 협약의 적용을 받게 될 노동조합원이나 근로자들에 대하여 생긴다고 할 것이므로, 취업규칙 중 퇴직금에 관한 규정의 변경이 근로자에게 불이익함에도 불구하고, 사용자가 근로자의 집단적 의사결정방법에 의한 동의를 얻지 아니한 채 변경을 함으로써 기득 이익을 침해받게 되는 기존의 근로자에 대하여 종전의 퇴직금조항이 적용되어야 하는 경우에도, 노동조합이 사용자측과 변경된 퇴직금조항을 따르기로 하는 내용의 단체협약을 체결한 경우에는, 기득이익을 침해받게 되는 기존의 근로자에 대하여 종전의 퇴직금조항이 적용되어야 함을 알았는지의 여부에 관계없이 그 협약의 적용을 받게 되는 기존의 근로자에 대하여도 변경된 퇴직금조항을 적용하여야 할 것이다(대판 2005.3.11, 2003다27429).

5 고용노동부장관에의 신고·취업규칙의 심사·주지의무

(1) 고용노동부장관에의 신고

상시 10명 이상의 근로자를 사용하는 사용자는 작성 또는 변경된 취업규칙에 근로자집단의 의견을 기입한 서면을 첨부하여 고용노동부장관에게 신고하여야 한다(법 제93조 및 제94조 제2항).

(2) 취업규칙의 심사

고용노동부장관은 법령이나 또는 단체협약에 어긋나는 취업규칙의 변경을 명할 수 있다(법 제96조 제2항).

(3) 취업규칙의 주지의무

사용자는 이 법과 이 법에 의하여 발하는 대통령령의 요지와 취업규칙을 근로자가 자유롭게 열람할 수 있는 장소에 항상 게시하거나 갖추어 두어 근로자에게 널리 알려야 한다(법 제14조 제1항).

6 취업규칙상의 징계권의 규제 [18] [기출]

취업규칙에서 근로자에 대하여 감급의 제재를 정할 경우에는 그 감액은 1회의 금액이 평균임금의 1일분의 2분의 1을, 총액이 1임금지급기에 있어서의 임금 총액의 10분의 1을 초과하지 못한다(법 제95조).

7 취업규칙의 효력

(1) 신설 또는 변경된 취업규칙의 효력이 생기기 위한 요건

① 취업규칙은 사용자가 정하는 기업 내의 규범이기 때문에 사용자가 취업규칙을 신설 또는 변경하기 위한 조항을 정하였다고 하여도 그로 인하여 바로 효력이 생기는 것이라고는 할 수 없고 신설 또는 변경된 취업규칙의 효력이 생기기 위해서는 반드시 같은 법 제14조 제1항에서 정한 방법에 의할 필요는 없지만, 적어도 법령의 공포에 준하는 절차로서 그것이 새로운 기업 내 규범인 것을 널리 종업원 일반으로 하여금 알게 하는 절차, 즉 어떠한 방법이든지 적당한 방법에 의한 주지가 필요하다.

② 따라서 종업원의 근로조건 변경을 내용으로 하는 자구계획서가 명칭에 관계없이 취업규칙에 해당하고, 자구계획서의 내용이 회사 내 홍보매체를 통하여 전 종업원에게 알려지고, 회사근로자 과반수가 가입한 노조도 위와 같은 취업규칙의 변경에 동의하였다면 회사가 이미 존재하던 취업규칙의 개정 절차를 거치지 않았다거나 변경된 취업규칙에 대한 신고의무, 게시 및 비치의무를 이행하지 않았다고 하더라도 위 변경된 취업규칙의 효력이 발생하였다(대판 2004.2.12, 2001다63599).

(2) 단체협약과의 관계

취업규칙은 법령이나 해당 사업 또는 사업장에 대하여 적용되는 단체협약과 어긋나서는 아니 된다(법 제96조 제1항).

(3) 근로계약과의 관계 [19] [20] [기출]

취업규칙에서 정한 기준에 미달하는 근로조건을 정한 근로계약은 그 부분에 관하여는 무효로 한다. 이 경우 무효로 된 부분은 취업규칙에 정한 기준에 따른다(법 제97조).

1 근로자의 기숙사 생활보장

(1) 사생활의 자유보장

사용자는 사업 또는 사업장의 부속 기숙사에 기숙하는 근로자의 사생활의 자유를 침해하지 못한다(법 제98조 제1항).

(2) 임원선거의 간섭금지

사용자는 기숙사 생활의 자치에 필요한 임원선거에 간섭하지 못한다(법 제98조 제2항).

(3) 법 제98조 제2항 위반 시 벌금에서 과태료로 전환

사용자가 기숙사 생활의 자치에 필요한 임원선거에 간섭하는 경우 종전에는 500만원 이하의 벌금에 처하던 것을 500만원 이하의 과태료를 부과하는 것으로 전환하는 것을 주요 내용으로 근로기준법이 개정됨에 따라 기숙사 임원선거 간섭 금지 의무를 위반한 사용자에게는 (3차 이상 위반 시) 300만원 이하의 과태료를 부과하도록 기준을 정하였다(영 별표 7).

2 기숙사규칙의 작성·변경·신고 및 준수의무

(1) 기숙사규칙의 작성

① 부속 기숙사에 근로를 기숙시키는 사용자는 기숙사규칙을 작성하여야 한다(법 제99조 제1항).
② 근로자의 과반수의 동의
　사용자는 기숙사규칙의 작성 또는 변경에 관하여 기숙사에 기숙하는 근로자의 과반수를 대표하는 자의 동의를 받아야 한다(법 제99조 제2항).

(2) 기숙사규칙의 기재사항(법 제99조 제1항)

① 기상, 취침, 외출과 외박에 관한 사항
② 행사에 관한 사항
③ 식사에 관한 사항
④ 안전과 보건에 관한 사항
⑤ 건설물과 설비의 관리에 관한 사항
⑥ 그 밖에 기숙사에 기숙하는 근로자 전체에 적용될 사항

(3) 기숙사규칙의 준수의무

사용자와 기숙사에 기숙하는 근로자는 기숙사규칙을 지켜야 한다(법 제99조 제3항).

3 기숙사의 설치·운영 기준

(1) 부속 기숙사의 설치·운영 기준(법 제100조)

사용자는 부속 기숙사를 설치·운영할 때 다음의 사항에 관하여 대통령령으로 정하는 기준을 충족하도록 하여야 한다.
① 기숙사의 구조와 설비
② 기숙사의 설치 장소
③ 기숙사의 주거 환경 조성
④ 기숙사의 면적
⑤ 그 밖에 근로자의 안전하고 쾌적한 주거를 위하여 필요한 사항

(2) 구조와 설비(영 제55조)

① 침실 하나에 8명 이하의 인원이 거주할 수 있는 구조일 것
② 화장실과 세면·목욕시설을 적절하게 갖출 것
③ 채광과 환기를 위한 적절한 설비 등을 갖출 것
④ 적절한 냉·난방 설비 또는 기구를 갖출 것
⑤ 화재 예방 및 화재 발생 시 안전조치를 위한 설비 또는 장치를 갖출 것

(3) 주거 환경 조성(영 제57조)

① 남성과 여성이 기숙사의 같은 방에 거주하지 않도록 할 것
② 작업 시간대가 다른 근로자들이 같은 침실에 거주하지 않도록 할 것. 다만, 근로자들의 작업 시간대가 다르더라도 근로자들의 수면 시간대가 완전히 구분되는 등 수면에 방해가 되지 않는 경우에는 같은 침실에 거주하도록 할 수 있다.
③ 기숙사에 기숙하는 근로자가 감염병의 예방 및 관리에 관한 법률에 따른 감염병에 걸린 경우에는 다음의 장소 또는 물건에 대하여 소독 등 필요한 조치를 취할 것
　㉠ 해당 근로자의 침실
　㉡ 해당 근로자가 사용한 침구, 식기, 옷 등 개인용품 및 그 밖의 물건
　㉢ 기숙사 내 근로자가 공동으로 이용하는 장소

(4) 면적(영 제58조)

기숙사 침실의 넓이는 1인당 2.5제곱미터 이상으로 한다.

07 적중예상문제

01 근로기준법상 취업규칙의 변경에 관한 설명으로 옳은 것은?(다툼이 있으면 판례에 따름)

① 근로자의 집단적 의사결정방법에 의한 동의 없이 이루어진 취업규칙의 불리한 변경은 그 변경 후에 취업한 근로자에 대하여 효력이 없다.

② 노동조합이 없는 경우에 취업규칙의 불이익 변경은 근로자들이 직접 선출한 대표의 동의가 있어야 효력이 있다.

③ 근로자 과반수로 조직된 노동조합이 있는 경우 취업규칙의 불이익 변경은 근로자 과반수의 동의가 있어야 효력이 있다.

④ 변경 전후의 문언을 기준으로 하여 취업규칙이 불리하게 변경되었음이 명백하다면 취업규칙의 내용 이외의 사정이나 상황을 근거로 하여 그 변경에 사회통념상 합리성이 있다고 보는 것은, 이를 제한적으로 엄격하게 해석·적용하여야 한다.

해설

① 사용자가 취업규칙에서 정한 근로조건을 근로자에게 불리하게 변경함에 있어서 근로자의 동의를 얻지 않은 경우에 그 변경으로 기득이익이 침해되는 기존의 근로자에 대한 관계에서는 변경의 효력이 미치지 않게 되어 종전 취업규칙의 효력이 그대로 유지되지만, 변경 후에 변경된 취업규칙에 따른 근로조건을 수용하고 근로관계를 갖게 된 근로자에 대한 관계에서는 당연히 변경된 취업규칙이 적용되어야 하고, 기득이익의 침해라는 효력배제사유가 없는 변경 후의 취업근로자에 대해서까지 변경의 효력을 부인하여 종전 취업규칙이 적용되어야 한다고 볼 근거가 없다(대판 1992.12.22, 91다45165).

②·③ 사용자는 취업규칙의 작성 또는 변경에 관하여 해당 사업 또는 사업장에 근로자의 과반수로 조직된 노동조합이 있는 경우에는 그 노동조합, 근로자의 과반수로 조직된 노동조합이 없는 경우에는 근로자의 과반수의 의견을 들어야 한다. 다만, 취업규칙을 근로자에게 불리하게 변경하는 경우에는 그 동의를 받아야 한다(근로기준법 제94조 제1항).

02 취업규칙에 관하여 근로기준법에 규정된 내용에 관한 설명으로 옳지 않은 것은?(다툼이 있는 경우에는 판례에 의함)

① 취업규칙의 변경이 일부 근로자에게는 유리하지만 다른 일부 근로자에게는 불리할 수 있어서 근로자에게 전체적으로 유리한지 불리한지를 단정적으로 평가하기가 어려운 경우에는 근로자에게 불이익한 경우로 취급하여서는 아니 된다.
② 상시 10명 이상의 근로자를 사용하는 사용자는 근로기준법에서 정한 사항에 관한 취업규칙을 작성하여 고용노동부장관에게 신고하여야 한다.
③ 취업규칙은 법령이나 해당 사업 또는 사업장에 대하여 적용되는 단체협약과 어긋나서는 아니된다.
④ 고용노동부장관은 법령이나 단체협약에 어긋나는 취업규칙의 변경을 명할 수 있다.

> **해설**
> ① 취업규칙의 일부를 이루는 급여규정의 변경이 일부의 근로자에게는 유리하고 일부의 근로자에게는 불리한 경우 그러한 변경에 근로자 집단의 동의를 요하는지를 판단하는 것은 근로자 전체에 대하여 획일적으로 결정되어야 할 것이고, 또 이러한 경우 취업규칙의 변경이 근로자에게 전체적으로 유리한지 불리한지를 객관적으로 평가하기가 어려우며, 같은 개정에 의하여 근로자 상호 간의 이, 불리에 따른 이익이 충돌되는 경우에는 그러한 개정은 근로자에게 불이익한 것으로 취급하여 근로자들 전체의 의사에 따라 결정하게 하는 것이 타당하다(대판 1993.5.14, 93다1893).

03 근로기준법령상 취업규칙에 관한 설명으로 옳지 않은 것은?(다툼이 있으면 판례에 의함)

① 근로자의 집단적 의사결정방법에 의한 동의 없이 근로자에게 불리하게 변경된 취업규칙은 법적 규범성을 시인할 수 있을 정도로 사회통념상 합리성이 있다고 인정되는 경우라도 적용될 수 없다.
② 취업규칙에서 정한 기준에 미달하는 근로조건을 정한 근로계약은 그 부분에 관하여는 무효로 한다.
③ 취업규칙에서 근로자에 대하여 감급의 제재를 정할 경우에 그 감액은 1회의 금액이 평균임금의 1일분의 2분의 1을, 총액이 1임금지급기의 임금 총액의 10분의 1을 초과하지 못한다.
④ 상시 10명 이상의 근로자를 사용하는 사용자는 취업규칙을 작성하여 고용노동부장관에게 신고하여야 한다.

> **해설**
> ① 당해 취업규칙의 작성 또는 변경이 그 필요성 및 내용의 양면에서 보아 그에 의하여 근로자가 입게 될 불이익의 정도를 고려하더라도 여전히 당해 조항의 법적 규범성을 시인할 수 있을 정도로 사회통념상 합리성이 있다고 인정되는 경우에는, 종전 근로조건 또는 취업규칙의 적용을 받고 있던 근로자의 집단적 의사결정방법에 의한 동의가 없다는 이유만으로 그의 적용을 부정할 수는 없다(대판 2009.06.11, 2007도3037).

04 근로기준법상 취업규칙에 관한 설명으로 옳지 않은 것은?(다툼이 있는 경우에는 판례에 의함)

① 취업규칙은 사용자가 작성하여 고용노동부장관에게 신고하여야 효력이 있다.
② 고용노동부장관은 법령이나 단체협약에 어긋나는 취업규칙의 변경을 명할 수 있다.
③ 근로자에게 불리하게 변경된 취업규칙이라도 사회통념상 합리성이 있다고 인정되는 경우에는 근로자의 집단적 의사결정방법에 의한 동의가 없다는 이유만으로 그 적용을 부정할 수는 없다.
④ 취업규칙은 법령이나 해당 사업 또는 사업장에 대하여 적용되는 단체협약과 어긋나서는 아니 된다.

> **해설**
> ① 취업규칙은 사용자가 정하는 기업 내의 규범이기 때문에 사용자가 취업규칙을 신설 또는 변경하기 위한 조항을 정하였다고 하여도 그로 인하여 바로 효력이 생기는 것이라고는 할 수 없고 신설 또는 변경된 취업규칙의 효력이 생기기 위하여는 반드시 같은 법 제13조 제1항에서 정한 방법에 의할 필요는 없지만, 적어도 법령의 공포에 준하는 절차로서 그것이 새로운 기업 내 규범인 것을 널리 종업원 일반으로 하여금 알게 하는 절차, 즉 어떠한 방법이든지 적당한 방법에 의한 주지가 필요하다(대판 2004.2.12, 2001다63599).

05 근로기준법 제95조의 규정상 (   ) 안에 들어갈 내용으로 옳은 것은?

> 취업규칙에서 근로자에 대하여 감급의 제재를 정할 경우에 그 감액은 1회의 금액이 평균임금의 1일분의 2분의 1을, 총액이 1임금지급기의 임금 총액의 (   )을 초과하지 못한다.

① 2분의 1   ② 3분의 1
③ 4분의 1   ④ 10분의 1

> **해설**
> ④ 취업규칙에서 근로자에 대해서 감급의 제재를 정할 경우에 그 감액은 1회의 금액이 평균임금의 1일분의 2분의 1을, 총액이 1임금지급기의 임금 총액의 10분의 1을 초과하지 못한다(근로기준법 제95조).

06 취업규칙의 불이익변경에 관한 설명으로 옳지 않은 것은?(다툼이 있는 경우에는 판례에 의함)

① 불이익인지 여부를 판단하는 시점은 근로자의 집단적 동의가 행해지는 시점을 말한다.

② 취업규칙이 근로자들의 집단적 의사결정방법에 의한 동의없이 불이익하게 변경된 경우, 기득이익이 침해되는 근로자에게 적용되는 것은 종전의 취업규칙이다.

③ 불리하게 변경된 취업규칙이 기존 근로자 과반수의 동의를 얻지 못하더라도 그 변경된 취업규칙은 변경 후 신규 채용된 근로자에게 효력이 있다.

④ 일부 근로자에게는 유리하고 일부 근로자에게는 불리하여 근로자 상호간에 유·불리에 따른 이익이 충돌되는 경우에는 전체적으로 보아 근로자에게는 불리한 것으로 취급한다.

> **해설**
>
> ① 취업규칙의 일부인 퇴직금 규정의 개정이 근로자들에게 유리한지 불리한지 여부를 판단하기 위하여 퇴직금 지급률의 변화와 함께 그와 대가관계나 연계성이 있는 기초임금의 변화도 고려하여 종합하여 판단하여야 하지만, 그 판단기준 시점은 퇴직금 규정의 개정이 이루어진 시점이다(대판 2000.9.29, 99다45376).
>
> ② 사용자가 취업규칙에서 정한 근로조건을 근로자에게 불리하게 변경함에 있어서 근로자의 동의를 얻지 않은 경우에 그 변경으로 기득이익이 침해되는 기존의 근로자에 대한 관계에서는 변경의 효력이 미치지 않게 되어 종전 취업규칙의 효력이 그대로 유지된다(대판 1992.12.22, 91다45165).
>
> ③ 사용자가 취업규칙을 변경한 경우에 취업규칙의 변경이 기존의 근로자에게 불이익한지 여부를 불문하고 취업규칙의 변경은 유효하여 현행의 법규적 효력을 가진 취업규칙은 변경된 취업규칙이므로, 그 변경 후에 근로관계를 갖게 된 근로자에 대하여는 변경된 취업규칙이 적용된다(대판 1999.11.12, 99다30473).
>
> ④ 일부 근로자에게는 유리하고 일부 근로자에게는 불리하여 근로자 상호 간에 유·불리에 따른 이익이 충돌되는 경우에는 전체적으로 보아 근로자에게 불리한 것으로 취급하여 종전의 급여규정의 적용을 받고 있던 근로자들의 집단적 의사결정 방법에 의한 동의를 필요로 한다(대판 1997.8.26, 96다1726).

07 취업규칙의 불이익변경에 관한 설명으로 옳은 것은?(다툼이 있는 경우에는 판례에 의함)

① 하나의 취업규칙의 적용을 받는 근로자들 가운데 일부의 근로자에게 유리하고 일부의 근로자에게 불리한 경우 전체근로자들의 집단적 동의를 받아야 할 필요는 없고 불리한 근로자집단의 동의를 받으면 족하다.

② 노사협의회의 의결만을 거친 경우 그 변경은 효력이 있다.

③ 사회통념상 합리성이 있는 경우에도 근로자 집단의 동의를 받지 못한 변경은 효력이 없다.

④ 근로자의 집단적 동의를 받지 못한 경우 그 변경 이후 신규로 입사한 자에게 효력이 있다.

> **해설**
>
> ④ 대판 2011.6.24, 2009다58364
>
> ① 일부의 근로자에게 유리하고 일부근로자에게 불리한 경우 전체적으로 보아 불이익변경으로 보고 전체근로자들의 동의(전체근로자 과반수 동의)를 받아야 한다(대판 1997.8.26, 96다1726).
>
> ② 노사협의회의 의결만을 거친 경우에는 그 변경의 효력이 없다(대판 1994.6.24, 92다28556).
>
> ③ 취업규칙의 불이익변경에 해당하더라도 그 내용이 사회통념상 합리적인 경우에는 근로자집단의 동의를 받지 않아도 효력이 발생한다(대판 2004.7.22, 2002다57362).

08 사업장에 노동조합이 조직되어 있지 않은 경우 취업규칙의 작성에 관한 설명으로 옳은 것은?

① 노사협의회와 협의하여야 한다.
② 근로자 과반수를 대표하는 자의 의견을 들어야 한다.
③ 근로자 과반수를 대표하는 자의 동의를 얻어야 한다.
④ 근로자 과반수의 의견을 들어야 한다.

해설
④ 사용자는 취업규칙의 작성 또는 변경에 관하여 해당 사업 또는 사업장에 근로자의 과반수로 조직된 노동조합이 있는 경우에는 그 노동조합, 근로자의 과반수로 조직된 노동조합이 없는 경우에는 근로자 과반수의 의견을 들어야 한다(근로기준법 제94조 제1항).

09 취업규칙에 관한 설명 중 옳지 않은 것은?(다툼이 있는 경우에는 판례에 의함)

① 상시 10인 이상의 근로자를 사용하는 사용자는 취업규칙을 작성해야 한다.
② 사용자는 취업규칙의 작성·변경 시에 근로자측의 의견을 들어야 한다.
③ 취업규칙의 불이익한 변경에 대해 근로자측이 반대의견을 보인 때에는 그 취업규칙은 변경 이후 신규로 채용된 근로자에 대해서는 규범적 효력을 갖지 않는다.
④ 사용자는 근로자에 대한 취업규칙의 불이익변경에 관하여 당해 사업장에 근로자의 과반수로 조직된 노동조합이 있는 경우에는 노동조합, 근로자의 과반수로 조직된 노동조합이 없는 경우에는 근로자의 과반수의 동의를 얻어야 한다.

해설
③ 사용자가 취업규칙에서 정한 근로조건을 근로자에게 불리하게 변경함에 있어서 근로자의 동의를 얻지 않은 경우에 그 변경으로 기득 이익이 침해되는 기존의 근로자에 대한 관계에서는 변경의 효력이 미치지 않게 되어 종전 취업규칙의 효력이 그대로 유지되지만, 변경 후에 변경된 취업규칙에 따른 근로조건을 수용하고 근로관계를 갖게 된 근로자에 대한 관계에서는 당연히 변경된 취업규칙이 적용되어야 한다(대판 2011.6.24, 2009다58364).

10 근로기준법상 취업규칙에 관한 설명 중 옳은 것은?(다툼이 있는 경우 판례에 따름)

① 취업규칙의 작성은 근로자 과반수로 조직된 노동조합이 있는 경우 그 노동조합의 의견을 들어야 한다.
② 노동조합이나 근로자대표의 동의를 얻어 사용자가 취업규칙을 작성한다.
③ 상시 10명 이상의 근로자를 사용하는 사용자는 취업규칙을 작성할 수 있다.
④ 취업규칙이 근로자에게 불리하게 변경되는 경우 근로자대표의 동의를 얻어야 한다.

해설
①·②·④ 근로기준법 제94조
③ 근로기준법 제93조에 따라 취업규칙을 작성하여야 한다(의무).

11 취업규칙에 관한 설명 중 옳은 것은?

① 사용자는 취업규칙의 작성 또는 변경에 관하여 당해 사업 또는 사업장의 근로자대표의 동의를 얻어야 한다.
② 단시간근로자에 대하여 별도의 취업규칙을 작성할 수 없다.
③ 취업규칙에서 감급의 제재를 정할 경우에는 그 감액은 1회의 액이 평균임금의 1일분의 2분의 1을, 총액이 1임금지급기에 있어서의 임금 총액의 10분의 1을 초과하지 못한다.
④ 사업의 규모와 관계없이 모든 사용자는 취업규칙을 작성해야 한다.

해설

③ 취업규칙에서 근로자에 대하여 감급의 제재를 정할 경우에 그 감액은 1회의 액이 평균임금의 1일분의 2분의1을, 총액이 1임금지급기에 있어서의 임금 총액의 10분의 1을 초과하지 못한다(근로기준법 제95조). 이는 감급의 최고한도를 정함으로써 근로자의 임금채권이 확보되도록 하여 그 생활을 보장하려는데 그 취지가 있다.

12 근로기준법상 취업규칙 불이익변경에 관한 설명 중 옳지 않은 것은?

① 사회통념상 합리성이 없는 불이익변경은 근로자의 집단적 의사결정방법에 의한 동의를 얻어야 한다.
② 근로자의 과반수로 조직된 노동조합이 있는 경우에는 노동조합의 동의를 얻어야 한다.
③ 근로자의 과반수로 조직된 노동조합이 없는 경우에는 근로자 과반수의 동의를 얻어야 한다.
④ 불이익변경의 유효요건을 갖추지 못한 취업규칙은 그 변경 이후에 입사한 근로자에 대하여 효력이 없다는 것이 대법원 판례의 입장이다.

해설

상대적 무효설
사용자가 취업규칙에서 정한 근로조건을 근로자에게 불리하게 변경함에 있어서 근로자의 동의를 얻지 않은 경우에 그 변경으로 기득 이익이 침해되는 기존의 근로자에 대한 관계에서는 변경의 효력이 미치지 않게 되어 종전 취업규칙의 효력이 그대로 유지되지만, 변경 후에 변경된 취업규칙에 따른 근로조건을 수용하고 근로관계를 갖게 된 근로자에 대한 관계에서는 당연히 변경된 취업규칙이 적용되어야 한다(대판 2011.6.24, 2009다58364).

13 다음 중 근로기준법상 취업규칙의 필요적 기재사항이 아닌 것은?

① 가족수당의 계산·지급 방법에 관한 사항
② 근로자의 교육시설에 관한 사항
③ 안전과 보건에 관한 사항
④ 기숙사에 관한 사항

해설

취업규칙의 필요적 기재사항(근로기준법 제93조)
• 업무의 시작과 종료 시각, 휴게시간, 휴일, 휴가 및 교대 근로에 관한 사항
• 임금의 결정·계산·지급 방법, 임금의 산정기간·지급시기 및 승급에 관한 사항
• 가족수당의 계산·지급 방법에 관한 사항
• 퇴직에 관한 사항
• 근로자퇴직급여 보장법에 따라 설정된 퇴직급여, 상여 및 최저임금에 관한 사항
• 근로자의 식비, 작업 용품 등의 부담에 관한 사항
• 근로자를 위한 교육시설에 관한 사항
• 출산전후휴가·육아휴직 등 근로자의 모성 보호 및 일·가정 양립 지원에 관한 사항
• 안전과 보건에 관한 사항
• 근로자의 성별·연령 또는 신체적 조건 등의 특성에 따른 사업장 환경의 개선에 관한 사항
• 업무상과 업무 외의 재해부조에 관한 사항
• 직장 내 괴롭힘의 예방 및 발생 시 조치 등에 관한 사항
• 표창과 제재에 관한 사항
• 그 밖에 해당 사업 또는 사업장의 근로자 전체에 적용될 사항

14 취업규칙에 관한 설명 중 옳지 않은 것은?(다툼이 있는 경우에는 판례에 의함)

① 사용자는 단시간근로자에게 적용되는 취업규칙을 통상 근로자에게 적용되는 취업규칙과 별도로 작성할 수 있다.
② 취업규칙에 정한 기준에 미달하는 근로조건을 정한 근로계약은 그 부분에 관하여 무효로 한다.
③ 불이익변경의 유효요건을 갖추지 못한 채 변경된 취업규칙일지라도 변경 후 신규입사자에게 적용된다.
④ 노사협의회 근로자 위원들의 동의를 얻은 취업규칙의 불이익변경은 불이익변경의 요건을 갖춘 것으로 본다.

해설

④ 노사협의회는 노동조합과 그 제도의 취지가 다르므로 비록 회사가 근로조건에 관한 사항을 그 협의사항으로 규정하고 있다 하더라도 근로자들이 노사협의회를 구성하는 근로자 위원들을 선출함에 있어 그들에게 근로조건을 불이익하게 변경함에 있어서 근로자들을 대신하여 동의를 할 권한까지 포괄적으로 위임한 것이라고 볼 수 없다(대판 1994.6.24, 92다28556).

근로관계의 변경

인사이동

1 의 의

인사이동은 전직, 전적, 전출, 전근, 전보, 출장, 파견, 배치전환, 근로자공급 및 근로관계의 이전 등 다양한 형태의 근로관계의 변경을 포함하는 개념이다.

2 인사권의 법적 근거

(1) 학 설

① 경영권설

인사권은 사용자의 경영권에서 도출되는 것으로 근로자는 근로계약의 체결에 의하여 경영체계에 편입됨으로써 사용자의 전반적인 경영관리권한의 일부인 인사권행사에 따라 인사관리를 받게 된다고 한다.

② 포괄적 합의설

근로자는 사용자와의 근로계약을 통하여 자신의 노동력을 사용자의 지휘·관리권한에 속하게 하는 포괄적 합의를 하게 되며 사용자는 이러한 포괄적 합의를 근거로 하여 인사권을 행사한다고 한다.

③ 계약설

근로자와 사용자는 근로계약에 의하여 근로조건에 합의하게 되며 인사권의 행사 역시 하나의 근로조건으로서 근로계약의 합의사항에 포함되므로 이러한 계약에 근거하여 사용자는 인사권을 행사할 수 있다고 한다.

(2) 판 례

근로자에 대한 전직이나 전보처분은 근로자가 제공하여야 할 근로의 종류·내용·장소 등에 변경을 가져온다는 점에서 근로자에게 불이익한 처분이 될 수도 있으나, 원칙적으로 인사권자인 사용자의 권한에 속하므로 업무상 필요한 범위 안에서는 상당한 재량을 인정하여야 하고, 그것이 근로자에 대하여 정당한 이유 없이 해고·휴직·정직·감봉 기타 징벌을 하지 못하도록 하는 근로기준법에 위배되거나 권리남용에 해당하는 등 특별한 사정이 없는 한 무효라고는 할 수 없고, 전직처분 등이 정당한 인사권의 범위 내에 속하는지의 여부는 당해 전직처분 등의 업무상 필요성과 전직에 따른 근로자의 생활상의 불이익을 비교·교량하고, 근로자가 속하는 노동조합과의 협의 등 그 전직처분을 하는 과정에서 신의칙상 요구되는 절차를 거쳤는지 여부를 종합적으로 고려하여 결정하여야 한다(대판 2009.4.23, 2007두20157).

3 인사이동의 주요형태

(1) 기업 내 인사이동

사용자의 재량에 속하는 것으로 근로기준법에 위반하거나 권리남용에 해당하는 등의 특별한 사정이 없는 한 유효하다. 권리남용에 해당하는지의 여부는 전보처분 등의 업무상 필요성과 전보 등에 따르는 근로자의 생활상의 불이익을 비교·교량하고 근로자측과의 협의 등 그 전보처분과정에서 신의칙상 요구되는 절차를 거쳤는지 여부를 종합적으로 고려하여 결정하여야 한다.

① 전 보

전보라 함은 직무내용의 변경으로 근로자가 제공하는 직종의 변경을 말한다. 전보를 하는 경우에도 직무내용만의 변경만이 아니라 근무장소의 변경도 함께 수반되는 것이 일반적이다.

② 전 근

전근이라 함은 동일한 기업 내에서 수개의 사업장이 있는 경우 한 사업장에서 다른 사업장으로 근무장소를 변경하는 것을 말한다.

③ 전 직

전직(배치전환)이라 함은 근로자의 직무내용 또는 근무장소가 장기간에 걸쳐 변경되는 것을 말한다.

(2) 기업 간 인사이동

① 전 출

전출은 근로자가 본래의 소속기업에 재적한 채 다른 기업에서 상당기간 동안 근로를 제공하는 것을 말한다. 근로자파견제도가 여기에 해당한다.

② 전 적

전적은 종래에 종사하던 기업과 사이의 근로계약을 합의해지하고 이적하게 될 기업과 사이에 새로운 근로계약을 체결하는 것이거나 근로계약상의 사용자의 지위를 양도하는 것이므로 특별한 사정이 없는 한 근로자의 동의를 얻어야 효력이 생긴다(대판 2006.1.12, 2005두9873).

(3) 사용자의 인사권의 제한 22 기출

① 사용자의 인사권 행사는 근로기준법에 규정된 '정당한 사유'가 있는 경우에 한하여 인정된다.

② 정당한 사유에 관하여는 단체협약 및 취업규칙 등에 구체적으로 정하는 것이 일반적이다. 이에 규정되지 아니한 경우에도 당해 처분의 업무상의 필요성과 전직에 따른 근로자의 생활상의 불이익을 비교·교량하고, 근로자가 속하는 노동조합과의 협의 등 그 전직처분을 하는 과정에서 신의칙상 요구되는 절차를 거쳤는지의 여부에 의하여 결정되어야 한다(대판 2009.3.26, 2007다54498, 54504). 그러나 전보처분 등을 함에 있어서 근로자 본인과 성실한 협의절차를 거쳤는지의 여부는 정당한 인사권의 행사인지의 여부를 판단하는 하나의 요소라고는 할 수 있으나, 그러한 절차를 거치지 아니하였다는 사정만으로 전보처분 등의 권리남용에 해당하여 당연히 무효가 된다고는 볼 수 없다(대판 1997.7.22, 97다18165, 18172).

③ 근로계약에 의한 제한

근로계약에서 근로내용이나 근무장소를 특별히 약정한 경우에는 근로자의 동의 없이 사용자가 일방적으로 변경할 수 없다.

④ 기타 법령에 의한 제한

사용자는 근로자가 노동조합에 가입 또는 가입하려고 하였거나 노동조합을 조직하려고 하였거나 기타 노동조합의 업무를 위한 정당한 행위를 한 것을 이유로 그 근로자를 해고하거나 그 근로자에게 불이익을 주는 행위를 할 수 없다(노동조합 및 노동관계조정법 제81조 제1호).

제2절　징 계

1　의 의

징계라 함은 근로자가 자신의 귀책사유로 인하여 법령·단체협약·취업규칙 및 근로계약 등에 위반하는 행위를 한 경우에 사용자가 취하는 제재조치로 근로자지위의 변경을 가져온다.

2　징계권의 법적 성질

(1) 사용자고유권설(판례)

경영권의 한 내용으로서 경영질서의 형성 및 유지와 이의 위반에 대한 제재는 당연히 사용자의 고유권한에 속한다고 본다. 판례는 사용자가 근로자에 대하여 징계권을 행사할 수 있는 것은 사업활동을 원활하게 수행하는 데 필요한 범위 내에서 규율과 질서를 유지하기 위한 데에 근거가 있다고 판시하여 사용자고유권설을 따르고 있다.

(2) 자치규범설

징계의 근거를 노사공동의 기업질서의 위반행위에 대한 제재조치를 규정하고 있는 자치규범에서 찾는 견해이다.

(3) 계약설

사용자의 징계권은 근로계약 또는 취업규칙 등에 명시되어 근로자가 이에 합의하는 경우에 한하여 인정된다고 한다.

3 징계의 종류

대표적인 징계의 종류는 다음과 같다.

① **견책** : 사용자가 근로자에게 시말서를 제출하도록 하여 징계하는 방법이다.

② **경고** : 상대방을 구두 또는 문서로 훈계하는 데 그치고 시말서의 제출이 요구되지 아니하는 징계방법이다.

③ **감봉** : 근로자가 실제로 제공한 근로의 대가로 수령하여야 할 임금액에서 일정액을 공제하는 사용자의 징계조치를 말한다. 취업규칙에서 근로자에 대하여 감급의 제재를 정할 경우에 그 감액은 1회의 금액이 평균임금의 1일분의 2분의 1을, 총액이 1임금지급기의 임금 총액의 10분의 1을 초과하지 못한다(법 제95조).

④ **정직** : 근로자와의 근로계약은 존속하나 근로자의 보직을 해제하는 등의 근로제공을 일정기간 금지하는 징계를 말한다. 출근정지 또는 징계휴직이라고도 부른다.

⑤ **징계해고** : 사용사의 일방적 의사표시에 의하여 근로자와의 근로관계를 종료시키는 징계처분이다.

4 징계의 요건 및 구제절차

(1) 징계의 요건

① 징계의 실질적 요건

정당한 사유가 있어야 한다. 사용자는 근로자에 대하여 정당한 이유 없이 해고, 휴직, 정직, 전직, 감봉, 그 밖의 징벌을 하지 못한다(법 제23조 제1항). 구체적 사유에 대하여는 이를 단체협약 및 취업규칙 등에 규정하는 것이 일반적이다. 그러나 이 경우에도 그러한 사유가 반드시 정당한 이유에 해당되는 것은 아니며 사회적 통념에 비추어 구체적으로 판단되어야 할 것이다.

② 징계의 절차적 요건

징계절차에 관하여 근로기준법은 해고의 절차만을 규정하고 있을 뿐이며 해고 이외의 징계절차에 관하여는 아무런 규정을 두고 있지 아니하다. 따라서 해고 이외의 징계처분을 하는 경우 이의 절차는 단체협약 및 취업규칙 등에 정하는 것이 일반적이다. 예컨대 사용자가 징계처분을 내리기 전에 노동조합과 사전협의를 거치도록 하거나 동의 또는 합의를 요구하는 경우가 이에 해당한다. 단체협약 및 취업규칙 등에 규정된 징계절차를 위반하는 경우 그 징계는 무효로 되는 것이 원칙이다. 그러나 이와 같은 징계절차가 규정되어 있지 않은 경우에는 징계절차를 거치지 아니한 경우에도 징계가 당연히 무효로 되는 것은 아니다.

(2) 징계의 구제절차

① 노동위원회에 구제신청

사용자가 근로자에 대하여 정당한 이유 없이 해고·휴직·정직·전직·감봉, 기타 징벌(부당해고 등)을 한 때에는 당해 근로자는 노동위원회에 그 구제를 신청할 수 있다(법 제28조 제1항). 구제신청은 부당해고 등이 있었던 날로부터 3개월 이내에 하여야 한다(법 제28조 제2항). 이때 노동위원회에 대한 구제신청 외에도 법원에 구제신청을 할 수 있음은 물론이다.

② 이중징계금지의 원칙

사용자가 근로자에 대하여 이중징계를 한 경우 일사부재리의 원칙 또는 이중처벌금지의 원칙에 위배되므로 무효가 된다. 한편, 징계해고에 관한 절차 위반을 이유로 해고무효 판결이 확정된 경우 소급하여 해고되지 아니한 것으로 보게 될 것이지만, 그 후 같은 징계사유를 들어 새로이 필요한 제반 징계절차를 밟아 다시 징계처분을 한다고 하여 일사부재리의 원칙이나 신의칙에 위배된다고 볼 수는 없을뿐더러 법원의 판결을 잠탈하는 것이라고 할 수도 없다(대판 1995.12.5, 95다36138).

제3절　근로관계의 이전

1 의 의

영업양도, 회사합병, 자회사의 독립 및 회사의 해산·폐업 등으로 사용자의 지위가 다른 사용자에게 이전되거나 소멸되는 경우에 기존의 근로관계가 다른 사용자에게 포괄적으로 이전될 수 있는지 문제가 근로관계의 이전문제이다. 이에 대하여 관련 법령은 명문의 규정을 두고 있지 아니하여 해석에 의존하는 수밖에 없다.

2 영업양도와 근로관계

(1) 영업양도의 의의

당사자 간의 계약에 의해 영업조직체, 즉 인적·물적 조직을 그 동일성을 유지하면서 이전하는 것을 말한다. 영업의 동일성 여부는 일반적인 사회통념에 의하여 결정되는 것으로서 종래의 영업조직이 유지되어 전부 또는 중요한 일부로서 기능할 수 있는지 여부에 따라 결정되어야 한다. 영업양도는 합병과는 달리 포괄승계되는 것이 아니라 특정승계되는 것이므로 개개의 재산에 대하여 별도의 이전절차를 거쳐야 한다.

(2) 영업양도와 근로관계

① 당사자의 합의와 근로관계의 이전

영업양도로 근로관계가 이전되기 위해서 당사자의 합의가 필요한지가 문제되는 바 합의필요설, 합의불요설, 절충설이 있는데 영업양도의 경우 당사자 간에 근로자의 일부 또는 전부를 배제한다는 별도의 합의가 없는 한 근로관계는 포괄적으로 승계된다는 절충설이 판례의 태도이다.

② 근로자의 동의와 근로관계의 이전

영업양도에 따른 근로관계의 이전이 유효하기 위하여 근로관계 이전에 대한 근로자의 동의가 필요한지 여부에 대하여 견해가 대립하고 있는 바 동의필요설, 동의불요설이 그것이다. 판례는 영업이 양도된 경우에 근로관계의 승계를 거부하는 근로자에 대하여는 그 근로관계가 양수하는 기업에 승계 되지 아니하고 여전히 양도하는 기업과 사이에 존속되는 것이다(대판 2010.9.30, 2010다41089)라고 판시하여 동의필요설의 입장을 취하고 있다.

(3) 영업양도와 근로관계의 변동

① 영업양도와 개별적 근로관계 22 기출

ㄱ 근로관계의 승계로 인하여 영업양도인과 근로자 사이의 개별적 근로관계의 내용이 영업양수인과 근로자 사이의 근로관계에 변동 없이 그대로 적용되는 것이 원칙이다.

ㄴ 양수인은 이미 퇴직한 근로자들의 임금, 퇴직금에 대해서는 원칙적으로 책임을 지지 않는다(다수설).

ㄷ 영업양도에 의하여 승계되는 근로관계는 계약체결일 현재 실제로 그 영업부문에서 근무하고 있는 근로자와의 근로관계만을 의미하고, 계약체결일 이전에 해당 영업부문에서 근무하다가 해고된 근로자로서 해고의 효력을 다투는 근로자와의 근로관계까지 승계되는 것은 아니다(대판 1996.5.31, 95다33238).

ㄹ 근로자가 영업양도일 이전에 정당한 이유 없이 해고된 경우 양도인과 근로자 사이의 근로관계는 여전히 유효하고, 해고 이후 영업 전부의 양도가 이루어진 경우라면 해고된 근로자로서는 양도인과의 사이에서 원직 복직도 사실상 불가능하게 되므로, 영업양도 계약에 따라 영업 전부를 동일성을 유지하면서 이전받는 양수인으로서는 양도인으로부터 정당한 이유 없이 해고된 근로자와의 근로관계를 원칙적으로 승계한다(대판 2020.11.5, 2018두54705).

② 영업양도와 집단적 노사관계

ㄱ 노동조합의 지위

㉮ 조합원의 일부승계의 경우에는 근로자가 양수회사의 조합원의 자격을 상실하게 되므로 이러한 조합원은 양수회사에 비조합원의 형태로 남아 있게 된다. 이들 비조합원이 양수회사의 노동조합에 가입할 수 있음은 물론이다.

㉯ 조합원의 전부승계의 경우에는 사업주의 변경에도 불구하고 노동조합의 존속을 그대로 인정한다면 양수회사에는 조직대상을 달리하는 두 개의 노동조합이 병존하게 된다. 이 경우 두 개의 노동조합은 합병절차를 밟게 되는 것이 일반적일 것이다.

ㄴ 단체협약

승계긍정설, 승계부정설, 절충설(채무적 부분은 소멸, 규범적 부분은 근로관계의 내용으로 화체되어 그대로 존속)이 대립한다.

3 합병과 근로관계

(1) 합병과 근로관계의 이전

① **당사자의 합의와 근로관계의 승계**

합병의 경우 그 성질상 근로자의 근로관계는 당연히 합병회사에 포괄적으로 승계된다. 따라서 근로자의 전부 또는 일부를 승계대상에서 제외한다는 당사자 간의 합의는 합병의 성질상 무효이다.

② **근로자의 동의와 근로관계의 이전**

근로자의 사직의 자유가 보장되어야 할 것이므로 근로자의 동의는 근로관계의 승계에 필요하다고 본다.

(2) 합병과 근로관계의 변경

① **합병과 개별적 근로관계**

피합병회사의 근로계약은 포괄적으로 합병회사에 승계되고 근로자는 임금 및 근로시간 등의 모든 근로조건에 있어서 종전과 동일한 대우를 받는 것이 원칙이다.

② **합병과 집단적 노사관계**

㉠ 흡수합병의 경우에는 피합병회사의 노동조합이 합병회사의 노동조합으로 흡수되거나 두 개의 노동조합이 합병절차를 밟는 것이 일반적이다. 신설합병의 경우에는 피합병회사의 모든 노동조합이 해산되고 새로운 노동조합으로 신설되는 것이 일반적이다.

㉡ 기존의 조합이 체결한 단체협약상의 권리·의무는 새로운 합병회사와 노동조합에게 포괄적으로 승계된다.

01 징계에 관한 설명으로 옳지 않은 것은?(다툼이 있으면 판례에 따름)

① 합리적인 사유 없이 같은 정도의 비위행위에 대하여 일반적으로 적용하여 온 기준과 어긋나게 공평을 잃은 과중한 징계처분을 행하는 것은 위법하다.

② 단체협약에서 근로자에게 징계사유와 관련한 소명기회를 주도록 규정하고 있는 경우 근로자에게 그 기회를 제공하면 되는 것이고 소명 그 자체가 반드시 이루어져야 하는 것은 아니다.

③ 여러 개의 징계사유 중 일부가 인정되지 않더라도 인정되는 다른 일부 징계사유만으로도 해당 징계처분의 타당성을 인정하기에 충분한 경우에는 그 징계처분이 위법하지 않다.

④ 징계처분에서 징계사유로 삼지 아니한 비위행위 사실은 징계양정의 참작자료로 삼을 수 없다.

해설

④ 징계처분에서 징계사유로 되지 아니한 비위사실이나 피징계자의 평소의 소행 등도 징계양정의 참작자료로는 삼을 수 있다(대판 2010.4.22, 2008다38288).

02 직위해제 또는 대기발령에 관한 설명으로 옳지 않은 것은?(다툼이 있으면 판례에 따름)

① 대기발령의 사유가 해소된 이후에도 부당하게 장기간 동안 대기발령조치를 유지하는 것은 정당성이 없다.

② 직위해제는 잠정적 조치로서의 보직의 해제를 의미하므로 근로자의 비위행위에 대하여 행하는 징벌적 제재로서의 징계와는 그 성질이 다르다.

③ 실효된 직위해제처분이라도 인사규정 등에서 직위해제처분에 따른 효과로 승진·승급에 제한을 가하는 등의 법률상 불이익을 규정하고 있는 경우에는 그 직위해제처분에 대한 구제를 신청할 이익이 있다.

④ 대기발령 후 일정한 기간이 경과하도록 복직발령을 받지 못한 경우에 당연퇴직 된다는 인사규정에 따라 행한 당연퇴직 처리는 해고에 해당하지 않는다.

④ 인사규정 등에 대기발령 후 일정 기간이 경과하도록 복직발령을 받지 못하거나 직위를 부여받지 못하는 경우에는 당연퇴직 된다는 규정을 두는 경우, 대기발령에 이은 당연퇴직 처리를 일체로서 관찰하면 이는 근로자의 의사에 반하여 사용자의 일방적 의사에 따라 근로계약 관계를 종료시키는 것으로서 실질상 해고에 해당한다(대판 2007.05.31, 2007두1460).

① 대기발령을 받은 근로자가 상당한 기간에 걸쳐 근로의 제공을 할 수 없다거나, 근로제공을 함이 매우 부적당한 경우가 아닌데도 사회통념상 합리성이 없을 정도로 부당하게 장기간 동안 대기발령 조치를 유지하는 것은 특별한 사정이 없는 한 정당한 이유가 있다고 보기 어려우므로 그와 같은 조치는 무효라고 보아야 할 것이다(대판 2007.2.23, 2005다3991).

② 근로자에 대한 직위해제는 일반적으로 근로자가 직무수행능력이 부족하거나 근무성적 또는 근무태도 등이 불량한 경우, 근로자에 대한 징계절차가 진행 중인 경우, 근로자가 형사사건으로 기소된 경우 등에 있어서 당해 근로자가 장래에 있어서 계속 직무를 담당하게 될 경우 예상되는 업무상의 장애 등을 예방하기 위하여 일시적으로 당해 근로자에게 직위를 부여하지 아니함으로써 직무에 종사하지 못하도록 하는 잠정적인 조치로서의 보직의 해제를 의미하므로, 과거의 근로자의 비위행위에 대하여 기업질서 유지를 목적으로 행하여지는 징벌적 제재로서의 징계와는 그 성질이 다르다(대판 2007.5.31, 2007두1460).

③ 직위해제처분에 기하여 발생한 효과는 당해 직위해제처분이 실효되더라도 소급하여 소멸하는 것이 아니므로, 인사규정 등에서 직위해제처분에 따른 효과로 승진·승급에 제한을 가하는 등의 법률상 불이익을 규정하고 있는 경우에는 직위해제처분을 받은 근로자는 이러한 법률상 불이익을 제거하기 위하여 그 실효된 직위해제처분에 대한 구제를 신청할 이익이 있다(대판 2010.7.29, 2007두18406).

03 영업양도에 관한 설명으로 옳은 것은?(다툼이 있는 경우에는 판례에 의함)

① 영업양도라 함은 일정한 영업 목적에 의하여 조직화된 업체, 즉 인적·물적조직을 그 동일성을 유지하면서 일체로서 이전하는 것으로서 영업의 일부만의 양도도 가능하다.

② 영업양도 그 자체만을 사유로 삼아 근로자를 해고하는 것은 정당한 이유가 있는 해고에 해당한다.

③ 영업양도에 따른 근로관계 포괄승계 후의 퇴직금규정이 승계 전의 퇴직금규정보다 근로자에게 불리하더라도 양수기업의 퇴직금규정이 적용된다.

④ 근로자가 승계의 반대의 의사를 표시하더라도 양도기업에 잔류할 수 없고 양수기업에 포괄승계된다.

① 대판 2007.6.1, 2005다5812, 5829, 5836

② 영업양도 그 자체만을 사유로 삼아 근로자를 해고하는 것은 정당한 이유가 있는 경우에 해당한다고 볼 수 없다(대판 1994.5.28, 93다33173).

③ 퇴직금관계에 관하여 종전과 같은 내용으로 승계하는 것이라고 보아야 한다(대판 1994.3.8, 93다1589).

④ 사업의 일부가 양도된 경우에 양도되는 사업부문에 소속된 근로자 중 승계를 거부하는 자에 대해서는 그 노동관계는 양수하는 기업에 승계되지 않고 양도하는 기업과의 사이에 존속되는 것으로 보고 있다(대판 2000.10.13, 98다11437).

04 징계에 관한 설명으로 옳지 않은 것은?(다툼이 있는 경우에는 판례에 의함)

① 원래의 징계과정에 절차 위반의 하자가 있더라도 징계 재심과정에서 보완되었다면 그 절차 위반의 하자는 치유된다.

② 사용자가 징계해고처분을 함에 있어 노동조합과 의견의 합치를 보아 징계해고처분을 하도록 단체협약에 규정된 경우 그 절차를 거치지 않은 징계해고처분은 원칙적으로 무효이다.

③ 사용자의 근로자에 대한 징계권의 행사는 사용자의 본질적 권한에 속한다.

④ 취업규칙 등에 면직처분과 징계처분이 따로 규정되어 있으면서 면직처분에 관하여는 일반의 징계처분과 달리 아무런 절차규정도 두고 있지 아니하고 그 면직사유가 동일하게 징계사유로 규정되어 있지 않더라도, 사용자가 면직처분을 함에 있어 일반의 징계절차를 거쳐야 한다.

> **해설**
> ④ 취업규칙 등에 면직처분과 징계처분이 따로 규정되어 있으면서도 면직처분에 관하여는 일반의 징계처분과 달리 아무런 절차규정도 두고 있지 아니하고 그 면직사유가 동일하게 징계사유로 규정되어 있는 것도 아니라면, 사용자가 면직처분을 함에 있어 일반의 징계절차를 거쳐야 한다고 할 수 없고, 이는 면직사유가 실질적으로 징계사유로 보여지는 경우에도 달리 해석할 것은 아니다(대판 2000.6.23, 99두4235).

05 근로관계의 변경에 관한 설명 중 옳지 않은 것은?(다툼이 있는 경우에는 판례에 의함)

① 배치전환명령은 반드시 개별적인 근로자의 동의를 요하는 것은 아니다.

② 영업양도의 경우 영업양도계약체결일 당시 해고의 효력을 다투는 자의 지위는 승계되지 않는다.

③ 근로자가 임의로 사표를 제출하고 퇴직금을 수령한 후 신규채용방식으로 양수회사에 입사하였다면 새로운 근로관계가 성립한 것으로 본다.

④ 전출·전적은 근로자의 사전적·포괄적 동의로는 할 수 없다.

> **해설**
> ④ 사용자가 기업그룹 내부의 전적에 관하여 미리 근로자의 포괄적인 동의를 얻어 두면 그 때마다 근로자의 동의를 얻지 아니하더라도 근로자를 다른 계열기업으로 유효하게 전적시킬 수 있다(대판 1993.1.26, 92누8200).

09 근로관계의 종료

제 1 절 근로관계의 종료사유

1 해 고

(1) 의 의

해고는 근로자의 의사와는 관계없이 사용자의 일방적인 의사에 의하여 근로계약 내지 근로관계를 종료하게 하는 법률행위를 말한다. 사용자는 근로자와 자유로이 근로계약을 체결하고 이를 자유로이 해지할 수 있는 것이 원칙이다. 그러나 사용자에 의한 해지의 자유는 근로의 제공을 유일한 생활수단으로 삼고 있는 근로자에게 취업의 기회를 박탈하여 생존에 커다란 위협을 주게 된다. 따라서 사용자의 근로계약의 해지의 자유에 대한 법적 제한이 요구되었으며 노동법의 해고 제한의 법리가 대두된 것이다.

(2) 해고의 실질적 요건

① 정당한 이유

사용자는 근로자에게 정당한 이유 없이 해고, 휴직, 정직, 전직, 감봉, 그 밖의 징벌(이하 '부당해고 등'이라 함)을 하지 못한다(법 제23조 제1항). 그러나 근로기준법은 무엇이 '정당한 이유'인가에 법 제24조에 규정된 경영해고 이외의 사유는 구체적으로 규정하지 않고 있다. 따라서 개별적 사안에 따라 구체적으로 판단되어야 할 것이지만 대체로 사회통념상 근로관계를 계속시킬 수 없을 정도로 근로자에게 귀책사유가 있다든가 또는 부득이한 경영상의 필요가 있는 경우가 이에 해당한다 할 것이다.

② 근로자측의 해고사유

㉠ 근로자측에게 귀책사유가 있는 경우(징계해고)

근로자가 자신의 귀책사유로 인하여 관련 법령, 단체협약, 취업규칙, 근로계약에 규정된 의무를 위반하거나 사용자의 지시·명령에 불복종하는 것을 이유로 하는 해고처분을 말한다.

㉡ 근로자에게 귀책사유가 없는 경우

근로자에게 귀책사유가 없으나 근로자 개인의 정신적·육체적 기타의 사유로 인하여 법령, 단체협약, 취업규칙, 근로계약 등에 규정된 근로제공의무를 충분히 이행할 수 없는 것을 이유로 한 해고처분을 말한다.

③ 사용자측의 해고사유(정리해고)

사용자가 긴박한 경영상의 필요로 인하여 근로자와의 근로관계의 존속이 불가능한 것을 이유로 한 해고처분을 말한다.

㉠ 경영상 이유에 의한 해고의 요건(법 제24조) **20** 기출

㉮ 긴박한 경영상의 필요

사용자가 경영상 이유에 의하여 근로자를 해고하려면 긴박한 경영상의 필요가 있어야 한다. 이 경우 경영 악화를 방지하기 위한 사업의 양도·인수·합병은 긴박한 경영상의 필요가 있는 것으로 본다. 이때의 긴박한 경영상의 필요라 함은 반드시 기업의 도산을 회피하기 위한 경우에 한정되지 아니하고, 장래에 올 수도 있는 위기에 미리 대처하기 위하여 인원 삭감이 객관적으로 보아 합리성이 있다고 인정되는 경우도 포함된다(대판 2012.2.23, 2010다3735).

㉯ 해고회피노력

사용자는 해고를 피하기 위한 노력을 다하여야 하며, 합리적이고 공정한 해고의 기준을 정하고 이에 따라 그 대상자를 선정하여야 한다. 이 경우 남녀의 성을 이유로 차별하여서는 아니 된다. 정리해고조치 이외의 경영상의 실현가능한 모든 조치를 신의성실의 원칙에 따라 취하였음에도 불구하고 긴박한 경영상의 필요를 충족시키지 못하였거나 정리해고조치 이외의 다른 해결방안을 강구하는 것이 불가능해야 한다.

㉰ 합리적이고 공정한 해고기준의 설정

해고대상선정기준이 단체협약 및 취업규칙에 규정되어 있는 경우에는 이에 따르고 규정되어 있지 아니한 경우에는 해고시점에 이러한 기준을 설정하여야 한다. 정규직 근로자보다 일용직 근로자를 우선해고대상으로 삼은 경우, 상용직 근로자보다 단시간 근로자를 우선해고대상으로 삼은 경우, 연령이 낮거나 근속연수가 낮은 근로자를 우선해고대상으로 삼은 경우 등은 합리적이고 공정한 기준에 해당한다. 그러나 남녀의 성을 이유로 차별하는 것은 인정되지 아니한다.

㉱ 근로자대표와의 사전협의 **22** 기출

사용자는 해고를 피하기 위한 방법과 해고의 기준 등에 관하여 그 사업 또는 사업장에 근로자의 과반수로 조직된 노동조합이 있는 경우에는 그 노동조합(근로자의 과반수로 조직된 노동조합이 없는 경우에는 근로자의 과반수를 대표하는 자)에 해고를 하려는 날의 50일 전까지 통보하고 성실하게 협의하여야 한다. 비록 회사가 노동조합원이 아닌 일부 정리해고대상자들과 해고에 앞서 성실한 협의를 거치지 않았다고 하더라도 조합원들을 대표한 노동조합과 합의를 거쳤다면 정리해고가 유효하다(대판 1992.8.14, 92다16973). 한편 근로자라 함은 정식의 근로계약이 체결되어 확정된 근로자를 의미한다. 따라서 채용내정자나 시용근로자를 해고하고자 하는 경우에는 별도의 협의를 거칠 필요가 없다.

㉡ 정리해고의 신고(영 제10조) **18** 기출

사용자는 1개월 동안에 다음의 어느 하나에 해당하는 인원을 해고하려면 최초로 해고하려는 날의 30일 전까지 고용노동부장관에게 신고하여야 한다.

⑦ 상시 근로자수가 99명 이하인 사업 또는 사업장 : 10명 이상

⑷ 상시 근로자수가 100명 이상 999명 이하인 사업 또는 사업장 : 상시 근로자수의 10퍼센트 이상

⑸ 상시 근로자수가 1,000명 이상 사업 또는 사업장 : 100명 이상

ⓒ 정리해고 후의 근로자 보호(법 제25조) **19** **21** 기출

⑦ 사용자의 우선 재고용 의무

근로자를 해고한 사용자는 근로자를 해고한 날부터 3년 이내에 해고된 근로자가 해고 당시 담당하였던 업무와 같은 업무를 할 근로자를 채용하려고 할 경우 해고된 근로자가 원하면 그 근로자를 우선적으로 고용하여야 한다.

⑷ 정부는 해고된 근로자에 대하여 생계안정, 재취업, 직업훈련 등 필요한 조치를 우선적으로 취하여야 한다.

④ 단체협약·취업규칙상의 해고사유

㉠ 해고사유가 규정되어 있는 경우

해고사유가 단체협약 및 취업규칙에 규정되어 있다 하더라도 이러한 해고사유가 반드시 정당한 이유가 있는 해고에 해당하는 것은 아니다. 그 해고사유가 근로기준법 등 관련법령에 위배되지 않고, 신의칙상에 위반하거나 권리남용에 해당하지 아니하는 등 사회통념상 합리성을 지니고 있어야 정당한 이유가 인정된다.

㉡ 해고사유가 규정되어 있지 않은 경우

사업장에서 발생하는 해고사유를 미리 예상하여 단체협약 및 취업규칙에 빠짐없이 열거하는 것은 현실적으로 불가능하므로 열거되지 아니한 사항이라도 사회통념상 근로관계를 계속 유지할 수 없는 등 합리성이 인정된다면 정당한 해고사유가 될 수 있다고 보는 견해가 있으나, 대법원은 "단체협약이나 취업규칙 등에서 근로자에 대한 징계사유가 제한적으로 열거되어 있는 경우에는 그와 같이 열거되어 있는 사유 이외의 사유로는 징계할 수 없다"라고 한다(대판 1994.12.27, 93다52525).

㉢ 취업규칙과 단체협약의 관계

동일한 징계사유에 관하여 취업규칙은 단체협약에 저촉될 수 없다(대판 1997.7.25, 97다7066).

(3) 해고의 절차적 요건

① 의 의

근로기준법은 해고의 절차에 관한 구체적인 규정을 두고 있지 않다. 다만, 법 제23조 제2항에서 해고의 시기를 제한하고 있고 법 제26조에서 해고의 예고제도를 두고 있을 뿐이다. 그 이외의 해고절차에 관하여는 단체협약 및 취업규칙 등에서 이를 구체적으로 규정하는 것이 일반적이다.

② 해고시기의 제한

　　㉠ 근로기준법상의 제한

　　　㉮ 원 칙

　　　　사용자는 근로자가 업무상 부상 또는 질병의 요양을 위하여 휴업한 기간과 그 후 30일 동안 또는 산전(産前)·산후(産後)의 여성이 이 법에 따라 휴업한 기간과 그 후 30일 동안은 해고하지 못한다(법 제23조 제2항).

　　　　해고금지기간 중에 해고예고의 의사표시가 가능한지에 대해서는 견해가 대립된다.

　　　㉯ 예 외

　　　　ⓐ 사용자가 일시보상을 행하였을 경우 또는 사업을 계속할 수 없게 된 경우에는 해고금지기 간 중에도 근로자를 해고할 수 있다(법 제23조 제2항 단서).

　　　　ⓑ 요양보상을 받는 근로자가 요양을 시작한 지 2년이 지나도 부상 또는 질병이 완치되지 아 니하는 경우에는 사용자는 그 근로자에게 평균임금 1,340일분의 일시보상을 하여 그 후의 이 법에 따른 모든 보상책임을 면할 수 있다(법 제84조).

　　　　ⓒ 요양급여를 받는 근로자가 요양을 시작한 후 3년이 지난 날 이후에 상병보상연금을 지급 받고 있으면 근로기준법 제23조 제2항 단서를 적용할 때 그 사용자는 그 3년이 지난 날 이후에는 같은 법 제84조에 따른 일시보상을 지급한 것으로 본다(산업재해보상보험법 제 80조 제4항).

　　㉡ 남녀고용평등과 일·가정 양립 지원에 관한 법률상의 제한

　　　사업주는 육아휴직을 이유로 해고나 그 밖의 불리한 처우를 하여서는 아니 되며, 육아휴직 기간 에는 그 근로자를 해고하지 못한다. 다만, 사업을 계속할 수 없는 경우에는 그러하지 아니하다 (남녀고용평등과 일·가정 양립 지원에 관한 법률 제19조 제3항).

③ 해고예고제도 20 기출

　　㉠ 원 칙

　　　㉮ 사용자는 근로자를 해고(경영상 이유에 의한 해고를 포함한다)하려면 적어도 30일 전에 예고 를 하여야 하고, 30일 전에 예고를 하지 아니하였을 때에는 30일분 이상의 통상임금을 지급 하여야 한다(법 제26조).

　　　㉯ 해고의 정당한 이유가 없는 경우에는 해고의 예고를 하였다 할지라도 유효한 해고가 되는 것 은 아니다.

　　　㉰ 해고예고기간을 단축할 수는 없으나 이를 연장할 수는 있다. 해고예고수당은 근로제공에 대 한 반대급부가 아니므로 근로기준법상의 임금에 해당하지 아니하며 근로자가 퇴직하는 경우 에 근로기준법 제36조의 규정에 의한 14일 이내에 지급하여야 하는 금품에도 포함되지 아니 한다.

　　㉡ 예외 : 즉시해고

　　　근로자가 계속 근로한 기간이 3개월 미만인 경우, 천재·사변, 그 밖의 부득이한 사유로 사업을 계속하는 것이 불가능한 경우 또는 근로자가 고의로 사업에 막대한 지장을 초래하거나 재산상 손해를 끼친 경우로서 고용노동부령으로 정하는 사유에 해당하는 경우에는 해고예고를 하지 아 니하여도 무방하다(법 제26조 단서).

ⓒ 해고금지기간과 해고예고기간과의 관계
　　　　㉮ 해고금지기간 중의 해고예고 허용 여부
　　　　　해고금지기간 중에는 해고예고도 할 수 없다는 것이 다수설이다.
　　　　㉯ 해고예고기간 중의 해고금지사유발생과 해고예고의 효력
　　　　　해고예고 자체는 유효하나 해고금지사유의 발생으로 그 효력의 발생이 일시적으로 정지되며
　　　　　해고금지기간이 종료되면 새로이 예고를 하지 아니하더라도 나머지 해고예고기간의 진행이
　　　　　계속된다는 효력정지설이 다수설이다.
　④ **단체협약 및 취업규칙상의 해고절차**
　　ⓐ 단체협약 및 취업규칙 등에 해고절차를 규정하였을 경우 그 절차를 준수하지 아니하면 해고처분
　　　은 무효가 되는 것이 원칙이다.
　　ⓑ 노동조합과의 해고협의 · 합의조항
　　　이의 효력에 관해서는 해고유효설, 해고무효설 및 절충설로 견해가 나뉘고 있다.
　⑤ 사용자는 근로자를 해고하려면 해고사유와 해고시기를 서면으로 통지하여야 한다(법 제27조 제1
　　항). 근로자에 대한 해고는 서면으로 통지하여야 효력이 있다(법 제27조 제2항).

(4) 해고의 법적 효력

　① **해고의 실질적 요건의 결여**
　　정당한 이유 없이 해고를 한 경우 당해 해고의 사법상 효력은 무효이다.
　② **해고의 절차적 요건의 결여**
　　ⓐ 해고시기 제한의 위반
　　　근로기준법의 해고시기의 제한규정을 위반하여 근로자를 해고하는 경우 이는 무효이다.
　　ⓑ 해고예고제도의 위반
　　　유효설, 무효설, 상대적 무효설 등이 대립하나, 판례는 "해고예고의무를 위반한 해고라고 하더라
　　　도 해고의 정당한 이유를 갖추고 있는 한 해고의 사법상의 효력에는 영향이 없다(대판
　　　1994.12.27, 94누11132)"라고 하여 유효설에 따른다. 한편, 해고예고제도를 위반한 사용자에게
　　　는 벌칙이 적용된다.
　　ⓒ 단체협약 · 취업규칙상의 해고절차 위반
　　　단체협약에 정하여진 해고에 관한 절차 위반이 그 해고를 무효로 하느냐 여부는 일률적으로 말
　　　할 수는 없고 그 규정의 취지에 따라 결정되어야 할 것이다(대판 1994.3.22, 93다28553).
　　ⓓ 해고사유와 해고시기를 서면으로 통지하지 않은 경우 근로자를 해고한 것에 대해 벌칙규정은 없
　　　다. 하지만 그 해고는 무효가 된다.

2 부당해고의 구제

(1) 의 의

근로자는 법원에 의한 사법적 구제와 노동위원회를 통한 행정적 구제를 받을 수 있다(이원주의). 근로자는 이 두 가지 중 하나를 선택할 수도 있으며, 구제신청과 동시에 법원에 해고무효확인의 소도 제기할 수 있다. 과거에는 종래 부당노동행위에 준하여 원상회복주의와 형벌주의를 병과하였으나, 노사관계선진화입법을 통하여 부당해고 등에 대한 벌칙규정을 삭제하였다.

(2) 노동위원회에 의한 구제절차

사용자가 근로자에게 부당해고 등을 하면 근로자는 노동위원회에 구제를 신청할 수 있다(법 제28조 제1항).

① **신청인** : 사용자의 부당해고 등으로 권리를 침해당한 근로자이다.

② **피신청인** : 피신청인은 원칙적으로 사용자이다.

③ **구제의 절차(초심절차)**

　㉠ 구제신청

　　구제신청은 부당해고 등이 있었던 날부터 3개월 이내에 하여야 한다(법 제28조 제2항).

　㉡ 심사절차 **18** 기출

　　㉮ 조 사

　　　노동위원회는 구제신청을 받으면 지체 없이 필요한 조사를 하여야 한다(법 제29조 제1항).

　　㉯ 심 문

　　　노동위원회는 구제신청을 받으면 지체 없이 필요한 조사를 하여야 하며 관계 당사자를 심문하여야 한다. 심문을 할 때에는 관계 당사자의 신청이나 직권으로 증인을 출석하게 하여 필요한 사항을 질문할 수 있다. 이 때에는 관계 당사자에게 증거제출과 증인에 대한 반대심문을 할 수 있는 충분한 기회를 주어야 한다(법 제29조).

　　㉰ 의 결

　　　심판위원회가 심문을 종결하였을 때에는 판정회의를 개최하여야 한다.

　　㉱ 화 해

　　　노동위원회는 판정·명령 또는 결정이 있기 전까지 관계 당사자의 신청 또는 직권에 의하여 화해를 권고하거나 화해안을 제시할 수 있다. 화해안을 작성함에 있어서는 관계 당사자의 의견을 충분히 들어야 하며, 관계 당사자가 화해안을 수락한 때에는 화해조서를 작성하여야 한다. 화해조서에는 관계 당사자와 화해에 관여한 위원 전원이 서명 또는 날인하여야 한다. 작성된 화해조서는 민사소송법에 따른 재판상 화해의 효력을 갖는다. 화해의 방법, 화해조서의 작성 등에 관하여 필요한 사항은 중앙노동위원회가 제정하는 규칙으로 정한다(노동위원회법 제16조의3).

ⓜ 구제명령

　　노동위원회는 심문을 끝내고 부당해고 등이 성립한다고 판정하면 사용자에게 구제명령을 하여야 하며, 부당해고 등이 성립하지 아니한다고 판정하면 구제신청을 기각하는 결정을 하여야 한다(법 제30조 제1항).

ⓒ 구제명령의 내용

　　통상 원상회복명령을 원칙으로 하고, 금전보상명령을 새로이 도입하였다. 그러나 사용자에 대한 형벌의 부과, 손해배상명령 및 원상회복을 초과하는 추상적 부작위 명령은 허용되지 않는다.

　⑦ 원상회복명령

　　　구제명령은 부당해고 전의 상태로 회복을 원칙으로 한다. 즉, 노동위원회는 심문을 끝내고 부당해고 등이 성립한다고 판정하면 사용자에게 구제명령을 하여야 하며, 부당해고 등이 성립하지 아니한다고 판정하면 구제신청을 기각하는 결정을 하여야 한다(법 제30조 제1항).

　④ 금전보상명령

　　　ⓐ 원상회복명령은 근로자가 원직복직을 원하지 아니하는 경우에는 효과적인 구제수단이 되지 못한다. 그래서 노동위원회는 ⑦에 따른 구제명령(해고에 대한 구제명령만을 말함)을 할 때에 근로자가 원직복직(原職復職)을 원하지 아니하면 원직복직을 명하는 대신 근로자가 해고기간 동안 근로를 제공하였더라면 받을 수 있었던 임금 상당액 이상의 금품을 근로자에게 지급하도록 명할 수 있다(법 제30조 제3항).

　　　ⓑ 노동위원회는 근로계약기간의 만료, 정년의 도래 등으로 근로자가 원직복직(해고 이외의 경우는 원상회복을 말함)이 불가능한 경우에도 ⑦에 따른 구제명령이나 기각결정을 하여야 한다. 이 경우 노동위원회는 부당해고 등이 성립한다고 판정하면 근로자가 해고기간 동안 근로를 제공하였더라면 받을 수 있었던 임금 상당액에 해당하는 금품(해고 이외의 경우에는 원상회복에 준하는 금품을 말함)을 사업주가 근로자에게 지급하도록 명할 수 있다(법 제30조 제4항).

ⓡ 구제명령의 효력 **19** 기출

　⑦ 의 의

　　　부당해고 등에 대한 판정, 구제명령 및 기각결정은 사용자와 근로자에게 각각 서면으로 통지하여야 한다(법 제30조 제2항). 노동위원회법에 따른 지방노동위원회의 구제명령이나 기각결정에 불복하는 사용자나 근로자는 구제명령서나 기각결정서를 통지받은 날부터 10일 이내에 중앙노동위원회에 재심을 신청할 수 있다(법 제31조 제1항). 중앙노동위원회의 재심판정에 대하여 사용자나 근로자는 재심판정서를 송달받은 날부터 15일 이내에 행정소송법의 규정에 따라 소(訴)를 제기할 수 있다(법 제31조 제2항). 따라서 위에 정한 기간 내에 재심을 신청하지 아니하거나 행정소송을 제기하지 아니하는 때에는 그 구제명령, 기각결정 또는 재심판정은 확정된다(법 제31조 제3항). 노동위원회의 구제명령, 기각결정 또는 재심판정은 제31조에 따른 중앙노동위원회에 대한 재심 신청이나 행정소송 제기에 의하여 그 효력이 정지되지 아니한다(법 제32조). - 집행부정지의 원칙

　④ 구제명령의 불이행에 대한 제재 **22** 기출

　　　ⓐ 이행강제금 : 정당한 이유없는 해고 등에 대한 노동위원회의 구제명령의 실효성을 담보하기 위하여 구제명령 불이행자에 대하여 3천만원 이하의 이행강제금을 1년에 2회의 범위 안에서 최대 2년까지 부과하도록 하였다(법 제33조 제1항 및 제5항). 노동위원회는 이행강제금을 부과하기 30일 전까지 이행강제금을 부과·징수한다는 뜻을 사용자에게 미리

문서로써 알려 주어야 한다(법 제33조 제2항). 이행강제금을 부과하는 때에는 이행강제금의 금액, 부과사유, 납부기한, 수납기관, 이의제기방법 또는 이의제기기관 등을 명시한 문서로써 행하여야 한다(법 제33조 제3항).

ⓑ 벌칙 : 노동위원회의 구제명령이 확정되거나 행정소송을 제기하여 확정된 구제명령 또는 구제명령을 내용으로 하는 재심판정을 이행하지 아니한 자는 1년 이하의 징역 또는 1천만원 이하의 벌금에 처한다. 이는 과거 부당해고 등에 대한 처벌규정을 삭제하는 대신 확정된 구제명령을 이행하지 아니한 자에 대하여는 벌칙을 부과하는 것으로 규정하였다.

㉲ 구제명령의 사법상 효력

부당해고 등 구제명령은 사용자에 대하여 공법상의 의무를 부담시키는 것에 국한되며, 당사자 간의 사법상 법률관계를 발생·변경 또는 소멸시키는 것은 아니다. 근로자가 부당해고 등에 대하여 사법상의 권리구제를 받기 위하여는 사용자를 상대로 해고무효확인의 소 또는 종업원의 지위확인의 소 등을 구하는 민사소송을 법원에 제기하여야 한다.

(3) 재심절차

① 신 청

노동위원회법에 따른 지방노동위원회의 구제명령이나 기각결정에 불복하는 사용자나 근로자는 구제명령서나 기각결정서를 통지받은 날부터 10일 이내에 중앙노동위원회에 재심을 신청할 수 있다(법 제31조 제1항). 동 기간 내에 재심을 신청하지 아니하는 때에는 그 구제명령·기각결정은 확정된다(법 제31조 제3항).

② 범 위

재심사는 신청한 불복의 범위 내에서 행해지므로 불복신청은 초심에서 청구한 범위를 벗어나지 아니하는 한도 내에서만 재심할 수 있다.

③ 당사자 의사표시에 의한 종료

(1) 사 직

사직은 근로관계를 종료하겠다는 근로자의 일방적인 의사표시이다. 사직서를 제출하고 사용자가 이를 수리하면 합의에 의한 종료(합의퇴직)와 동일한 효과가 발생한다. 사용자가 이를 수리하지 않는 경우 근로기준법에 규정이 없어 민법의 적용을 받는다.

① 기간의 정함이 없는 근로계약의 경우

근로자는 언제든지 사직의 의사표시를 할 수 있고 사용자가 승낙하면 승낙한 날부터 합의에 의해 종료하게 된다. 사용자가 특별한 의사표시를 하지 않는 경우에는 사용자가 해지의 통고를 받은 날부터 1월이 경과하면 사직의 효력이 생긴다(민법 제660조 제2항).

② 기간의 정함이 있는 근로계약의 경우

고용기간의 약정이 있는 경우에도 부득이한 사유 있는 때에는 사직을 할 수 있다(민법 제661조).

③ 의사표시의 철회

사용자에게 사직의 의사표시가 도달한 이상 근로자는 사용자의 동의 없이 사직의 의사표시를 철회할 수 없다.

(2) 합의퇴직(합의해지)

① 근로자와 사용자의 합의에 의해서 장래를 향해 종료시키는 것이다.

② 조건부 해고는 사용자가 일정한 기한을 정하여 근로자가 이 때까지 사직원을 제출한 경우에는 의원면직처리를 하지만, 제출하지 않는 경우에는 기간경과로 해고한다는 의사표시를 하는 것이다.

③ 합의퇴직 청약의 철회

사용자가 이미 승낙의 표시를 한 경우에는 근로자는 의사표시에 하자가 있는 경우를 제외하고는 이미 성립한 효력을 부정할 수 없지만, 사용자가 승낙의 의사표시를 하기 전에는 이를 철회할 수 있다. 다만, 철회하는 것이 사용자에게 불측의 손해를 주는 등 신의칙에 반한다고 인정되는 특별한 사정이 있는 경우에 한하여 철회가 인정되지 않는다.

(3) 비진의 사직의 의사표시

비진의 의사표시란 의사표시의 행위자가 자신의 표시행위가 진의와 다른 의미로 이해된다는 것을 알면서도 그러한 의사표시를 하는 것이다. 원칙적으로 당사자의 진의가 어떠한 것이든 표시된 대로 효력이 생긴다. 다만, 상대방이 진의 아님을 알았거나 알 수 있었을 경우에는 그 비진의 의사표시는 무효이다. "진의 아닌 의사표시에 있어서의 진의란 특정한 내용의 의사표시를 하고자 하는 표의자의 생각을 말하는 것이지 표의자가 진정으로 마음 속에서 바라는 사항을 뜻하는 것은 아니므로, 표의자가 의사표시의 내용을 진정으로 마음 속에서 바라지는 아니하였다고 하더라도 당시의 상황에서는 그것을 최선이라고 판단하여 그 의사표시를 하였을 경우에는 이를 내심의 효과의사가 결여된 진의 아닌 의사표시라고 할 수 없다(대판 2000.4.25, 99다34475)"라는 판례의 태도에 의하면, 진정으로 바라는 것은 그 회사에 계속 근무하는 것이지만, 실제 여러 가지 사정들을 고려해서 나름 최선이라고 생각하여 사직을 결정하는 경우(일괄사직서 제출, 명예퇴직)는 진의에 부합한 의사표시라고 평가된다.

(4) 해 고

사용자의 일방적 · 확정적 의사표시이다.

4 자동종료

(1) 계약기간의 만료

① 기간의 정함이 있는 근로계약은 기간만료로 자동적으로 종료된다. 해고나 사직이 아니기 때문에 별다른 의사표시나 해고예고를 요하지 않는다.

② 기간을 정한 근로계약서를 작성한 경우에도 예컨대, 단기의 근로계약이 장기간에 걸쳐서 반복하여 갱신됨으로써 그 정한 기간이 단지 형식에 불과하게 된 경우 등 계약서의 내용과 근로계약이 이루어지게 된 동기 및 경위, 기간을 정한 목적과 당사자의 진정한 의사, 동종의 근로계약체결방식에 관한 관행 그리고 근로자보호법규 등을 종합적으로 고려하여 그 기간의 정함이 단지 형식에 불과하다는 사정이 인정되는 경우에는 계약서의 문언에도 불구하고 사실상 기간의 정함이 없는 근로계약을 맺었다고 볼 것이며, 그 경우에 사용자가 정당한 사유 없이 갱신계약의 체결을 거절하는 것은 해고와 마찬가지로 무효이다(대판 2011.7.28, 2009두5374). 한편, 아직 반복 갱신의 이력은 없었지만 근로자에게 근로계약이 갱신될 수 있으리라는 정당한 기대권이 인정되는 경우에도 이와 같다.

(2) 정년 도달

　① 근로자가 일정 연령에 도달한 경우에 근로의 의사나 능력을 묻지 아니하고 근로계약을 종료시키는
　　제도이다.

　② 정년에 도달한 자에게 하는 퇴직의 통지는 해고가 아니라 근로계약 종료의 확인에 불과할 뿐이다.

　③ 합리적인 기준에 따른 차등정년제는 허용된다.

(3) 당사자의 소멸

　① 당사자의 사망

　② 청산 중의 회사

　　해산에 의해 당연히 종료하는 것이 아니다. 회사가 해산되어 청산이 종료된 경우에 종료한다. 파산
　　자의 청산인이 파산자에 대한 청산업무의 일환으로 파산자의 직원들을 전부 해고한 것은 정리해고
　　나 징계해고가 아닌 통상해고로 봄이 상당하다(대판 2001.11.13, 2001다27975).

　③ 사업의 양도·합병

　　근로관계가 당연히 종료되는 것은 아니고, 보통 양수인이나 합병인에게 포괄승계된다.

제2절　근로관계 종료 후의 근로자보호

1 금품청산

(1) 내 용

사용자는 근로자가 사망 또는 퇴직한 경우에는 그 지급 사유가 발생한 때부터 14일 이내에 임금, 보상
금, 그 밖에 일체의 금품을 지급하여야 한다. 다만, 특별한 사정이 있을 경우에는 당사자 사이의 합의에
의하여 기일을 연장할 수 있다(법 제36조).

(2) 미지급임금에 대한 지연이자(법 제37조)

　① 사용자는 제36조에 따라 지급하여야 하는 임금 및 근로자퇴직급여 보장법에 따른 급여(일시금만 해
　　당)의 전부 또는 일부를 그 지급 사유가 발생한 날부터 14일 이내에 지급하지 아니한 경우 그 다음
　　날부터 지급하는 날까지의 지연일수에 대하여 연 100분의 40 이내의 범위에서 은행법에 따른 은행
　　이 적용하는 연체금리 등 경제여건을 고려하여 대통령령으로 정하는 이율(연 100분의 20)에 따른
　　지연이자를 지급하여야 한다.

　② ①은 사용자가 천재·사변, 그 밖에 다음의 사유에 따라 임금 지급을 지연하는 경우 그 사유가 존속
　　하는 기간에 대하여는 적용하지 아니한다.

　　㉠ 임금채권보장법 제7조 제1항 각 호의 어느 하나에 해당하는 경우

　　㉡ 채무자 회생 및 파산에 관한 법률, 국가재정법, 지방자치법 등 법령상의 제약에 따라 임금 및
　　　퇴직금을 지급할 자금을 확보하기 어려운 경우

ⓒ 지급이 지연되고 있는 임금 및 퇴직금의 전부 또는 일부의 존부를 법원이나 노동위원회에서 다투는 것이 적절하다고 인정되는 경우

ⓓ 그 밖에 ⓐ부터 ⓒ까지의 규정에 준하는 사유가 있는 경우

2 귀향여비의 지급

명시된 근로조건이 사실과 다를 경우에 근로자는 근로조건 위반을 이유로 손해의 배상을 청구할 수 있으며 즉시 근로계약을 해제할 수 있다(법 제19조 제1항). 근로자가 손해배상을 청구할 경우에는 노동위원회에 신청할 수 있으며, 근로계약이 해제되었을 경우에는 사용자는 취업을 목적으로 거주를 변경하는 근로자에게 귀향여비를 지급하여야 한다(법 제19조 제2항).

3 사용증명서의 교부(법 제39조 제1항)

(1) 사용증명서 기재사항

사용기간, 업무종류, 지위와 임금, 그 밖에 필요한 사항 중 근로자가 요구하는 사항이다. 근로자가 청구하지 아니한 사항을 사용자가 임의로 기재하여서는 아니 된다.

(2) 사용증명서의 형식

사용증명서는 별도의 형식을 요구하지 아니한다. 근로자의 요구사항이 반영되도록 합리적인 방식으로 작성하면 된다.

(3) 사용증명청구권의 제한

사용증명서의 청구는 30일 이상 근무한 근로자에게만 인정되며 또한 퇴직한 후 3년 이내에 청구하여야 한다(영 제19조).

4 취업방해의 금지

누구든지 근로자의 취업을 방해할 목적으로 비밀기호 또는 명부를 작성·사용하거나 통신을 하여서는 아니 된다(법 제40조). 동조는 목적범이다. 따라서 명부의 작성·사용 또는 통신행위라는 객관적 요건 이외에 주관적 요건으로서 취업방해의 목적을 필요로 한다.

01 근로기준법령상 이행강제금에 관한 설명으로 옳지 않은 것은?

① 노동위원회는 이행강제금을 부과하기 30일 전까지 이행강제금을 부과·징수한다는 뜻을 사용자에게 미리 문서로써 알려주어야 한다.

② 노동위원회는 이행강제금을 부과하는 때에는 이행강제금의 부과통지를 받은 날부터 15일 이내의 납부기한을 정하여야 한다.

③ 노동위원회는 구제명령을 받은 자가 구제명령을 이행하더라도 그 이행 전에 이미 부과된 이행강제금은 징수하여야 한다.

④ 노동위원회는 법원의 확정판결에 따라 노동위원회의 구제명령이 취소되는 경우에도 이미 징수한 이행강제금은 반환하지 아니한다.

> **해설**
> ④ 노동위원회는 중앙노동위원회의 재심판정이나 법원의 확정판결에 따라 노동위원회의 구제명령이 취소되면 직권 또는 사용자의 신청에 따라 이행강제금의 부과·징수를 즉시 중지하고 이미 징수한 이행강제금을 반환하여야 한다 (근로기준법 시행령 제15조 제1항).

02 근로관계의 종료에 관한 설명으로 옳지 않은 것은?(다툼이 있으면 판례에 따름)

① 상시 4인 이하의 근로자를 사용하는 사업장에서 근로자를 해고하려는 사용자는 해고사유와 해고시기를 서면으로 통지하지 아니할 수 있다.

② 영업양도 당사자 사이에 근로관계의 일부를 승계의 대상에서 제외하기로 하는 특약은 실질적으로 해고와 다름이 없다.

③ 시용기간 만료 시 본계약의 체결을 거부하는 것은 사용자에게 유보된 해약권의 행사로서 보통의 해고보다는 넓게 인정될 수 있다.

④ 사직의 의사표시는 특별한 사정이 없는 한 당해 근로계약을 종료시키는 취지의 해약고지로 볼 수 없다.

> **해설**
> ④ 사직의 의사표시는 특별한 사정이 없는 한 당해 근로계약을 종료시키는 취지의 해약고지로 볼 것이고, 근로계약의 해지를 통고하는 사직의 의사표시가 사용자에게 도달한 이상 근로자로서는 사용자의 동의 없이는 비록 민법 제660조 제3항 소정의 기간이 경과하기 이전이라 하여도 사직의 의사표시를 철회할 수 없다(대판 2000.9.5, 99두8657).

03 부당해고 등 구제제도에 관하여 근로기준법에 규정된 내용으로 옳지 않은 것은?

① 노동위원회는 구제명령을 받은 자가 구제명령을 이행하면 새로운 이행강제금을 부과하지 아니하되, 구제명령을 이행하기 전에 이미 부과된 이행강제금은 징수하여야 한다.

② 사용자가 근로자에게 부당해고 등을 하면 근로자는 부당해고 등이 있었던 날부터 3개월 이내에 노동위원회에 구제를 신청할 수 있다.

③ 노동위원회가 구제명령을 할 때에 사용자의 신청에 따라 원직복직 대신 해고기간 동안의 임금 상당액 이상의 금품을 근로자에게 지급하도록 명할 수 있다.

④ 지방노동위원회의 구제명령에 불복하는 사용자는 구제명령서를 통지받은 날부터 10일 이내에 중앙노동위원회에 재심을 신청할 수 있다.

> **해설**
> ③ 노동위원회는 구제명령을 할 때에 근로자가 원직복직(原職復職)을 원하지 아니하면 원직복직을 명하는 대신 근로자가 해고기간 동안 근로를 제공하였더라면 받을 수 있었던 임금 상당액 이상의 금품을 근로자에게 지급하도록 명할 수 있다(근로기준법 제30조 제3항). 즉, 사용자의 신청이 아닌 근로자의 선택에 따라 명할 수 있다.

04 다음은 경영상 이유에 의한 해고에 관한 근로기준법령 규정의 내용이다. (   ) 안에 들어갈 내용으로 옳은 것은?

> • 사용자는 근로기준법 제24조 제2항에 따른 해고를 피하기 위한 방법과 해고의 기준 등에 관하여 그 사업 또는 사업장에 근로자의 과반수로 조직된 노동조합이 있는 경우에는 그 노동조합에 해고를 하려는 날의 (ㄱ) 전까지 통보하고 성실하게 협의하여야 한다.
> • 근로기준법 제24조 제4항에 따라 사용자는 1개월 동안에 동법 시행령 제10조 제1항에서 정한 바에 따른 인원을 해고하려면 최초로 해고하려는 날의 (ㄴ) 전까지 고용노동부장관에게 신고하여야 한다.

① ㄱ : 30일, ㄴ : 15일 　　　② ㄱ : 30일, ㄴ : 30일
③ ㄱ : 50일, ㄴ : 20일 　　　④ ㄱ : 50일, ㄴ : 30일

> **해설**
> • 사용자는 해고를 피하기 위한 방법과 해고의 기준 등에 관하여 그 사업 또는 사업장에 근로자의 과반수로 조직된 노동조합이 있는 경우에는 그 노동조합(근로자의 과반수로 조직된 노동조합이 없는 경우에는 근로자의 과반수를 대표하는 자를 말함)에 해고를 하려는 날의 50일 전까지 통보하고 성실하게 협의하여야 한다(근로기준법 제24조 제3항).
> • 사용자는 1개월 동안에 동법 시행령 제10조 제1항에서 정한 바에 따른 인원을 해고하려면 대통령령으로 정하는 바에 따라 최초로 해고하려는 날의 30일 전까지 고용노동부장관에게 신고하여야 한다(근로기준법 시행령 제10조 제1항).

05 근로기준법령상 해고 등에 관한 설명으로 옳지 않은 것은?(다툼이 있는 경우에는 판례에 의함)

① 근로기준법 제27조 제1항에 따르면 사용자는 근로자를 해고하려면 해고사유와 해고시기를 서면으로 통지하여야 한다.

② 사용자가 시용기간 만료시 본 근로계약 체결을 거부하는 것은 일반적인 해고보다 넓게 인정될 수 있으나, 그 경우에도 객관적으로 합리적인 이유가 존재하여 사회통념상 상당성이 있어야 한다.

③ 근로기준법 제26조(해고의 예고)는 수습 사용한 날부터 3개월 이내의 근로자에게는 적용하지 아니한다.

④ 시용근로관계에서 사용자가 본 근로계약 체결을 거부하는 경우에는 구체적·실질적인 거부사유를 서면으로 통지하여야 하는 것은 아니다.

해설

④ 근로기준법 제27조는 사용자가 근로자를 해고하려면 해고사유와 해고시기를 서면으로 통지하여야 효력이 있다고 규정하고 있는데, 이는 해고사유 등의 서면통지를 통하여 사용자에게 근로자를 해고하는 데 신중을 기하게 함과 아울러, 해고의 존부 및 시기와 사유를 명확하게 하여 사후에 이를 둘러싼 분쟁이 적정하고 용이하게 해결될 수 있도록 하고, 근로자에게도 해고에 적절히 대응할 수 있게 하기 위한 취지이므로, 사용자가 해고사유 등을 서면으로 통지할 때에는 근로자의 처지에서 해고사유가 무엇인지를 구체적으로 알 수 있어야 한다. 한편 근로자의 직업적 능력, 자질, 인품, 성실성 등 업무적격성을 관찰·판단하고 평가하려는 시용제도의 취지·목적에 비추어 볼 때, 사용자가 시용기간 만료 시 본 근로계약 체결을 거부하는 것은 일반적인 해고보다 넓게 인정될 수 있으나, 그 경우에도 객관적으로 합리적인 이유가 존재하여 사회통념상 상당성이 있어야 한다. 위와 같은 근로기준법 규정의 내용과 취지, 시용기간 만료 시 본 근로계약 체결 거부의 정당성 요건 등을 종합하면, 시용근로관계에서 사용자가 본 근로계약 체결을 거부하는 경우에는 근로자에게 거부사유를 파악하여 대처할 수 있도록 구체적·실질적인 거부사유를 서면으로 통지하여야 한다(대판 2015.11.27, 2015두48136).

06 근로기준법령상 해고에 관한 설명으로 옳은 것은?(다툼이 있으면 판례에 따름)

① 경영상 이유에 의한 해고의 경우에는 해고사유와 해고시기를 서면으로 통지하여야 할 필요는 없다.

② 경영상 이유에 의한 해고의 경우에는 해고를 하려는 날의 50일 전에 해고를 피하기 위한 방법 등에 관해 근로자대표에게 통보하고 협의하여야 하므로 해고예고규정은 적용되지 않는다.

③ 해고예고를 하지 않았다면 해고의 정당한 이유를 갖추고 있더라도 절차위반으로 무효이다.

④ 사용자가 근로자에게 해고사유와 해고시기를 명시하여 서면으로 30일 전에 해고의 예고를 한 경우에는 근로기준법 제27조 제1항에 따라 해고사유와 해고시기를 서면으로 통지한 것으로 본다.

해설

④ 근로기준법 제26조 및 제27조

① 사용자는 근로자를 해고하려면 해고사유와 해고시기를 서면으로 통지하여야 한다(근로기준법 제27조 제1항).

② 경영상 이유에 의한 해고의 경우도 해고예고규정은 적용된다(근로기준법 제26조 참고).

③ 근로기준법 제27조의2 소정의 해고예고의무를 위반한 해고라 하더라도 해고의 정당한 이유를 갖추고 있는 한 해고의 사법상의 효력에는 영향이 없다(대판 1994.12.27, 94누11132).

07 근로기준법령상 경영상의 이유에 의한 해고에 관한 설명으로 옳은 것은?

① 상시 근로자수가 45명인 사업장의 사용자는 1개월 동안에 9명의 근로자를 경영상 이유에 의하여 해고하려면 최초로 해고하려는 날의 30일 전까지 고용노동부장관에게 신고하여야 한다.

② 경영상의 이유에 의한 해고 계획의 신고를 할 때에는 해고 사유, 해고 예정 인원, 근로자대표와 협의한 내용, 해고 일정을 포함하여야 한다.

③ 사용자는 근로자대표에게 해고를 하려는 날의 60일 전까지 해고의 기준을 통보하여야 한다.

④ 경영 악화를 방지하기 위한 사업의 합병은 긴박한 경영상의 필요가 있는 것으로 볼 수 없다.

해설

① 근로기준법 시행령 제10조 제1항에 따르면 99명 이하인 사업 또는 사업장의 경우 10명 이상인 경우에 신고하여야 하므로, 지문의 경우처럼 45명인 사업장의 사용자가 1개월간 9명의 근로자를 경영상의 이유에 의해 해고하는 경우라면 신고하지 않아도 된다.

③ 사용자는 근로자대표에게 해고를 하려는 날의 50일 전까지 통보하고 성실하게 협의하여야 한다(근로기준법 제24조 제3항).

④ 사용자가 경영상 이유에 의하여 근로자를 해고하려면 긴박한 경영상의 필요가 있어야 한다. 이 경우 경영 악화를 방지하기 위한 사업의 양도·인수·합병은 긴박한 경영상의 필요가 있는 것으로 본다(근로기준법 제24조 제1항).

경영상의 이유에 의한 해고 계획의 신고(근로기준법 시행령 제10조)

• 사용자는 1개월 동안에 다음의 어느 하나에 해당하는 인원을 해고하려면 최초로 해고하려는 날의 30일 전까지 고용노동부장관에게 신고하여야 한다.
  – 상시 근로자수가 99명 이하인 사업 또는 사업장 : 10명 이상
  – 상시 근로자수가 100명 이상 999명 이하인 사업 또는 사업장 : 상시 근로자수의 10퍼센트 이상
  – 상시 근로자수가 1,000명 이상 사업 또는 사업장 : 100명 이상
• 위에 따른 신고를 할 때에는 다음의 사항을 포함하여야 한다.
  – 해고 사유
  – 해고 예정 인원
  – 근로자대표와 협의한 내용
  – 해고 일정

08 근로기준법령상 부당해고 구제명령을 받은 후 이행기한까지 이행하지 아니한 사용자에게 노동위원회가 2년간 부과할 수 있는 이행강제금의 최대 상한액은?

① 4,000만원

② 6,000만원

③ 7,000만원

④ 12,000만원

해설

④ 근로기준법 제33조(이행강제금)에 따르면 노동위원회는 구제명령을 받은 후 이행기한까지 구제명령을 이행하지 아니한 사용자에 대하여 3천만원 이하의 이행강제금을 부과하며, 매년 2회의 범위 안에서 구제명령이 이행될 때까지 반복하여 이행강제금을 부과, 징수할 수 있으며 이 경우 이행강제금은 2년을 초과하여 부과, 징수하지 못한다고 하였다. 따라서 사용자에게 노동위원회가 부과할 수 있는 이행강제금의 최대상한액은 3,000만원 × 2회 × 2년 = 12,000만원이다.

09 근로기준법령상 부당해고 구제제도에 관한 설명으로 옳지 않은 것은?

① 노동위원회에 대한 구제신청은 부당해고가 있었던 날부터 3개월 이내에 하여야 한다.
② 노동위원회가 심문을 할 때에는 직권으로도 증인을 출석하게 하여 필요한 사항을 질문할 수 있다.
③ 지방노동위원회의 구제명령에 불복하는 사용자는 구제명령서를 통지받은 날부터 10일 이내에 중앙노동위원회에 재심을 신청할 수 있다.
④ 노동위원회의 구제명령은 행정소송 제기에 의하여 그 효력이 정지된다.

> **해설**
> ④ 노동위원회의 구제명령, 기각결정 또는 재심판정은 제31조에 따른 중앙노동위원회에 대한 재심 신청이나 행정소송 제기에 의하여 그 효력이 정지되지 아니한다(근로기준법 제32조).

10 다음 (   ) 안에 들어갈 내용으로 옳은 것은?

> **근로기준법 제23조(해고 등의 제한)**
> 사용자는 근로자가 업무상 부상 또는 질병의 요양을 위하여 휴업한 기간과 그 후 (ㄱ)일 동안 또는 산전(産前)·산후(産後)의 여성이 이 법에 따라 휴업한 기간과 그 후 (ㄱ)일 동안은 해고하지 못한다.
>
> **근로기준법 제24조(경영상 이유에 의한 해고의 제한)**
> 사용자는 해고를 피하기 위한 방법과 해고의 기준 등에 관하여 노동조합 및 근로자대표에 해고를 하려는 날의 (ㄴ)일 전까지 통보하고 성실하게 협의하여야 한다.
>
> **근로기준법 제31조(구제명령 등의 확정)**
> • 노동위원회법에 따른 지방노동위원회의 구제명령이나 기각결정에 불복하는 사용자나 근로자는 구제명령서나 기각결정서를 통지받은 날부터 (ㄷ)일 이내에 중앙노동위원회에 재심을 신청할 수 있다.
> • 중앙노동위원회의 재심판정에 대하여 사용자나 근로자는 재심판정서를 송달받은 날부터 (ㄹ)일 이내에 행정소송법의 규정에 따라 소(訴)를 제기할 수 있다.

① ㄱ : 15, ㄴ : 60, ㄷ : 15, ㄹ : 10
② ㄱ : 30, ㄴ : 60, ㄷ : 10, ㄹ : 10
③ ㄱ : 15, ㄴ : 50, ㄷ : 15, ㄹ : 15
④ ㄱ : 30, ㄴ : 50, ㄷ : 10, ㄹ : 15

> **해설**
> 해고 등의 제한(근로기준법 제23조)
> 사용자는 근로자가 업무상 부상 또는 질병의 요양을 위하여 휴업한 기간과 그 후 (30)일 동안 또는 산전(産前)·산후(産後)의 여성이 이 법에 따라 휴업한 기간과 그 후 (30)일 동안은 해고하지 못한다.
> 경영상 이유에 의한 해고의 제한(근로기준법 제24조)
> 사용자는 해고를 피하기 위한 방법과 해고의 기준 등에 관하여 노동조합 및 근로자대표에 해고를 하려는 날의 (50)일 전까지 통보하고 성실하게 협의하여야 한다.

구제명령 등의 확정(근로기준법 제31조)
- 노동위원회법에 따른 지방노동위원회의 구제명령이나 기각결정에 불복하는 사용자나 근로자는 구제명령서나 기각결정서를 통지받은 날부터 (10)일 이내에 중앙노동위원회에 재심을 신청할 수 있다.
- 중앙노동위원회의 재심판정에 대하여 사용자나 근로자는 재심판정서를 송달받은 날부터 (15)일 이내에 행정소송법의 규정에 따라 소(訴)를 제기할 수 있다.

11 근로기준법상 해고에 관한 설명으로 옳지 않은 것은?(다툼이 있는 경우에는 판례에 의함)

① 해고란 사용자의 일방적 의사에 의한 모든 근로계약관계의 종료를 의미한다.
② 해고예고의무를 위반한 해고라 하더라도 해고의 정당한 이유를 갖추고 있는 한 해고의 사법상 효력에는 영향이 없다.
③ 징계해고의 서면 통지는 징계대상자가 위반한 단체협약이나 취업규칙의 조문만 나열하는 것으로는 충분하다고 볼 수 없다.
④ 사업의 폐지를 위하여 해산한 기업이 청산과정에서 근로자를 해고하는 것은 경영상 이유에 의한 해고에 해당한다.

해설
④ 기업이 파산선고를 받아 사업의 폐지를 위하여 그 청산과정에서 근로자를 해고하는 것은 위장폐업이 아닌 한 기업경영의 자유에 속하는 것으로서 파산관재인이 파산선고로 인하여 파산자 회사가 해산한 후에 사업의 폐지를 위하여 행하는 해고는 정리해고가 아니라 통상해고에 해당하는 것이어서 정리해고에 관한 근로기준법 규정이 적용될 여지가 없고, 또한 파산관재인의 근로계약해지는 해고만을 목적으로 한 위장파산이나 노동조합의 단결권 등을 방해하기 위한 위장폐업이 아닌 한 원칙적으로 부당노동행위에 해당하지 아니한다(대판 2004.2.27, 2003두902).

12 근로기준법상 경영상 이유에 의한 해고에 관한 설명으로 옳지 않은 것은?

① 경영악화를 방지하기 위한 사업의 양도·인수·합병의 경우에는 긴박한 경영상의 필요가 있는 것으로 본다.
② 사용자는 해고를 피하기 위한 방법과 해고의 기준 등에 관하여 근로자대표에 해고를 하려는 날의 50일 전까지 통보하고 성실하게 협의하여야 한다.
③ 사용자는 근로자를 해고한 날부터 3년 이내에 해고된 근로자가 해고 당시 담당하였던 업무와 같은 업무를 할 근로자를 채용하려고 할 경우 해고된 근로자가 원하면 그 근로자를 우선적으로 고용하도록 노력하여야 한다.
④ 사용자는 합리적이고 공정한 해고의 기준을 정하고 이에 따라 그 대상자를 선정하여야 한다.

해설
③ 근로자를 해고한 사용자는 근로자를 해고한 날부터 3년 이내에 해고된 근로자가 해고 당시 담당하였던 업무와 같은 업무를 할 근로자를 채용하려고 할 경우 해고된 근로자가 원하면 그 근로자를 우선적으로 고용하여야 한다(근로기준법 제25조 제1항).

13 근로기준법상 부당해고 구제에 관한 설명으로 옳지 않은 것은?

① 노동위원회는 노동위원회의 전부 또는 일부의 구제명령을 이행하지 않는 사용자에게 긴급이행명령을 할 수 있다.

② 노동위원회는 심문을 끝내고 부당해고가 성립한다고 판정하면 사용자에게 구제명령을 하여야 한다.

③ 노동위원회의 구제명령, 기각결정 또는 재심판정은 중앙노동위원회에 대한 재심신청이나 행정소송 제기에 의하여 그 효력이 정지되지 아니한다.

④ 중앙노동위원회의 재심판정에 대하여 사용자나 근로자는 재심판정서를 송달받은 날부터 15일 이내에 행정소송법의 규정에 따라 소(訴)를 제기할 수 있다.

> **해설**
> ① 노동위원회는 구제명령을 받은 후 이행기한까지 구제명령을 이행하지 아니한 사용자에게 3천만원 이하의 이행강제금을 부과한다(근로기준법 제33조 제1항).

14 근로기준법상 근로관계 종료 후 법률관계에 관한 설명으로 옳지 않은 것은?

① 사용자는 근로자가 사망 또는 퇴직한 경우에는 그 지급 사유가 발생한 때부터 14일 이내에 임금, 보상금, 그 밖에 일체의 금품을 지급하여야 하나, 특별한 사정이 있을 경우에는 당사자 사이의 합의에 의하여 기일을 연장할 수 있다.

② 사용자는 퇴직에 관한 서류를 퇴직한 날부터 3년간 보존하여야 한다.

③ 사용증명서를 청구할 수 있는 자는 계속하여 30일 이상 근무한 근로자로 하되, 청구할 수 있는 기한은 퇴직 후 3년 이내로 한다.

④ 사용자는 사용증명서에 근로자가 요구한 사항과 상관없이 자유롭게 기재할 수 있다.

> **해설**
> ④ 사용증명서에는 근로자가 요구한 사항만을 적어야 한다(근로기준법 제39조 제2항).

10 최저임금법

제1절 내 용

1 총 칙

(1) 목적과 정의

이 법은 근로자에 대하여 임금의 최저수준을 보장하여 근로자의 생활안정과 노동력의 질적 향상을 꾀함으로써 국민경제의 건전한 발전에 이바지하는 것을 목적으로 한다. 이 법에서 근로자, 사용자 및 임금이란 근로기준법 제2조에 따른 근로자, 사용자 및 임금을 말한다.

(2) 적용 범위 **19** 기출

① 이 법은 근로자를 사용하는 모든 사업 또는 사업장에 적용한다. 다만, 동거하는 친족만을 사용하는 사업과 가사 사용인에게는 적용하지 아니한다.
② 이 법은 선원법의 적용을 받는 선원과 선원을 사용하는 선박의 소유자에게는 적용하지 아니한다.

2 최저임금

(1) 최저임금의 결정기준과 구분 **20** 기출

① 최저임금은 근로자의 생계비, 유사 근로자의 임금, 노동생산성 및 소득분배율 등을 고려하여 정한다. 이 경우 사업의 종류별로 구분하여 정할 수 있다(법 제4조 제1항).
② ①에 따른 사업의 종류별 구분은 최저임금위원회의 심의를 거쳐 고용노동부장관이 정한다(법 제4조 제2항).

(2) 최저임금액(법 제5조) **22** 기출

① 최저임금액은 시간·일·주 또는 월을 단위로 하여 정한다. 이 경우 일·주 또는 월을 단위로 하여 최저임금액을 정할 때에는 시간급으로도 표시하여야 한다.
② 1년 이상의 기간을 정하여 근로계약을 체결하고 수습 중에 있는 근로자로서 수습을 시작한 날부터 3개월 이내인 사람에 대해서는 시간급 최저임금액(최저임금으로 정한 금액을 말함)에서 100분의 10을 뺀 금액을 그 근로자의 시간급 최저임금액으로 한다(영 제3조).

③ 임금이 통상적으로 도급제나 그 밖에 이와 비슷한 형태로 정하여져 있는 경우로서 ①에 따라 최저임금액을 정하는 것이 적당하지 아니하다고 인정되면 대통령령으로 정하는 바에 따라 최저임금액을 따로 정할 수 있다.

④ ③에 따라 임금이 도급제나 그 밖에 이와 비슷한 형태로 정해진 경우에 근로시간을 파악하기 어렵거나 ①에 따라 최저임금액을 정하는 것이 적합하지 않다고 인정되면 해당 근로자의 생산고(生産高) 또는 업적의 일정단위에 의하여 최저임금액을 정한다(영 제4조).

(3) 최저임금의 효력(법 제6조)

① 사용자는 최저임금의 적용을 받는 근로자에게 최저임금액 이상의 임금을 지급하여야 한다.

② 사용자는 이 법에 따른 최저임금을 이유로 종전의 임금 수준을 낮추어서는 아니 된다.

③ 최저임금의 적용을 받는 근로자와 사용자 사이의 근로계약 중 최저임금액에 미치지 못하는 금액을 임금으로 정한 부분은 무효로 하며, 이 경우 무효로 된 부분은 이 법으로 정한 최저임금액과 동일한 임금을 지급하기로 한 것으로 본다.

④ ①과 ③에 따른 임금에는 매월 1회 이상 정기적으로 지급하는 임금을 산입(算入)한다. 다만, 다음의 어느 하나에 해당하는 임금은 산입하지 아니한다.

  ㉠ 근로기준법에 따른 소정(所定)근로시간(이하 '소정근로시간'이라 함) 또는 소정의 근로일에 대하여 지급하는 임금 외의 임금으로서 고용노동부령으로 정하는 임금

  ㉡ 상여금, 그 밖에 이에 준하는 것으로서 고용노동부령으로 정하는 임금의 월 지급액 중 해당 연도 시간급 최저임금액을 기준으로 산정된 월 환산액의 100분의 25에 해당하는 부분

  ㉢ 식비, 숙박비, 교통비 등 근로자의 생활 보조 또는 복리후생을 위한 성질의 임금으로서 다음의 어느 하나에 해당하는 것

    ㉮ 통화 이외의 것으로 지급하는 임금

    ㉯ 통화로 지급하는 임금의 월 지급액 중 해당 연도 시간급 최저임금액을 기준으로 산정된 월 환산액의 100분의 7에 해당하는 부분

⑤ ④에도 불구하고 여객자동차운수사업법에 따른 일반택시운송사업에서 운전 업무에 종사하는 근로자의 최저임금에 산입되는 임금의 범위는 생산고에 따른 임금을 제외한 대통령령으로 정하는 임금으로 한다. 대통령령으로 정하는 임금이란 단체협약, 취업규칙, 근로계약에 정해진 지급조건과 지급률에 따라 매월 1회 이상 지급하는 임금을 말한다. 다만, 다음의 어느 하나에 해당하는 임금은 산입하지 아니한다.

  ㉠ 소정근로시간 또는 소정의 근로일에 대하여 지급하는 임금 외의 임금

  ㉡ 근로자의 생활보조와 복리후생을 위하여 지급하는 임금

⑥ ①과 ③은 다음의 어느 하나에 해당하는 사유로 근로하지 아니한 시간 또는 일에 대하여 사용자가 임금을 지급할 것을 강제하는 것은 아니다.

  ㉠ 근로자가 자기의 사정으로 소정근로시간 또는 소정의 근로일의 근로를 하지 아니한 경우

  ㉡ 사용자가 정당한 이유로 근로자에게 소정근로시간 또는 소정의 근로일의 근로를 시키지 아니한 경우

⑦ 도급으로 사업을 행하는 경우 도급인이 책임져야 할 사유로 수급인이 근로자에게 최저임금액에 미치지 못하는 임금을 지급한 경우 도급인은 해당 수급인과 연대하여 책임을 진다.

⑧ ⑦에 따른 도급인이 책임져야 할 사유의 범위는 다음과 같다.

    ㉠ 도급인이 도급계약체결 당시 인건비 단가를 최저임금액에 미치지 못하는 금액으로 결정하는 행위

    ㉡ 도급인이 도급계약기간 중 인건비 단가를 최저임금액에 미치지 못하는 금액으로 낮춘 행위

(4) 최저임금의 적용제외(법 제7조) 19 21 22 기출

다음의 어느 하나에 해당하는 사람으로서 사용자가 고용노동부장관의 인가를 받은 사람에 대하여는 법 제6조를 적용하지 아니한다.

① 정신장애나 신체장애로 근로능력이 현저히 낮은 사람

② 그 밖에 최저임금을 적용하는 것이 적당하지 아니하다고 인정되는 사람

3 최저임금의 결정

(1) 최저임금의 결정(법 제8조)

① 고용노동부장관은 매년 8월 5일까지 최저임금을 결정하여야 한다. 이 경우 고용노동부장관은 매년 3월 31일까지 최저임금위원회에 심의를 요청하고, 위원회가 심의하여 의결한 최저임금안에 따라 최저임금을 결정하여야 한다.

② 위원회는 ① 후단에 따라 고용노동부장관으로부터 최저임금에 관한 심의 요청을 받은 경우 이를 심의하여 최저임금안을 의결하고 심의 요청을 받은 날부터 90일 이내에 고용노동부장관에게 제출하여야 한다.

③ 고용노동부장관은 ②에 따라 위원회가 심의하여 제출한 최저임금안에 따라 최저임금을 결정하기가 어렵다고 인정되면 20일 이내에 그 이유를 밝혀 위원회에 10일 이상의 기간을 정하여 재심의를 요청할 수 있다.

④ 위원회는 ③에 따라 재심의 요청을 받은 때에는 그 기간 내에 재심의하여 그 결과를 고용노동부장관에게 제출하여야 한다.

⑤ 고용노동부장관은 위원회가 ④에 따른 재심의에서 재적위원 과반수의 출석과 출석위원 3분의 2 이상의 찬성으로 ②에 따른 당초의 최저임금안을 재의결한 경우에는 그에 따라 최저임금을 결정하여야 한다.

(2) 최저임금안에 대한 이의 제기(법 제9조)

① 고용노동부장관은 위원회로부터 최저임금안을 제출받은 때에는 대통령령으로 정하는 바에 따라 최저임금안을 고시하여야 한다(법 제9조 제1항).

② 근로자를 대표하는 자나 사용자를 대표하는 자는 ①에 따라 고시된 최저임금안에 대하여 이의가 있으면 고시된 날부터 10일 이내에 대통령령으로 정하는 바에 따라 고용노동부장관에게 이의를 제기할 수 있다. 이 경우 근로자를 대표하는 자나 사용자를 대표하는 자의 범위는 대통령령으로 정한다(법 제9조 제2항).

㉠ ② 전단에 따라 최저임금안에 대하여 이의를 제기할 때에는 다음의 사항을 분명하게 적은 이의 제기서를 고용노동부장관에게 제출하여야 한다(영 제9조).

⑦ 이의 제기자의 성명, 주소, 소속 및 직위

⑭ 이의 제기 대상 업종의 최저임금안의 요지

⑮ 이의 제기의 사유와 내용

㉡ ② 후단에 따라 근로자를 대표하는 자는 총연합단체인 노동조합의 대표자 및 산업별 연합단체인 노동조합의 대표자로 하고, 사용자를 대표하는 자는 전국적 규모의 사용자단체로서 고용노동부 장관이 지정하는 단체의 대표자로 한다(영 제10조).

③ 고용노동부장관은 ②에 따른 이의가 이유 있다고 인정되면 그 내용을 밝혀 위원회에 최저임금안의 재심의를 요청하여야 한다(법 제9조 제3항).

④ 고용노동부장관은 ③에 따라 재심의를 요청한 최저임금안에 대하여 위원회가 재심의하여 의결한 최 저임금안이 제출될 때까지는 최저임금을 결정하여서는 아니 된다(법 제9조 제4항).

(3) 최저임금의 고시와 효력발생(법 제10조) 21 기출

① 고용노동부장관은 최저임금을 결정한 때에는 지체 없이 그 내용을 고시하여야 한다.

② 고시된 최저임금은 다음 연도 1월 1일부터 효력이 발생한다. 다만, 고용노동부장관은 사업의 종류별 로 임금교섭시기 등을 고려하여 필요하다고 인정하면 효력발생 시기를 따로 정할 수 있다.

제**2**절 기 타

---

1 최저임금위원회

(1) 최저임금위원회의 설치

최저임금에 관한 심의와 그 밖에 최저임금에 관한 중요 사항을 심의하기 위하여 고용노동부에 최저임 금위원회를 둔다(법 제12조).

(2) 위원회의 기능

위원회는 다음의 기능을 수행한다(법 제13조).

① 최저임금에 관한 심의 및 재심의

② 최저임금 적용 사업의 종류별 구분에 관한 심의

③ 최저임금제도의 발전을 위한 연구 및 건의

④ 그 밖에 최저임금에 관한 중요 사항으로서 고용노동부장관이 회의에 부치는 사항의 심의

안심Touch

(3) 위원회의 구성 등(법 제14조) 18 기출

① 위원회는 다음의 위원으로 구성한다.

  ㉠ 근로자를 대표하는 위원(근로자위원) 9명

  ㉡ 사용자를 대표하는 위원(사용자위원) 9명

  ㉢ 공익을 대표하는 위원(공익위원) 9명

② 위원회에 2명의 상임위원을 두며, 상임위원은 공익위원이 된다(법 제14조 제2항). 상임위원은 고용
노동부장관의 제청에 의하여 대통령이 임명한다(영 제12조 제2항).

③ 위원의 임기는 3년으로 하되, 연임할 수 있다(법 제14조 제3항).

④ 위원이 궐위(闕位)되면 그 보궐위원의 임기는 전임자(前任者) 임기의 남은 기간으로 한다. 위원이
궐위된 경우에는 궐위된 날부터 30일 이내에 후임자를 위촉하거나 임명하여야 한다. 다만, 전임자
의 남은 임기가 1년 미만인 경우에는 위촉하거나 임명하지 아니할 수 있다(영 제12조 제4항).

⑤ 위원은 임기가 끝났더라도 후임자가 임명되거나 위촉될 때까지 계속하여 직무를 수행한다(법 제14
조 제5항).

(4) 위원장과 부위원장(법 제15조) 21 기출

① 위원회에 위원장과 부위원장 각 1명을 둔다.

② 위원장과 부위원장은 공익위원 중에서 위원회가 선출한다.

③ 위원장은 위원회의 사무를 총괄하며 위원회를 대표한다.

④ 위원장이 불가피한 사유로 직무를 수행할 수 없을 때에는 부위원장이 직무를 대행한다.

(5) 특별위원(법 제16조)

① 위원회에는 관계 행정기관의 공무원 중에서 3명 이내의 특별위원을 둘 수 있다.

② 특별위원은 위원회의 회의에 출석하여 발언할 수 있다.

③ 특별위원의 자격 및 위촉 등에 관하여 필요한 사항은 대통령령으로 정한다.

④ 특별위원은 관계 행정기관의 3급 또는 3급 상당 이상의 공무원이나 고위공무원단에 속하는 공무원
중에서 고용노동부장관이 위촉한다(영 제15조).

(6) 회의(법 제17조)

① 위원회의 회의는 다음의 경우에 위원장이 소집한다.

  ㉠ 고용노동부장관이 소집을 요구하는 경우

  ㉡ 재적위원 3분의 1 이상이 소집을 요구하는 경우

  ㉢ 위원장이 필요하다고 인정하는 경우

② 위원장은 위원회 회의의 의장이 된다.

③ 위원회의 회의는 이 법으로 따로 정하는 경우 외에는 재적위원 과반수의 출석과 출석위원 과반수의
찬성으로 의결한다.

④ 위원회가 ③에 따른 의결을 할 때에는 근로자위원과 사용자위원 각 3분의 1 이상의 출석이 있어야
한다. 다만, 근로자위원이나 사용자위원이 2회 이상 출석요구를 받고도 정당한 이유 없이 출석하지
아니하는 경우에는 그러하지 아니하다.

(7) 위원의 수당 등

위원회 및 전문위원회의 위원에게는 대통령령으로 정하는 바에 따라 수당과 여비를 지급할 수 있다(법 제21조).

(8) 운영규칙

위원회는 이 법에 어긋나지 아니하는 범위에서 위원회 및 전문위원회의 운영에 관한 규칙을 제정할 수 있다(법 제22조).

2 보 칙

(1) 생계비 및 임금실태 등의 조사

고용노동부장관은 근로자의 생계비와 임금실태 등을 매년 조사하여야 한다(법 제23조).

(2) 보 고

고용노동부장관은 이 법의 시행에 필요한 범위에서 근로자나 사용자에게 임금에 관한 사항을 보고하게 할 수 있다(법 제25조).

3 벌 칙

(1) 양벌규정(법 제30조)

① 법인의 대표자, 대리인, 사용인, 그 밖의 종업원이 그 법인의 업무에 관하여 위반행위를 하면 그 행위자를 벌할 뿐만 아니라 그 법인에도 해당 조문의 벌금형을 과한다.

② 개인의 대리인, 사용인, 그 밖의 종업원이 그 개인의 업무에 관하여 위반행위를 하면 그 행위자를 벌할 뿐만 아니라 그 개인에게도 해당 조문의 벌금형을 과한다.

(2) 벌칙(법 제28조 및 법 제31조) 18 22 기출

① 최저임금액보다 적은 임금을 지급하거나 최저임금을 이유로 종전의 임금을 낮춘 자는 3년 이하의 징역 또는 2천만원 이하의 벌금에 처한다. 이 경우 징역과 벌금은 병과할 수 있다.

② 도급인에게 연대책임이 발생하여 근로감독관이 그 연대책임을 이행하도록 시정지시하였음에도 불구하고 도급인이 시정기한 내에 이를 이행하지 아니한 경우 2년 이하의 징역 또는 1천만원 이하의 벌금에 처한다.

③ 최저임금 산입을 위해 취업규칙 변경절차의 특례를 위반하여 의견을 듣지 아니한 자는 500만원 이하의 벌금에 처한다.

④ 100만원 이하의 과태료

　㉠ 근로자에게 해당 최저임금을 법에서 규정한 방법으로 널리 알리지 아니한 자

　㉡ 임금에 관한 사항의 보고를 하지 아니하거나 거짓 보고를 한 자

　㉢ 근로감독관의 요구 또는 검사를 거부·방해 또는 기피하거나 질문에 대하여 거짓 진술을 한 자

CHAPTER
10 적중예상문제

01 최저임금법에 관한 설명으로 옳지 않은 것은?

① 1년 이상의 기간을 정하여 근로계약을 체결하고 수습 중에 있는 근로자로서 수습을 시작한 날부터 6개월 이내인 사람에 대하여는 최저임금액과 다른 금액으로 최저임금액을 정할 수 있다.

② 최저임금은 사업의 종류별로 구분하여 정할 수 있다.

③ 사용자는 이 법에 따른 최저임금을 이유로 종전의 임금 수준을 낮추어서는 아니 된다.

④ 신체장애로 근로능력이 현저히 낮은 자로서 사용자가 고용노동부장관의 인가를 받은 자에 대하여는 최저임금을 적용하지 아니한다.

해설

① 1년 이상의 기간을 정하여 근로계약을 체결하고 수습 중에 있는 근로자로서 수습을 시작한 날부터 3개월 이내인 사람에 대하여는 대통령령으로 정하는 바에 따라 최저임금액과 다른 금액으로 최저임금액을 정할 수 있다. 다만, 단순노무업무로 고용노동부장관이 정하여 고시한 직종에 종사하는 근로자는 제외한다(최저임금법 제5조 제2항).

02 최저임금법에 관한 설명으로 옳은 것은?(다툼이 있으면 판례에 따름)

① 최저임금은 사업의 종류별, 지역별로 구분하여 정하여야 한다.

② 최저임금위원회는 근로자와 사용자 및 정부를 각각 대표하는 위원으로 구성한다.

③ 일반택시운송사업에서 운전업무에 종사하는 근로자의 최저임금에 산입되는 임금의 범위에서 생산고에 따른 임금은 제외된다.

④ 감시 또는 단속적으로 근로에 종사하는 자로서 사용자가 고용노동부장관의 승인을 받은 자의 최저임금은 고용노동부장관이 결정·고시한 최저임금액의 90%로 한다.

해설

③ 최저임금법 제6조 제5항

① 최저임금은 근로자의 생계비, 유사 근로자의 임금, 노동생산성 및 소득분배율 등을 고려하여 정한다. 이 경우 사업의 종류별로 구분하여 정할 수 있다(최저임금법 제4조 제1항).

② 최저임금위원회는 근로자와 사용자 및 공익을 각각 대표하는 위원(각 9명)으로 구성한다(최저임금법 제14조 제1항 참고).

④ "감시(監視) 또는 단속적(斷續的)으로 근로에 종사하는 자로서 사용자가 고용노동부장관의 승인을 받은 사람에 대해서는 같은 조 제1항 후단에 따른 시간급 최저임금액에서 100분의 10을 뺀 금액을 그 근로자의 시간급 최저임금액으로 한다."고 규정한 최저임금법 시행령 제3조 제2항은 대통령령 제23388호(2011.12.21) 부칙 제2조의 규정에 의하여 2014년 12월 31일까지 유효하였다.

03 최저임금법에 관한 설명으로 옳지 않은 것은?

① 최저임금은 근로자의 생계비, 유사 근로자의 임금, 노동생산성 및 소득분배율 등을 고려하여 정한다.

② 일·주 또는 월을 단위로 하여 최저임금액을 정할 때에는 시간급으로도 표시하여야 한다.

③ 사용자는 최저임금법에 따른 최저임금을 이유로 종전의 임금 수준을 낮추어서는 아니 된다.

④ 최저임금위원회는 매년 8월 5일까지 최저임금을 결정하고 이를 지체 없이 고시하여야 한다.

해설
④ 고용노동부장관은 매년 8월 5일까지 최저임금을 결정하여야 한다. 이 경우 고용노동부장관은 대통령령으로 정하는 바에 따라 최저임금위원회(이하 '위원회'라 함)에 심의를 요청하고, 위원회가 심의하여 의결한 최저임금안에 따라 최저임금을 결정하여야 한다(최저임금법 제8조 제1항).

04 최저임금법령상 고용노동부장관의 인가를 얻어 최저임금의 적용을 제외할 수 있는 자는?

① 신체의 장애가 업무수행에 직접적으로 현저한 지장을 주는 것이 명백하다고 인정되는 자

② 선원법의 적용을 받는 선원

③ 감시 근로에 종사하는 자

④ 임금이 통상적으로 도급제로 정하여져 있는 자

해설
① 정신장애나 신체장애로 근로능력이 현저히 낮은 자로서 사용자가 고용노동부장관의 인가를 받은 자, 그 밖에 최저임금을 적용하는 것이 적당하지 아니하다고 인정되는 자로서 사용자가 고용노동부장관의 인가를 받은 자에 대하여는 최저임금을 적용하지 아니한다(최저임금법 제7조 참고).

고용노동직류
노동법개론
PART 2

노동법 Ⅱ

01 총 설

제1절 집단적 노사관계법

1 개별적 근로관계법

근로자 개인과 사용자 간의 근로관계를 규율하는 법체계를 말한다. 개별적 근로관계법은 헌법 제32조의 근로의 권리보호를 헌법적 근거로 한다. 개별적 근로관계는 취업 중인 근로자의 현재 존속하는 개별적 근로관계와 미취업자의 향후 존속예정인 개별적 근로관계로 나뉜다.

2 집단적 노사관계법

노동조합 등 근로자집단과 사용자 간의 노사관계를 규율하는 법체계를 말한다. 집단적 노사관계법은 헌법 제33조의 노동3권의 보호를 헌법적 근거로 한다.

3 개별적 근로관계법과 집단적 노사관계법의 관계

개별적 근로관계법과 집단적 노사관계법은 각각 별개의 법체계와 헌법적 근거를 갖고 있으나 양자는 근로자의 근로기본권 보호를 위하여 상호 밀접하게 연관되어 있다.
① 집단적 노사관계는 개별적 근로관계의 존재를 전제로 한다. 즉, 근로자가 사용자에게 고용되어 근로관계를 맺지 아니한다면 노동조합 등이 근로조건의 유지·개선을 위하여 단체교섭이나 쟁의행위를 행하는 것은 무의미하게 될 것이다.
② 개별적 근로관계법은 임금 및 근로시간 등의 근로조건을 법정함으로써 국가가 이에 직접적으로 간섭·개입하게 된다. 이에 반하여 집단적 노사관계법은 근로조건의 내용에 국가가 직접 개입하는 것이 아니라 근로자의 지위를 사용자와 실질적으로 대등한 지위로 보장하여 대등한 당사자 간의 교섭이 가능하게 함으로써 근로조건을 간접적으로 향상시키고 있다.
③ 개별적 근로관계는 반드시 집단적 노사관계의 도움이 없어도 유지될 수 있으나 개별적 근로관계만으로는 노사당사자 간의 실질적으로 대등한 지위를 확보할 수 없다. 따라서 필연적으로 집단적 노사관계의 존재를 필요로 한다.

1 노동3권의 의의

노동3권이라 함은 근로자의 단결권·단체교섭권·단체행동권을 통칭하는 개념이다. 이는 경제적 약자인 근로자들이 사용자와 대등한 지위를 확보하기 위하여 자주적으로 노동조합을 조직하고 노동조합을 통하여 사용자와 교섭을 수행하며 원활한 교섭을 뒷받침하기 위하여 단체행동을 할 수 있는 권리를 말한다.

2 단결권

(1) 의 의

근로자의 단결권이라 함은 근로자들이 자주적으로 노동조합을 설립·운영하고 이에 가입하며 노동조합을 운영할 수 있는 권리를 말한다. 광의의 단결권은 협의의 단결권, 단체교섭권, 단체행동권을 포함한 노동3권 모두를 포함한 개념이다.

(2) 단결권과 결사의 자유

현행 헌법 제21조는 모든 국민에게 결사의 자유를 보장하고 있다. 단결권이 결사의 자유에 포함된다는 견해도 있으나 결사의 자유와는 전혀 다른 별개의 기본권이라는 견해가 통설이다.
① **주체** : 단결권은 근로자이고, 결사의 자유는 국민이다.
② **목적** : 단결권은 경제적 목적을 위한 것이고, 결사의 자유는 정치적 목적을 위한 것이다.
③ **권리의 본질** : 단결권은 생존권이고, 결사의 자유는 자유권이다.
④ **대상** : 단결권은 사용자로부터의 자유, 결사의 자유는 국가로부터의 자유이다.
⑤ **소극적 권리** : 단결권에는 포함되지 않고, 결사의 자유에는 포함된다.

(3) 개별적 단결권과 집단적 단결권
　① **개별적 단결권**
　　근로자 개인이 노동조합을 결성하거나 이에 가입할 수 있는 권리 및 노동조합의 조합원으로서 노동조합의 운영 및 활동에 참여하는 권리를 말한다.
　② **집단적 단결권**
　　노동조합이 당해 조직을 유지·확대하거나 이를 운영할 수 있는 권리를 말한다.
　③ **양자의 관계**
　　개별적 단결권과 집단적 단결권은 상호불가분의 관계에 있다. 근로자 개인의 단결권은 궁극적으로 노동조합을 결성하고 노동조합을 통하여 단결권을 포함한 노동3권을 행사하는 데에 그 목적이 있다고 할 것이다. 한편, 집단적 단결권은 노동조합의 운영 및 활동에 있어 조합원개인의 단결권을 존중·보호하여야 하는 바 이것이 바로 조합의 민주적 운영 및 단결강제에 관한 문제이다.

(4) 적극적 단결권과 소극적 단결권(단결강제 인정범위)

① 적극적 단결권(단결을 할 권리)

　노동조합을 결성하고 이에 가입하여 노동조합의 구성원으로서 활동할 수 있는 적극적 권리이다.

② 소극적 단결권(단결하지 아니할 권리)

　원하는 경우 노동조합에 가입하지 아니하거나 언제든지 노동조합으로부터 탈퇴할 수 있는 소극적 권리를 말한다.

　㉠ 소극적 단결권 인정여부(일반적 단결강제 인정여부)

　　㉮ 소극적 단결권 인정(일반적 단결강제 부정설)

　　　단결하지 아니할 자유는 단결권에 포함되어 있다. 따라서 단결강제는 근로자의 단결권을 침해하는 것으로서 허용되지 않는다.

　　㉯ 소극적 단결권 부정(일반적 단결강제 긍정설)

　　　단결하지 아니할 자유는 단결권에 포함되어 있지 않다. 일반적 행동의 자유 또는 결사의 자유로 파악한다. 따라서 노조의 단결강제권은 생존권에 해당하므로 근로자의 자유권에 우선하여 허용된다.

　㉡ 제한적 단결강제의 인정여부

　　특정노조에의 가입을 강제하는 단결강제로서 단결선택의 자유까지도 제한하는 것이다.

　　㉮ 제한적 단결강제 긍정설

　　　제한적 단결강제가 개인근로자의 단결선택권과 충돌한다고 하여 곧바로 단결선택권을 침해하는 것은 아니라는 견해이다.

　　㉯ 제한적 단결강제 부정설

　　　단결권의 내용인 단결선택권을 침해하는 것이므로 위헌으로 보아야 한다는 견해이다.

　　㉰ 판 례

　　　단결선택권이 일부 제한된다고 하더라도 권리조정에 따른 것이라면 단결선택권의 본질적인 내용을 침해하는 것으로 볼 수 없다.

3 단체교섭권

근로자의 단체교섭권이라 함은 근로자가 조직한 노동조합이 근로조건을 유지·개선하기 위하여 사용자와 교섭할 수 있는 권리를 말한다.

4 단체행동권

단체행동권은 단체교섭이 결렬되어 노동쟁의가 발생한 경우 쟁의행위를 할 수 있는 권리를 말한다. 이는 근로자가 자신의 주장을 관철하기 위하여 업무의 정상적인 운영을 저해하는 행위를 할 수 있는 권리이다.

5 노동3권의 상호관계

상호무관계론도 있으나 근로자의 단결권·단체교섭권 및 단체행동권은 상호 밀접한 상호불가분의 관계에 있다는 상호연계설이 다수설, 판례의 입장이다. 상호연계설은 노동3권 중에서 단결권을 목적으로 하는 견해와 단체교섭권을 목적으로 파악하는 견해로 나뉜다.

① 단결권을 중심으로 하는 견해

노동3권의 중심이 되는 권리를 단결권으로 보아 단결권을 목적된 권리로 단체교섭권과 단체행동권을 그 수단적 권리로 파악하는 견해이다. 단결권을 중심으로 하는 견해를 따를 경우에는 노동조합이 단체교섭권 및 단체행동권을 반드시 사용자를 상대로 행사할 필요가 없고 사용자가 아닌 제3자에게도 행사할 수 있으므로 그만큼 단체교섭 및 단체행동의 범위가 넓어진다.

② 단체교섭권을 중심으로 하는 견해

노동3권의 중심이 되는 권리를 단체교섭권으로 보아 단체교섭권을 목적된 권리로 단결권 및 단체행동권을 그 수단적 권리로 파악하는 견해이다. 이는 우리나라의 통설이며 단체교섭권을 중심으로 노동3권을 파악하게 되면 단체교섭권의 행사는 근본적으로 대사용자관계를 기본 전제로 하므로 단체교섭권에 대한 수단적 권리로서의 단체행동권의 정당성의 범위는 대사용자관계에 국한된다. 따라서 단체행동권의 범위가 그만큼 좁아진다.

6 노동3권의 법적 성질

이에 대하여 자유권설, 생존권설, 혼합권설이 있다. 노동3권은 근로자가 노동3권을 행사하는 것을 국가 또는 타인이 방해해서는 아니 된다는 자유권적 측면과 국가가 적극적으로 노동3권의 행사를 보장하여 주도록 요구할 수 있는 생존권적 측면을 동시에 갖고 있다는 혼합설이 다수설 및 헌법재판소의 입장이다.

7 노동3권의 주체

근로자 개인과 근로자의 단결체가 주체가 되고 사용자는 노동3권의 주체가 될 수 없다. 사용자가 사용자단체를 결성하는 것은 결사의 자유의 행사결과인 것이다. 사용자가 근로자와 단체교섭을 수행하는 것은 근로자가 단체교섭권을 행사하는 데 그 상대방에 불과하고 사용자의 직장폐쇄는 근로자의 단체행동권의 행사에 대응한 사용자의 재산권의 행사로 파악된다.

근로자 개인은 단결권의 보유 및 행사의 주체가 될 수 있으나 단체교섭권 및 단체행동권에 대하여는 보유의 주체가 될 뿐 행사의 주체는 될 수 없다. 근로자의 단결체인 노동조합은 단결권·단체교섭권 및 단체행동권 보유의 주체이자 행사의 주체이다.

8 노동3권의 효력

(1) 대국가적 효력

① 자유권적 측면

소극적 효력으로서 노동3권에 대한 국가권력의 부당한 간섭 또는 방해를 배제하는 효력을 말한다. 국가권력이 노동3권을 침해하는 경우 국가는 위헌의 책임과 불법행위의 책임을 진다.

② 생존권적 측면

적극적 효력으로서 노동3권의 행사를 국가가 보호하여 주도록 요구할 수 있는 효력을 말한다. 국가가 정당한 노동3권의 행사에 대하여 민·형사상 책임의 면제를 확인하여 주거나 사용자의 부당노동행위를 제한하는 부당노동행위 구제제도를 입법화하는 행위는 노동3권의 대국가적 효력 중 적극적 효력의 내용이다.

(2) 대사인적 효력

① 對 사용자 효력

사용자가 근로자의 노동3권을 침해하는 행위(부당노동행위)로부터 보호받을 수 있는 효력을 말한다.

② 對 근로자 효력

다른 근로자가 근로자의 노동3권을 침해하는 행위로부터 보호를 받을 수 있는 효력을 말한다. 근로자가 노동조합을 설립·운영하거나 노동조합에서 탈퇴하는 것을 다른 근로자가 방해하는 경우 이는 근로자의 노동3권을 침해하는 것이 된다.

③ 대사인적 효력의 인정여부

부정설, 직접적용설, 간접적용설 등이 있으나 근로자의 대사인적 효력은 노동조합 및 노동관계조정법 제81조의 부당노동행위 금지조항을 매개로 하여 사용자 등 사인에게 간접적으로 적용된다고 본다.

9 노동3권의 제한 및 한계

(1) 노동3권의 제한

① 내재적 한계

㉠ 헌법 제33조 제1항

근로자는 근로조건의 향상을 위하여 자주적인 단결권·단체교섭권 및 단체행동권을 가진다.

㉡ 내재적 한계

노동3권에 내재되고 있는 본질적 성격으로 인하여 노동3권의 행사범위가 당연히 제한되는 원리를 말한다. 노동3권은 근로자의 근로조건 향상을 위하여 자주적으로 행사될 것을 요구하는 것이다.

② 공무원 및 교원 등에 대한 제한

공무원인 근로자는 법률이 정하는 자에 한하여 단결권·단체교섭권 및 단체행동권을 가진다(헌법 제33조 제2항).

㉠ 공무원의 노동조합 설립 및 운영 등에 관한 법률

㉮ 노동조합에 가입할 수 있는 사람의 범위(법 제6조 제1항)

ⓐ 일반직공무원

ⓑ 특정직공무원 중 외무영사직렬·외교정보기술직렬 외무공무원, 소방공무원 및 교육공무원(다만, 교원은 제외)

ⓒ 별정직공무원

ⓓ ⓐ부터 ⓒ까지의 어느 하나에 해당하는 공무원이었던 사람으로서 노동조합 규약으로 정하는 사람

㉯ 노동조합의 대표자는 그 노동조합에 관한 사항 또는 조합원의 보수·복지, 그 밖의 근무조건에 관한 사항에 관하여 교섭하고 단체협약을 체결할 권한을 가진다(법 제8조 제1항 본문).

㉰ 노동조합과 그 조합원은 파업, 태업, 그 밖에 업무의 정상적인 운영을 방해하는 일체의 행위를 하여서는 아니 된다(법 제11조).

㉱ 단체교섭이 결렬되는 경우 당사자 어느 한쪽 또는 양쪽은 중앙노동위원회에 조정을 신청할 수 있다(법 제12조 제1항).

㉡ 국가공무원법 및 지방공무원법

사실상 노무에 종사하는 공무원은 과학기술정보통신부 소속 현업기관의 작업 현장에서 노무에 종사하는 우정직공무원(우정직공무원의 정원을 대체하여 채용된 일반임기제공무원 및 시간선택제일반임기제공무원 포함)으로서 다음의 어느 하나에 해당하지 아니하는 공무원으로 한다(국가공무원 복무규정 제28조).

㉮ 서무·인사 및 기밀업무에 종사하는 공무원

㉯ 경리 및 물품출납사무에 종사하는 공무원

㉰ 노무자 감독사무에 종사하는 공무원

㉱ 보안업무규정에 따른 국가보안시설의 경비업무에 종사하는 공무원

㉲ 승용자동차 및 구급차의 운전에 종사하는 공무원

㉢ 특정직 공무원에 관한 법

경찰공무원법, 소방공무원법, 군인사법은 현역군인·군무원·경찰관·소방관 등의 공무원이 노동3권을 행사할 수 없도록 규정하고 있다. 청원경찰법은 청원경찰의 복무에 대하여 국가공무원법 제66조 제1항을 준용하도록 되어있기 때문에 청원경찰도 노동3권을 행사할 수 없다.

㉣ 교원의 노동조합 설립 및 운영 등에 관한 법률

㉮ 노동조합의 설립(법 제4조)

ⓐ 유아교육법, 초·중등교육법에 따른 교원은 특별시·광역시·특별자치시·도·특별자치도(이하 '시·도'라 함) 단위 또는 전국 단위로만 노동조합을 설립할 수 있다.

ⓑ 고등교육법에 따른 교원은 개별학교 단위, 시·도 단위 또는 전국 단위로 노동조합을 설립할 수 있다(다만, 강사는 제외).

㉯ 노동조합의 대표자는 그 노동조합 또는 조합원의 임금, 근무 조건, 후생복지 등 경제적·사회적 지위 향상에 관하여 다음의 구분에 따른 자와 교섭하고 단체협약을 체결할 권한을 가진다(법 제6조 제1항).

ⓐ ㉮의 ⓐ에 따른 노동조합의 대표자의 경우 : 교육부장관, 시·도 교육감 또는 사립학교 설립·경영자. 이 경우 사립학교 설립·경영자는 전국 또는 시·도 단위로 연합하여 교섭에 응하여야 한다.

ⓑ ㉮의 ⓑ에 따른 노동조합의 대표자의 경우 : 교육부장관, 특별시장·광역시장·특별자치시장·도지사·특별자치도지사, 국·공립학교의 장 또는 사립학교 설립·경영자

㉰ 단체교섭이 결렬된 경우에는 당사자 어느 한쪽 또는 양쪽은 노동위원회법에 따른 중앙노동위원회에 조정을 신청할 수 있다. 교원의 노동쟁의를 조정·중재하기 위하여 중앙노동위원회에 교원 노동관계 조정위원회를 둔다(법 제9조 및 제11조).

㉑ 공무원직장협의회의 설립·운영에 관한 법률

㉮ 국가기관·지방자치단체 및 그 하부기관에 근무하는 공무원은 직장협의회를 설립하고 이에 자유로이 가입하거나 탈퇴할 수 있다.

㉯ 사실상의 단결권 및 제한된 범위의 단체협의권을 인정하나 단체행동권은 인정되지 아니하고 있다.

③ 주요방위사업체에 종사하는 근로자의 단체행동권 제한

㉠ 법률이 정하는 주요방위산업체에 종사하는 근로자의 단체행동권은 법률이 정하는 바에 의하여 이를 제한하거나 인정하지 아니할 수 있다(헌법 제33조 제3항).

㉡ 노동조합 및 노동관계조정법은 단체행동권이 제한되는 근로자를 방위산업에 관한 특별조치법에 의하여 지정된 방위산업체에 종사하는 근로자 중 주요방산물자의 생산 또는 전력, 용수 및 주로 방산물자를 생산하는 업무에 종사하는 자로 규정하고 있다. 따라서 주요방위산업체에 종사하는 근로자라 할지라도 방산물자의 생산 등에 직접 관련된 자만의 단체행동권이 제한되며 그 외의 자는 단체행동권을 행사할 수 있다.

④ 일반법률유보조항에 의한 제한

노동3권도 국가안전보장·질서유지·공공복리를 위하여 필요한 경우에는 제한할 수 있다(다수설, 헌법 제37조 제2항).

⑤ 비상사태 등에 의한 제한

국가비상사태에 있어서는 헌법 제76조의 규정에 따라 대통령의 긴급재정경제처분·명령과 긴급명령에 의하여 노동3권이 잠정적으로 제한될 수 있으며 헌법 제77조의 규정에 의한 비상계엄선포에 의하여 단체행동이 제약받을 수도 있다.

(2) 노동3권 제한의 한계

노동3권은 절대적 권리가 아니라 제한을 받을 가능성이 있는 상대적 권리라 할 수 있으나 그 제한은 필요 최소한에 그쳐야 할 것이고 노동3권의 전면적 부인 또는 본질적 내용의 침해는 인정될 수 없을 것이다.

01 적중예상문제

01 노동3권에 관한 설명으로 옳지 않은 것은?(다툼이 있으면 판례에 따름)

① 개인택시운전자는 노동3권의 주체가 될 수 없다.
② 단결권은 단결할 자유만을 가리킬 뿐이고, 단결하지 아니할 자유는 이에 포함되지 않는다.
③ 단체교섭권의 정당한 행사에 대해서는 민·형사상 책임이 면제된다.
④ 단체교섭권에는 단체협약체결권이 포함되어 있지 않다.

> **해설**
> ④ '교섭할 권한'이라 함은 교섭한 결과에 따라 단체협약을 체결할 권한을 포함하는 것이라고 할 것이다(대판 2000.5.12, 98도3299).

02 헌법에 명시된 노동3권에 관한 규정으로 옳은 것을 모두 고른 것은?

> ㄱ. 공무원인 근로자는 법률이 정하는 자에 한하여 단결권·단체교섭권 및 단체행동권을 가진다.
> ㄴ. 법률이 정하는 주요방위산업체에 종사하는 근로자의 단결권은 법률이 정하는 바에 따라 이를 제한하거나 인정하지 아니할 수 있다.
> ㄷ. 노동조합의 조합원은 어떠한 경우에도 인종, 종교, 성별, 연령, 신체적 조건, 고용형태, 정당 또는 신분에 의하여 차별대우를 받지 아니한다.

① ㄱ   ② ㄱ, ㄴ
③ ㄱ, ㄷ   ④ ㄴ, ㄷ

> **해설**
> ㄱ. 공무원인 근로자는 법률이 정하는 자에 한하여 단결권·단체교섭권 및 단체행동권을 가진다(헌법 제33조 제2항).
> ㄷ. 노동조합의 조합원은 어떠한 경우에도 인종, 종교, 성별, 연령, 신체적 조건, 고용형태, 정당 또는 신분에 의하여 차별대우를 받지 아니한다(노동조합 및 노동관계조정법 제9조).
> ㄴ. 법률이 정하는 주요방위산업체에 종사하는 근로자의 단체행동권은 법률이 정하는 바에 의하여 이를 제한하거나 인정하지 아니할 수 있다(헌법 제33조 제3항).

03 우리나라 노동법의 연혁에 관한 설명으로 옳은 것은?

① 노동조합법, 노동쟁의조정법은 1953년에 제정되었다.
② 부당노동행위제도는 최초 도입된 이후 현재까지 구제주의와 처벌주의를 병행하고 있다.
③ 미국의 와그너법을 수용하여 사용자와 노동조합을 부당노동행위 주체로 인정하고 있다.
④ 필수유지업무협정제도는 2010년 노동조합 및 노동관계조정법 개정시에 처음으로 도입되었다.

> 해설
① 노동조합법과 노동쟁의조정법은 1953년에 제정·시행되고 1963년에 폐지되었으며, 이는 1963년 제정되어 1997년 폐지된 구노동조합 및 노동관계조정법과 구노동쟁의조정법을 거쳐 현행 노동조합 및 노동관계조정법으로 통합되었다.
② 우리나라의 부당노동행위제도는 부당노동행위에 따른 피해의 구제에 효과적인 원상회복주의를 채택하고 있으며, 1986년 개정으로 부당노동행위자를 처벌하는 처벌주의를 병용하고 있다.
③ 미국의 와그너법은 사용자의 부당노동행위에 대한 법적 제도이며, 태프트-하틀리법에서 노동조합의 사용자에 대한 부당노동행위가 추가되었다.
④ 2008년 1월 1일부터 필수유지업무제도를 도입·시행하고 있다.

04 헌법 제32조에서 명시적으로 규정하고 있는 내용이 아닌 것은?

① 국가는 법률이 정하는 바에 의하여 최저임금제를 시행하여야 한다.
② 여자의 근로는 특별한 보호를 받는다.
③ 연소자의 근로는 특별한 보호를 받는다.
④ 국가는 근로의 의무의 내용과 조건을 공공복리의 원칙에 따라 법률로 정한다.

> 해설
헌법 제32조
• 모든 국민은 근로의 권리를 가진다. 국가는 사회적·경제적 방법으로 근로자의 고용의 증진과 적정임금의 보장에 노력하여야 하며, 법률이 정하는 바에 의하여 최저임금제를 시행하여야 한다.
• 모든 국민은 근로의 의무를 진다. 국가는 근로의 의무의 내용과 조건을 민주주의원칙에 따라 법률로 정한다.
• 근로조건의 기준은 인간의 존엄성을 보장하도록 법률로 정한다.
• 여자의 근로는 특별한 보호를 받으며, 고용·임금 및 근로조건에 있어서 부당한 차별을 받지 아니한다.
• 연소자의 근로는 특별한 보호를 받는다.
• 국가유공자·상이군경 및 전몰군경의 유가족은 법률이 정하는 바에 의하여 우선적으로 근로의 기회를 부여받는다.

05 헌법재판소의 노동3권 해석에 관한 설명으로 옳지 않은 것은?

① 노동조합 및 노동관계조정법상 노동조합 설립신고서 반려제도는 헌법상 금지된 단체결성에 대한 허가제에 해당하지 않는다.

② 헌법상 단결권에는 소극적 단결권, 즉 단결하지 아니할 자유가 포함되지 않는다.

③ 노동3권은 자유권적 측면과 생존권적 측면을 동시에 가지고 있다.

④ 헌법이 노동3권의 주체를 '근로자'로 명시하고 있으므로 노동조합은 단결권 행사의 주체에 해당하지 않는다.

> **해설**
>
> ④ 헌법재판소는 헌법 제33조 제1항은 근로자 개인의 단결권만이 아니라 근로자단체 자체의 단결권 보장, 즉 근로자단체의 존속, 유지, 발전, 확장 등을 국가공권력으로부터 보장하고(단체존속의 권리), 근로자단체의 조직 및 의사형성절차에 관하여 규약의 형태로 자주적으로 결정하는 것을 보장하며(단체자치의 권리), 근로조건의 유지와 향상을 위한 근로자단체의 활동, 즉 단체교섭, 단체협약 체결, 단체행동, 단체의 선전 및 단체가입의 권유 등을 보호하는 것(단체활동의 권리)을 포함한다고 판시한 바 있다(헌재 1999.11.25, 95헌마154).

06 헌법상 노동기본권 등에 관한 설명으로 옳지 않은 것은?

① 국가는 근로자의 고용의 증진과 적정임금의 보장에 노력하여야 한다.

② 여자의 근로는 특별한 보호를 받으며 고용·임금 및 근로조건에 있어서 부당한 차별을 받지 아니한다.

③ 국가는 법률이 정하는 바에 의하여 최저임금제를 시행하여야 한다.

④ 법률이 정하는 바에 따라 주요 방위산업체에 종사하는 근로자 중 전력·용수 및 주로 방산물자를 생산하는 업무에 종사하는 자는 노동조합을 조직할 수 없다.

> **해설**
>
> ④ 법률이 정하는 주요 방위산업체에 종사하는 근로자 중 전력·용수 및 주로 방산물자를 생산하는 업무에 종사하는 자는 쟁의행위를 할 수 없다(노동조합 및 노동관계조정법 제41조 제2항). 방위산업체에 종사하는 근로자는 일반근로자와는 달리 단체행동권만 제한될 뿐 단결권이나 단체교섭권은 인정되므로 노동조합의 조직이나 가입은 가능하다(헌법 제33조 제3항 참고).

07 노동3권에 관한 설명으로 옳지 않은 것은?

① 제헌헌법은 근로자의 단결, 단체교섭과 단체행동의 자유는 법률의 범위 내에서 보장된다고 규정하였다.
② 헌법상 단결권은 단결할 자유만을 가리킬 뿐이고, 단결하지 아니할 자유는 이에 포함되지 않는다는 것이 헌법재판소의 입장이다.
③ 현행법상 단체행동권이 인정되는 공무원이 있다.
④ 현행 헌법은 교원에 대해 법률이 정하는 자에 한하여 단결권, 단체교섭권, 단체행동권을 갖는다고 규정하고 있다.

> **해설**
> ④ 현행 헌법에 교원의 노동3권에 관한 규정은 없다.

08 노동법의 법원(法源)에 관한 설명으로 옳지 않은 것은?(다툼이 있는 경우에는 판례에 의함)

① 노동관행의 법원성이 인정되는 경우 임금청구의 기초로 삼을 수 있다.
② 헌법에 의하여 체결·공포된 ILO협약은 국내법과 동일한 효력을 갖는다.
③ 단체협약에 정한 근로조건에 위반하는 취업규칙의 부분은 무효로 한다.
④ 행정해석은 사실상의 준칙으로 기능하는 범위에서는 법원성이 인정된다.

> **해설**
> ④ 행정해석은 사실상의 준칙으로 기능하고 있지만 법원성은 인정되지 않는다.

09 우리나라 노동법의 연혁 등에 관한 설명으로 옳지 않은 것은?

① 근로기준법, 노동조합법, 노동위원회법, 노동쟁의조정법은 같은 해에 제정되었다.
② 근로3권은 제헌헌법부터 기본권으로 규정되었다.
③ 노사협의회제도는 노동조합법에 규정된 적이 있었다.
④ 부당노동행위 구제제도는 최초 도입된 이후 현재까지 그 구제방식으로 원상회복주의만을 취하고 있다.

> **해설**
> ④ 부당노동행위 구제제도의 구제방식은 1953년 제정 당시 처벌주의를 채택하였으나, 1963년 개정법에서 원상회복주의로 전환되었다. 이후 1986년 개정에 의하여 처벌주의와 원상회복주의를 모두 채택하여 현재까지 오고 있다.

02 단결권

1 단결의 주체

(1) 총 설

헌법 제33조 제1항에 규정된 단결권의 주체에는 근로자 개인뿐만 아니라 근로자의 단결체인 노동조합도 포함된다. 근로자 개인의 단결권은 노동조합을 조직하고 이에 가입·활동할 수 있는 권리를 말한다. 또한 노동조합이 향유하는 단결권의 내용은 노동조합의 존립 및 활동에 관한 권리를 말한다.

(2) 근로자

① 적극적 요건

근로자라 함은 직업의 종류를 불문하고 임금·급료, 기타 이에 준하는 수입에 의하여 생활하는 자를 말한다(노동조합 및 노동관계조정법 제2조 제1호, 이하 '법'이라 함).

ⓐ 근로자의 범위

법상의 근로자 개념에는 사용자와 근로계약관계를 맺고 있는 취업자는 물론 근로계약관계를 맺고 있지 아니한 실업자·해고자 등 미취업자도 포함된다고 보는 것이 다수설이다. 이에 반하여 근로기준법상의 근로자는 근로계약을 전제로 사업 또는 사업장에서 현실적으로 근로를 제공하는 자에 한정된다.

ⓑ 근로자의 개념

㉮ 직업의 종류 불문

육체적·정신적 노동을 구별하지 아니하며, 임시직 등은 물론 가사 사용인도 포함된다.

㉯ 임금·급료, 이에 준하는 수입에 의하여 생활하는 자

임금·급료, 이에 준하는 수입이라 함은 근로자가 타인에게 고용되어 근로를 제공하고 그 보수로서 받는 일체를 의미한다. 임금 등의 수입에 의하여 생활하는 자라 함은 이러한 임금 등이 유일한 수입이라야 한다는 것은 아니다.

② 소극적 요건

법 제2조 제1호의 근로자 개념에 해당하는 경우에도 법 제2조 제2호의 사용자의 개념에 해당하는 자는 단결권의 주체인 근로자가 될 수 없다.

(3) 노동조합

① 노동조합의 발전과정

㉠ 금지 및 탄압

노동조합의 결성에 대하여 민법상의 손해배상을 인정하거나 형사상의 형벌을 부과한다. 자본주의사회의 초기에는 자유주의 및 개인주의를 원칙으로 하는 시민법질서가 강조된 결과이다.

㉡ 소극적 인정 및 방임

형식적 자유주의 및 개인주의를 보호하는 차원에서 이를 실질적으로 보호하려는 경향이 대두됨에 따라 노동조합의 존재는 불법단체가 아닌 것으로 인정되어 시민법상의 민사책임이나 형사책임이 소극적으로 면제되었다.

㉢ 법적 보호 및 조성

수정자본주의가 발달됨에 따라 근로자와 사용자 간의 균등한 지위를 보장할 필요성이 대두되었다. 이에 따라 노동조합의 결성이나 활동의 적법성을 소극적으로 인정한 것에 그치지 아니하고 헌법 및 법률의 제정에 의하여 적극적으로 보호하게 되었다.

㉣ 남용에 대한 규제

일부 국가에서는 노동조합의 권리남용을 방지하고 공익이나 근로자 개인의 권익을 보호하기 위한 법적 규제를 부과하고 있다.

② 노동조합의 조직형태

㉠ 조합원의 자격에 의한 유형

㉮ 직종별 조합

동일한 직종에 속한 근로자들이 자신이 소속된 기업 또는 산업과는 상관없이 직종을 중심으로 결합한 노동조합형태이다. 가장 일찍 발달한 형태로 주로 숙련근로자들이 이를 조직하고 가입하였다. 이 조직유형의 장점으로는 임금, 기타 근로조건에 관한 통일된 입장을 제시할 수 있고 단결력이 강하여 사용자에 의한 어용화의 가능성이 적으며 취업자뿐 아니라 미취업자도 조합원으로 가입할 수 있다는 점이다. 단점으로는 조합원과 사용자 간의 관계가 밀접하지 못하고 다른 직종에 배타적인 성격으로 인하여 근로자 전체의 근로조건을 향상시키기에는 적합하지 않다는 것이다.

㉯ 산업별 조합

동종의 산업에 종사하는 근로자들이 자신의 직종과 소속된 기업과는 관계없이 산업을 중심으로 하여 조직된 노동조합형태이다. 산업혁명이 진행됨에 따라 미숙련노동자들이 노동시장에 진출하면서 이들의 권익을 보호하기 위하여 발달한 것으로 오늘날 선진제국에서 일반적으로 채택되고 있는 조직유형이다. 대규모 조직을 바탕으로 한 강력한 단체교섭권을 기반으로 동종산업에 종사하는 근로자의 지위를 통일적으로 개선할 수 있다는 장점이 있으나 개별 근로자의 직종별 또는 기업별 특수성에 기인하는 근로조건의 확립이 어렵다는 단점이 있다.

㉠ 기업별 조합

　　　하나의 기업에 종사하는 근로자가 직종 또는 산업과 상관없이 자신이 소속된 기업을 단위로 하여 조직된 노동조합형태이다. 장점으로는 단일기업체에 종사하는 근로조건을 체계적으로 정하여 동일한 기업 내에 속한 근로자 간의 형평성을 도모할 수 있고 사용자와의 관계가 긴밀하여 기업 내부의 특수성을 반영할 수 있으며 노사협조가 잘 이루어질 수 있다는 점을 들 수 있다. 단점으로는 노동조합이 어용화될 위험이 있고 조합원보다는 종업원의식이 강하여 기업을 초월한 조합원들의 협조가 미약하여 동일직종에 속하더라도 기업 간의 근로조건이 현저하게 차이가 날 수도 있다는 점을 들 수 있다.

　　㉣ 일반조합

　　　근로자들의 직종·산업 또는 소속기업과는 무관하게 근로의 능력과 의사가 있는 근로자는 누구든지 가입할 수 있는 노동조합을 말한다. 특정 직종·산업에 속하지 않는 근로자를 노동조합에 가입할 수 있도록 하는 장점이 있으나 이질적인 근로자들의 결합으로 연대감·소속감이 부족하여 통일된 단결력을 발휘할 수 없다는 단점이 있다.

　ⓛ 결합방식에 의한 유형

　　㉮ 단일조직(단위노조)

　　　독자적인 노동조합으로서의 설립요건을 갖추고 있는 최소한의 단위로서의 노동조합으로 근로자 개인을 그 구성원으로 하는 노동조합형태를 말한다.

　　㉯ 연합체조직

　　　단일조합을 구성원으로 하는 노동조합형태를 말한다. 연합체조직은 하나의 독립된 노동조합으로서 활동하며 단순한 협의·연락기관에 불과한 협의체조직과 구별된다.

　　㉰ 혼합조직

　　　근로자 개인 또는 단일조합을 모두 구성원으로 하는 노동조합형태를 말한다.

　ⓒ 우리나라 노동조합의 조직형태

　　㉮ 원 칙

　　　법에서 근로자는 자유로이 노동조합을 조직하거나 이에 가입할 수 있다고 규정하고 있어 조직형태의 결정은 자유이다. 기업별 노조를 단위노동조합으로 하고 이들을 산업별로 결합한 연합단체를 주된 조직형태로 하고 있다.

　　㉯ 조합원의 자격에 의한 유형

　　　1980년 법은 기업별 노조를 강제하였으나 1987년에 관련규정이 삭제되었다. 현재 기업별 노조가 압도적 다수를 차지하고 있으며 직종별·일반노조 및 산업별 노조 등이 조직되어 있다.

　　㉰ 결합방식에 의한 유형

　　　ⓐ 우리나라의 경우 연합체조직은 동종산업의 단위노동조합을 구성원으로 하는 산업별 연합단체, 산업별 연합단체 또는 전국규모의 산업별 단위노동조합을 구성원으로 하는 총연합단체를 말한다(법 제10조 제2항). 총연합단체에는 한국노동조합총연맹과 전국민주노동조합총연맹이 있다.

ⓑ 단위노조와 연합단체 간의 관계

단위노동조합은 연합단체에 가입 여부를 자유로이 결정할 수 있다. 단위노동조합이 산업별 연합단체인 노동조합에 가입하거나 산업별 연합단체 또는 전국규모의 산업별 단위노동조합이 총연합단체인 노동조합에 가입한 경우에는 해당 노동조합은 소속 산업별 연합단체인 노동조합 또는 총연합단체인 노동조합의 규약이 정하는 의무를 성실하게 이행해야 한다(영 제8조 제1항).

2 단결의 목적

(1) 필요목적

단결의 필요적 목적이란 노동조합이 의무적으로 수행하여야 할 목적을 말한다. 이러한 목적을 수행하지 않는 노동조합은 법상의 노동조합이 아니다. 즉, 노동조합이란 근로자가 주체가 되어 자주적으로 단결하여 근로조건의 유지·개선 기타 근로자의 경제적·사회적 지위의 향상을 도모함을 목적으로 조직하는 단체 또는 그 연합단체를 말한다(법 제2조 제4호).

(2) 임의목적

노동조합이 의무적으로 반드시 수행할 필요는 없으나 자유로운 의사결정에 의하여 임의로 수행할 수 있는 목적을 말한다. 임의목적에는 공제·수양, 기타 복리사업(법 제2조 제4호 다목) 및 정치운동(법 제2조 제4호 마목) 등이 포함된다. 그런데 필요목적을 수행함이 없이 임의목적만을 노동조합의 유일한 목적으로 하는 경우에는 노동조합이 될 수 없다. 즉, 노동조합은 근로조건의 유지·개선이라는 필요목적을 추구하면서 이를 침해하지 않는 합리적인 범위 안에서 임의목적을 수행하여야 한다.

(3) 금지목적

노동조합이 수행해서는 아니 되는 목적으로서 단결권의 내재적 성질에 의하여 당연히 제한되거나 또는 관계법령 등에 의하여 금지되는 목적을 말한다. 예를 들면 노동조합은 현행법령상의 범죄행위 또는 사법상의 강행규정에 위반되는 행위를 목적으로 하여서는 아니 된다.

3 단결의 상대방

근로자의 단결의 상대방은 단결의 목적유형에 따라 다양하게 전개될 수 있으나 다양한 단결권행사의 상대방 중 가장 중요한 의미를 갖는 것은 사용자이다. 그러나 단체교섭의 상대방이 사용자라 하여 노동조합의 설립에 있어 그 상대방인 사용자 또는 사용자단체가 반드시 존재해야 하는 것은 아니다. 다만, 사용자가 완전히 존재하지 않는 경우에는 노동조합이 설립되지 아니한다. 이에 반하여 사용자가 존재는 하되 불특정의 경우에는 노동조합의 설립이 가능하다.

① 사용자

　사용자라 함은 사업주, 사업의 경영담당자 또는 그 사업의 근로자에 관한 사항에 대하여 사업주를 위하여 행동하는 자를 말한다(법 제2조 제2호).

② 사용자단체

　사용자단체라 함은 노동관계에 관하여 그 구성원인 사용자에 대하여 조정 또는 규제할 수 있는 권한을 가진 사용자의 단체를 말한다(법 제2조 제3호).

4 단결의 방법

근로자 개인에 있어서는 노동조합을 결성하거나 이에 가입하는 것이며 노동조합에 있어서는 노동조합을 유지·운영하는 것이다. 노동조합의 가입·유지라는 관점에서 여러 가지 숍(Shop)제도에 관해 살펴본다.

① 오픈숍(Open Shop)

　사용자가 조합원 또는 비조합원의 여부에 상관없이 아무나 채용할 수 있는 제도이다.

② 클로즈드숍(Closed Shop)

　사용자가 조합원만을 종업원으로 신규 채용할 수 있는 제도로서 비조합원은 원칙적으로 신규 채용할 수 없다. 클로즈드숍의 경우 사용자 측으로부터 종업원 채용의사의 통지를 받은 후 일정기간 내에 조합이 조합원 중에서 적합한 자를 제공할 수 없는 경우 사용자는 비조합원도 고용할 수 있으나 고용된 자는 신속히 당해 조합에 가입해야 한다. 헌법상 직업선택의 자유 및 단결선택의 자유를 침해하여 위헌의 소지가 있다.

③ 유니온숍(유니언숍, Union Shop)

　사용자에게 조합원 또는 비조합원의 여부에 상관없이 종업원을 고용할 자유는 있으나 일단 고용되면 일정기간 내에 종업원은 조합원이 되어야 하는 제도이다. 법 제81조 제1항 제2호도 예외적인 경우에 유니온숍을 인정하고 있다.

④ 조합원자격유지제도(Maintenance of Membership)

　사용자가 조합원 또는 비조합원의 여부에 관계없이 종업원을 고용할 수는 있으나 단체협약체결 당시에 조합인인 종업원은 고용계속의 조건으로서 단체협약의 유효기간 동안 조합원자격을 유지해야되고 조합으로부터 제명되거나 탈퇴하는 경우에 해고되는 제도이다. 다만, 단체협약의 체결 후 일정기간 동안 탈퇴기간을 설정하여 이 기간에 있어서는 탈퇴의 자유를 인정하는 것이 보통이다.

⑤ 조합원우대제도

　사용자가 조합원 또는 비조합원의 여부에 상관없이 아무나 종업원으로 채용할 수 있으나 인사·해고 및 승진 등에 있어서 조합원에 우선적 특권을 부여하는 제도이다.

⑥ 에이전시숍(Agency Shop)

　종업원들 중에서 조합가입의 의사가 없는 자에게는 조합가입이 강제되지 아니하나 조합가입에 대신하여 조합비를 조합에 납입하여야 하는 제도이다. 이것은 비조합원인 근로자들이 단체협약의 수혜를 받는 무임승차를 방지하기 위한 제도이다.

1 노동조합의 설립요건

(1) 실질적 요건

노동조합이라 함은 근로자가 주체가 되어 자주적으로 단결하여 근로조건의 유지·개선 기타 근로자의 경제적·사회적 지위의 향상을 도모함을 목적으로 조직하는 단체 또는 그 연합단체를 말한다(법 제2조 제4호). 노동조합이 실제로 대외적 자주성과 대내적 민주성을 갖추기 위한 실체적 요건으로서 요건을 충족하고 조합규약을 갖추어야 한다.

① 대외적 자주성의 확보를 위한 요건

　㉠ 적극적 요건

　　㉮ 주체상의 요건

　　　근로자가 주체가 되어 자주적으로 단결하는 단체 또는 연합단체이어야 한다.

　　　　ⓐ 근로자가 아닌 자의 결성·가입을 허용할 것인가에 대해서 견해가 대립하는 바 근로자 아닌 자가 양적으로 소수이고 운영 및 활동에서 주도적인 위치에 있지 아니하는 한 노동조합의 자격이 부인되지 아니한다는 견해가 다수설이다. 다만, 이 경우에 ㉡의 소극적 요건에 해당되어 결국은 노동조합으로서 인정되지 아니한다고 한다.

　　　　ⓑ 노동조합이 자주적으로 조직되어야 한다 함은 노동조합이 사용자뿐 아니라 국가·정당·종교단체 등의 외부세력의 간섭에서 독립하여 조직·운영되어야 한다는 것을 의미한다.

　　　　ⓒ 단체라 함은 2인 이상의 근로자 개인이 조직한 인적 결합체를 의미하며 이는 곧 단위 노동조합을 말한다. 연합단체라 함은 노동조합이라는 단체를 구성원으로 하는 상부단체를 말한다.

　　㉯ 목적상의 요건

　　　노동조합은 근로조건의 유지·개선, 기타 경제적·사회적 지위 향상을 목적으로 하여야 한다.

　㉡ 소극적 요건(법 제2조 제4호 단서)

　　다음의 어느 하나에 해당하는 경우 노동조합의 설립이 인정되지 아니하는 요건을 말한다.

　　㉮ 사용자 또는 항상 그의 이익을 대표하여 행동하는 자의 참가를 허용하는 경우

　　　사용자 또는 항상 그의 이익을 대표하는 자의 개념 및 범위에 관하여서는 형식적인 직급이나 직책보다는 개별기업의 운영 실태에 따라 구체적으로 이를 판단하여야 한다.

　　㉯ 경비의 주된 부분을 사용자로부터 원조받는 경우

　　　　ⓐ 노동조합이 재정적인 측면에서 사용자로부터 자주성을 유지하기 위한 것이다.

　　　　ⓑ 경비라고 함은 노동조합 운영에 소요되는 모든 경비를 말한다.

　　　　ⓒ '주된'이란 말은 사용자로부터 원조를 조금도 받아서는 아니 된다는 것을 의미하는 것이 아니므로 일부분은 받아도 무방하다.

　　　　ⓓ 근로시간 중 사용자와 협의·교섭하는 것을 사용자가 허용하는 것, 근로자의 후생자금 또는 경제상의 불행, 기타 재액의 방지와 구제 등을 위한 기금의 기부, 최소한 규모의 노동조합 사무소의 제공 등은 허용된다.

ⓓ 공제·수양, 기타 복리사업만을 목적으로 하는 경우

노동조합이 근로조건의 유지·개선이라는 필요목적을 추구하면서 이러한 목적달성에 위배되지 아니하는 범위 내에서 공제·수양, 기타 복리사업 등의 임의목적을 영위하는 것은 무방하다.

ⓔ 근로자가 아닌 자의 가입을 허용하는 경우

ⓐ 근로자가 아닌 자의 범위

노사관계법상의 근로자의 범위와 관련하여 종례 판례와 일부 학설은 사용자와 근로계약관계를 체결하고 사용종속관계에 있는 자로 좁게 해석하였으나 최근 판례와 다수설은 사용자와의 근로계약을 체결한 취업근로자는 물론 체결하지 아니한 미취업근로자도 포함되는 광의로 해석한다.

ⓑ 해고자가 부당노동행위 구제신청을 한 경우

해고된 자가 노동위원회에 부당노동행위의 구제신청을 한 경우에는 중앙노동위원회의 재심판정이 있을 때까지는 근로자가 아닌 자로 해석하여서는 아니 된다.

ⓒ 법원에 민법상 해고무효확인소송을 제기하거나 노동위원회에 부당노동행위 구제신청을 한 것이 아니라 근로기준법상의 부당해고구제신청을 하여 해고의 효력을 다투는 자는 근로자의 지위가 인정되지 아니한다.

ⓓ 중앙노동위원회에서 조합원자격의 유무에 관한 재심판정을 내린 경우 행정소송의 제기에 의하여 동 재심판정의 효력이 정지되지 아니한다.

ⓕ 주로 정치운동을 목적으로 하는 경우

노동조합의 정치운동은 허용되나 이를 주로 하는 경우에는 노사관계법상의 노동조합이 될 수 없다. 다만, 정치운동은 근로자의 근로조건의 유지·개선이라는 필요목적을 침해하지 아니하는 범위 내에서 행사되어야 한다.

ⓒ 적용범위

ⓐ 노사관계법상의 지위

해고의 효력을 다투는 자가 근로자의 지위를 유지한다는 의미는 노동조합의 설립의 경우만 적용된다는 견해도 있으나 판례는 이 규정의 적용범위를 넓게 해석하여 노동조합의 설립뿐 아니라 사업장 출입·임원 출마 등의 조합활동은 물론 단체교섭 및 쟁의행위의 경우에도 적용되는 것으로 해석한다.

ⓑ 근로기준법상의 지위

해고의 효력을 다투는 자를 근로자가 아닌 자로 보지 아니한 경우에도 이는 근로기준법상 사용자와의 임금수령 및 근로제공 등의 근로관계가 지속적으로 유지되는 것으로 해석해서는 아니 된다.

ⓒ 근로자참여 및 협력증진에 관한 법률상의 지위 해고의 효력을 다투는 자는 동법상의 근로자위원이 될 수 없다.

② 대내적 민주성의 확보를 위한 요건

노동조합은 그 조직의 자주적·민주적 운영을 보장하기 위하여 당해 노동조합의 규약을 작성하여야 한다(법 제11조).

(2) 형식적 요건

① 노동조합의 설립신고 `19` `20` `기출`

   ㉠ 노동조합을 설립하고자 하는 자는 명칭, 주된 사무소의 소재지, 조합원 수, 임원의 성명과 주소, 소속된 연합단체가 있는 경우에는 그 명칭, 연합단체인 노동조합에 있어서는 그 구성노동단체의 명칭, 조합원 수, 주된 사무소의 소재지 및 임원의 성명·주소를 기재한 신고서에 규약을 첨부하여 연합단체인 노동조합과 2 이상의 특별시·광역시·특별자치시·도·특별자치도에 걸치는 단위노동조합은 고용노동부장관에게, 2 이상의 시·군·구(자치구)에 걸치는 단위노동조합은 특별시장·광역시장·도지사에게, 그 외의 노동조합은 특별자치시장·특별자치도지사·시장·군수·구청장(자치구의 구청장)에게 제출하여야 한다(법 제10조 제1항).

   ㉡ 신고의 법적 성격

   신고주의, 허가주의, 준칙주의로 견해가 대립되나 설립신고란 근로자의 자주적 조직으로서 노동조합이 결성되었음을 행정관청에 단순 통지하는 것에 불과하다고 보는 신고주의가 다수설이다.

   ㉢ 설립심사제도

   노동조합이 행정관청에 설립신고를 하는 경우 행정관청은 이 설립신고에 대한 적법성 여부를 심사한다.

     ㉮ 심사대상

     형식적 심사설도 있으나 행정관청은 심사를 하는 경우 노동조합의 설립요건을 실제로 충족시키는지의 여부, 즉 민주성 및 자주성을 갖추고 있는지의 여부를 실제로 파악하여야 한다는 실질적 심사설이 다수설, 판례이다. 그러나 실질적 심사설을 따르는 경우에도 법 제2조 제4호 단서의 해당 여부를 심사하는 경우에만 이를 적용하고 형식적 설립신고서 또는 규약의 보완사항에 대하여서는 형식적 심사설을 따른다.

     ㉯ 심사결과

       ⓐ 노동조합의 실질적 설립요건을 갖춘 경우

         • 고용노동부장관, 특별시장·광역시장·특별자치시장·도지사·특별자치도지사 또는 시장·군수·구청장은 설립신고서를 접수한 때에는 3일 이내에 신고증을 교부하여야 한다(법 제12조 제1항).

         • 노동조합이 설립신고증을 교부받은 후 설립신고서의 반려사유가 발생한 경우에는 행정관청은 30일의 기간을 정하여 시정을 요구할 수 있다(영 제9조 제2항).

       ⓑ 노동조합의 실질적 설립요건을 갖추지 못한 경우

         • 노동조합의 실질적 요건 중 소극적 요건에 해당하는 경우

         • 노동조합이 법 제2조 제4호 각 목에 해당되는 경우에는 설립신고서를 반려한다(법 제12조 제3항 제1호).

         • 설립신고서 또는 규약에 누락 등이 있는 경우

         • 행정관청은 노동조합의 설립신고가 설립신고서에 규약이 첨부되어 있지 아니하거나 설립신고서 또는 규약의 기재사항 중 누락 또는 허위사실이 있는 경우, 임원의 선거절차 또는 규약의 제정절차가 법규정에 위반되는 경우에는 20일 이내의 기간을 정하여 보완을 요구하여야 한다(법 제12조 제2항 및 영 제9조 제1항). 그러나 20일 이내에 보완이 되지 아니하는 경우에는 설립신고서를 반려하여야 한다(법 제12조 제3항 제2호).

2 노동조합의 성립과 법적 효과

(1) 노동조합의 성립시기

노동조합이 신고증을 교부받은 경우에는 설립신고서가 접수된 때에 설립된 것으로 본다(법 제12조 제4항).

① 법 제12조 제4항의 해석

신고증교부 정지조건부 접수시설과 신고증불교부 해제조건부 접수시설의 대립이 있다.

② 행정관청이 3일 이내에 신고증을 교부하지 않은 경우

설립부정설(판례)과 설립긍정설(통설)의 대립이 있다.

(2) 노동조합 성립의 법적 효과

① 노동조합의 설립요건을 갖추고 있는 경우

ㄱ 노동조합이라는 명칭을 사용할 수 있다(법 제7조 제3항).

ㄴ 노동위원회에 노동쟁의의 조정신청을 할 수 있다(법 제7조 제1항).

ㄷ 노동위원회에 부당노동행위의 구제를 신청할 수 있다(법 제7조 제1항).

ㄹ 법인격의 취득을 할 수 있다(법 제6조).

ㅁ 단체협약의 지역적 효력확장이 인정된다(법 제36조).

ㅂ 조세면제의 특전이 부여된다(법 제8조).

ㅅ 정당한 노동3권 행사에 민·형사상의 면책을 인정한다(법 제3조 및 제4조).

ㅇ 노동위원회에 근로자위원을 추천할 수 있다(노동위원회법 제6조 제3항).

ㅈ 근로자 공급사업의 허가를 받을 수 있다(직업안정법 제33조).

② 노동조합의 설립요건을 갖추고 있지 못한 경우

ㄱ 실질적 요건은 갖추었으나 형식적 요건을 갖추지 못한 경우

법내노조설, 법외노조설, 비노조설이 대립하나 법외노조설이 다수설이다. 법외노조설에 따르면 노사관계법상의 보호는 받지 못하나 헌법상의 단결권보장의 대상이 되는 헌법상의 노조로서 단체교섭권, 단체협약체결권, 민·형사상의 면책은 인정된다.

ㄴ 실질적 요건을 갖추지 못한 경우

자주성, 민주성을 갖추지 못한 경우로 비노조설이 일반적이다.

(3) 설립신고 후의 변경사항

① 변경신고 및 통보

ⓐ 변경신고

노동조합은 설립신고된 사항 중 명칭, 주된 사무소의 소재지, 대표자의 성명, 소속된 연합단체의 명칭에 변경이 있는 때에는 그 날부터 30일 이내에 행정관청에게 변경신고를 하여야 한다(법 제13조 제1항).

ⓑ 변경통보

㉮ 노동조합은 매년 1월 31일까지 전년도에 규약의 변경이 있는 경우에는 변경된 규약내용, 전년도에 임원의 변경이 있는 경우에는 변경된 임원의 성명, 전년도 12월 31일 현재의 조합원수(연합단체인 노동조합에 있어서는 구성단체별 조합원 수)를 행정관청에게 통보하여야 한다(법 제13조 제2항).

㉯ 노동조합은 행정관청에 대하여 조합원 수를 통보함에 있어서 2 이상의 사업 또는 사업장의 근로자로 구성된 단위노동조합의 경우에는 사업 또는 사업장별로 구분하여 통보하여야 한다.

② 신고증교부의 철회

노동조합이 설립신고증을 교부받은 후 설립신고서의 반려사유가 발생한 경우에는 행정관청은 30일의 기간을 정하여 시정을 요구할 수 있다(영 제9조 제2항). 행정관청은 노동조합에 설립신고증을 교부하거나 신고증 교부한 때에는 지체 없이 그 사실을 관할 노동위원회와 해당 사업 또는 사업장의 사용자나 사용자단체에 통보해야 한다(영 제9조 제3항).

3 노동조합과 법인격

(1) 법인격 취득

노동조합은 그 규약이 정하는 바에 의하여 법인으로 할 수 있다(법 제6조 제1항). 법인으로 하고자 할 때에는 등기를 하여야 한다(법 제6조 제2항).

(2) 법인격 취득의 효과

법인인 노동조합에 대하여는 이 법에 규정된 것을 제외하고는 민법 중 사단법인에 관한 규정을 적용한다(법 제6조 제3항).

① 소송상 당사자능력을 갖는다. 한편 법인 아닌 노동조합도 소송상 당사자능력을 갖는다. 또한 노동조합의 성립요건을 갖추지 못한 근로자단체도 사단으로 인정되는 한 소송상 당사자능력을 갖는다.

② 조합재산은 법인인 노동조합의 단독소유가 된다.

1 조합원의 지위

(1) 조합원 지위의 취득 및 상실

① 조합원 지위의 취득 **18** 기출

㉠ 새로운 조합의 결성

㉡ 기존 조합에의 가입

㉮ 노동조합이 민주성 및 자주성 원칙에 따라 노동조합이 조합규약에 의하여 자신의 조합원 자격을 자유로이 정할 수 있음은 당연하다. 따라서 노동조합은 일정한 직종·산업 또는 기업을 정하여 이에 종사하는 근로자만을 자신의 노동조합에 가입하도록 허용하거나 근로자의 지위 등을 기준으로 조합원 자격에 일정한 제한을 둘 수도 있다. 다만, 법 제9조는 노동조합의 조합원은 어떠한 경우에도 인종·종교·성별·연령·신체적 조건·고용형태·정당 또는 신분에 의하여 차별대우를 받지 아니한다고 규정하고 있다.

㉯ 조합원 자격을 갖고 있는 근로자에 대해 노동조합이 노조가입을 제한할 수 있는지가 문제되나, 판례는 "유니언숍 협정에 의한 가입강제가 있는 경우에는 단체협약에 명문규정이 없더라도 노동조합의 요구가 있으면 사용자는 노동조합에서 탈퇴한 근로자를 해고할 수 있기 때문에 조합측에서 근로자의 조합 가입을 거부하게 되면 이는 곧바로 해고로 직결될 수 있으므로 조합은 노조가입신청인에게 제명에 해당하는 사유가 있다는 등의 특단의 사정이 없는 한 그 가입에 대하여 승인을 거부할 수 없고, 따라서 조합 가입에 조합원의 사전 동의를 받아야 한다거나 탈퇴 조합원이 재가입하려면 대의원대회와 조합원총회에서 각 3분의 2 이상의 찬성을 얻어야만 된다는 조합 가입에 관한 제약은 그 자체가 위법 부당하다(대판 1996.10.29, 96다28899)"라고 한다.

② 조합원 지위의 상실

㉠ 조합원 자격의 상실

조합원이 법령 또는 조합규약에서 정한 자격을 충족하지 못한 경우 원칙적으로 조합원으로서의 지위를 상실한다. 조합원이 승진 또는 승급함으로써 사용자의 이익을 대표하는 자가 된 경우가 대표적인 예이다.

㉡ 조합에서의 탈퇴

조합원이 그의 자발적 의사에 의하여 조합원의 지위를 종료시키는 법률행위를 말한다. 탈퇴의 자유 인정여부는 단결강제의 가능여부에 달려 있다.

(2) 조합원의 권리 및 의무

① 조합원의 권리

㉠ 평등권

㉮ 균등참여권(법 제22조)

노동조합의 조합원은 균등하게 그 노동조합의 모든 문제에 참여할 권리와 의무를 가진다. 다만, 노동조합은 그 규약으로 조합비를 납부하지 아니하는 조합원의 권리를 제한할 수 있다.

㉯ 차별대우의 금지(법 제9조)

노동조합의 조합원은 어떠한 경우에도 인종, 종교, 성별, 연령, 신체적 조건, 고용형태, 정당 또는 신분에 의하여 차별대우를 받지 아니한다.

㉡ 임원선거권·피선거권

㉮ 조합원은 그 조합의 임원을 선출하고 또한 자신이 임원으로 선출될 수 있는 권리를 가지며, 임원을 해임할 수도 있다.

㉯ 노동조합은 규약으로 총회에 갈음할 대의원회를 둘 수 있으며, 대의원은 조합원이 선출한다(법 제17조).

㉢ 총회출석의결권 및 임시총회소집요구권

㉮ 조합원은 총회에 출석하여 발언하고 의결에 참여할 권리를 가진다.

㉯ 조합원 또는 대의원의 3분의 1 이상이 회의에 부의할 사항을 제시하고 회의의 소집을 요구할 때에는 조합대표자는 지체 없이 임시총회 또는 임시대의원회를 소집하여야 한다(법 제18조 제2항).

㉣ 조합운영상황공개요구권

노동조합의 대표자는 회계연도마다 결산결과와 운영상황을 공표하여야 하며 조합원의 요구가 있을 때에는 이를 열람하게 하여야 한다(법 제26조).

㉤ 조합시설 및 기금의 이용권

㉥ 재산분할청구권

조합해산 시에는 인정되나 탈퇴, 제명시에는 인정되지 않는다.

② 조합원의 의무

㉠ 조합비 납부의무

조합활동의 재정적 기반이므로 어느 조합원도 면제될 수 없는 기본적 의무이다.

㉡ 조합통제에 복종할 의무

조합원은 조합의 통제에 복종할 의무가 있다.

② 노동조합의 운영 및 활동

(1) 노동조합의 자주적 운영 및 활동

① 행정관청에 의한 감독

행정관청은 노동조합의 자주적·민주적 운영 및 활동을 위하여 필요한 경우에 한하여 개입할 수 있고 최소한에 그쳐야 한다.

㉠ 조합규약 및 조합결의·처분의 시정

㉮ 행정관청은 노동조합의 규약이 노동 관계 법령에 위반한 경우에는 노동위원회의 의결을 얻어 그 시정을 명할 수 있다(법 제21조 제1항).

㉯ 행정관청은 노동조합의 결의 또는 처분이 노동 관계 법령 또는 규약에 위반된다고 인정할 경우에는 노동위원회의 의결을 얻어 그 시정을 명할 수 있다. 다만, 규약위반 시의 시정명령은 이해관계인의 신청이 있는 경우에 한한다(법 제21조 제2항).

㉰ 규약 및 결의 또는 처분의 시정명령을 받은 노동조합은 30일 이내에 이를 이행하여야 한다. 다만, 정당한 사유가 있는 경우에는 그 기간을 연장할 수 있다(법 제21조 제3항).

㉡ 자료의 제출

노동조합은 행정관청이 요구하는 경우에는 결산결과와 운영상황을 보고하여야 한다(법 제27조).

㉢ 서류비치의무

㉮ 노동조합은 조합설립일부터 30일 이내에 조합원 명부(연합단체인 노동조합에 있어서는 그 구성단체의 명칭), 규약, 임원의 성명·주소록, 회의록, 재정에 관한 장부와 서류를 작성하여 그 주된 사무소에 비치하여야 한다(법 제14조).

㉯ 이 경우 회의록, 재정에 관한 장부와 서류는 3년간 보존하여야 한다(법 제14조 제2항).

㉣ 설립신고의 변경신고 및 통보(법 제13조)

② 사용자에 의한 재정 등의 지원 제한

㉠ 노동조합설립에 대한 지원 제한

경비의 주된 부분을 사용자로부터 원조받은 경우에는 노동조합설립의 실질적 요건을 갖추지 못하여 노동조합이 성립되지 아니한다(법 제2조 제4호 단서 나목).

㉡ 노동조합 조직·운영에 대한 지원 제한

근로자가 노동조합을 조직 또는 운영하는 것을 지배하거나 이에 개입하는 행위와 근로시간 면제 한도를 초과하여 급여를 지원하거나 노동조합의 운영비를 원조하는 행위는 부당노동행위가 된다(법 제81조 제4호). 다만, 근로자가 근로시간 중에 사용자와 협의 또는 교섭하는 것을 사용자가 허용함은 무방하며, 또한 근로자의 후생자금 또는 경제상의 불행, 기타 재액의 방지와 구제 등을 위한 기금의 기부, 최소한의 규모의 노동조합사무소의 제공은 예외로 한다.

③ 제3자에 의한 노동관계지원 제한

노동조합과 사용자는 단체교섭 또는 쟁의행위와 관련하여 당해 노동조합이 가입한 산업별 연합단체 또는 총연합단체, 당해 사용자가 가입한 사용자단체, 당해 노동조합 또는 당해 사용자가 지원을 받기 위하여 행정관청에게 신고한 자, 기타 법령에 의하여 정당한 권한을 가진 자로부터 지원을 받을 수 있다.

(2) 조합규약

① 의 의
조합규약은 노동조합의 자주적이고 민주적인 조직·운영 및 활동 등에 관한 기본사항을 정하고 있는 자주적인 조합규범이다.

② 조합규약의 내용

㉠ 의무적 기재사항(법 제11조)

㉮ 명 칭

㉯ 목적과 사업

㉰ 주된 사무소의 소재지

㉱ 조합원에 관한 사항(연합단체인 노동조합에 있어서는 그 구성단체에 관한 사항)

㉲ 소속된 연합단체가 있는 경우에는 그 명칭

㉳ 대의원회를 두는 경우에는 대의원회에 관한 사항

㉴ 회의에 관한 사항

㉵ 대표자와 임원에 관한 사항

㉶ 조합비, 기타 회계에 관한 사항

㉷ 규약변경에 관한 사항

㉸ 해산에 관한 사항

㉹ 쟁의행위와 관련된 찬반투표 결과의 공개, 투표자 명부 및 투표용지 등의 보존·열람에 관한 사항

㉺ 대표자와 임원의 규약위반에 대한 탄핵에 관한 사항

㉻ 임원 및 대의원의 선거절차에 관한 사항

ⓐ 규율과 통제에 관한 사항

㉡ 임의적 기재사항

㉮ 법정 임의적 기재사항

법정 임의적 기재사항은 조합규약에 기재하지 않아도 무방하나 조합규약에 기재하지 아니한 경우 법적 효력이 부여되지 아니한다고 법에 명시된 사항을 말한다.

ⓐ 노동조합의 법인격 취득(법 제6조 제1항)

ⓑ 대의원회 설치(법 제17조 제1항)

ⓒ 조합비를 납부하지 아니한 조합원의 권리 제한(법 제22조)

ⓓ 총회 및 대의원회의 소집공고기간 단축(법 제19조)

㉯ 자치 임의적 기재사항

자치 임의적 기재사항은 조합규약에 기재하는 경우 그 사항에 관하여 법적 효력이 인정되는 것은 물론이나 조합규약에 기재하지 아니하였다 하더라도 법적 효력이 반드시 부인되는 것은 아닌 사항을 말한다.

㉢ 금지적 기재사항

㉮ 강행법규에 위반되는 사항 및 노동조합의 목적에 위배되는 사항을 기재하여서는 아니 된다.

㉯ 규약이 관계법령에 위반하면 행정관청은 노동위원회의 의결을 얻어 그 시정을 명할 수 있다.

③ 조합규약의 효력
  ㉠ 법령 위반한 규약의 효력
    노동조합의 조합규약의 제정에 있어서도 그의 내용이 강행법규에 위반되어서는 아니 되는 등의
    제한이 따르는 터이므로 그 제한에 위반된 자치적 법규범의 규정은 무효라고 할 것이다(대판
    2002.2.22, 2000다65086).
  ㉡ 노동조합의 결의·처분의 규약 위반의 경우
    행정관청은 이해관계인의 신청이 있는 경우에 한하여 노동위원회의 의결을 얻어 시정을 명할 수
    있다(법 제21조 제2항).

(3) 노동조합의 기구

노동조합에는 의사결정기관, 집행기관, 감사기관 등이 있다. 노동조합은 규약으로 그 밖의 조합 기관
을 두어 특별임무를 수행하게 할 수 있다.

① 의결기관
  조합의 최고의결기관으로서 노사관계법은 총회 및 대의원회를 두고 있다. 노동조합의 최고의사결정
  기관은 총회이다. 대규모의 노동조합에서는 모든 조합원이 총회에 참가한다는 것은 어려운 일이므
  로 총회에 갈음하여 대의원회를 둘 수 있다(법 제17조).
  ㉠ 총 회
    ㉮ 개최시기
      ⓐ 정기총회(법 제15조)
        • 노동조합은 매년 1회 이상 총회를 개최하여야 한다.
        • 노동조합의 대표자는 총회의 의장이 된다.
      ⓑ 임시총회(법 제18조)
        • 노동조합의 대표자는 필요하다고 인정할 때에는 임시총회 또는 임시대의원회를 소집할
          수 있다.
        • 노동조합의 대표자는 조합원 또는 대의원의 3분의 1 이상(연합단체인 노동조합에 있어
          서는 그 구성단체의 3분의 1 이상)이 회의에 부의할 사항을 제시하고 회의의 소집을 요
          구한 때에는 지체 없이 임시총회 또는 임시대의원회를 소집하여야 한다.
        • 행정관청은 노동조합의 대표자가 회의의 소집을 고의로 기피하거나 이를 해태하여 조합
          원 또는 대의원의 3분의 1 이상이 소집권자의 지명을 요구한 때에는 15일 이내에 노동위
          원회의 의결을 요청하고 노동위원회의 의결이 있는 때에는 지체 없이 회의의 소집권자
          를 지명하여야 한다.
        • 행정관청은 노동조합에 총회 또는 대의원회의 소집권자가 없는 경우에 조합원 또는 대
          의원의 3분의 1 이상이 회의에 부의할 사항을 제시하고 소집권자의 지명을 요구한 때에
          는 15일 이내에 회의의 소집권자를 지명하여야 한다.
    ㉯ 소집절차
      총회 또는 대의원회는 회의개최일 7일 전까지 그 회의에 부의할 사항을 공고하고 규약에 정
      한 방법에 의하여 소집하여야 한다. 다만, 노동조합이 동일한 사업장 내의 근로자로 구성된
      경우에는 그 규약으로 공고기간을 단축할 수 있다(법 제19조).

　　　　㉰ 의결사항(법 제16조 제1항 : 필요적)
　　　　　　ⓐ 규약의 제정과 변경에 관한 사항
　　　　　　ⓑ 임원의 선거와 해임에 관한 사항
　　　　　　ⓒ 단체협약에 관한 사항
　　　　　　ⓓ 예산·결산에 관한 사항
　　　　　　ⓔ 기금의 설치·관리 또는 처분에 관한 사항
　　　　　　ⓕ 연합단체의 설립·가입 또는 탈퇴에 관한 사항
　　　　　　ⓖ 합병·분할 또는 해산에 관한 사항
　　　　　　ⓗ 조직형태의 변경에 관한 사항
　　　　　　ⓘ 기타 중요한 사항
　　　　㉱ 의결방법(법 제16조 제2항) **18** **21** 기출
　　　　　　ⓐ 원 칙
　　　　　　　　재적조합원 과반수의 출석과 출석조합원 과반수 찬성으로 의결한다. 노동조합이 특정 조합원에 관하여 의결할 때에는 그 조합원은 표결권이 없다(법 제20조).
　　　　　　ⓑ 예 외
　　　　　　　• 규약의 제정·변경, 임원의 해임, 합병·분할·해산 및 조직형태의 변경에 관한 사항은 재적조합원 과반수 출석과 출석조합원 3분의 2 이상의 찬성이 있어야 한다.
　　　　　　　• 다만, 임원의 선거에 있어서 출석조합원 과반수의 찬성을 얻은 자가 없는 경우에는 규약이 정하는 바에 따라 결선투표를 실시하여 다수의 찬성을 얻은 자를 임원으로 선출할 수 있다.
　　　　　　ⓒ 규약의 제정·변경, 임원의 선거·해임 및 대의원 선출에 관한 사항은 조합원의 직접·비밀·무기명투표에 의하여야 한다.
　　㉡ 대의원회 **19** 기출
　　　　㉮ 선 출
　　　　　　대의원은 조합원의 직접·비밀·무기명투표에 의하여 선출되어야 한다(법 제17조 제2항).
　　　　㉯ 임 기
　　　　　　대의원의 임기는 규약으로 정하되 3년을 초과할 수 없다(법 제17조 제4항).
　　　　㉰ 대의원회의 권한(총회와 동일)
　　　　　　대의원회를 둔 때에는 총회에 관한 규정은 대의원회에 준용된다(법 제17조 제5항).
② 집행기관
　　㉠ 의 의
　　　　집행기관은 대외적으로 노동조합을 대표하고 노동조합의 의사를 표시하며 대내적으로는 노동조합의 업무를 집행하는 기관이다.
　　㉡ 선임과 해임
　　　　㉮ 노동조합의 임원 자격은 규약으로 정한다. 이 경우 하나의 사업 또는 사업장을 대상으로 조직된 노동조합의 임원은 그 사업 또는 사업장에 종사하는 조합원 중에서 선출하도록 정한다(법 제23조 제1항).
　　　　㉯ 임원은 조합원의 직접·비밀·무기명투표에 의하여(법 제16조 제4항) 재적조합원 과반수 출석과 출석조합원 과반수의 찬성으로 선출되어야 한다(법 제16조 제2항).
　　　　㉰ 임원의 해임은 재적조합원 과반수의 출석과 출석조합원의 3분의 2 이상의 찬성이 있어야 한다.

ⓒ 임 기 <u>22</u> 기출

임원의 임기는 규약으로 정하되 3년을 초과할 수 없다(법 제23조 제2항).

ⓔ 권 한

㉮ 대표권

집행기관은 노동조합을 대외적으로 대표한다. 단체교섭과 단체협약의 체결 등이 그것이다.

㉯ 업무집행권

총회의 의장이 되고, 회계감사를 실시하게 하며, 임시총회를 소집하고, 노조의 운영상황을 공개하여야 한다.

ⓜ 근로시간면제자

법 제24조(근로시간 면제 등)

① 근로자는 단체협약으로 정하거나 사용자의 동의가 있는 경우에는 사용자 또는 노동조합으로부터 급여를 지급받으면서 근로계약 소정의 근로를 제공하지 아니하고 노동조합의 업무에 종사할 수 있다.

② 사용자로부터 급여를 지급받는 근로자(이하 "근로시간면제자"라 한다)는 사업 또는 사업장별로 종사근로자인 조합원 수 등을 고려하여 근로시간 면제 한도(이하 "근로시간 면제 한도"라 한다)를 초과하지 아니하는 범위에서 임금의 손실 없이 사용자와의 협의·교섭, 고충처리, 산업안전 활동 등 이 법 또는 다른 법률에서 정하는 업무와 건전한 노사관계 발전을 위한 노동조합의 유지·관리 업무를 할 수 있다.

③ 사용자는 노동조합의 업무에 종사하는 근로자의 정당한 노동조합 활동을 제한해서는 아니 된다.

④ 근로시간 면제 한도를 초과하는 내용을 정한 단체협약 또는 사용자의 동의는 그 부분에 한정하여 무효로 한다.

법 제24조의2(근로시간면제심의위원회)

① 근로시간면제자에 대한 근로시간 면제 한도를 정하기 위하여 근로시간면제심의위원회(이하 이 조에서 "위원회"라 한다)를 「경제사회노동위원회법」에 따른 경제사회노동위원회에 둔다.

② 위원회는 근로시간 면제 한도를 심의·의결하고, 3년마다 그 적정성 여부를 재심의하여 의결할 수 있다.

③ 경제사회노동위원회 위원장은 위원회가 의결한 사항을 고용노동부장관에게 즉시 통보하여야 한다.

④ 고용노동부장관은 경제사회노동위원회 위원장이 통보한 근로시간 면제 한도를 고시하여야 한다.

⑤ 위원회는 다음의 구분에 따라 근로자를 대표하는 위원과 사용자를 대표하는 위원 및 공익을 대표하는 위원 각 5명씩 성별을 고려하여 구성한다.

  ㉠ 근로자를 대표하는 위원 : 전국적 규모의 노동단체가 추천하는 사람

  ㉡ 사용자를 대표하는 위원 : 전국적 규모의 경영자단체가 추천하는 사람

  ㉢ 공익을 대표하는 위원 : 경제사회노동위원회 위원장이 추천한 15명 중에서 노동단체와 경영자 단체가 순차적으로 배제하고 남은 사람

⑥ 위원회의 위원장은 공익을 대표하는 위원 중에서 위원회가 선출한다.

⑦ 위원회는 재적위원 과반수의 출석과 출석위원 과반수의 찬성으로 의결한다.

⑧ 위원의 자격, 위촉과 위원회의 운영 등에 필요한 사항은 대통령령으로 정한다.

시행령 제11조의2(근로시간 면제 한도)

법 제24조의2 제1항에 따른 근로시간면제심의위원회(이하 "위원회"라 한다)는 같은 조 제2항에 따른 근로시간 면제 한도를 정할 때 법 제24조 제4항에 따라 사업 또는 사업장의 전체 조합원 수와 해당 업무의 범위 등을 고려하여 시간과 이를 사용할 수 있는 인원으로 정할 수 있다.

시행령 제11조의3(위원회 위원의 위촉)

위원회 위원은 「경제사회노동위원회법」에 따른 경제사회노동위원회(이하 "경제사회노동위원회"라 한다) 위원장이 위촉한다.

시행령 제11조의4(위원회 위원의 자격기준)

① 법 제24조의2 제5항 제1호 및 제2호에 따라 단체에서 위원회의 위원으로 추천받을 수 있는 사람의 자격기준은 다음과 같다.
  1. 해당 단체의 전직·현직 임원
  2. 노동문제 관련 전문가

시행령 제11조의5(위원회 위원의 임기)

① 위원회 위원의 임기는 2년으로 한다.
② 위원회의 위원이 궐위된 경우에 보궐위원의 임기는 전임자(前任者) 임기의 남은 기간으로 한다.
③ 위원회의 위원은 임기가 끝났더라도 후임자가 위촉될 때까지 계속하여 그 직무를 수행한다.

시행령 제11조의6(위원회의 운영)

① 위원회는 경제사회노동위원회 위원장으로부터 근로시간 면제 한도를 정하기 위한 심의 요청을 받은 때에는 그 심의 요청을 받은 날부터 60일 이내에 심의·의결해야 한다.

③ 감사기관

노사관계법은 감사기관에 관한 명문 규정을 두고 있지 않다. 다만, 회계감사에 한하여 이를 의무화하고 있다(법 제25조).

㉠ 노동조합의 대표자는 그 회계감사원으로 하여금 6월에 1회 이상 당해 노동조합의 모든 재원 및 용도, 주요한 기부자의 성명, 현재의 경리 상황 등에 대한 회계감사를 실시하게 하고 그 내용과 감사결과를 전체 조합원에게 공개하여야 한다.

㉡ 노동조합의 회계감사원은 필요하다고 인정할 경우에는 당해 노동조합의 회계감사를 실시하고 그 결과를 공개할 수 있다.

(4) 노동조합의 재정

① 재정의 자주성

㉠ 노동조합이 대사용자와의 관계에 있어서 조합의 자주성을 확보하기 위해서는 노동조합 재정의 자주성은 중요하다.

㉡ 경비의 주된 부분을 사용자로부터 원조받는 경우에는 노동조합으로 보지 아니하고(법 제2조 제4호 나목), 사용자가 노동조합의 운영비를 원조하는 행위는 부당노동행위가 된다(법 제81조 제1항 제4호).

② 조합비

㉠ 의 의

조합비, 쟁의비, 기금, 장학금 및 공제회비 등 그 명칭 및 형태에 불구하고 조합원으로부터 징수하는 모든 금품 일체를 말한다.

㉡ 조합비사전공제제도

㉮ 의 의

사용자가 조합원인 근로자의 임금으로부터 조합비를 사전에 원천공제하고 이를 노동조합에 일괄하여 직접 납입하는 조합비 납입방법이다.

㉯ 법적 근거

근로기준법 제43조의 임금 전액불원칙의 예외에 해당하여 조합비사전공제는 단체협약으로 규정되는 경우에 한하여 비로소 유효하게 성립한다.

㉰ 조합원 개인의 동의 여부

조합비사전공제제도가 유효하게 성립하기 위해 단체협약 외에도 조합원 개인의 동의가 필요한지에 대하여 동의필요설과 동의불요설이 대립한다.

㉢ 조합비를 납부하지 않은 경우

노동조합은 그 규약으로 조합비를 납부하지 아니하는 조합원의 권리를 제한할 수 있다(법 제22조 단서).

③ 기타 조합의 수입

㉠ 기부금

노동조합은 제3자로부터 기부금을 받을 수 있다. 다만, 사용자로부터의 기부금은 근로자의 후생자금 또는 경제상의 불행, 기타 재액의 방지와 구제 등을 위한 기금의 기부를 제외하고는 부당노동행위에 해당된다.

㉡ 사업수익금

수익사업을 하는 사업체에 대하여는 조세면제의 특혜가 부여되지 않는다.

④ 조세의 면제

노동조합에 대하여는 그 사업체를 제외하고는 세법이 정하는 바에 따라 조세를 부과하지 아니한다(법 제8조).

(5) 노동조합의 활동

① 조합활동 의의

⊙ 조합활동이란 노동조합이 헌법상의 단결권·단체교섭권·단체행동권을 행사하는 데 필요한 노동조합의 조직·유지 및 운영에 관한 모든 활동을 의미한다(광의). 이 중에서 조합의 단결력을 유지·강화하기 위하여 행하는 일상적 제반활동을 협의의 조합활동이라 한다. 일반적으로 조합활동이란 협의의 조합활동을 말한다.

⊙ 조합활동의 정당성 판단기준(판례)

노동조합의 활동이 정당하다고 하기 위하여는 행위의 성질상 노동조합의 활동으로 볼 수 있거나 노동조합의 묵시적인 수권 또는 승인을 받았다고 볼 수 있는 것으로서 근로조건의 유지 개선과 근로자의 경제적 지위의 향상을 도모하기 위하여 필요하고 근로자들의 단결강화에 도움이 되는 행위이어야 하며, 취업규칙이나 단체협약에 별도의 허용규정이 있거나 관행 또는 사용자의 승낙이 있는 경우 외에는 취업시간 외에 행하여져야 하고, 사업장 내의 조합활동에 있어서는 사용자의 시설관리권에 바탕을 둔 합리적인 규율이나 제약에 따라야 하며, 폭력과 파괴행위 등의 방법에 의하지 않는 것이어야 한다. 또한 조합활동이 근무시간 외에 사업장 밖에서 이루어졌을 경우에도 근로자의 근로계약상의 성실의무(사용자의 이익을 배려해야 할 의무)는 거기까지도 미친다고 판시하였다(대판 1994.2.22, 93도613, 90도357).

② 조합활동의 보호와 법적 근거

ILO조약 제135호(기업 내 근로자대표의 보호와 편의에 관한 조약)는 기업 내 조합활동을 보호하고 있다. 그런데 대부분 기업별 조합형태를 띠고 있는 우리나라의 경우 조합활동은 사용자의 경영권과 충돌되게 된다. 사용자는 조합활동을 반드시 보장하여야 하며 이를 제한·침해하는 경우에는 부당노동행위가 된다. 그 근거에 대하여 수인의무설과 위법성조각설의 대립이 있다.

③ 조합활동의 주체

⊙ 노동조합

노동조합은 자신의 명의로 활동할 수 있다. 다만, 자연인인 조합대표 또는 조합원이 실제적인 조합활동을 하고 그 법적 효과가 노동조합으로 귀속된다.

⊙ 조합원

㉮ 노동조합의 명시적인 수권·지시를 따르는 경우

조합활동의 주체가 된다.

㉯ 노동조합의 명시적인 수권·지시가 없는 경우

노동조합의 묵시적인 승인·지시를 받았다고 볼 수 있거나 그 활동의 성질상 당연히 노동조합의 활동으로 볼 수 있는 경우 조합원은 조합활동의 주체가 될 수 있다.

㉰ 노동조합의 수권·지시에 위반하는 경우

조합활동의 주체로 보아야 한다는 견해와 부정하는 견해가 대립한다.

⊙ 미조직 근로자의 자발적인 활동

일반적으로 조합활동의 정당성이 인정되지 않는다.

④ 조합활동과 시설관리권

　　㉠ 기업시설 내의 조합활동이 단체협약·취업규칙·노사관행 등에 의하여 인정되거나 사용자가 임의로 허용하는 경우에는 별다른 문제점이 없다. 그러나 그러하지 아니한 경우에도 기업시설 내의 조합활동이 인정될 것인가에 대하여 견해가 수인의무설, 권리남용설, 실질적 지장설 등으로 나뉜다.

　　㉡ 유인물 배포 행위의 정당성
　　　판례는 유인물 배포 행위의 정당성 여부는 사용자의 허가가 있었는지 여부만 가지고 판단할 것이 아니라 유인물의 내용, 배포시기, 대상, 방법, 이로 인한 기업이나 업무에의 영향 등의 제반사정을 고려하여 판단하고 있다.

⑤ 조합활동과 노무지휘권

　　㉠ 근로자는 근로시간 중에 근로를 제공할 의무를 진다. 이러한 근로제공의무는 관련법령·단체협약·취업규칙 등에 규정되어 있거나 사용자가 임의로 허용하는 경우에 한하여 면제되는 것이 원칙이다.

　　㉡ 근로시간 중의 조합활동
　　　근로시간 중의 조합활동은 허용되지 아니한다. 다만, 근로시간 중의 조합활동이 단체협약 및 취업규칙 등에 규정되어 있거나 노사관행 등에 의하여 허용되는 경우 또는 사용자의 명시적인 승낙이 있는 경우에 한하여 인정된다. 사용자의 승낙이 없더라도 근무형태나 업무의 특수성 등에 비추어 취업시간 중에 개최할 필요가 있는 경우에는 정당성이 인정될 수 있다. 그 외에 당해 조합활동의 필요성과 긴급성, 노무지휘권의 침해 정도 등을 구체적·종합적으로 판단하여 인정되어야 할 것이다. 근로자가 근로시간 중에 사용자와 협의 또는 교섭하는 것을 허용하는 것은 부당노동행위가 아니다(법 제81조 제1항 제4호 단서).

　　㉢ 병원에서 위생복 위에 구호가 적힌 주황색 셔츠를 근무 중에도 착용함으로써 환자들에게 불안감을 주는 경우는 조합활동의 정당성을 인정할 수 없다(대판 1996.4.23, 95누6151).

⑥ 노동조합의 언론 활동

　　㉠ 노동조합의 유인물 배포·게시, 방송·인터넷 등을 이용한 언론활동 등이 근로시간 중에 행하여지거나 또는 기업시설을 이용하여 행하여지는 경우에는 근로시간 중의 조합활동 또는 시설관리권과 조합활동의 법리가 적용된다.

　　㉡ 노동조합의 언론활동이 기업 외에서 근로시간이 아닌 시간에 행하여지는 경우
　　　근로계약상의 성실의무에 위반하지 않아야 정당성이 인정된다. 노동조합의 언론활동이 사용자의 명예·신용을 훼손하는 경우에는 노동조합의 언론활동의 필요성 및 침해된 사용자의 명예·신용의 정도·내용 등을 구체적·종합적으로 살펴서 그 정당성을 판단하여야 한다. 그러나 노동조합의 언론활동이 사용자의 인신공격 내지 비방을 주된 목적으로 하고 있는 경우에는 내용의 진실 여부에 관계없이 정당성이 인정될 수 없다.

⑦ 편의제공

사용자가 조합활동의 편의를 도모하기 위하여 임의로 제공하는 각종 인적·물적 지원 및 보장을 편의제공이라 한다. 편의제공에는 조합활동에 대한 사전양해·사전추인 등 소극적인 성질의 것과 조합비사전공제·노조전임의 인정 및 노동조합사무소의 제공 등 적극적인 성질의 것이 있다.

㉠ 법적 근거

단결권설에 따르면 편의제공은 헌법상 보장된 단결권을 근거로 하고 있으므로 사용자는 편의제공을 승인·보장할 의무만을 부담하고 이를 거부할 권리는 없다고 한다. 이에 반해 편의제공설에 따르면 단체협약·취업규칙 및 노사관행에 의하여 또는 사용자가 원하는 경우에 임의로 제공하는 것이며 사용자는 편의제공을 승인할 아무런 의무가 없다고 보는 협정설이며, 우리나라의 통설이다.

㉡ 노조전임제도

㉮ 의 의

조합임원 또는 일반 조합원이 근로시간 중에 근로의 일부 또는 전부를 제공하지 아니하고 노동조합의 업무를 담당하는 제도를 말한다.

㉯ 법적 근거

현행법 제24조 제1항은 근로자는 단체협약으로 정하거나 사용자의 동의가 있는 경우에 노조전임이 인정될 수 있다고 규정함으로써 협정설을 명문화하고 있다. 노조전임에 관한 사항을 단체협약으로 정하는 경우에도 이는 임의적 교섭대상으로서 사용자는 원하는 경우에만 단체교섭에 응하게 되고 단체협약을 반드시 체결하여야 할 의무도 부담하지 않는다.

㉰ 법적 지위

ⓐ 노조전임은 기업 내의 근로자로서의 신분을 그대로 유지하나 근로계약상의 근로제공의무를 면제(근로시간 면제)받고 있다. 따라서 노조전임의 법적 지위는 휴직상태에 있는 근로자와 유사하지만 헌법상 노동3권의 보장에 따른 노조전임의 근로자대표로서의 지위와 역할을 강조하여 휴직상태에 있는 일반근로자와 구별한다. 교원의 노동조합 설립 및 운영 등에 관한 법률 제5조 제2항은 교원노조의 노조전임은 당해 기간 중 휴직명령을 받은 것으로 본다고 규정하고 있다.

ⓑ 노조전임의 임금

사용자로부터 급여를 지급받는 노조전임자(근로시간면제자)는 근로시간 면제 한도를 초과하지 아니하는 범위에서 임금의 손실 없이 노동조합의 유지·관리업무를 할 수 있다(법 제24조 제2항). 근로시간면제자에게 근로시간 면제 한도를 초과하는 급여를 지급하는 경우에는 부당노동행위에 해당한다(법 제81조 제1항 제4호 본문).

ⓒ 상여금, 연차휴가

휴직상태에 근로자와 유사한 지위를 갖고 있으므로 단체협약 등에 정함이 없는 한 청구할 권리가 당연히 인정되는 것은 아니라고 한다.

ⓓ 퇴직금산정

퇴직금 산정 시 계속 근로 연수는 인정된다. 하지만 퇴직금을 산정함에 있어서는 노동조합 전임자로서 실제로 지급받아 온 급여를 기준으로 할 수는 없고, 근로자의 통상의 생활을 종전과 같이 보장하려는 퇴직금제도의 취지에 비추어 볼 때, 그들과 동일 직급 및 호봉의 근로자들의 평균임금을 기준으로 하여 퇴직금을 산정함이 상당하다(대판 1998.4.24, 97다54727).

ⓔ 노조전임과 출·퇴근

노조전임자라 할지라도 사용자와의 사이에 기본적 근로관계는 유지되는 것으로서 취업규칙이나 사규의 적용이 전면적으로 배제되는 것이 아니므로, 노조전임자에 관하여 단체협약상의 특별한 규정이나 특별한 관행이 없는 한 출·퇴근에 관한 취업규칙이나 사규의 적용을 받으며, 근로계약 소정의 본래 업무를 면하고 노동조합의 업무를 전임하는 노조전임자의 경우 출근은 통상적인 조합업무가 수행되는 노조사무실에서 조합업무에 착수할 수 있는 상태에 임하는 것이므로, 노조전임자가 사용자에 대하여 취업규칙 등에 규정된 소정의 절차를 취하지 아니한 채 위와 같은 상태에 임하지 아니하는 것은 무단결근에 해당된다(대판 1997.3.11, 95다46715).

ⓕ 노조전임과 산업재해보상보험

노동조합업무 전임자가 근로계약상 본래 담당할 업무를 면하고 노동조합의 업무를 전임하게 된 것이 사용자인 회사의 승낙에 의한 것이라면, 이러한 전임자가 담당하는 노동조합업무는 그 업무의 성질상 사용자의 사업과는 무관한 상부 또는 연합관계에 있는 노동단체와 관련된 활동이나 불법적인 노동조합활동 또는 사용자와 대립관계로 되는 쟁의단계에 들어간 이후의 활동 등이 아닌 이상 원래 회사의 노무관리업무와 밀접한 관련을 가지는 것으로서 사용자가 본래의 업무 대신에 이를 담당하도록 하는 것이어서 그 자체를 바로 회사의 업무로 볼 수 있고, 따라서 그 전업자가 노동조합업무를 수행하거나 이에 수반하는 통상적인 활동을 하는 과정에서 그 업무에 기인하여 발생한 재해는 산업재해보상보험법 소정의 업무상 재해에 해당한다(대판 1998.12.8, 98두14006).

ⓖ 노조전임과 복직권

노조전임자가 노조전임의 임기 또는 노조임원의 지위가 종료되는 경우에는 단체협약·노사관행 또는 노사당사자 간의 합의된 사항에 따라 즉시 원직에 복귀된다. 사용자가 복직을 거부하거나 다른 근로자에 비하여 승진·승급 및 임금 등의 근로조건에서 차별대우를 하는 경우 부당노동행위에 해당된다.

ⓗ 노조전임과 고용보험

노조전임은 그 기간에 지급받는 보수의 총액에 실업급여의 보험료율을 곱한 금액을 부담하여야 한다(고용보험 및 산업재해보상보험의 보험료징수 등에 관한 법률 제13조 제2항).

ⓒ 조합사무소의 제공

근로자가 기업시설을 이용하는 것은 사용자의 노동조합에 대한 지배·개입에 해당되어 부당노동행위를 구성할 우려가 있으나 최소한 규모의 노동조합사무소의 제공은 부당노동행위에 해당되지 아니한다(법 제81조 제1항 제4호).

(6) 노동조합의 내부통제

① 의 의
노동조합은 그 목적을 달성하기 위하여 조합원에게 일정한 규제와 강제를 행사하며 이러한 통제에 복종하지 않는 조합원에 대하여 제재를 가하게 되는 바 이것이 노동조합의 통제권 또는 내부통제이다.

② 통제권의 법적 근거
계약설과 사단설로 나뉘고 사단설은 단체고유권설과 단결권설로 나뉜다. 절충설이 일반적 견해이다.

③ 통제권의 범위와 한계
⊙ 통제권의 범위
- ㉮ 노동조합의 통제권은 단결권보장의 취지에 따라 단결을 유지하고 조합의 진정한 목적을 달성하기 위하여 꼭 필요한 범위에만 미친다.
- ㉯ 통제사유
  - ⓐ 분파활동
  - ⓑ 조합지시의 위반
  - ⓒ 조합이나 조합임원에 대한 부당한 비판
  - ⓓ 조합비 미납 등

ⓒ 통제권의 한계
- ㉮ 통제권의 행사는 위반행위와 그에 대한 제재를 비교하여 상당성이 있어야 정당성이 있으며 상당성을 현저히 결한 경우에는 통제권의 남용으로 무효이다.
- ㉯ 노동조합의 위법·부당한 의결 또는 지시에 따르지 않아도 통제의 대상이 되지 않는 것이 원칙이다.

④ 통제권행사로서의 제재 절차
제재의 절차는 규약에 따라야 하고 이에 관한 규정이 없을 때에는 노동조합의 본질과 운영의 민주성 원리에 따라 일정한 절차가 마련되어야 한다. 절차상의 중대한 흠이 있는 때에는 그 제재는 무효가 된다.

⊙ 제재결정기관
- ㉮ 규약에서 정하는 것이 원칙이다. 규약으로 제재기관을 총회가 아닌 징계위원회, 집행위원회 등의 하급기관에 위임하는 것도 가능하다.
- ㉯ 임원의 해임은 총회의결사항이므로 하급기관에 위임할 수 없다.
- ㉰ 일반조합원의 제명의 경우는 총회의 의결사항 중 '기타 중요사항'에 해당하므로 반드시 총회 또는 대의원회에서 직접·비밀·무기명 투표에 의하여 결정되어야 한다.

ⓒ 제재를 가할 경우에는 제재의 사유를 미리 조합원에게 알리고 제재결정기관에 출석하여 변명의 기회를 주어야 한다.

⑤ 유니온숍과 제명
법 제81조 제1항 제2호 단서에서 사용자는 근로자가 당해 노동조합에서 제명된 것을 이유로 신분상 불이익한 행위를 할 수 없다고 규정하고 있다.

⑥ 위법한 통제처분의 구제
　　㉠ 조합의 조합원에 대한 통제는 본질적으로는 조합의 내부문제이므로 조합이 자치에 일임하는 것이 단결권보장의 취지에 적합하다.
　　㉡ 행정적 구제
　　　행정관청은 노동조합의 규약이 노동 관계 법령에 위반한 경우에는 노동위원회의 의결을 얻어 그 시정을 명할 수 있다(법 제21조 제1항). 행정관청은 노동조합의 결의 또는 처분이 노동 관계 법령 또는 규약에 위반된다고 인정할 경우에는 노동위원회의 의결을 얻어 그 시정을 명할 수 있다. 다만, 규약위반 시의 시정명령은 이해관계인의 신청이 있는 경우에 한한다(법 제21조 제2항). 시정명령을 받은 노동조합은 30일 이내에 이를 이행하여야 한다. 다만, 정당한 사유가 있는 경우에는 그 기간을 연장할 수 있다(법 제21조 제3항).
　　㉢ 법원에 의한 사법심사
　　　㉮ 조합규약에서 내부통제에 관한 규정을 두고 있지 않은 경우
　　　㉯ 그 내용이 일반적·추상적이어서 명확하지 아니한 경우
　　　㉰ 조합규약에서 징계사유와 그 절차가 명확하고 구체적으로 규정되어 있다 하더라도 그러한 사유와 절차를 현저히 일탈·남용한 경우

3 노동조합의 해산과 조직변경

(1) 해 산

① 의 의
　노동조합의 소멸원인이 되는 법률사실을 말하며 노동조합의 소멸을 의미하는 것은 아니고, 청산과정에 들어가는 것을 의미한다.

② 해산사유(법 제28조 제1항)
　㉠ 규약에서 정한 해산사유 발생
　㉡ 합병 또는 분할로 인한 소멸
　　㉮ 총회의 의결사항으로서, 재적조합원 과반수의 출석과 출석조합원 3분의 2 이상의 찬성이 있어야 한다(법 제16조).
　　㉯ 합병에는 흡수합병과 신설합병이 있다.
　　㉰ 합병의 경우에는 합병 이전에 소멸노조가 체결한 단체협약 및 권리·의무는 흡수노조·신설노조에 포괄적으로 이전되어 그 효력이 유지되는 것이 원칙이다.
　　㉱ 분할로 기존 노동조합은 완전히 소멸된다. 분할결의에 따라 기존 노조의 권리·의무는 신설 노조에게 포괄적으로 이전되어 그 효력이 유지된다. 그러나 분할 이전에 기존 노조가 체결한 단체협약의 효력은 기존 노조와 신설 노조 간의 실질적 동질성을 인정하기 어렵기 때문에 원칙적으로 종료한다.

ⓒ 총회 또는 대의원회의 해산결의

재적조합원 과반수의 출석과 출석조합원 3분의 2 이상의 찬성이 있어야 한다(법 제16조 제2항).

ⓔ 노동조합의 활동이 없는 경우

㉮ 실질적 요건

ⓐ 노동조합의 임원이 없고 노동조합으로서의 활동을 1년 이상 수행하지 아니한 경우에 노동조합은 해산된다.

ⓑ 노동조합으로서 활동을 1년 이상 수행하지 아니한 경우란 계속하여 1년 이상 조합원으로부터 조합비를 징수한 사실이 없거나 총회 또는 대의원회를 개최한 사실이 없는 경우를 말한다(영 제13조 제1항).

㉯ 절차적 요건

ⓐ 노동조합의 해산사유가 있는 경우에는 행정관청이 관할 노동위원회의 의결을 얻은 때에 해산된 것으로 본다(영 제13조 제2항).

ⓑ 노동위원회는 동 의결을 하는 경우 해산사유 발생일 이후의 해당 노동조합의 활동을 고려해서는 아니 된다(영 제13조 제3항).

ⓜ 단체성 상실의 경우

조합원이 1인밖에 남지 아니하게 된 경우에는, 그 조합원이 증가될 일반적 가능성이 없는 한, 노동조합으로서의 단체성을 상실한다.

③ 해산절차

㉠ 해산신고

노동조합이 해산한 때에는 그 대표자는 해산한 날부터 15일 이내에 행정관청에게 이를 신고하여야 한다(법 제28조 제2항).

㉡ 청산절차의 진행

청산 중의 노동조합은 통상의 노조활동은 중단하나 청산목적 범위 내에서는 활동한다. 청산절차가 완료되면 노동조합은 소멸된다.

(2) 조직변경

① 의 의

노동조합의 조직변경은 조합의 존속 중에 그 동질성을 유지하면서 조직을 변경하는 것을 말한다.

② 조직변경의 태양

단일노조에서 연합체 노조로 또는 기업별 노조에 산업별 노조로, 직업별 노조에서 산업별 노조로의 전환 등이 있다.

③ 변경절차

㉠ 총회의 의결(법 제16조 제1항 제8호)

㉡ 재적조합원 과반수의 출석과 출석조합원 3분의 2 이상의 찬성에 의한 의결

④ 조직변경의 효과

조직변경의 경우 노동조합의 동질성이 그대로 인정되므로 변경 전의 노동조합이 체결한 단체협약, 권리·의무 및 조합의 재산관계가 그대로 유지되어 효력이 인정된다.

01 노동조합 및 노동관계조정법령상 실질적 요건과 형식적 요건을 모두 갖춘 노동조합에게만 적용되는 것을 모두 고른 것은?(다툼이 있으면 판례에 따름)

> ㄱ. 단체교섭권
> ㄴ. 단체협약체결권
> ㄷ. 노동쟁의 조정신청권
> ㄹ. 부당노동행위 구제신청권
> ㅁ. 법인격 취득

① ㄱ, ㄴ, ㄷ
② ㄱ, ㄹ, ㅁ
③ ㄴ, ㄷ, ㄹ
④ ㄷ, ㄹ, ㅁ

해설

노동조합 및 노동관계조정법상 형식적·실질적 요건을 모두 갖춘 노동조합은 법내조합, 두 요건 중 하나라도 갖추지 않은 조합은 법외조합이며, 후자는 법률상 제약이 따른다.

02 노동조합 및 노동관계조정법령상 노동조합의 관리에 관한 설명이다. (   )에 들어갈 내용으로 옳은 것은?

> • 행정관청은 노동조합에 총회 또는 대의원회의 소집권자가 없는 경우에 조합원 또는 대의원의 3분의 1 이상이 회의에 부의할 사항을 제시하고 소집권자의 지명을 요구한 때에는 (ㄱ)일 이내에 회의의 소집권자를 지명하여야 한다.
> • 총회 또는 대의원회는 회의개최일 (ㄴ)일 전까지 그 회의에 부의할 사항을 공고하고 규약에 정한 방법에 의하여 소집하여야 한다.

① ㄱ : 10, ㄴ : 5
② ㄱ : 10, ㄴ : 7
③ ㄱ : 15, ㄴ : 7
④ ㄱ : 15, ㄴ : 10

해설

• 행정관청은 노동조합에 총회 또는 대의원회의 소집권자가 없는 경우에 조합원 또는 대의원의 3분의 1 이상이 회의에 부의할 사항을 제시하고 소집권자의 지명을 요구한 때에는 15일 이내에 회의의 소집권자를 지명하여야 한다(노동조합 및 노동관계조정법 제18조 제4항).
• 총회 또는 대의원회는 회의개최일 7일 전까지 그 회의에 부의할 사항을 공고하고 규약에 정한 방법에 의하여 소집하여야 한다. 다만, 노동조합이 동일한 사업장 내의 근로자로 구성된 경우에는 그 규약으로 공고기간을 단축할 수 있다(노동조합 및 노동관계조정법 제19조).

03 노동조합 및 노동관계조정법령상 노동조합에 관한 설명으로 옳은 것은?(다툼이 있으면 판례에 따름)

① 근로조건의 결정권이 있는 독립된 사업 또는 사업장에 조직된 노동단체는 지부·분회 등 명칭 여하에 불구하고 노동조합의 설립신고를 할 수 없다.

② 노동조합이 신고증을 교부받은 경우에는 설립신고서가 접수된 때에 설립된 것으로 본다.

③ 노동조합 및 노동관계조정법에 의하여 설립된 노동조합이 아니더라도 노동위원회에 부당노동행위의 구제를 신청할 수 있다.

④ 지역별 노동조합이 일시적으로 실업 상태에 있는 자를 구성원으로 포함시키고 있는 경우에 행정관청은 설립신고서를 반려하여야 한다.

해설

② 노동조합 및 노동관계조정법 제12조 제4항

① 근로조건의 결정권이 있는 독립된 사업 또는 사업장에 조직된 노동단체는 지부·분회 등 명칭여하에 불구하고 노동조합의 설립신고를 할 수 있다(노동조합 및 노동관계조정법 시행령 제7조).

③ 노동조합 및 노동관계조정법에 의하여 설립된 노동조합이 아니면 노동위원회에 노동쟁의의 조정 및 부당노동행위의 구제를 신청할 수 없다(노동조합 및 노동관계조정법 제7조 제1항).

④ 노조법상 '근로자'에는 특정한 사용자에게 고용되어 현실적으로 취업하고 있는 자뿐만 아니라, 일시적으로 실업 상태에 있는 자나 구직중인 자도 노동3권을 보장할 필요성이 있는 한 그 범위에 포함된다(대판 2004.2.27, 2001두8568).

04 노동조합 및 노동관계조정법령상 노동조합 대표자 및 총회에 관한 설명으로 옳지 않은 것은?

① 노동조합의 대표자는 총회의 의장이 된다.

② 노동조합의 대표자는 필요하다고 인정할 때에는 임시총회 또는 임시대의원회를 소집할 수 있다.

③ 노동조합은 규약으로 총회에 갈음할 대의원회를 둘 수 있다.

④ 규약의 변경에 관한 총회의 의결은 재적조합원 과반수의 출석과 출석조합원 과반수의 찬성이 있어야 한다.

해설

④ 총회는 재적조합원 과반수의 출석과 출석조합원 과반수의 찬성으로 의결한다. 다만, 규약의 제정·변경, 임원의 해임, 합병·분할·해산 및 조직형태의 변경에 관한 사항은 재적조합원 과반수의 출석과 출석조합원 3분의 2 이상의 찬성이 있어야 한다(노동조합 및 노동관계조정법 제16조 제2항).

① 노동조합 및 노동관계조정법 제15조 제2항

② 노동조합 및 노동관계조정법 제18조 제1항

③ 노동조합 및 노동관계조정법 제17조 제1항

05 노동조합 및 노동관계조정법령상 교섭창구 단일화 제도에 관한 설명으로 옳은 것은?

① 교섭대표노동조합의 대표자는 해당 교섭단위 내의 비조합원을 포함한 모든 근로자를 위하여 사용자와 교섭하고 단체협약을 체결할 권한을 가진다.
② 교섭대표노동조합 결정 절차에 참여한 노동조합들이 교섭대표노동조합을 자율적으로 결정하는 기한 내에 교섭창구 단일화 절차를 거치지 아니하기로 합의한 경우에 사용자는 개별교섭에 응하여야 한다.
③ 교섭대표노동조합이 결정된 날로부터 6개월 동안 단체협약을 체결하지 못한 경우 어느 노동조합이든지 사용자에게 교섭을 요구할 수 있다.
④ 공동교섭대표단의 구성에 합의하지 못할 경우에 노동위원회는 해당 노동조합의 신청에 따라 조합원 비율을 고려하여 이를 결정할 수 있다.

> **해설**
> ④ 노동조합 및 노동관계조정법 제29조의2 제6항
> ① 교섭대표노동조합의 대표자는 교섭을 요구한 모든 노동조합 또는 조합원을 위하여 사용자와 교섭하고 단체협약을 체결할 권한을 가진다(노동조합 및 노동관계조정법 제29조 제2항).
> ② 하나의 사업 또는 사업장에서 조직형태에 관계없이 근로자가 설립하거나 가입한 노동조합이 2개 이상인 경우 노동조합은 교섭대표노동조합을 정하여 교섭을 요구하여야 한다. 다만, 교섭대표노동조합을 자율적으로 결정하는 기한 내에 사용자가 교섭창구 단일화 절차를 거치지 아니하기로 동의한 경우에는 그러하지 아니하다(노동조합 및 노동관계조정법 제29조의2 제1항).
> ③ 교섭대표노동조합이 그 결정된 날부터 1년 동안 단체협약을 체결하지 못한 경우에는 어느 노동조합이든지 사용자에게 교섭을 요구할 수 있다(노동조합 및 노동관계조정법 시행령 제14조의10 제3항).

06 노동조합 및 노동관계조정법상 노동조합의 설립 등에 관한 설명으로 옳지 않은 것은?

① 연합단체인 노동조합을 설립하고자 하는 자는 설립신고서를 고용노동부장관에게 제출하여야 한다.
② 설립신고서를 접수한 행정관청은 반려·보완사유가 없는 경우 3일 이내에 신고증을 교부하여야 한다.
③ 행정관청은 설립신고서 또는 규약이 기재사항의 누락 등으로 보완이 필요한 경우에는 대통령령이 정하는 바에 따라 20일 이내의 기간을 정하여 보완을 요구하여야 한다.
④ 노동조합은 신고증을 교부받은 시점에 설립된 것으로 본다.

> **해설**
> ④ 노동조합이 신고증을 교부받은 경우에는 설립신고서가 접수된 때에 설립된 것으로 본다(노동조합 및 노동관계조정법 제12조 제4항).

07 노동조합 및 노동관계조정법상 노동조합의 해산사유가 아닌 것은?

① 규약에서 정한 해산사유가 발생한 경우
② 합병 또는 분할로 소멸한 경우
③ 총회 또는 대의원회의 해산결의가 있는 경우
④ 노동조합의 대표자가 제명된 경우

해설

노동조합의 해산사유(노동조합 및 노동관계조정법 제28조 제1항)
• 규약에서 정한 해산사유가 발생한 경우
• 합병 또는 분할로 소멸한 경우
• 총회 또는 대의원회의 해산결의가 있는 경우
• 노동조합의 임원이 없고 노동조합으로서의 활동을 1년 이상 하지 아니한 것으로 인정되는 경우로서 행정관청이 노동위원회의 의결을 얻은 경우

08 노동조합 및 노동관계조정법상 용어의 정의로 옳지 않은 것은?

① "근로자"라 함은 직업의 종류를 불문하고 임금·급료 기타 이에 준하는 수입에 의하여 생활하는 자를 말한다.
② "사용자"라 함은 사업주, 사업의 경영담당자 또는 그 사업의 근로자에 관한 사항에 대하여 사업주를 위하여 행동하는 자를 말한다.
③ "사용자단체"라 함은 노동관계에 관하여 그 구성원인 사용자에 대하여 조정 또는 규제할 수 있는 권한을 가진 사용자의 단체를 말한다.
④ "노동쟁의"라 함은 파업·태업·직장폐쇄 기타 노동관계 당사자가 그 주장을 관철할 목적으로 행하는 행위와 이에 대항하는 행위로서 업무의 정상적인 운영을 저해하는 행위를 말한다.

해설

④ 쟁의행위에 대한 설명이다. "노동쟁의"라 함은 노동조합과 사용자 또는 사용자단체(이하 '노동관계 당사자'라 함) 간에 임금·근로시간·복지·해고 기타 대우 등 근로조건의 결정에 관한 주장의 불일치로 인하여 발생한 분쟁상태를 말한다. 이 경우 주장의 불일치라 함은 당사자 간에 합의를 위한 노력을 계속하여도 더이상 자주적 교섭에 의한 합의의 여지가 없는 경우를 말한다(노동조합 및 노동관계조정법 제2조 제5호).

09 노동조합 및 노동관계조정법상 근로자 및 사용자의 개념에 관한 설명으로 옳지 않은 것은?(다툼이 있으면 판례에 의함)

① 근로자란 임금, 급료 그 밖에 이에 준하는 수입으로 생활하는 자를 말한다.
② 근로기준법상 근로자의 개념과 동일하다.
③ 직접고용관계에 있지 않은 사업주라 하더라도 부당노동행위 구제명령을 이행할 주체로서의 사용자에 해당되는 경우가 있다.
④ 사업의 근로자에 관한 사항에 대하여 사업주를 위하여 행동하는 자는 사용자에 해당된다.

> **해설**
> ② 근로기준법상 "근로자"란 직업의 종류와 관계없이 임금을 목적으로 사업이나 사업장에 근로를 제공하는 자를 말한다 (근로기준법 제2조 제1호). 반면 노동조합법상 "근로자"라 함은 직업의 종류를 불문하고 임금·급료 기타 이에 준하는 수입에 의하여 생활하는 자를 말한다(노동조합 및 노동관계조정법 제2조 제1호).

10 노동조합 및 노동관계조정법상 총회 또는 대의원회에 관한 설명으로 옳지 않은 것은?(다툼이 있으면 판례에 의함)

① 대의원의 임기는 규약으로 정하되 3년을 초과할 수 없다.
② 임원의 선거에 있어서 출석조합원 과반수의 찬성을 얻은 자가 없는 경우에는 규약이 정하는 바에 따라 결선투표를 실시하여 다수의 찬성을 얻은 자를 임원으로 선출할 수 있다.
③ 연합단체의 설립·가입 또는 탈퇴에 관한 사항은 총회의 의결을 거쳐야 한다.
④ 노동조합은 매년 2회 이상 총회를 개최하여야 한다.

> **해설**
> ④ 노동조합은 매년 1회 이상 총회를 개최하여야 한다(노동조합 및 노동관계조정법 제15조 제1항).

11 노동조합 및 노동관계조정법상 노동조합 전임자 및 근로시간 면제 한도에 관한 설명으로 옳지 않은 것은?(다툼이 있으면 판례에 의함)

① 사용자는 노동조합의 업무에 종사하는 근로자의 정당한 노동조합 활동을 제한해서는 아니 된다.
② 근로시간 면제 한도는 고용노동부장관이 고시하되, 근로시간면제심의위원회가 2년마다 그 적정성 여부를 재심의하여 결정하여야 한다.
③ 전임자가 담당하는 노동조합 업무가 사용자의 사업과는 무관한 상부 또는 연합관계에 있는 노동단체와 관련된 활동이라면 그 활동에 따른 재해는 업무상 재해에 해당되지 않는다.
④ 단체협약에 노조전임규정이 있더라도 그 내용상 사용자의 노조전임발령 없이 근로제공의무가 면제됨이 명백한 경우 등의 특별한 사정이 없는 한 원칙적으로 노조전임발령 전에는 근로제공의무가 면제될 수 없다.

② 위원회는 근로시간 면제 한도를 심의·의결하고, 3년마다 그 적정성 여부를 재심의하여 의결할 수 있다(노동조합 및 노동관계조정법 제24조의2 제2항).
① 노동조합 및 노동관계조정법 제24조 제3항
③ 대판 1996.6.28, 96다12733
④ 대판 1997.4.25, 97다6926

12 노동조합 및 노동관계조정법령상 연합단체인 노동조합에 관한 설명으로 옳지 않은 것은?

① 산업별 연합단체인 노동조합을 설립하고자 하는 사람은 신고서에 규약을 첨부하여 고용노동부장관에게 제출하여야 한다.
② 단위노동조합이 연합단체인 노동조합에 가입하는 경우에는 그 연합단체인 노동조합의 규약이 정하는 의무를 성실하게 이행하여야 한다.
③ 노동조합은 소속된 연합단체가 있는 경우에 그 명칭을 규약에 기재하여야 한다.
④ 총연합단체인 노동조합은 소속 노동조합의 활동에 대하여 협조·지원 또는 지도할 수 없다.

④ 총연합단체인 노동조합 또는 산업별 연합단체인 노동조합은 해당 노동조합에 가입한 노동조합의 활동에 대하여 협조·지원 또는 지도할 수 있다(노동조합 및 노동관계조정법 시행령 제8조 제2항).

13 노동조합 및 노동관계조정법상 노동조합의 설립에 관한 설명으로 옳지 않은 것은?(다툼이 있으면 판례에 의함)

① 행정관청은 접수한 노동조합 설립신고서의 기재사항이 누락된 경우에는 설립신고서를 반려하여야 한다.
② 행정관청이 설립신고서를 접수한 때에는 반려·보완사유가 없을 경우 3일 이내에 신고증을 교부하여야 한다.
③ 노동조합이 신고증을 교부받은 경우에는 설립신고서가 접수된 때에 설립된 것으로 본다.
④ 행정관청은 설립하고자 하는 노동조합이 복리사업만을 목적으로 하는 경우에는 설립신고서를 반려하여야 한다.

① 행정관청은 설립신고서 또는 규약이 기재사항의 누락 등으로 보완이 필요한 경우에는 대통령령이 정하는 바에 따라 20일 이내의 기간을 정하여 보완을 요구하여야 한다. 이 경우 보완된 설립신고서 또는 규약을 접수한 때에는 3일 이내에 신고증을 교부하여야 한다(노동조합 및 노동관계조정법 제12조 제2항).

14 노동조합 및 노동관계조정법상 조합원의 직접·비밀·무기명투표에 의하여야 하는 것을 모두 고른 것은?

ㄱ. 규약의 제정·변경 ㄴ. 임원의 선거·해임
ㄷ. 대의원의 선출 ㄹ. 노동조합의 쟁의행위 실시

① ㄱ, ㄴ ② ㄱ, ㄷ
③ ㄱ, ㄴ, ㄷ ④ ㄱ, ㄴ, ㄷ, ㄹ

해설

ㄱ·ㄴ. 규약의 제정·변경과 임원의 선거·해임에 관한 사항은 조합원의 직접·비밀·무기명투표에 의하여야 한다(노동조합 및 노동관계조정법 제16조 제4항).
ㄷ. 대의원은 조합원의 직접·비밀·무기명투표에 의하여 선출되어야 한다(노동조합 및 노동관계조정법 제17조 제2항).
ㄹ. 노동조합의 쟁의행위는 그 조합원의 직접·비밀·무기명투표에 의한 조합원 과반수의 찬성으로 결정하지 아니하면 이를 행할 수 없다(노동조합 및 노동관계조정법 제41조 제1항 전단).

15 노동조합 및 노동관계조정법상 노동조합 전임자제도에 관한 설명으로 옳지 않은 것은?(다툼이 있는 경우에는 판례에 의함)

① 전임자라 할지라도 사용자와의 사이에 기본적 노사관계는 유지되는 것이다.
② 사용자가 전임자의 노동조합 활동을 방해하려는 의사로 전임자를 승진에서 배제시킨 것은 부당노동행위에 해당한다.
③ 근로자는 단체협약에 정한 바가 없더라도 사용자의 동의가 있는 경우에는 근로계약 소정의 근로를 제공하지 아니하고 노동조합의 업무에만 종사할 수 있다.
④ 전임자의 전임기간은 2년을 초과할 수 없다.

해설

④ 노동조합 및 노동관계조정법은 전임자의 전임기간을 제한하는 규정을 두고 있지 않다.
① 노동조합 전임자는 사용자에 대하여 기본적 노사관계에 따른 근로자로서의 신분을 그대로 가진다(대판 2011.2.10, 2010도10721).
② 대판 2011.7.28, 2009두9574
③ 노동조합 및 노동관계조정법 제24조 제1항

16 노동조합 및 노동관계조정법상 용어의 정의로 옳지 않은 것은?

① "사용자단체"라 함은 노동관계에 관하여 그 구성원인 사용자에 대하여 조정 또는 규제할 수 있는 권한을 가진 사용자의 단체를 말한다.

② "노동쟁의"라 함은 근로자와 사용자 또는 사용자단체 간에 임금·근로시간·복지·해고 기타 대우 등 근로조건의 결정에 관한 주장의 불일치로 인하여 발생한 분쟁상태를 말한다.

③ "쟁의행위"라 함은 파업·태업·직장폐쇄 기타 노동관계 당사자가 그 주장을 관철할 목적으로 행하는 행위와 이에 대항하는 행위로서 업무의 정상적인 운영을 저해하는 행위를 말한다.

④ "노동조합"이라 함은 근로자가 주체가 되어 자주적으로 단결하여 근로조건의 유지·개선 기타 근로자의 경제적·사회적 지위의 향상을 도모함을 목적으로 조직하는 단체 또는 그 연합단체를 말한다.

> **해설**
> ② "노동쟁의"라 함은 노동조합과 사용자 또는 사용자단체 간에 임금·근로시간·복지·해고 기타 대우 등 근로조건의 결정에 관한 주장의 불일치로 인하여 발생한 분쟁상태를 말한다. 이 경우 주장의 불일치라 함은 당사자 간에 합의를 위한 노력을 계속하여도 더 이상 자주적 교섭에 의한 합의의 여지가 없는 경우를 말한다(노동조합 및 노동관계조정법 제2조 제5호).

17 노동조합 및 노동관계조정법의 목적에서 명시적으로 규정되지 않은 것은?

① 노동조합의 사회적 책임　　　　　② 노동관계의 공정한 조정
③ 노동쟁의의 예방　　　　　　　　④ 노동쟁의의 해결

> **해설**
> ① 노동조합 및 노동관계조정법은 헌법에 의한 근로자의 단결권·단체교섭권 및 단체행동권을 보장하여 근로조건의 유지·개선과 근로자의 경제적·사회적 지위의 향상을 도모하고, 노동관계를 공정하게 조정하여 노동쟁의를 예방·해결함으로써 산업평화의 유지와 국민경제의 발전에 이바지함을 목적으로 한다(노동조합 및 노동관계조정법 제1조).

18 노동조합의 해산에 관한 설명으로 옳지 않은 것은?

① 노동조합의 임원은 있으나 노동조합으로서의 활동을 1년 이상 하지 아니한 것으로 인정되는 경우에는 노동조합은 해산한다.

② 노동조합은 노동조합의 규약에 해산에 관한 사항을 기재하여야 한다.

③ 노동조합의 해산에 관한 사항은 총회에서 재적조합원 과반수의 출석과 출석조합원 3분의 2 이상의 찬성이 있어야 한다.

④ 노동조합은 총회의 해산결의가 있는 경우 해산한다.

> **해설**
> ① 노동조합은 노동조합의 임원이 없고 노동조합으로서의 활동을 1년 이상 하지 아니한 것으로 인정되는 경우로서 행정관청이 노동위원회의 의결을 얻은 경우에 해산한다(노동조합 및 노동관계조정법 제28조 제1항).

19 노동조합의 설립 또는 관리에 관한 설명으로 옳지 않은 것은?

① 노동조합은 소속된 연합단체의 명칭에 변경이 있는 때에는 그 날부터 30일 이내에 행정관청에게 변경신고를 하여야 한다.
② 재정에 관한 장부와 서류는 3년간 보존하여야 하나, 회의록은 그러하지 아니하다.
③ 총회는 매년 1회 이상 개최하여야 하며 노동조합의 대표자가 총회의 의장이 된다.
④ 대의원은 조합원의 직접·비밀·무기명투표에 의하여 선출되어야 한다.

> **해설**
> ② 회의록 및 재정에 관한 장부와 서류는 3년간 보존하여야 한다(노동조합 및 노동관계조정법 제14조 제2항).

20 노동조합 및 노동관계조정법상 노동조합의 회계에 관한 설명으로 옳지 않은 것은?

① 노동조합의 대표자는 그 회계감사원으로 하여금 6월에 1회 이상 회계감사를 실시하게 하고 그 내용과 감사결과를 전체 근로자에게 공개하여야 한다.
② 노동조합의 대표자는 조합원의 요구가 있을 때에는 결산결과와 운영상황을 열람하게 하여야 한다.
③ 노동조합의 대표자는 회계연도마다 결산결과와 운영상황을 공표하여야 한다.
④ 노동조합의 회계감사원은 필요하다고 인정할 경우에는 당해 노동조합의 회계감사를 실시하고 그 결과를 공개할 수 있다.

> **해설**
> ① 노동조합의 대표자는 그 회계감사원으로 하여금 6월에 1회 이상 당해 노동조합의 모든 재원 및 용도, 주요한 기부자의 성명, 현재의 경리 상황 등에 대한 회계감사를 실시하게 하고 그 내용과 감사결과를 전체 조합원에게 공개하여야 한다(노동조합 및 노동관계조정법 제25조 제1항).

21 근로시간면제 심의위원회에 관한 설명으로 옳은 것은?

① 근로시간 면제 한도를 정하기 위하여 근로시간면제 심의위원회를 고용노동부에 둔다.
② 근로시간 면제 한도는 근로시간면제 심의위원회가 심의·의결한 바에 따라 위원장이 고시한다.
③ 근로시간 면제 한도는 2년마다 그 적정성 여부를 재심의하여 결정할 수 있다.
④ 근로시간면제 심의위원회는 노동계와 경영계가 추천하는 위원 각 5명, 정부가 추천하는 공익위원 5명으로 구성된다.

> **해설**
> ④ 노동조합 및 노동관계조정법 제24조의2 제3항
> ① 근로시간 면제 한도를 정하기 위하여 근로시간면제 심의위원회를 경제사회노동위원회에 둔다(노동조합 및 노동관계조정법 제24조의2 제1항).
> ②·③ 근로시간 면제 한도는 위원회가 심의·의결한 바에 따라 고용노동부장관이 고시하되, 3년마다 그 적정성 여부를 재심의하여 결정할 수 있다(노동조합 및 노동관계조정법 제24조의2 제2항).

22 노동조합 및 노동관계조정법상 노동조합 설립에 관한 설명으로 옳지 않은 것은?

① 행정관청은 설립신고서를 접수한 때에는 보완을 요구하거나 반려하는 경우를 제외하고는 3일 이내에 신고증을 교부하여야 한다.

② 행정관청은 설립신고서 또는 규약이 기재사항의 누락 등으로 보완이 필요한 경우에는 대통령령이 정하는 바에 따라 20일 이내의 기간을 정하여 보완을 요구하여야 한다.

③ 행정관청은 설립신고서에 규약이 첨부되어 있지 아니한 경우 보완을 요구함이 없이 반려하여야 한다.

④ 행정관청이 규약의 기재사항 누락 등으로 보완을 요구하였음에도 불구하고 보완기간 내에 보완을 하지 아니하는 경우 설립신고서를 반려하여야 한다.

> **해설**
> ③ 고용노동부장관, 특별시장·광역시장·도지사·특별자치도지사, 시장·군수 또는 자치구의 구청장은 노동조합의 설립신고서에 규약이 첨부되어 있지 아니하거나 설립신고서 또는 규약의 기재사항 중 누락 또는 허위사실이 있는 경우에는 보완을 요구하여야 한다(노동조합 및 노동관계조정법 시행령 제9조 제1항).

23 노동조합 총회 또는 임시총회에 관한 설명으로 옳지 않은 것은?

① 노동조합의 대표자는 필요하다고 인정할 때에는 임시총회를 소집할 수 있다.

② 노동조합의 대표자는 조합원의 3분의 1 이상이 회의에 부의할 사항을 제시하고 회의의 소집을 요구한 때에는 지체 없이 임시총회를 소집하여야 한다.

③ 연합단체인 노동조합의 대표자는 그 구성단체의 3분의 1 이상이 회의에 부의할 사항을 제시하고 회의의 소집을 요구한 때에는 지체 없이 임시총회를 소집하여야 한다.

④ 행정관청은 노동조합에 총회의 소집권자가 없는 경우에 조합원의 3분의 1 이상이 회의에 부의할 사항을 제시하고 소집권자의 지명을 요구한 때에는 15일 이내에 노동위원회의 의결을 요청하고 노동위원회의 의결이 있는 때에는 지체 없이 회의의 소집권자를 지명하여야 한다.

> **해설**
> ④ 행정관청은 노동조합에 총회 또는 대의원회의 소집권자가 없는 경우에 조합원 또는 대의원의 3분의 1 이상이 회의에 부의할 사항을 제시하고 소집권자의 지명을 요구한 때에는 15일 이내에 회의의 소집권자를 지명하여야 한다(노동조합 및 노동관계조정법 제18조 제4항).

24 연합단체인 노동조합이 설립신고를 하여야 하는 행정관청으로 옳은 것은?

① 고용노동부장관
② 주된 사무소 소재지의 지방자치단체장
③ 법무부장관
④ 조합원이 가장 많은 지역을 관할하는 지방자치단체장

해설

① 노동조합을 설립하고자 하는 자는 신고서에 규약을 첨부하여 연합단체인 노동조합과 2 이상의 특별시, 광역시, 특별
자치시, 도, 특별자치도에 걸치는 단위노동조합은 고용노동부장관에게, 2 이상의 시, 군, 구에 걸치는 단위노동조합
은 특별시장, 광역시장, 도지사에게, 그 외의 노동조합은 특별자치시장, 특별자치도지사, 시장, 군수, 구청장에게
제출하여야 한다(노동조합 및 노동관계조정법 제10조 제1항).

25 노동조합의 변동에 관한 설명으로 옳지 않은 것은?(다툼이 있는 경우에는 판례에 의함)

① 노동조합은 규약에서 정한 해산사유가 발생한 경우에는 해산한다.
② 노동조합을 합병하기 위해서는 재적조합원 과반수의 출석과 출석조합원 3분의 2 이상의 찬성이
있어야 한다.
③ 기존 노동조합에서 다수의 조합원이 탈퇴하여 새로운 노동조합을 설립할 경우, 기존 노동조합의
재산은 탈퇴조합원 수에 비례하여 신설 노동조합에 승계된다.
④ 조직변경 후의 노동조합은 실질적 동일성이 인정되는 범위 내에서 변경 전의 노동조합의 단체협
약 주체로서의 지위를 그대로 승계한다.

해설

③ 노동조합의 재산은 노동조합의 총유 또는 단독소유이므로 조합원이 탈퇴하더라도 조합재산이 분할되지 않는다(대
판 1983.2.22, 82도3236).

26 노동조합의 조합 활동에 관한 설명으로 옳지 않은 것은?(다툼이 있는 경우에는 판례에 의함)

① 조합원이 노동조합의 결의 없이 한 독자적 행위는 노동조합의 묵시적인 수권만으로는 노동조합의 업무를 위한 행위로 볼 수 없다.

② 유인물의 배포가 정당한 노동조합의 활동에 해당되는 경우라면 사용자는 비록 취업규칙 등에서 허가제를 채택하고 있다 하더라도 이를 이유로 유인물의 배포를 금지할 수 없다.

③ 취업규칙이나 단체협약에 별도의 허용규정이 있거나 관행 또는 사용자의 승낙이 있는 경우 외에는 취업시간 외에 행하여져야 한다.

④ 정당한 조합 활동을 이유로 한 사용자의 불이익취급은 부당노동행위에 해당한다.

> **해설**
> ① 조합원이 조합의 결의나 구체적인 지시에 따라서 한 노동조합의 조직적인 활동 그 자체가 아닐지라도 그 행위의 성질상 노동조합의 활동으로 볼 수 있거나 노동조합의 묵시적인 수권 혹은 승인을 받았다고 볼 수 있을 때에는 그 조합원의 행위를 노동조합의 업무를 위한 행위로 보아야 한다(대판 1996.2.23, 95다13708).
> ② 대판 1992.6.23, 92누4253
> ③ 대판 1994.2.22, 93도613
> ④ 노동조합 및 노동관계조정법 제81조

27 노동조합 및 노동관계조정법상 근로자의 노동조합 가입에 관한 설명으로 옳은 것은?(다툼이 있는 경우에는 판례에 의함)

① 근로자는 자유로이 노동조합을 조직하거나 이에 가입할 수 있으므로 어떠한 경우에도 근로자의 노동조합 가입을 강제할 수 없다.

② 근로자가 두 개 이상의 노동조합에 가입하는 것은 허용된다.

③ 조합원 가입범위를 정한 단체협약의 규정은 무효이다.

④ 근로자가 초기업별 노동조합에 가입하려면 기업별로 지회 또는 분회를 설치하고 이를 통해 가입하여야 한다.

> **해설**
> ② 노동조합 및 노동관계조정법 시행령 제14조의7 제7항 참고
> ① 노동조합 및 노동관계조정법 제81조 제1항 제2호 단서의 요건을 갖춘 지배적 노동조합의 경우에는 유니온숍 협정을 통하여 근로자의 노조가입을 강제할 수 있다.
> ③ 단체협약에서 노사 간의 상호협의에 의하여 규약상 노동조합의 조직대상이 되는 근로자의 범위와는 별도로 조합원이 될 수 없는 자를 특별히 규정함으로써 일정 범위의 근로자들에 대하여 위 단체협약의 적용을 배제하고자 하는 취지의 규정을 한 경우에는 비록 이러한 규정이 노동조합 규약에 정해진 조합원의 범위에 관한 규정과 배제된다 하더라도 무효라고 볼 수 없다(대판 2004.1.29, 2001다6800).
> ④ 초기업별 노조가 연합체노조이면 지회나 분회인 노동조합을 통해 가입하여야 하지만 연합체노조가 아닌 단일노조일 경우에는 조합원이 직접 가입할 수 있다.

28 노동조합 및 노동관계조정법상 용어의 정의에 관한 설명으로 옳지 않은 것은?

① 직업의 종류를 불문하고 임금·급료 기타 이에 준하는 수입에 의하여 생활하는 자는 근로자이다.

② 복리사업만을 목적으로 하는 경우에도 노동조합으로 볼 수 있다.

③ 사용자에는 그 사업의 근로자에 관한 사항에 대하여 사업주를 위하여 행동하는 자가 포함된다.

④ 노동관계에 관하여 그 구성원인 사용자에 대하여 조정 또는 규제할 수 있는 권한을 가진 사용자의 단체를 사용자단체라고 한다.

해설

② "노동조합"이라 함은 근로자가 주체가 되어 자주적으로 단결하여 근로조건의 유지·개선 기타 근로자의 경제적·사회적 지위의 향상을 도모함을 목적으로 조직하는 단체 또는 그 연합단체를 말한다(노동조합 및 노동관계조정법 제2조 제4호 본문). 공제·수양 기타 복리사업만을 목적으로 하는 경우에는 노동조합으로 보지 아니한다(노동조합 및 노동관계조정법 제2조 제4호 단서 및 다목 참고).

29 노동조합의 규약 또는 결의처분에 대한 시정명령에 관한 설명으로 옳지 않은 것은?

① 노동조합의 규약이 노동 관계 법령에 위반한 경우 그 시정을 명할 수 있는 기관은 행정관청이다.

② 노동조합의 규약이 노동 관계 법령에 위반한 경우 그 시정을 명하려면 이해관계인의 신청이 필요하다.

③ 노동조합의 규약이 노동 관계 법령에 위반한 경우 그 시정을 명하려면 노동위원회의 의결이 필요하다.

④ 노동조합의 결의가 규약에 위반한 경우 그 시정명령은 이해관계인의 신청이 있는 경우에 한한다.

해설

② 행정관청은 노동조합의 결의 또는 처분이 노동 관계 법령 또는 규약에 위반된다고 인정할 경우에는 노동위원회의 의결을 얻어 그 시정을 명할 수 있다. 다만, 규약위반 시의 시정명령은 이해관계인의 신청이 있는 경우에 한한다(노동조합 및 노동관계조정법 제21조 제2항). 이것은 결의 또는 처분이 규약에 위반되는 경우에 관한 규정으로 규약이 노동 관계 법령에 위반되는 경우 이해관계인의 신청이 필요함을 규정한 것이 아니다.

30 노동조합 및 노동관계조정법상 노동조합 설립신고서의 기재사항이 아닌 것은?

① 주된 사무소의 소재지
② 임원의 주소
③ 해산에 관한 사항
④ 연합단체인 노동조합에 있어서는 그 구성노동단체의 명칭

해설

설립신고서 기재사항(노동조합 및 노동관계조정법 제10조 제1항)
• 명 칭
• 주된 사무소의 소재지
• 조합원 수
• 임원의 성명과 주소
• 소속된 연합단체가 있는 경우에는 그 명칭
• 연합단체인 노동조합에 있어서는 그 구성노동단체의 명칭, 조합원 수, 주된 사무소의 소재지 및 임원의 성명·주소

31 노동조합 및 노동관계조정법상 명시된 노동조합의 해산사유가 아닌 것은?

① 단체협약에서 정한 해산사유가 발생한 경우
② 합병으로 소멸한 경우
③ 분할로 소멸한 경우
④ 총회 또는 대의원회의 해산결의가 있는 경우

해설

노동조합의 해산사유(노동조합 및 노동관계조정법 제28조 제1항)
• 규약에서 정한 해산사유가 발생한 경우
• 합병 또는 분할로 소멸한 경우
• 총회 또는 대의원회의 해산결의가 있는 경우
• 노동조합의 임원이 없고 노동조합으로서의 활동을 1년 이상 하지 아니한 것으로 인정되는 경우로서 행정관청이 노동 위원회의 의결을 얻은 경우

단체교섭권

제 1 절 ▶ 단체교섭

1 서 설

(1) 단체교섭의 의의

① 단체교섭의 개념

㉠ 협의의 단체교섭

협의의 단체교섭이라 함은 노동조합이 사용자와 일정한 교섭절차를 거쳐 단체교섭대상에 대하여 협의·교섭하는 것을 말한다.

㉡ 광의의 단체교섭

광의의 단체교섭이란 협의의 단체교섭 이외에도 비공식적·공식적 노사협의, 고충처리 및 공동결정 등 노사 간의 대화과정을 포괄하는 개념이다.

② 단체교섭의 기능

㉠ 단체교섭은 근로자와 사용자 간의 근로조건에 관한 교섭에 있어 근로자의 단체인 노동조합을 참여시킴으로써 실질적으로 대등·평등한 지위를 확보할 수 있도록 한다.

㉡ 단체교섭은 근로자와 사용자 간의 노사관계의 형성 및 유지에 관한 공동참여를 의미한다.

㉢ 단체교섭은 근로자 개인을 조직화함으로써 노동조합의 단결강화에 이바지하고 있다.

(2) 단체교섭의 방식

① 기업별 교섭

기업별 노조와 그 상대방인 사용자와의 사이에 개별기업 또는 사업장을 단위로 하여 행하는 단체교섭이다.

② 통일교섭

전국적 또는 지역적인 산업별 또는 직종별 노동조합과 이에 대응하는 전국적 또는 지역적인 사용자단체 사이에 행하여지는 단체교섭을 말한다.

③ 공동교섭

수개의 기업별 노조가 그 대표자를 선정하거나 연명으로 또는 산업별 노조와 공동으로 사용자단체와 교섭하는 방식이다.

④ 집단교섭

상부단체 또는 산업별 노조의 통제하에 수개의 기업별 노조와 각 기업 간의 교섭을 동일 장소에서 동시에 행하는 교섭형태를 의미한다.

⑤ 대각선 교섭

상부단체 또는 산업별 노조가 단독으로 개개의 사용자와 직접 교섭하는 방식이다.

2 단체교섭의 주체

(1) 의 의

① 개 념

단체교섭의 주체라 함은 단체교섭을 자신의 명의로 수행하고 그 법적 효과가 귀속되는 단체교섭의 당사자를 말한다. 따라서 단체교섭의 주체는 노동조합이고 사용자는 단체교섭의 상대방이다.

② 구별개념

㉠ 단체교섭권의 주체

단체교섭권의 주체는 근로자 개인과 노동조합이지만 근로자 개인은 단체교섭을 행할 수 없다.

㉡ 단체교섭의 담당자

단체교섭의 담당자는 실제로 단체교섭을 수행할 수 있는 법적 자격이 있는 자, 즉 단체교섭의 권한을 갖고 있는 자를 말한다. 노동조합의 대표자와 사용자의 대표자가 단체교섭을 하는 경우 단체교섭의 담당자는 노사 양측의 대표자이다.

③ 단체교섭권의 이양과 위임

㉠ 단체교섭권의 이양

단체교섭권의 당사자 간에 특정 단체교섭사항에 관한 단체교섭권을 이전하는 것을 말한다.

㉡ 단체교섭권의 위임

단체교섭권의 당사자가 제3자에게 단체교섭의 담당자의 지위, 즉 단체교섭권한을 위임하는 것을 말한다.

(2) 단체교섭의 당사자

① 근로자측의 당사자

㉠ 단위노동조합

당연히 단체교섭의 당사자가 된다.

㉡ 근로자단체

㉮ 실질적 요건은 구비하였으나 형식적 요건을 구비하지 못한 경우, 즉 법외노조일지라도 단체교섭권 및 단체협약의 체결능력은 물론 정당한 단체교섭에 관한 민·형사상의 면책특권도 인정된다는 견해가 다수설이다.

④ 실질적 요건을 구비하지 못한 근로자단체
ⓐ 노동조합의 실질적 요건 중 적극적 요건을 구비하지 못한 근로자단체가 단체교섭의 당사자가 될 수 없다는 것에 대체로 학설은 일치하고 있다. 그러나 실질적 요건 중 적극적 요건은 구비하였으나 소극적 요건 중 어느 하나에 해당하는 근로자단체의 경우 실정 노사관계법의 규정에 저촉된다고 하여 곧 헌법의 노동기본권보장을 받지 못한다는 것은 법 이론상 타당하지 못하기 때문에 구체적인 경우에 자주성의 확보 정도에 따라 판단해야 한다는 견해와 쟁의단과 같은 일시적 단결체도 단체교섭의 주체가 될 수 있다는 견해가 대립하고 있다.

ⓑ 판례는 노사관계법상의 적법한 노동조합이 아닌 민주택시운전자협의회의 간부로서 임금협상에 참가하기 위하여 부득이 회사에 결근한 경우 이는 정당한 조합활동에 해당하지 아니하므로 취업규칙에 따라 무단결근으로 인한 징계사유가 된다고 판시하고 있다.

ⓒ 상부단체 및 하부조직
㉮ 상부단체
단위노동조합의 총회 또는 대의원회로부터 위임을 받은 경우에만 그 상부단체인 연합단체가 단체교섭의 주체가 될 수 있다는 견해와 상부연합단체도 독자적인 노동조합으로서의 조직을 갖추고 있고 하부단위노조에 통제력을 발휘할 수 있으면 단체교섭의 주체가 된다는 견해가 대립하고 있다.

㉯ 하부조직
산별노조의 지부·지회가 실질적으로 독립성을 가지고 있는 경우, 즉 독자적인 규약과 집행기관을 가지고 독립적인 조직체로서 활동하는 경우에는 독자적인 단체교섭권이 인정된다는 견해가 다수견해이며 판례이다.

ⓓ 유일교섭단체조항
유일교섭단체조항의 효력에 대하여 이를 무효로 보는 것이 일반적인 견해이다. 특정 노동조합과 사용자 사이의 단체협약에 의하여 다른 노동조합의 헌법상의 단체교섭권이 제한·박탈될 수 있기 때문이다.

② 사용자측의 당사자
㉠ 사용자
단체교섭의 당사자로서 사용자는 사업주를 의미한다.

㉡ 사용자단체
사용자단체라 함은 노동관계에 관하여 그 구성원인 사용자에 대하여 조정 또는 규제할 수 있는 권한을 가진 사용자의 단체를 말한다(법 제2조 제3호). 따라서 전국경제인연합회 및 한국경영자총협회 등은 사용자들의 일반적인 경제적 이익의 증진을 위해 결성된 단체이므로 단체교섭의 주체인 사용자단체라 할 수 없다.

ⓒ 사용자 개념의 확대

단체교섭의 당사자로서의 사용자는 근로자와 근로계약을 체결한 근로계약의 당사자가 되는 것이 원칙이다. 하지만 최근의 고용형태는 상당히 복잡해지고 있어서 사용자의 개념도 반드시 근로계약의 당사자에 국한될 것이 아니라 이를 확장할 필요성이 있다. 그러나 판례는 "사용자라 함은 근로자와의 사이에 사용종속관계가 있는 자, 즉 근로자와의 사이에 그를 지휘·감독하면서 그로부터 근로를 제공 받고 그 대가로서 임금을 지급하는 것을 목적으로 하는 명시적이거나 묵시적인 근로계약관계를 맺고 있는 자를 말한다(대판 2008.9.11, 2006다40935)"라고 함으로써 단체교섭의 상대방인 사용자를 좁게 해석한다.

㉮ 독립된 회사 간의 경영지배 또는 공유

독립된 회사가 다른 독립된 회사의 주식소유·상호출자, 임직원 파견 및 업무분장 등을 통하여 경영에 간여 또는 지배하고 있으며 또한 다른 회사의 근로조건 결정 등에 실질적인 영향력 또는 지배력을 행사하는 경우 단체교섭의 당사자가 될 수 있다.

㉯ 복수의 사용자

하나의 고용관계에 2인 이상의 복수의 사용자가 존재하는 경우가 있다. 근로자파견의 경우 사용자는 근로자와 직접 근로계약을 체결하고 있지는 않으나 사용종속관계가 존재하고 근로조건의 일부에 관하여 직접적인 결정권한을 보유하고 있으므로 그 범위 내에서 단체교섭의 당사자가 될 수 있다.

㉰ 도급 및 하청 등의 경우

ⓐ 하청업체의 근로자가 원청업체의 생산과정에 투입되어 원청업체의 지휘·명령하에 근로를 제공하고 있다면 원청업체도 단체교섭의 당사자가 될 수 있다.

ⓑ 판례는 항만운수노조의 조합원을 사용하여 하역작업을 수행하는 냉동·냉장창고회사에 대하여 하역노조의 조합원과 하역회사 간에는 사용종속관계가 존재하지 아니하므로 노조의 단체교섭신청에 응할 필요가 없다고 판결한 바 있다(대판 1997.9.5, 97누3644). 그 논거로 창고업자들이 인사권·작업지시권 및 근로조건결정권 등을 갖지 아니한 상태에 있다는 것을 들고 있다.

(3) 단체교섭의 담당자

① 개 념

단체교섭의 담당자는 단체교섭의 주체인 노동조합과 사용자를 대표하여 실제로 교섭을 직접 담당하는 자를 말한다. 단체교섭의 담당자가 상대방과 교섭할 수 있는 법적 자격을 단체교섭권한이라 한다.

② 근로자측 단체교섭담당자 21 기출

㉠ 노동조합의 대표자

㉮ 노동조합의 대표자는 그 노동조합 또는 조합원을 위하여 사용자나 사용자단체와 교섭하고 단체협약을 체결할 권한을 가진다(법 제29조 제1항).

ⓝ 노동조합의 대표자 또는 수임자가 단체교섭의 결과에 따라 사용자와 단체협약의 내용을 합의
한 후 다시 협약안의 가부에 관하여 조합원총회의 의결을 거쳐야 한다는 것은 대표자의 단체
협약체결권한을 전면적·포괄적으로 제한함으로써 사실상 단체협약체결권한을 형해화하여
명목에 불과한 것으로 만드는 것이어서 노동조합 및 노동관계조정법의 취지에 위반된다(대판
2002.11.26, 2001다36504).

ⓛ 노동조합으로부터 위임을 받은 자

㉮ 노동조합과 사용자 또는 사용자단체로부터 교섭 또는 단체협약의 체결에 관한 권한을 위임받
은 자는 그 노동조합과 사용자 또는 사용자단체를 위하여 위임받은 범위 안에서 그 권한을
행사할 수 있다(법 제29조 제3항).

㉯ 위임의 상대방은 제한이 없다.

㉰ 노동조합이 단체교섭권한을 위임한 경우에도 노동조합의 단체교섭권한이 상실되는 것은 아
니다.

㉱ 노동조합이 교섭 또는 단체협약의 체결에 관한 권한을 위임하는 경우에는 교섭사항과 권한범
위를 정하여 위임하여야 한다(영 제14조 제1항).

㉲ 제3자 위임금지조항
유효설과 무효설의 대립이 있으나 단체교섭권한의 위임여부 또는 수임자의 선정문제는 노동
조합이 자유로이 결정할 수 있다고 보는 유효설이 다수설이다. 따라서 이 조항에 위반하여
제3자에게 단체교섭을 위임한 경우에는 단체협약 위반의 손해배상책임은 별론으로 하더라도
제3자에 대한 위임 자체는 유효하다. 따라서 사용자가 이 조항을 이유로 단체교섭을 거부하
면 부당노동행위가 성립한다.

㉳ 위임사실을 사용자에게 통보해야 한다.

㉴ 노동조합법에서 규정하고 있는 단체교섭권한의 '위임'이라고 함은 노동조합이 조직상의 대표
자 이외의 자에게 조합 또는 조합원을 위하여, 조합의 입장에서 사용자 측과 사이에 단체교섭
을 하는 사무처리를 맡기는 것을 뜻하고, 그 위임 후 이를 해지하는 등의 별개의 의사표시가
없더라도 노동조합의 단체교섭권한은 여전히 수임자의 단체교섭권한과 중복하여 경합적으로
남아 있다고 할 것이다(대판 1998.11.13, 98다20790).

③ **사용자측 단체교섭담당자**

ⓘ 사용자 또는 사용자단체의 대표자
사용자에는 사업주, 사업의 경영담당자뿐만 아니라 그 사업의 근로자에 관한 사항에 관하여 사
업주를 위해 일하는 자를 포함한다.

ⓛ 사용자 또는 사용자단체로부터 위임을 받은 자
사용자는 위임사실을 노동조합에 통보해야 한다.

3 단체교섭의 대상

(1) 의 의

① 개 념

단체교섭의 대상이라 함은 법률의 규정 또는 노사당사자 간의 합의에 의하여 단체교섭의 주제 또는 목적으로 부의된 사항을 말한다.

② 단체교섭대상의 범위

그 범위에 관하여 근로자와 사용자 간에 첨예한 이해 대립을 보이고 있다. 단체교섭의 대상이냐 아니냐에 따라 쟁의행위의 정당성 및 부당노동행위의 성립범위가 달라진다.

③ 단체교섭대상의 판단기준(단체교섭사항의 내재적 한계)

ㄱ 집단성 및 근로조건개선성

ㄴ 사용자의 처분가능성

ㄷ 단체협약체결 예정성

(2) 단체교섭의 대상

① 교섭대상의 유형

ㄱ 의무적 교섭사항

노동조합이 그 대상에 관한 교섭제의를 하는 경우 사용자가 정당한 이유 없이 거부하면 부당노동행위가 되고 단체교섭이 결렬되는 경우 노동쟁의조정의 신청 및 쟁의행위를 실시할 수 있는 교섭대상을 말한다.

ㄴ 임의적 교섭사항

노동조합이 그 대상에 관한 교섭제의를 하는 경우 사용자가 그 교섭을 거부하여도 부당노동행위가 성립하지 않으며 양당사자가 합의하는 경우에만 단체협약을 체결할 수 있고 단체교섭이 결렬되는 경우에도 노동쟁의조정 신청 및 단체행동을 할 수 없는 교섭대상을 말한다.

ㄷ 금지(위법)적 교섭사항

교섭하는 것 자체가 위법이며 합의하여 단체협약을 체결하여도 무효가 되는 교섭사항을 말한다.

② 교섭대상의 구체적 범위

ㄱ 근로자의 근로조건에 관한 사항

㉮ 임금·근로시간·휴일·휴가·안전·위생·재해보상, 기타 근로조건에 관한 사항은 의무적 교섭사항이 된다.

㉯ 한편, 전직·징계 및 해고 등의 인사사항이 의무적 교섭대상이 되는지의 여부에 관하여는 견해가 대립된다.

㉰ 비조합원에 관한 사항 또는 근로자 개인에 관한 사항도 해당 노동조합 또는 조합원의 근로조건에 영향을 미치는 경우에는 단체교섭의 대상이 된다.

ⓛ 권리분쟁에 관한 사항

㉮ 권리분쟁이라 함은 법령·단체협약 및 취업규칙상의 권리·의무관계에 대한 해석 및 이행 등에 관하여 발생한 분쟁을 말한다. 권리분쟁은 이미 확정된 권리·의무관계에 대한 분쟁이라는 점에서 취업규칙의 개정·단체협약의 체결 등 새로운 권리·의무관계를 설정하려는 과정에서 발생한 이익분쟁과 구별된다.

㉯ 권리분쟁이 단체교섭대상이 되는지의 여부에 대해서는 견해가 대립된다.

ⓒ 집단적 노사관계

노동조합이 그 본래의 활동을 하기 위하여 필요한 사항, 예컨대 조합활동에 관한 사항, 단체교섭절차에 관한 사항, 노사협의기구, 고충처리기관 등에 관한 사항, 쟁의행위의 개시방법에 관한 사항, 조정·중재에 관한 사항 등 집단적 노사관계에 해당하는 사항도 의무적 교섭대상에 포함된다. 다만, 대법원은 "노조전임제는 노동조합에 대한 편의제공의 한 형태로서 사용자가 단체협약 등을 통하여 승인하는 경우에 인정되는 것일 뿐 사용자와 근로자 사이의 근로계약관계에 있어서 근로자의 대우에 관하여 정한 근로조건이라고 할 수 없는 것이고, 단순히 임의적 교섭사항에 불과하다(대판 1996.2.23, 94누9177)"라고 판시하였다.

ⓔ 경영권

㉮ 경영권은 사용자가 기업경영에 필요한 기업시설의 관리·운영 및 인사 등에 관하여 가지는 권리라고 할 수 있다.

㉯ 경영권에 관한 사항이 단체교섭의 대상이 될 수 있는지의 여부에 관하여 견해가 대립한다.

㉰ 경영에 관한 사항 자체는 의무교섭대상이 될 수 없으나 경영권의 행사로 인하여 영향을 받거나 이와 밀접한 관련을 갖고 있는 근로조건은 단체교섭의 의무교섭대상이 된다. 또한 정리해고 및 사업의 통·폐합 등 경영권의 본질적 내용은 비록 근로조건에 영향을 미치는 경우에도 단체교섭의 대상이 될 수 없다. 나아가 판례는 "사용자가 경영권의 본질에 속하여 단체교섭의 대상이 될 수 없는 사항에 관하여 노동조합과 '합의'하여 시행한다는 취지의 단체협약의 일부 조항이 있는 경우, 그 조항 하나만을 주목하여 쉽게 사용자의 경영권의 일부 포기나 중대한 제한을 인정하여서는 아니 되고, 그와 같은 단체협약을 체결하게 된 경위와 당시의 상황, 단체협약의 다른 조항과의 관계, 권한에는 책임이 따른다는 원칙에 입각하여 노동조합이 경영에 대한 책임까지도 분담하고 있는지 여부 등을 종합적으로 검토하여 그 조항에 기재된 '합의'의 의미를 해석하여야 한다(대판 2011.1.27, 2010도11030)"고 본다.

③ 단체교섭대상과 다른 사항과의 관계

ⓐ 단체교섭대상과 쟁의행위의 목적과의 관계

단체교섭대상 중 의무적 교섭대상만이 쟁의행위의 목적이 될 수 있고 임의적 교섭대상과 금지교섭대상은 쟁의행위의 목적이 될 수 없다.

ⓑ 단체교섭대상과 노동쟁의조정대상과의 관계

단체교섭대상 중 기본적으로 의무적 교섭대상만이 노동쟁의조정의 대상이 되며 임의교섭대상 및 금지교섭대상은 노동쟁의조정의 대상이 될 수 없다.

ⓒ 단체교섭대상과 부당노동행위대상

근로자가 의무적 교섭대상에 관한 단체교섭을 요구하는 경우 사용자가 이를 거부하는 경우에는 부당노동행위가 성립한다. 임의적 교섭대상의 경우에는 이에 관한 단체교섭요구를 거부하여도 부당노동행위가 성립하지 아니한다.

   ② 단체교섭대상과 노사협의대상

     단체교섭대상은 노사의 이해가 대립되는 사항을, 노사협의대상은 노사의 이해가 공통되는 사항을 취급한다. 또한 노사협의대상은 사용자가 처분권한이 있는 사항은 물론 처분권한이 없는 사항도 그 대상이 될 수 있다.

4 단체교섭의 방법

(1) 단체교섭의 절차

단체교섭의 절차에 관하여는 이를 단체협약 등에서 단체교섭의 개시 이전에 미리 정하는 것이 일반적이다. 단체협약에 의하여서든 또는 노동관행에 의하여서든 단체교섭의 절차가 정립되어 있고 노동조합이 그러한 절차에 의하여 사용자 측에게 단체교섭을 구하고 있는 경우에 만약 사용자측이 정당한 이유 없이 단체교섭을 거부한다면 이는 당연히 부당노동행위가 된다.

(2) 성실교섭의무

노동조합과 사용자 또는 사용자단체는 신의에 따라 성실히 교섭하고 단체협약을 체결하여야 하며 그 권한을 남용하여서는 아니 된다(법 제30조 제1항). 노동조합과 사용자 또는 사용자단체는 정당한 이유 없이 교섭 또는 단체협약의 체결을 거부하거나 해태하여서는 아니 된다(법 제30조 제2항).

  ① 성실교섭의무의 주체

    사용자는 물론 노동조합에게도 성실의무를 부과하고 있다.

     ③ 사용자가 위반한 경우에는 부당노동행위가 성립한다.

     ⓒ 노동조합이 위반한 경우에는 사용자의 거부가 부당노동행위의 제재를 받지 아니한다.

  ② 성실교섭의무의 내용

     ③ 단체교섭을 개시하지 아니하거나 정당한 이유 없이 이를 중단하는 행위, 자신의 주장을 일방적으로 고집하거나 부당한 내용을 주장하는 행위, 적합한 권한 없는 자를 단체교섭의 담당자로 내세우는 행위 등은 성실교섭을 위반한 것이 된다.

     ⓒ 사용자는 단체교섭과정에서 노동조합의 자료제공 요구에 대하여 단체교섭대상에 관련된 자료 및 정보를 제공하고 이를 설명 또는 증명하여야 한다.

     ⓒ 단체교섭의 결과 합의가 성립되면 이를 단체협약으로 체결하여야 한다. 이는 단체교섭 후에 당연히 단체협약을 체결해야 한다는 것이 아니라 단체교섭이 타결된 경우에 단체협약으로 체결하라는 것을 의미한다.

     ⓔ 단체교섭이 결렬되어 쟁의행위를 하는 도중이라도 노동조합이 단체교섭을 요구하는 경우 이것이 종전의 주장을 단순 반복하는 것이 아니라면 사용자는 이에 응할 의무가 있다.

(3) 교섭창구 단일화 22 기출

  ① 하나의 사업 또는 사업장에서 조직형태에 관계없이 근로자가 설립하거나 가입한 노동조합이 2개 이상인 경우 노동조합은 교섭대표노동조합(2개 이상의 노동조합 조합원을 구성원으로 하는 교섭대표기구를 포함)을 정하여 교섭을 요구하여야 한다. 다만, 교섭대표노동조합을 자율적으로 결정하는 기한 내에 사용자가 정하는 교섭창구 단일화 절차를 거치지 아니하기로 동의한 경우에는 그러하지 아니하다(법 제29조의2 제1항).

② 조합원 수 산정은 종사근로자인 조합원을 기준으로 한다(법 제29조의2 제10항).

③ 하나의 사업 또는 사업장에서 현격한 근로조건의 차이, 고용형태, 교섭 관행 등을 고려하여 교섭단위를 분리하거나 분리된 교섭단위를 통합할 필요가 있다고 인정되는 경우에 노동위원회는 노동관계 당사자의 어느 한쪽의 신청을 받아 교섭단위를 분리하거나 분리된 교섭단위를 통합하는 결정을 할 수 있다(법 제29조의3 제2항).

④ 교섭대표노동조합과 사용자는 교섭창구 단일화 절차에 참여한 노동조합 또는 그 조합원 간에 합리적 이유 없이 차별을 하여서는 아니 된다(법 제29조의4 제1항).

제2절 단체협약

1 서 설

(1) 단체협약의 개념

단체협약이라 함은 노동조합과 사용자 간의 개별적 근로관계 및 집단적 노사관계에 대하여 단체교섭이나 쟁의행위의 결과 합의된 사항을 협약이라는 형태로 서면화한 것을 말한다.

(2) 단체협약의 특색

단체협약은 시민법상의 계약원리를 전면적으로 부정·대체하는 것이 아니라 이를 수정·보완하는 것이지만 시민법상의 계약과는 다른 특색이 있다.

① 노동법상의 단체협약은 사전절차로서 단체교섭이 헌법상의 기본권으로 강제되고 있다는 점이다. 사용자가 정당한 단체교섭을 거부하면 부당노동행위가 된다.

② 노동법상의 단체협약은 그 체결의 자유가 제한된다. 즉, 당사자가 합의에 도달한 경우 단체협약의 체결을 법적으로 의무화하고 있다.

③ 행정관청의 간여가 인정된다. 단체협약의 형식, 신고의무 및 위법한 단체협약의 시정명령 등에 의한 행정관청의 간여를 인정하고 있다.

④ 단체협약은 당사자 간의 채권·채무관계에 따른 효력뿐만 아니라 규범적 효력도 인정된다.

⑤ 단체협약은 협약의 당사자는 물론 제3자에게도 적용되는 경우가 있다.

(3) 단체협약의 법적 성질

단체협약은 계약적 성질과 규범적 성질을 가지고 있는데 이를 단체협약의 이중적 성질이라 한다. 단체협약의 이중적 성질 중 어느 것을 강조하느냐에 따라 계약설과 법규범설로 나뉜다. 단체협약은 노사당사자 간의 자주적 합의에 의하여 성립되는 사법상의 계약에 불과하며 국가가 법률의 규정에 의하여 규범적 성질을 내용으로 하는 법적 효력을 부여하기 때문에 규범적 성질을 갖는다고 보는 수권설이 다수설이다.

2 단체협약의 성립

(1) 당사자

단체협약의 당사자라 함은 자신의 명의로 단체협약을 체결할 수 있는 자를 말한다.

① 노동조합

실질적 요건과 형식적 요건을 갖춘 노사관계법상의 노동조합이 당사자가 될 수 있다.

  ㉠ 근로자단체

    노동조합의 형식적 요건을 결한 법외노조도 단체협약의 당사자가 될 수 있다(통설).

  ㉡ 상부단체 및 하부단체

    ㉮ 연합단체 역시 독립한 노사관계법상의 노동조합이므로 단체협약의 당사자가 될 수 있다.

    ㉯ 독자적인 규약과 기관을 가지고 통일적 의사 형성 기능이 있는 경우는 그 조직의 범위 내의 사항에 관해서는 단체협약의 당사자가 될 수 있다.

② 사용자 또는 사용자단체

개인기업의 경우에는 그 기업주, 법인기업의 경우에는 법인이 사용자로서 단체협약의 당사자가 된다.

(2) 내 용

단체협약의 내용은 의무적 교섭대상 및 임의적 교섭대상 중 당사자가 합의한 내용이 된다. 금지교섭대상을 단체협약의 내용으로 한 경우 이는 무효이다.

(3) 형 식

① 서면작성 및 서명·날인 22 기출

단체협약은 서면으로 작성하여 당사자 쌍방이 서명 또는 날인하여야 한다(법 제31조 제1항).

② 신 고

단체협약의 당사자는 단체협약의 체결일부터 15일 이내에 이를 행정관청에 신고하여야 한다(법 제31조 제2항). 단체협약의 신고는 당사자 쌍방이 연명으로 해야 한다(영 제15조).

③ 방식을 결한 단체협약의 효력

  ㉠ 서면으로 작성하지 아니하거나 서명 또는 날인하지 아니한 경우

    단체협약은 서면으로 작성하여 당사자 쌍방이 서명 또는 날인하여야 한다고 규정하고 있는 취지는 단체협약의 내용을 명확히 함으로써 장래 그 내용을 둘러싼 분쟁을 방지하고 아울러 체결당사자 및 그의 최종적 의사를 확인함으로써 단체협약의 진정성을 확보하기 위한 것이므로, 그 방식을 갖추지 아니하는 경우 단체협약은 효력을 가질 수 없다(대판 2001.5.29, 2001다15422, 15439).

  ㉡ 신고를 하지 아니한 경우

    신고의무는 행정목적을 달성하기 위한 단속규정에 불과하고 단체협약의 효력요건은 아니므로 단체협약의 효력은 인정된다.

③ 단체협약의 내용 및 효력

(1) 내 용

① 규범적 부분

단체협약 가운데 근로조건, 기타 근로자의 대우에 관한 기준에 관하여 정한 부분을 말한다. 이는 임금·근로시간·휴일·휴가·안전보건·재해보상·복무규율·징계·휴직·해고 및 정년제 등 기업 내에서의 개별적 근로관계를 포함한다.

② 채무적 부분

단체협약당사자 상호 간의 권리·의무를 규정한 부분을 말한다. 일반적으로 평화의무, 평화조항, 숍조항, 해고협의조항, 단체교섭, 쟁의행위에 관한 절차 및 규칙에 관한 사항 등이 이에 해당한다고 한다.

③ 제도적(조직적) 부분

단체협약의 내용 중에는 집단적 노사관계를 제도적으로 규율하는 조항이 있는데 이를 제도적 부분이라 한다. 근로자의 복지증진, 교육훈련, 노사분규예방, 고충처리, 징계·해고 등의 인사에 관한 협의기관의 구성 및 운영이 이에 해당한다.

(2) 단체협약의 규범적 효력

① 의 의

단체협약이 일종의 규범으로서 근로자와 사용자 간의 양 당사자를 구속하는 효력을 말한다. 단체협약에 정한 근로조건, 기타 근로자의 대우에 관한 기준에 위반하는 취업규칙 또는 근로계약의 부분은 무효로 한다(법 제33조 제1항). 근로계약에 규정되지 아니한 사항 또는 무효로 된 부분은 단체협약에 정한 기준에 의한다(법 제33조 제2항).

② 규범적 효력의 내용

㉠ 강행적 효력

㉮ 단체협약에서 정한 근로조건, 기타 근로자의 대우에 관한 기준에 위반하는 취업규칙 또는 근로계약 부분은 무효로 하는 효력을 말한다.

㉯ 단체협약에서 정한 기준이 최저기준인지 또는 절대기준인지가 문제되는데 최저기준으로 보는 견해와 절대기준으로 보는 견해로 나뉜다.

ⓐ 최저기준으로 보는 견해에 의하면 근로계약의 기준이 단체협약의 기준보다 불리한 경우에는 단체협약의 기준이 근로계약의 기준을 대체하여 적용되며 근로계약의 기준이 유리한 경우에는 근로계약의 기준이 적용된다(유리한 조건의 우선원칙)고 한다.

ⓑ 절대기준으로 보는 견해에 의하면 근로계약의 기준이 유리하든지 불리하든지 상관없이 언제나 단체협약의 기준이 적용되어 유리한 조건 우선원칙은 적용이 없다고 한다.

㉰ 단체협약의 개정에도 불구하고 종전의 단체협약과 동일한 내용의 취업규칙이 그대로 적용된다면 단체협약의 개정은 그 목적을 달성할 수 없으므로 개정된 단체협약에는 당연히 취업규칙상의 유리한 조건의 적용을 배제하고 개정된 단체협약이 우선적으로 적용된다는 내용의 합의가 포함된 것이라고 봄이 당사자의 의사에 합치한다(대판 2002.12.27, 2002두9063).

㉡ 대체적(직접적·보충적) 효력

근로계약에 아무런 관련 규정을 두고 있지 아니하거나 근로계약에 무효가 된 부분이 있는 경우에는 단체협약에서 정한 기준이 대신하여 적용되는 효력을 말한다.

㉢ 규범적 효력의 적용방법(자동적 효력)

㉮ 내부규율설

단체협약의 내용은 근로계약에 용해되어 근로계약의 한 부분으로서 작용한다고 한다. 단체협약의 당사자인 노동조합으로부터 탈퇴한 근로자나 단체협약 종료 후의 조합원의 근로관계에 대하여 기존의 단체협약의 내용이 근로계약관계에 그대로 적용된다고 한다(다수설).

ⓐ 외부규율설

단체협약이 근로계약보다 효력 면에서 우월한 효력을 갖고 있기 때문에 단체협약이 우선적으로 적용된다고 본다. 근로자가 탈퇴하거나 단체협약의 효력이 종료된 후의 근로관계는 해당 조합원에게 적용될 단체협약이 존재하지 않기 때문에 기존의 근로계약이 다시 적용된다고 한다.

③ 신ㆍ구 단체협약 간의 경합(유리한 조건 우선원칙 적용 여부)

새로운 단체협약이 체결된 경우에는 새로운 단체협약이 기존의 단체협약보다 불리한 규정을 가지고 있더라도 새로운 단체협약이 그대로 적용된다. 판례 역시 "근로조건을 불리하게 변경하는 내용의 단체협약을 체결한 경우에도 그것이 현저히 합리성을 결하여 노동조합의 목적을 벗어난 것으로 볼 수 있는 것과 같은 특별한 사정이 없는 한, 그러한 노사 간의 합의를 무효라고 할 수는 없다. 또한 노동조합으로서는 그러한 합의를 위하여 사전에 해당 근로자들로부터 개별적인 동의나 수권을 받을 필요가 없다(대판 2000.12.22, 99다10806)"라고 한다.

(3) 단체협약의 채무적 효력

① 의 의

단체협약의 당사자, 즉 노동조합과 사용자 사이에 단체협약상의 권리ㆍ의무가 발생하여 이를 준수해야 하는 의무를 단체협약의 채무적 효력이라 한다.

② 채무적 효력의 일반적 내용

ㄱ) 노동조합의 단체협약준수의무

노동조합은 단체협약의 당사자로서 단체협약을 준수할 의무를 진다. 노동조합 자신이 단체협약의 내용을 준수하여야 할 자기의무와 조합원들이 단체협약의 내용을 준수하도록 통제ㆍ감독하는 영향의무를 포함한다.

ㄴ) 사용자의 단체협약준수의무

단체협약의 당사자가 사용자인 경우 사용자는 자신이 단체협약의 내용을 준수할 의무를 부담하며 당사자가 사용자단체인 경우 그 단체의 구성원인 사용자가 단체협약의 내용을 준수하도록 그 이행을 촉구하여야 할 의무를 부담한다.

③ 채무적 효력의 구체적 내용

ㄱ) 평화의무

㉮ 의 의

평화의무란 단체협약의 유효기간 중에 쟁의행위를 하여서는 아니 되는 의무를 말한다. 평화의무에는 절대적 평화의무와 상대적 평화의무가 있는데 절대적 평화의무는 단체협약의 유효기간 중에 어떠한 경우에도 쟁의행위를 하여서는 아니 되는 의무를 말하고, 상대적 평화의무는 단체협약의 유효기간 중에 단체협약으로 노사 간에 이미 합의된 사항에 대해서는 이의 개폐 또는 변경을 목적으로 쟁의행위를 하여서는 아니 되나 단체협약에 규정되지 아니한 사항에 관하여는 쟁의행위가 허용되는 의무를 말한다. 절대적 평화의무는 근로자의 헌법상의 단체교섭권 및 단체행동권의 본질적 내용을 침해하게 되어 당사자 간에 합의가 있다 해도 이는 무효이다.

ⓝ 평화의무의 법적 근거

법규범설, 계약설, 신의칙설, 내재설 등이 있으나 평화의무는 단체협약의 평화적 기능에 내재하는 본래적 의무이므로 당사자 간의 합의로도 이를 배제할 수 없다는 내재설(제도목적설)이 다수설과 판례의 태도다.

ⓓ 평화의무의 효력

ⓐ 평화의무배제조항의 효력

내재설에 따르면 당사자 간의 합의로 이를 배제할 수 없으나 계약설에 따르면 당사자 간의 합의로 이를 배제할 수 있다.

ⓑ 평화의무위반의 효력

내재설의 입장에서는 당해 쟁의행위는 정당성을 상실하고 따라서 민·형사면책도 인정되지 않으며 사용자는 노동조합에 손해배상을 청구할 수 있고 쟁의행위의 중지를 청구할 수 있으며 조합원에 대하여 징계처분을 할 수 있다고 한다. 계약설의 입장에서는 당해 쟁의행위는 정당성을 상실하지 않고 민·형사면책이 인정되나 단체협약위반으로 인한 손해배상책임은 부담한다고 한다. 한편 판례는 "평화의무를 위반하여 이루어진 쟁의행위는 노사관계를 평화적·자주적으로 규율하기 위한 단체협약의 본질적 기능을 해치는 것일 뿐 아니라 노사관계에서 요구되는 신의성실의 원칙에도 반하는 것이므로 정당성이 없다(대판 1994.9.30, 94다4042)"라고 한다.

ⓛ 평화조항

ⓝ 의 의

평화조항이란 쟁의행위의 구체적인 방법·절차 등에 관하여 단체협약에 명문으로 규정하고 있는 조항을 말한다.

ⓓ 평화조항 위반의 법적 효과

ⓐ 쟁의행위의 정당성을 상실한다는 견해도 있으나 쟁의행위의 단순한 절차를 위반한 것에 불과하므로 쟁의행위의 정당성을 상실하지 않는다는 견해가 다수설이다. 다만, 단체협약상의 채무불이행으로 인한 손해배상책임은 부담한다.

ⓑ 평화조항을 위반한 조합원 또는 조합간부에게 징계책임을 물을 수 있는가에 대해 견해가 대립한다.

ⓒ 부작위청구

평화조항을 위반하여 쟁의행위를 하는 당사자에 대하여 부작위청구를 할 수 있을 것인가의 문제에 대해 견해가 대립한다.

ⓒ 조합원의 범위에 관한 조항

조합원의 범위는 노동조합이 규약에 의해 자주적으로 정할 사항이지 협약사항이 아니다. 따라서 협약상의 아무런 효력도 갖지 못하므로 노사당사자를 구속하지 못한다.

ⓔ 면책특약

면책특약이란 단체교섭 또는 쟁의행위로 인하여 발생된 민사·형사상의 책임을 근로자에게 일체 묻지 않기로 하는 내용의 약정을 단체협약으로 체결하는 것을 말한다. 민사책임의 면책은 인정되나 형사책임의 면책은 국가의 형벌권과 관련되므로 사용자가 형사상의 고소를 하지 않겠다고 약정한다고 하여 형사책임이 면제되는 것은 아니므로 형사면책특약은 아무런 효력이 없다. 판례는 민사면책특약의 범위 내에는 쟁의행위 자체뿐만 아니라 그 쟁의행위와 일체성을 가지는 준비행위·관련행위에 대해서도 민사상의 책임은 물론 징계책임도 면책된다고 한다.

ⓜ 조합활동조항

직무시간 중의 조합활동, 노조전임에 관한 규정, 조합사무소, 게시판, 기타 기업시설의 이용 및 조합비공제에 관한 규정 등이 여기에 포함된다.

(4) 단체협약의 제도적 효력

① 의 의

단체협약의 제도적 효력이란 단체협약의 제도적 부분에 관하여 단체협약의 당사자를 규율하는 효력을 말한다. 제도적 효력은 원칙적으로 규범적 효력이나 그 효력의 성질은 제도적 부분의 성질에 따라 이를 결정하여야 한다는 견해가 일반적이다.

② 인사절차조항

㉠ 의 의

인사절차조항이란 근로자의 해고·징계·전직 및 인사이동 등의 경우에 노동조합의 동의를 받거나 또는 협의를 하도록 하는 조항, 징계위원회 또는 인사위원회의 의결을 거치도록 하는 조항 또는 당해 근로자에게 의견청취기회를 부여하도록 하는 조항 등을 말한다.

㉡ 해고동의조항 또는 해고협의조항을 위반한 해고의 법적 효력

㉮ 인사협의·동의조항의 법적 성질을 규범적 부분으로 보는 견해는 합리적 이유 없이 협의·동의를 거치지 아니하고 행한 인사조치는 무효라고 본다.

㉯ 인사협의·동의조항을 채무적 부분으로 보는 견해는 협의·동의를 거치지 아니한 경우에 채무불이행책임은 부담하나 인사조치 자체는 무효가 아니라고 한다.

㉰ 인사협의·동의조항을 제도적 부분으로 보는 견해도 제도적 부분은 원칙적으로 규범적 효력을 가지므로 협의·동의를 거치지 않은 인사조치는 무효라고 한다.

㉱ 판례는 협의가 해고에 대한 의견이나 자문에 불과한 경우에는 협의절차를 거치지 아니하여도 해고의 효력에는 영향이 없으나 합의나 동의 등 노동조합의 사전동의나 승낙을 얻어야 하는 경우에는 이러한 절차를 거치지 아니한 해고의 효력은 무효라고 한다. 다만, 노동조합이 해고에 대한 합의 또는 동의권을 남용하여 아무런 이유 없이 해고에 대한 합의 또는 동의를 거부하는 경우에는 사용자가 합의하지 않고 해고를 하여도 해고는 유효하다고 한다.

4 단체협약의 적용범위

(1) 원 칙

단체협약은 협약당사자인 노동조합과 사용자에 대하여 단체협약의 유효기간 동안 당해 사업장에 한해 적용되는 것이 원칙이다.

(2) 단체협약의 인적 적용범위

단체협약의 당사자는 노동조합과 사용자이므로 단체협약의 효력은 노동조합과 사용자에게만 적용되는 것이 원칙이다. 그러나 단체협약의 효력은 단체협약의 당사자인 노동조합 이외에도 당해 노동조합의 조합원과 당해 노동조합이 설립된 사업장에 종사하는 비조합원 및 다른 지역에 있는 사업장의 제3자에게도 적용된다. 조합원에게 적용되는 것은 일반적으로 단체협약의 규범적 효력 때문이고 비조합원에게 적용되는 것은 사용자가 임의로 적용하거나 사업장 단위의 일반적 구속력 때문이다.

① 조합원

　　㉠ 조합원에게 효력이 미치는 근거에 대해서는 대리설, 단체설, 절충설 등이 있다.

　　㉡ 조합원의 범위

　　　　단체협약이 체결될 당시의 조합원은 물론 단체협약이 이미 체결된 이후에 노동조합에 가입한 조합원에게도 적용된다.

② 비조합원

　　㉠ 사용자가 임의로 적용하는 경우

　　　　사용자는 동일한 사업장에 종사하는 비조합원의 근로관계에도 단체협약을 적용하는 것이 일반적인데 이는 사용자가 임의로 적용하여 주기 때문이다. 비조합원인 근로자는 단체협약에서 정한 기준을 자신에게도 적용하여 줄 것을 사용자에게 요구할 권리가 없으며 노동조합도 사용자에게 비조합원에 대하여 단체협약의 적용을 배제하여 줄 것을 요청할 수 없다.

　　㉡ 사업장 단위의 일반적 구속력

　　　　㉮ 하나의 사업 또는 사업장에 상시 사용되는 동종의 근로자 반수 이상이 하나의 단체협약의 적용을 받게 된 때에는 당해 사업 또는 사업장에 사용되는 다른 동종의 근로자에 대하여도 당해 단체협약이 적용된다(법 제35조).

　　　　㉯ 입법취지

　　　　　　조합원과 비조합원 간의 형평을 도모하여 노동조합의 단결을 보호하고 단체협약상의 기준을 공정기준으로 간주함으로써 모든 근로자에게 획일적인 근로조건을 적용하여 노사 간의 분쟁을 방지하고자 하는 데 그 취지가 있다.

　　　　㉰ 확장적용의 요건

　　　　　　ⓐ 하나의 사업 또는 사업장 단위일 것

　　　　　　ⓑ 상시 사용되는 근로자를 기준으로 할 것

　　　　　　ⓒ 동종의 근로자를 기준으로 할 것

　　　　　　　　동종의 근로자라 함은 동일한 직종 또는 직무에 종사하는 근로자를 말한다. 기업별 노조의 형태를 취하고 있는 우리나라에서 동종의 근로자를 동일한 직종에 종사하는 근로자로 한정하는 것은 동 제도의 적용범위가 축소되는 결과를 가져오게 된다. 판례는 "동종의 근로자라 함은 당해 단체협약의 규정에 의하여 그 협약의 적용이 예상되는 자를 가리키는 바, 사업장 단위로 체결되는 단체협약의 적용범위가 특정되지 않았거나 협약조항이 모든 직종에 걸쳐서 공통적으로 적용되는 경우에는 직종의 구분 없이 사업장 내의 모든 근로자가 동종의 근로자에 해당된다(대판 1999.12.10, 99두6927)"고 한다.

　　　　　　ⓓ 근로자 반수 이상이 하나의 단체협약의 적용을 받아야 한다.

　　　　　　　　반수 이상의 근로자의 산출에는 당해 단체협약의 본래적 적용을 받는 노동조합의 조합원만이 포함되는 것으로 해석하여야 한다. 비조합원의 신규채용 또는 조합원의 탈퇴 등으로 반수 이상의 요건을 충족하지 못하게 될 때에는 단체협약의 일반적 구속력은 당연히 종료된다.

   ㉱ 확장적용의 효과 **20** 기출
    ⓐ 적용부분
     규범적 부분에 한정된다(다수설).
    ⓑ 미조직·비조합원에 대한 적용
     단체협약의 적용범위가 특정되지 아니하거나 모든 직종 등에 공통적으로 적용되는 경우에는 동 단체협약은 사업장의 전체 근로자에게 확대 적용된다. 다만, 단체협약의 적용범위를 특정 직종 또는 특정 그룹의 근로자로 제한하고 있는 경우에는 당해 직종 또는 그룹의 근로자에게만 확대 적용된다. 이 경우 유리한 조건 우선의 원칙 적용 여부에 관해서는 견해가 대립한다.
    ⓒ 기조직·비조합원에 대한 적용
     반수 미만의 소수근로자가 별개의 노동조합을 결성하여 독자적인 단체협약을 보유하고 있는 경우에도 다수조합의 단체협약이 확대 적용되는가의 문제가 생기는데 긍정설과 부정설(다수설)이 대립한다. 이러한 경우에도 확장 적용하는 것은 소수조합의 헌법상의 단체교섭권을 침해하고 독자성을 부정하는 것이므로 인정되지 않아야 한다는 것이 다수설의 논리다. 판례는 소수노조가 별도의 단체협약을 체결하고 있는 경우에는 그 협약의 유효기간 중에는 법 제35조의 효력이 미치지 않는다는 입장이다.

(3) 단체협약의 장소적 적용범위

 우리나라의 노동조합의 형태는 기업별 노조가 일반적이므로 단체협약은 조합원이 근로를 제공하는 사업장 또는 공장 등에 국한되어 적용되는 것이 원칙이다. 그러나 예외적으로 단체협약이 사업장 또는 공장 이외의 지역으로 확장 적용되는 경우가 있는 바 이를 지역단위의 일반적 구속력이라 한다.

① 지역단위의 일반적 구속력
 하나의 지역에서 종업하는 동종의 근로자의 3분의 2 이상이 하나의 단체협약의 적용을 받게 된 경우 행정관청은 당해 지역의 다른 근로자에게도 당해 단체협약을 확대 적용할 수 있다(법 제36조). 이는 일정 지역에 있어 다수의 근로자에게 적용되는 단체협약상의 근로조건을 다른 근로자에게도 확장 적용함으로써 근로자 간의 근로조건에 형평성을 도모하고 근로조건이 지나치게 높거나 낮은 수준의 근로자를 고용한 기업이 다른 기업에 비하여 부정 경쟁력을 확보하는 것을 방지하기 위한 것이다.

② 확장적용의 요건
 ㉠ 실질적 요건
  ㉮ 하나의 지역이어야 한다. 하나의 지역 여부를 결정하는 것은 대상산업의 동질성, 경제적·지리적·사회적 입지조건의 근접성, 기업의 배치상황 등 노사의 경제적 기초의 동일성 내지 유사성이 고려되어야 한다(다수설). 하나의 지역은 특별한 제한이 없으므로 행정지역단위와 일치할 필요는 없으나 이에 따라 정하여도 무방하다.

ⓑ 동종의 근로자 3분의 2 이상이어야 한다. 동종의 근로자라 함은 당해 단체협약의 규정에 의하여 그 협약의 적용이 예상되는 자를 가리키며, 한편 단체협약 등의 규정에 의하여 조합원의 자격이 없는 자는 단체협약의 적용이 예상된다고 할 수 없어 단체협약의 일반적 구속력이 미치는 동종의 근로자라고 할 수 없다(대판 2005.4.14, 2004도1108).

ⓒ 하나의 단체협약이 적용되어야 한다.

ⓛ 절차적 요건

단체협약 당사자의 쌍방·일방의 신청에 의하거나 또는 행정관청의 직권으로 노동위원회의 의결을 얻어 행정관청이 확장적용을 결정하고 이를 공고하여야 한다.

③ 확장 적용의 효과

㉠ 행정관청의 결정에 따라 단체협약은 그 지역에서 종업하는 다른 동종의 근로자와 그 사용자에게도 확장 적용된다. 이 경우 확장 적용되는 것은 규범적 부분에 국한된다.

㉡ 미조직·비조합원에 대한 적용

단체협약이 확장 적용되는 경우 유리한 조건 우선의 원칙이 적용되는지의 여부에 관해서는 긍정설과 부정설이 대립되고 있다.

㉢ 기조직·비조합원에 대한 적용

단체협약이 확장 적용되는 경우 소수노동조합의 조합원에게도 적용되는지 여부가 문제되는 바, 긍정설과 부정설이 대립한다. 판례는 "노동조합이 독자적으로 단체교섭권을 행사하여 이미 별도의 단체협약을 체결한 경우에는 그 협약이 유효하게 존속하고 있는 한 지역적 구속력 결정의 효력은 그 노동조합이나 구성원인 근로자에게는 미치지 않는다(대판 1993.12.21, 92도2247)"라고 하고 있다.

㉣ 유리조건 우선의 원칙 적용여부

이때의 단체협약은 당해 지역에서의 최저기준을 설정하는 의미를 갖는다. 따라서 유리조건 우선의 원칙은 적용된다.

(4) 단체협약의 시간적 적용범위

단체협약은 그 유효기간 동안 존속하는 것이 원칙이다. 그러나 단체협약의 당사자는 자동갱신협정 또는 자동연장협정 등을 통해 단체협약의 유효기간이 종료되는 경우 이를 연장할 수 있다. 한편, 단체협약의 유효기간이 종료하였으나 위 협정 등이 존재하지 아니하는 경우에는 단체협약의 효력은 종료되는 것이 원칙이나 그 효력이 예외적으로 인정되는 경우가 있다. 이를 단체협약의 여후효(餘後效)라 한다.

① 단체협약의 유효기간 및 연장 **18** **19** 기출

㉠ 단체협약의 법정유효기간

단체협약의 당사자가 정한 유효기간을 단체협약의 약정유효기간이라 하고 법 제32조 제1항은 단체협약의 유효기간이 3년을 초과하지 못하도록 최장유효기간을 정하고 있는 바 이를 단체협약의 법정유효기간이라 한다. 단체협약에 그 유효기간을 정하지 아니한 경우 또는 3년을 초과하는 유효기간을 정한 경우에 그 유효기간은 3년으로 한다(법 제32조 제2항).

ⓒ 단체협약의 연장

단체협약의 유효기간이 만료되는 때를 전후하여 당사자 쌍방이 새로운 단체협약을 체결하고자 단체교섭을 계속하였음에도 불구하고 새로운 단체협약이 체결되지 아니한 경우에는 별도의 약정이 있는 경우를 제외하고는 종전의 단체협약은 그 효력만료일부터 3월까지 계속 효력을 갖는다(법 제32조 제3항).

② 자동갱신협정과 자동연장협정

ⓗ 자동갱신협정

자동갱신협정이란 단체협약에 그 유효기간의 만료 전 일정기일까지 양 당사자의 어느 쪽으로부터도 협약의 개폐의 통고가 없는 한 종래의 단체협약이 다시 동일기간 효력을 지속한다는 뜻을 정한 합의를 말한다. 자동갱신협정이 있는 경우 새로운 단체협약을 체결한 것으로 보며 그 내용은 구단체협약과 동일한 것이 된다. 새로운 단체협약의 유효기간은 종전 단체협약의 유효기간 만료일의 다음 날부터 기산된다.

ⓛ 자동연장협정

단체협약에 그 유효기간이 경과한 후에도 새로운 단체협약이 체결되지 아니한 때에는 새로운 단체협약이 체결될 때까지 종전 단체협약의 효력을 존속시킨다는 취지의 별도의 약정이 있는 경우에는 그에 따르되, 당사자 일방은 해지하고자 하는 날의 6월 전까지 상대방에게 통고함으로써 종전의 단체협약을 해지할 수 있다(법 제32조 제3항). 이 자동연장협정의 성질에 관해서는 학설이 대립한다.

㉮ 자동연장협정의 본질을 종전 단체협약의 유효기간을 연장하는 것으로 보는 견해

종전 단체협약의 유효기간과 자동연장협정에 의해 연장된 유효기간의 합이 법정유효기간을 초과하여서는 아니 되며 초과한 경우에는 법정유효기간으로 단축된다고 한다.

㉯ 자동연장협정을 새로운 단체협약의 체결로 보는 견해

새로운 단체협약이 체결될 때까지 종전 단체협약을 별도의 새로운 단체협약으로서 임시로 적용시킨다는 당사자 간의 합의로 본다. 이 경우 법정유효기간의 기산점은 종전 단체협약의 만료일의 다음 날이 된다. 다수설 및 판례의 태도이다.

③ 단체협약의 여후효

ⓗ 의 의

단체협약이 그 종료사유의 발생으로 효력을 상실한 후에도 단체협약이 지속적으로 효력을 갖는데 이를 단체협약의 여후효라 한다. 이 경우 문제가 되는 부분은 단체협약의 규범적 부분에 국한되며 채무적 부분은 당연히 종료된다.

ⓛ 여후효에 관한 학설

㉮ 여후효 부정설

협약의 소멸은 반대의 의사가 없는 한 단체적 의사의 소멸을 의미하기 때문에 협약의 여후효를 인정할 수 없다는 것이다. 그러나 단체협약의 규범적 부분에 대하여 당사자의 의사를 합리적으로 해석하여 그때까지 유지되어 온 근로계약의 내용이 그대로 존속한다거나 또는 단체협약의 실효 후 규범적 부분은 근로관계의 내용으로 화체되어 존속한다고 하여 여후효를 부정하면서 실제적으로는 여후효를 인정하는 것과 같은 결과를 가져온다.

ⓝ 여후효 긍정설

　　ⓐ 무제한적 긍정설

　　　단체협약의 여후효를 광범위하게 인정한다. 새로운 단체협약이 체결될 때까지는 종전 단체협약의 규범적 부분이 개별적 근로관계에 그대로 적용된다고 한다.

　　ⓑ 제한적 긍정설

　　　종전 단체협약의 규범적 효력 중 강행적 효력은 인정하지 않고 대체적 효력만 인정한다.

　　ⓒ 근로조건의 변경

　　　종전 단체협약이 소멸한 후에도 종전 단체협약의 기준이 그대로 적용되는 경우에 근로자 개인과 사용자 간의 합의에 의하여 이를 변경할 수 있는지에 대해 노사자치를 강조할 것인가 또는 헌법상의 단체교섭권의 보장 취지를 강조할 것인가에 따라 긍정설과 부정설의 대립이 있다.

5 단체협약의 종료

(1) 존속기간의 만료

존속기간의 만료로 단체협약의 효력이 종료된다.

(2) 단체협약의 취소·시정

① 단체협약의 취소

당해 의사표시의 중요부분에 착오가 있거나 사기·강박에 의한 것일 때에는 당사자의 일방에 의하여 취소할 수 있다.

② 행정관청의 시정명령

행정관청은 단체협약 중 위법한 내용이 있는 경우에는 노동위원회의 의결을 얻어 그 시정을 명할 수 있다(법 제31조 제3항).

③ 단체협약의 해지

㉠ 상대방이 단체협약을 위반하는 경우

경미한 위반의 경우에는 해지할 수 없으나 근로자가 평화의무를 위반하거나 사용자가 단체협약상의 근로조건을 이행하지 아니하는 등 단체협약의 존재 의의를 상실할 만한 중대한 위반행위를 한 경우에만 이를 해지할 수 있다.

㉡ 자동연장협정에 따른 해지

당사자 간에 자동연장협정이 체결되어 있는 경우 당사자 일방은 해지하고자 하는 날의 6월 전까지 상대방에게 통보함으로써 종전의 단체협약을 해지할 수 있다(법 제32조 제3항 단서).

㉢ 사정변경의 경우

단체협약체결 당시에 예측할 수 없을 만큼 중대한 사정변경이 있어서 단체협약의 존립이 무의미하고 일방 당사자에게 단체협약의 준수를 강요하는 것이 지극히 불합리할 때에는 사정변경의 원칙에 의해 이를 해지할 수 있다.

㉣ 해지계약에 의한 경우

단체협약의 유효기간 중에 당사자의 합의에 의하여 단체협약을 해지할 수 있다.

(3) 단체협약당사자의 변경

① 사용자의 변경

단체협약은 회사의 해산·조직변경·영업양도 및 합병 등에 의하여 그 효력이 당연히 종료하지는 않는다.

㉠ 해 산

회사가 해산하는 경우 청산절차 중에 전체 근로자를 해고함으로써 단체협약은 실효된다.

㉡ 조직변경

회사의 동일성이 인정되는 한 단체협약은 그대로 존속한다.

㉢ 합 병

흡수합병의 경우에는 소멸회사의 단체협약은 종료하고 합병회사의 단체협약이 적용된다는 견해, 소멸회사의 권리·의무가 포괄승계되므로 소멸회사의 단체협약은 그대로 존속된다는 견해 등이 있다. 신설합병의 경우에는 소멸회사의 단체협약이 모두 적용된다는 견해, 소멸회사의 단체협약은 종료되고 신설회사의 단체협약이 적용된다는 견해 등이 있다.

㉣ 영업양도

사업의 동일성이 인정되는 한 단체협약은 승계된다.

② 노동조합의 변경

㉠ 노동조합의 해산

청산절차가 종료된 경우 단체협약당사자의 실체가 없어지므로 단체협약은 실효된다.

㉡ 노동조합의 조직변경

조직상의 실질적 동일성이 인정되는 한 단체협약은 그대로 존속한다.

㉢ 탈퇴 및 분열

다수의 조합원이 탈퇴하여도 단체협약은 존속한다. 분열의 경우 두 개의 새로운 노동조합이 결성된 경우 구단체협약은 종료되나 기존의 노동조합이 유지된 채 당해 노동조합에서 탈퇴한 조합원이 새로운 노동조합을 결성한 경우 구단체협약은 그대로 존속한다.

(4) 새로운 단체협약의 체결

종전 단체협약의 유효기간 중에 새로운 단체협약을 체결하는 경우 종전 단체협약은 소멸하게 된다.

6 단체협약의 해석과 위반

(1) 단체협약의 해석과 이행방법에 관한 당사자의 의견이 불일치한 경우(법 제34조)

① 단체협약의 해석 또는 이행방법에 관하여 관계 당사자 간에 의견의 불일치가 있는 때에는 당사자 쌍방 또는 단체협약에 정하는 바에 의하여 어느 일방이 노동위원회에 그 해석 또는 이행방법에 관한 견해의 제시를 요청할 수 있다.

② 노동위원회는 견해제시의 요청을 받은 때에는 요청을 받은 날부터 30일 이내에 명확한 견해를 제시하여야 한다.

③ 노동위원회가 제시한 해석 또는 이행방법에 관한 견해는 중재재정과 동일한 효력을 가진다.

④ 단체협약의 해석방법

　㉠ 단체협약과 같은 처분문서는 그 성립의 진정함이 인정되는 이상 그 기재내용을 부정할만한 분명하고 수긍할 수 있는 반증이 없는 한, 표시된 의사표시의 존재 및 내용을 파악하는 것이 원칙이다. 의사가 분명하지 않은 경우는 그 규정이 단체협약에 포함되게 된 경위나 합의과정 등을 참작하여 합리적으로 해석해야 한다.

　㉡ 단체협약과 같은 처분문서를 해석할 때에는 단체협약이 근로자의 근로조건을 유지·개선하고 복지를 증진하여 경제적·사회적 지위를 향상시킬 목적으로 근로자의 자주적 단체인 노동조합과 사용자 사이에 단체교섭을 통하여 이루어지는 것이므로 명문의 규정을 근로자에게 불리하게 변형 해석할 수 없다(대판 2011.10.13, 2009다102452).

(2) 단체협약의 위반

① 형벌의 부과

단체협약의 내용 중 다음의 어느 하나에 해당하는 사항을 위반한 자는 1천만원 이하의 벌금에 처한다(법 제92조 제2호). 이는 단체협약의 위반 자체를 이유로 형사처벌하는 것은 죄형법정주의의 원칙에 위반하여 위헌이라는 헌법재판소의 판결에 따라 단체협약 위반행위를 구체적으로 특정한 것이다.

　㉠ 임금·복리후생비, 퇴직금에 관한 사항

　㉡ 근로 및 휴게시간, 휴일, 휴가에 관한 사항

　㉢ 징계 및 해고의 사유와 중요한 절차에 관한 사항

　㉣ 안전보건 및 재해부조에 관한 사항

　㉤ 시설·편의제공 및 근무시간 중 회의참석에 관한 사항

　㉥ 쟁의행위에 관한 사항

② 부당노동행위구제제도에 의한 구제

현행법상 사용자가 정당한 이유 없이 단체협약을 이행하지 않더라도 부당노동행위에 해당하지 않는다. 그러나 단체교섭을 정당한 이유 없이 거부하거나 해태하는 행위를 부당노동행위로 규정하면서 이보다 더 본질적인 단체협약의 위반은 당연히 부당노동행위의 한 유형으로서 구제대상이 되어야 한다는 견해가 있다.

③ 사법상의 구제수단

　㉠ 강제이행

　　단체협약당사자의 일방이 단체협약상의 의무를 이행하지 않는 경우 다른 상대방은 민법 제389
　　조에 의해 강제이행을 법원에 청구할 수 있다.

　㉡ 손해배상청구

　　민법상의 채무불이행에 의한 손해배상을 청구할 수 있다.

　㉢ 단체협약의 해지

　　단체협약의 일방이 의무를 위반하는 경우 다른 당사자는 그 이행을 최고하고 일정기간 내에 이
　　행을 하지 않는 경우 단체협약을 해지할 수 있다.

　㉣ 동시이행의 항변

　　단체협약당사자 일방이 의무를 이행하지 않는 경우 다른 당사자는 자신의 의무이행을 거절할 수
　　있다. 그러나 단체협약의 경우에는 그 의무의 내용 및 종류가 복잡·다양하여 이들을 서로 대가
　　적으로 상응시키기가 곤란한 경우가 많다.

03 적중예상문제

01 노동조합 및 노동관계조정법령상 단체교섭 및 단체협약에 관한 설명으로 옳지 않은 것을 모두 고른 것은?(다툼이 있으면 판례에 따름)

ㄱ. 단체교섭의 결과 노사가 특정의 노동조합이 유일한 교섭주체임을 인정하는 취지의 단체협약을 체결했다면 노사자치원리에 따라 유효하다.

ㄴ. 노동관계 당사자는 교섭이나 단체협약 체결의 권한을 위임하는 경우에는 교섭사항과 교섭범위를 정하지 않고 교섭 진행 과정에서 구체화시키면 충분하다.

ㄷ. 노동조합의 대표자가 사용자와 단체교섭 결과 합의에 이른 경우에 단체교섭위원들이 연명으로 서명하지 않는 한 단체협약을 체결할 수 없도록 규정한 노동조합 규약은 노동조합 및 노동관계조정법에 위반되지 않는다.

ㄹ. 단체교섭권의 위임이 이루어진 경우에는 그 위임 후 이를 해지하는 등의 별개의 의사표시가 없더라도 노동조합의 단체교섭권한은 여전히 수임자의 단체교섭권한과 중복하여 경합적으로 남아 있다.

① ㄱ, ㄴ

② ㄷ, ㄹ

③ ㄱ, ㄴ, ㄷ

④ ㄴ, ㄷ, ㄹ

해설

ㄱ. (×) 단체협약에서 특정의 노동조합을 유일한 교섭주체로 인정하여 다른 노동조합을 교섭 상대방에서 배제하는 경우, 헌법 제33조에 따른 단체교섭권을 침해하기 때문에 부당노동행위가 되어 무효이다.

ㄴ. (×) 노동조합과 사용자 또는 사용자단체(이하 '노동관계 당사자'라 함)는 교섭 또는 단체협약의 체결에 관한 권한을 위임하는 경우 교섭사항과 권한범위를 정하여 위임하여야 한다(노동조합 및 노동관계조정법 시행령 제14조 제1항).

ㄷ. (×) 노조법 제29조 제1항은 "노동조합의 대표자는 그 노동조합 또는 조합원을 위하여 사용자나 사용자단체와 교섭하고 단체협약을 체결할 권한을 가진다."라고 규정하고 있는 바, 노동조합의 대표자에게는 단체교섭의 권한뿐만 아니라 교섭한 결과에 따라 단체협약을 체결할 권한이 있다. 따라서 노동조합 규약에서 노동조합의 대표자가 단체교섭의 결과에 따라 사용자와 단체협약의 내용을 합의한 후 다시 그 협약안의 가부에 관하여 조합원 총회의 의결을 거치도록 규정하고 있다면, 그 노동조합 규약은 노동조합 대표자의 단체협약체결권한을 전면적, 포괄적으로 제한함으로써 사실상 단체협약체결권한을 형해화하여 명목에 불과한 것으로 만드는 것이어서 노동조합 대표자의 단체협약체결권한을 규정한 노조법 제29조 제1항의 취지에 반한다(대판 2013.9.27, 2011두15404).

02 노동조합 및 노동관계조정법령상 교섭대표노동조합에 관한 설명으로 옳지 않은 것은?

① 교섭대표노동조합의 대표자는 교섭을 요구한 모든 노동조합 또는 조합원을 위하여 사용자와 교섭하고 단체협약을 체결할 권한을 가진다.

② 교섭대표노동조합은 교섭창구 단일화 절차에 참여한 노동조합 또는 그 조합원 간에 합리적 이유 없이 차별을 하여서는 아니 된다.

③ 교섭대표노동조합이 결정된 날부터 1년 동안 단체협약을 체결하지 못한 경우에도 교섭대표노동조합만이 사용자에게 교섭을 요구할 수 있다.

④ 교섭대표노동조합은 그 지위 유지기간이 만료되었더라도 새로운 교섭대표노동조합이 결정될 때까지 기존 단체협약의 이행과 관련하여서는 그 지위를 유지한다.

> **해설**
> ③ 법 제29조의2(교섭창구 단일화 절차)에 따라 결정된 교섭대표노동조합이 그 결정된 날부터 1년 동안 단체협약을 체결하지 못한 경우에는 어느 노동조합이든지 사용자에게 교섭을 요구할 수 있다(노동조합 및 노동관계조정법 시행령 제14조의10 제3항).

03 노동조합 및 노동관계조정법령상 단체협약에 관한 설명으로 옳은 것은?(다툼이 있으면 판례에 따름)

① 단체협약은 특별한 사정이 없는 한 명문의 규정을 근로자에게 불리하게 해석할 수 있다.

② 단체협약 중 근로조건 기타 근로자의 대우에 관하여 정한 부분은 근로자와 사용자 사이의 근로계약관계를 직접 규율하는 효력을 가진다.

③ 근로조건을 불리하게 변경하는 내용의 단체협약이 현저히 합리성을 결하여 노동조합의 목적을 벗어난 것으로 볼 수 있는 경우와 같은 특별한 사정이 없는 한 그러한 노사 간의 합의를 무효라고 볼 수는 없으나, 노동조합으로서는 그러한 합의를 위하여 사전에 근로자들로부터 개별적인 동의나 수권을 받아야 한다.

④ 노동조합이 기존의 임금, 근로시간, 퇴직금 등 근로조건을 결정하는 기준에 관하여 소급적으로 동의하는 내용의 단체협약을 사용자와 체결한 경우에, 동의의 효력은 단체협약 체결 이전에 퇴직한 근로자에게도 미친다.

② 단체협약 중 근로조건 기타 근로자의 대우에 관하여 정한 부분은 규범적 부분으로서 단체협약 체결의 당사자인 노동조합의 구성원(조합원)과 사용자 사이의 개별적 근로관계에서의 권리의무관계를 규율하는 강행적 효력을 갖게 된다(대판 2016.7.22, 2013두24396).

① 단체협약은 근로자의 경제적·사회적 지위 향상을 위하여 노동조합과 사용자가 단체교섭을 거쳐 체결하는 것이므로, 명문 규정을 근로자에게 불리하게 해석하여서는 안 된다(대판 2017.2.15, 2016다32193).

③ 협약자치의 원칙상 노동조합은 사용자와 사이에 근로조건을 유리하게 변경하는 내용의 단체협약뿐만 아니라 근로조건을 불리하게 변경하는 내용의 단체협약을 체결할 수 있으므로, 근로조건을 불리하게 변경하는 내용의 단체협약이 현저히 합리성을 결하여 노동조합의 목적을 벗어난 것으로 볼 수 있는 경우와 같은 특별한 사정이 없는 한 그러한 노사 간의 합의를 무효라고 볼 수는 없고, 노동조합으로서는 그러한 합의를 위하여 사전에 근로자들로부터 개별적인 동의나 수권을 받을 필요가 없으며, 단체협약이 현저히 합리성을 결하였는지 여부는 단체협약의 내용과 그 체결경위, 당시 사용자측의 경영상태 등 여러 사정에 비추어 판단해야 한다(대판 2000.9.29, 99다67536).

④ 노동조합이 기존의 임금, 근로시간, 퇴직금 등 근로조건을 결정하는 기준에 관하여 소급적으로 동의하거나 이를 승인하는 내용의 단체협약을 사용자와 체결한 경우에, 동의나 승인의 효력은 단체협약이 시행된 이후 해당 사업장에서 근무하면서 단체협약의 적용을 받게 될 조합원이나 근로자에 대해서만 생길 뿐, 단체협약 체결 이전에 퇴직한 근로자에게는 효력이 미칠 여지가 없다(대판 2017.2.15, 2016다32193).

04 노동조합 및 노동관계조정법령상 단체교섭에 관한 설명으로 옳은 것은?(다툼이 있으면 판례에 의함)

① 단체교섭의 노동조합 측 당사자는 해당 노동조합의 대표자이다.
② 노동조합은 단체협약의 체결에 관한 권한을 위임할 수 없다.
③ 사용자는 쟁의기간 중이라는 사정만을 이유로 단체교섭을 거부할 수 있다.
④ 사용자단체라 함은 노동관계에 관하여 그 구성원인 사용자에 대하여 조정 또는 규제할 수 있는 권한을 가진 사용자의 단체를 말한다.

① 단체교섭의 '당사자'란 자기 이름으로 단체교섭을 하고 단체협약을 체결할 수 있는 자를 뜻하며, 노동조합이 당사자가 된다. 교섭당사자인 노동조합의 대표자는 교섭 '담당자'가 될 뿐이다.

② 노동조합과 사용자 또는 사용자단체로부터 교섭 또는 단체협약의 체결에 관한 권한을 위임받은 자는 그 노동조합과 사용자 또는 사용자단체를 위하여 위임받은 범위 안에서 그 권한을 행사할 수 있다(노동조합 및 노동관계조정법 제29조 제3항).

③ 쟁의행위는 단체교섭을 촉진하기 위한 수단으로서의 성질을 가지므로 쟁의기간 중이라는 사정이 사용자가 단체교섭을 거부할 만한 정당한 이유가 될 수 없다(대판 2006.2.24, 2005도8606).

05 노동조합 및 노동관계조정법령상 교섭단위 결정 및 공정대표의무에 관한 설명으로 옳지 않은 것은?

① 교섭단위는 하나의 사업 또는 사업장으로 한다.

② 노동위원회는 노동관계 당사자의 신청이나 직권으로 교섭단위를 분리하는 결정을 할 수 있다.

③ 노동조합 또는 사용자는 교섭단위를 분리하여 교섭하려는 경우에는 사용자가 교섭요구 사실을 공고하기 전에도 노동위원회에 교섭단위 분리의 결정을 신청할 수 있다.

④ 교섭대표노동조합과 사용자는 교섭창구 단일화 절차에 참여한 노동조합 또는 그 조합원 간에 합리적 이유 없이 차별을 하여서는 아니 된다.

해설

② 하나의 사업 또는 사업장에서 현격한 근로조건의 차이, 고용형태, 교섭 관행 등을 고려하여 교섭단위를 분리하거나 분리된 교섭단위를 통합할 필요가 있다고 인정되는 경우에 노동위원회는 노동관계 당사자의 양쪽 또는 어느 한쪽의 신청을 받아 교섭단위를 분리하거나 분리된 교섭단위를 통합하는 결정을 할 수 있다(노동조합 및 노동관계조정법 법 제29조의3 제2항).

① 노동조합 및 노동관계조정법 제29조의3 제1항

③ 노동조합 및 노동관계조정법 시행령 제14조의11 제1항 제1호

④ 노동조합 및 노동관계조정법 제29조의4 제1항

06 노동조합 및 노동관계조정법령상 단체교섭에 관한 설명으로 옳지 않은 것은?(다툼이 있으면 판례 에 따름)

① 일반적으로 구성원인 근로자의 노동조건 기타 근로자의 대우에 관한 사항으로 사용자가 처분할 수 있는 사항은 단체교섭의 대상에 해당한다.

② 정리해고나 사업조직의 통폐합 등 기업의 구조조정의 실시 여부는 경영주체에 의한 고도의 경영 상 결단에 속하는 사항으로서 이는 원칙적으로 단체교섭의 대상이 될 수 없다.

③ 단위노동조합이 상부단체인 연합단체에 단체교섭권한을 위임한 경우에 그 위임의 범위 내에서는 단체교섭권한이 없다.

④ 노동조합과 사용자 또는 사용자단체는 신의에 따라 성실히 교섭하고 단체협약을 체결하여야 하 며 그 권한을 남용하여서는 아니 된다.

해설

③ 단체교섭권한의 '위임'이라고 함은 노동조합이 그 조직상의 대표자 이외의 자에게 그 조합 또는 조합원을 위하여, 그 조합의 입장에서 사용자 측과 사이에 단체교섭을 하는 사무처리를 맡기는 것을 뜻하고, 그 위임 후 이를 해지하는 등의 별개의 의사표시가 없더라도 그 노동조합의 단체교섭권한은 여전히 그 수임자의 단체교섭권한과 중복하여 경합적으로 남아 있다고 할 것이며, 같은 법조 제2항의 규정에 따라 단위노동조합이, 당해 노동조합이 가입한 상부단 체인 연합단체에 그러한 권한을 위임한 경우에 있어서도 달리 볼 것은 아니다(대판 1998.11.13, 98다20790).

① 사용자가 처분할 권한이 없는 사항 또는 근로조건과 무관한 사항은 교섭대상이 될 수 없다.

② 대판 2014.11.13, 2011도393

④ 노동조합 및 노동관계조정법 제30조 제1항

07 노동조합 및 노동관계조정법령상 단체협약에 관한 설명으로 옳지 않은 것은?(다툼이 있으면 판례에 따름)

① 근로조건을 불리하게 변경하는 내용의 단체협약이 현저히 합리성을 결하여 노동조합의 목적을 벗어난 것으로 볼 수 있는 특별한 사정이 있는 경우에는 그러한 합의는 무효이다.

② 사용자가 노동조합과의 협상에 따라 정리해고를 제한하기로 하는 내용의 단체협약을 체결하였다면 특별한 사정이 없는 한 그 단체협약이 강행법규나 사회질서에 위배된다고 볼 수 없다.

③ 단체협약의 개정에도 불구하고 종전의 단체협약과 동일한 내용의 취업규칙이 있을 경우에 개정된 단체협약에는 당연히 취업규칙상의 유리한 조건의 적용을 배제하고 개정된 단체협약이 우선적으로 적용된다는 내용의 합의가 포함된 것으로 보아야 한다.

④ 이미 구체적으로 그 지급청구권이 발생한 임금은 노동조합이 근로자들로부터 개별적인 동의나 수권을 받지 않고, 사용자와 사이의 단체협약만으로 이에 대한 포기나 지급유예와 같은 처분행위를 할 수 있다.

해설
④ 이미 구체적으로 그 지급청구권이 발생한 임금(상여금 포함)은 근로자의 사적 재산영역으로 옮겨져 근로자의 처분에 맡겨진 것이기 때문에, 노동조합이 근로자들로부터 개별적인 동의나 수권을 받지 않는 이상, 사용자와 사이의 단체협약만으로 이에 대한 포기나 지급유예와 같은 처분행위를 할 수 없다(대판 2002.4.12, 2001다41384).

08 노동조합 및 노동관계조정법령상 단체협약 중 규범적 부분에 해당하는 것은?

① 조합비 공제
② 소정근로시간
③ 단체교섭의 절차
④ 노동조합 전임자의 수

해설
단체협약 내에 '근로조건 기타 근로자의 대우에 관하여 정한 부분'을 규범적 부분이라고 한다. 여기에는 임금, 근로시간, 휴일·휴가, 재해보상, 안전·보건, 인사를 비롯한 후생복리 등 근로자의 대우나 근로조건과 관련을 가지는 경우 당연히 포함되며, 채용에 있어서는 근로계약 체결 이전의 문제이므로 포함되지 않는다는 점을 주의하여야 한다.

09 노동조합 및 노동관계조정법령상 단체협약에 관한 설명으로 옳지 않은 것은?

① 단체협약에 2년을 초과하는 유효기간을 정한 경우에 그 유효기간은 2년으로 한다.

② 단체협약의 당사자는 단체협약의 체결일부터 15일 이내에 이를 행정관청에 신고하여야 한다.

③ 단체협약의 해석에 관하여 관계 당사자 간에 의견의 불일치가 있는 때에는 당사자 쌍방 또는 단체협약에 정하는 바에 의하여 어느 일방이 노동위원회에 그 해석에 관한 견해의 제시를 요청할 수 있다.

④ 하나의 지역에 있어서 종업하는 동종의 근로자 반수 이상이 하나의 단체협약의 적용을 받게 된 때에는 당해 지역에서 종업하는 다른 동종의 근로자에 대하여도 당해 단체협약이 적용된다.

해설

④ 하나의 지역에 있어서 종업하는 동종의 근로자 3분의 2 이상이 하나의 단체협약의 적용을 받게 된 때에는 행정관청은 당해 단체협약의 당사자의 쌍방 또는 일방의 신청에 의하거나 그 직권으로 노동위원회의 의결을 얻어 당해 지역에서 종업하는 다른 동종의 근로자와 그 사용자에 대하여도 당해 단체협약을 적용한다는 결정을 할 수 있다(노동조합 및 노동관계조정법 제36조 제1항). 이를 지역적 구속력이라 한다.

10 단체협약의 내용 중 노동조합 및 노동관계조정법 제92조 제2호에서 규정한 사항을 위반한 자는 벌금에 처한다. 이에 해당하지 않는 사항은?

① 재해부조

② 편의제공

③ 휴게시간

④ 교섭창구 단일화

해설

1천만원 이하의 벌금(노동조합 및 노동관계조정법 제92조 제2호)
• 임금 · 복리후생비, 퇴직금에 관한 사항
• 근로 및 휴게시간, 휴일, 휴가에 관한 사항
• 징계 및 해고의 사유와 중요한 절차에 관한 사항
• 안전보건 및 재해부조에 관한 사항
• 시설 · 편의제공 및 근무시간 중 회의참석에 관한 사항
• 쟁의행위에 관한 사항

11 노동조합 및 노동관계조정법상 단체협약에 관한 설명으로 옳지 않은 것은?

① 단체협약은 서면으로 작성하여 당사자 쌍방이 서명 또는 날인하여야 한다.

② 단체협약의 당사자는 체결일부터 15일 이내에 노동위원회에 단체협약을 신고하여야 한다.

③ 행정관청은 단체협약 중 위법한 내용이 있는 경우에는 노동위원회의 의결을 얻어 그 시정을 명할 수 있다.

④ 단체협약에 정한 근로조건 기타 근로자의 대우에 관한 기준에 위반하는 취업규칙 또는 근로계약의 부분은 무효로 한다.

> **해설**
>
> ② 단체협약의 당사자는 단체협약의 체결일부터 15일 이내에 이를 행정관청에게 신고하여야 한다(노동조합 및 노동관계조정법 제31조 제2항).

12 단체협약 내용으로서 그 위반한 자에 대하여 노동조합 및 노동관계조정법상 형사처벌의 대상 사항이 아닌 것은?

① 복리후생비에 관한 사항

② 재해부조에 관한 사항

③ 쟁의행위에 관한 사항

④ 조합원 자격에 관한 사항

> **해설**
>
> 1천만원 이하의 벌금(노동조합 및 노동관계조정법 제92조 제2호)
> • 임금·복리후생비, 퇴직금에 관한 사항
> • 근로 및 휴게시간, 휴일, 휴가에 관한 사항
> • 징계 및 해고의 사유와 중요한 절차에 관한 사항
> • 안전보건 및 재해부조에 관한 사항
> • 시설·편의제공 및 근무시간 중 회의참석에 관한 사항
> • 쟁의행위에 관한 사항

13 노동조합 및 노동관계조정법상 단체협약 등에 관한 설명으로 옳지 않은 것은?(다툼이 있으면 판례에 따름)

① 하나의 지역에 있어서 종업하는 동종의 근로자 3분의 2 이상이 하나의 단체협약의 적용을 받게 된 때에는 노동위원회는 그 직권으로 당해 지역에서 종업하는 다른 동종의 근로자와 그 사용자에 대하여도 당해 단체협약을 적용한다는 결정을 할 수 있다.

② 하나의 사업 또는 사업장에 상시 사용되는 동종의 근로자 반수 이상이 하나의 단체협약의 적용을 받게 된 때에는 당해 사업 또는 사업장에 사용되는 다른 동종의 근로자에 대하여도 당해 단체협약이 적용된다.

③ 노사 간의 협상을 통해 사용자가 그 해고 권한을 제한하기로 합의하고 노동조합이 동의할 경우에 한하여 해고권을 행사하겠다는 의미로 해고의 사전 합의 조항을 단체협약에 두었다면, 그러한 절차를 거치지 아니한 해고처분은 원칙적으로 무효이다.

④ 노동조합의 하부단체인 분회나 지부가 독자적인 규약 및 집행기관을 가지고 독립된 조직체로서 활동을 하는 경우 당해 조직이나 그 조합원에 고유한 사항에 대하여는 독자적으로 단체교섭하고 단체협약을 체결할 수 있다.

> **해설**
>
> ① 하나의 지역에 있어서 종업하는 동종의 근로자 3분의 2 이상이 하나의 단체협약의 적용을 받게 된 때에는 행정관청은 당해 단체협약의 당사자의 쌍방 또는 일방의 신청에 의하거나 그 직권으로 노동위원회의 의결을 얻어 당해 지역에서 종업하는 다른 동종의 근로자와 그 사용자에 대하여도 당해 단체협약을 적용한다는 결정을 할 수 있다(노동조합 및 노동관계조정법 제36조 제1항).
>
> ② 노동조합 및 노동관계조정법 제35조
>
> ③ 노사 간의 협상을 통해 사용자가 그 해고 권한을 제한하기로 합의하고 노동조합이 동의할 경우에 한하여 해고권을 행사하겠다는 의미로 해고의 사전 합의 조항을 단체협약에 두었다면, 그러한 절차를 거치지 아니한 해고처분은 원칙적으로 무효이다(대판 2007.9.6, 2005두8788).
>
> ④ 대판 2001.2.23, 2000도4299

14 노동조합 및 노동관계조정법상 단체교섭에 관한 설명으로 옳지 않은 것은?(다툼이 있으면 판례에 의함)

① 노동조합의 대표자가 사용자와 단체협약의 내용을 합의한 후 다시 협약안의 가부에 관하여 조합 원총회의 의결을 거치도록 하는 소위 인준투표제는 위법하다.

② 노동조합의 구성원인 근로자의 노동조건 기타 근로자의 대우 또는 당해 단체적 노사관계의 운영 에 관한 사항으로 사용자가 처분할 수 있는 사항은 단체교섭의 대상이 된다.

③ 쟁의행위 중이더라도 노동조합 측으로부터 새로운 타협안이 제시되는 등 교섭재개가 의미 있을 것으로 기대할 만한 사정변경이 생긴 경우에는 사용자로서는 다시 단체교섭에 응하여야 한다.

④ 산업별 노동조합의 지부가 독자적인 규약과 집행기관을 가지고 독립한 조직체로 활동하고 있더 라도 설립신고를 하지 않았다면 독자적인 단체교섭 및 단체협약을 체결할 권한을 갖지 못한다.

해설

④ 노동조합의 하부단체인 분회나 지부가 독자적인 규약 및 집행기관을 가지고 독립된 조직체로서 활동을 하는 경우 당해 조직이나 그 조합원에 고유한 사항에 대하여는 독자적으로 단체교섭하고 단체협약을 체결할 수 있다(대판 2001.2.23, 2000도4299).

① 대판 2005.3.11, 2003다27429

② 대판 2003.12.26, 2003두8906

③ 대판 2006.2.24, 2005도8606

15 노동조합 및 노동관계조정법상 교섭창구 단일화에 관한 설명으로 옳지 않은 것은?

① 공동교섭대표단에 참여할 수 있는 노동조합은 그 조합원 수가 교섭창구 단일화 절차에 참여한 노동조합의 전체 조합원 100분의 10 이상인 노동조합이다.

② 사용자는 교섭창구 단일화 절차에 참여한 노동조합 또는 그 조합원 간에 합리적 이유 없이 차별을 하여서는 아니 된다.

③ 교섭대표노동조합을 결정하여야 하는 단위는 노동위원회가 교섭단위를 분리하는 결정을 하지 않는 한, 하나의 사업 또는 사업장으로 한다.

④ 교섭대표노동조합의 대표자는 그 절차에 참여한 노동조합으로부터 위임받은 범위 안에서 사용자 와 교섭하고 단체협약을 체결할 권한을 가진다.

해설

④ 교섭대표노동조합의 대표자는 교섭을 요구한 모든 노동조합 또는 조합원을 위하여 사용자와 교섭하고 단체협약을 체결할 권한을 가진다(노동조합 및 노동관계조정법 제29조 제2항).

16 노동조합 및 노동관계조정법상 단체교섭의 당사자가 될 수 있는 자로 옳지 않은 것은?

① 노동조합 대표자
② 단위노동조합
③ 연합단체인 노동조합
④ 사업주 개인

해설

① 노동조합 및 노동관계조정법은 "노동조합의 대표자는 그 노동조합 또는 조합원을 위하여 사용자나 사용자단체와 교섭하고 단체협약을 체결할 권한을 가진다(노동조합 및 노동관계조정법 제29조 제1항)"라고 명시함으로써 노동조합 대표자의 단체교섭의 담당자로서의 지위를 확인해 주고 있으나, 노동조합 대표자를 단체교섭의 당사자라고 볼 수는 없다.

17 노동조합 및 노동관계조정법상 단체협약에 관한 설명으로 옳은 것은?(다툼이 있으면 판례에 의함)

① 기존의 근로조건을 불리하게 변경하는 내용의 단체협약을 체결하기 위해서는 조합원인 근로자들로부터 개별적인 동의나 수권을 받아야 한다.
② 단체협약의 내용 중 편의제공에 관한 사항을 위반한 자에 대해서는 벌칙규정이 적용된다.
③ 단체협약과 취업규칙이 동일한 내용의 근로조건을 규정하고 있었으나, 단체협약만이 불리하게 개정된 경우에는 보다 유리한 내용을 규정하고 있는 취업규칙이 우선적으로 적용된다.
④ 단체협약의 해석 또는 이행방법에 관하여 관계 당사자 사이에 의견의 불일치가 있는 경우 당사자 쌍방은 노동위원회에 그 해석 또는 이행방법에 관한 견해의 제시를 요청할 수 있으며, 이때의 해석 또는 이행방법에 관한 견해는 조정과 동일한 효력을 가진다.

해설

② 노동조합 및 노동관계조정법 제92조 제2호 마목
① 협약자치의 원칙상 노동조합은 사용자와 사이에 근로조건을 유리하게 변경하는 내용의 단체협약뿐만 아니라 근로조건을 불리하게 변경하는 내용의 단체협약을 체결할 수 있으므로, 근로조건을 불리하게 변경하는 내용의 단체협약이 현저히 합리성을 결하여 노동조합의 목적을 벗어난 것으로 볼 수 있는 경우와 같은 특별한 사정이 없는 한 그러한 노사 간의 합의를 무효라고 볼 수는 없고, 노동조합으로서는 그러한 합의를 위하여 사전에 근로자들로부터 개별적인 동의나 수권을 받을 필요가 없다(대판 2003.9.5, 2001다14665).
③ 근로조건을 불리하게 변경하는 내용의 단체협약이 현저히 합리성을 결하여 노동조합의 목적을 벗어난 것으로 볼 수 있는 것과 같은 특별한 사정이 없는 한 그러한 노사 간의 합의를 무효라고 볼 수는 없고, 단체협약의 개정에도 불구하고 종전의 단체협약과 동일한 내용의 취업규칙이 그대로 적용된다면 단체협약의 개정은 그 목적을 달성할 수 없으므로 개정된 단체협약에는 당연히 취업규칙상의 유리한 조건의 적용을 배제하고 개정된 단체협약이 우선적으로 적용된다는 내용의 합의가 포함된 것이라고 봄이 당사자의 의사에 합치한다(대판 2002.12.27, 2002두9063).
④ 노동위원회가 제시한 해석 또는 이행방법에 관한 견해는 중재재정과 동일한 효력을 가진다(노동조합 및 노동관계조정법 제34조 제3항).

18 노동조합 및 노동관계조정법상 단체협약의 효력에 관한 설명으로 옳은 것은?(다툼이 있으면 판례에 의함)

① 동종의 근로자 반수 이상이 하나의 단체협약의 적용을 받게 된 때에는 지역적 구속력을 적용한다는 결정을 할 수 있다.

② 단체협약에 1년을 초과하는 유효기간을 정할 수 없다.

③ 단체협약의 유효기간이 경과한 후에도 새로운 단체협약이 체결되지 아니한 때에는 새로운 단체협약이 체결될 때까지 종전 단체협약의 효력을 존속시킨다는 취지의 약정은 무효이다.

④ 단체협약이 실효되었다고 하더라도 임금 등 개별적 노동조건에 관한 부분은 그 단체협약의 적용을 받고 있던 근로자의 근로계약의 내용이 되어 그것을 변경하는 새로운 단체협약이 체결·작성되거나 또는 개별 근로자의 동의를 얻지 아니하는 한 개별적인 근로자의 근로계약의 내용으로서 남아 있게 된다.

> **해설**
> ④ 대판 2007.12.27, 2007다51758
> ① 하나의 사업 또는 사업장에 상시 사용되는 동종의 근로자 반수 이상이 하나의 단체협약의 적용을 받게 된 때에는 당해 사업 또는 사업장에 사용되는 다른 동종의 근로자에 대하여도 당해 단체협약이 적용된다(노동조합 및 노동관계조정법 제35조).
> ② 단체협약의 유효기간은 3년을 초과하지 않는 범위에서 노사가 합의하여 정할 수 있다(노동조합 및 노동관계조정법 제32조 제1항).
> ③ 사용자와 노동조합이 이와 같은 경우에 단체협약의 공백상태가 발생하는 것을 방지하기 위하여 종전 단체협약의 효력이 일정한 기간 자동적으로 연장되도록 약정하는 것도 가능하다(대판 1992.4.14, 91누8364).

19 노동조합 및 노동관계조정법상 단체협약에 관한 설명으로 옳지 않은 것은?

① 단체협약은 서면으로 작성하여 당사자 쌍방이 서명 또는 날인하여야 한다.

② 사용자는 정당한 이유없이 단체협약의 체결을 거부하거나 해태하여서는 아니 된다.

③ 단체협약의 당사자는 체결일부터 15일 이내에 노동위원회에 신고하여야 한다.

④ 행정관청은 단체협약 중 위법한 내용이 있는 경우에는 노동위원회의 의결을 얻어 그 시정을 명할 수 있다.

> **해설**
> ③ 단체협약의 당사자는 단체협약의 체결일부터 15일 이내에 이를 행정관청에게 신고하여야 한다(노동조합 및 노동관계조정법 제31조 제2항).

20 단체협약에 관한 설명으로 옳은 것은?(다툼이 있는 경우에는 판례에 의함)

① 단체협약의 내용 중 재해부조에 관한 사항을 위반한 자는 1천만원 이하의 벌금에 처한다.

② 기간의 정함이 없는 단체협약은 무효이다.

③ 단체협약안의 가부에 관하여 조합원총회의 의결을 거치도록 노동조합규약에서 정하고 있다면 총회의 의결을 거치지 아니한 단체협약은 무효이다.

④ 행정관청에 신고하지 아니한 단체협약은 무효이다.

> **해설**
> ① 노동조합 및 노동관계조정법 제92조 제2호 라목
> ② 단체협약에 그 유효기간을 정하지 아니한 경우 또는 3년을 초과하는 유효기간을 정한 경우에 그 유효기간은 3년으로 한다(노동조합 및 노동관계조정법 제32조 제2항).
> ③ 노동조합의 대표자 또는 수임자가 단체교섭의 결과에 따라 사용자와 단체협약의 내용을 합의한 후 다시 협약안의 가부에 관하여 조합원총회의 의결을 거쳐야 한다는 것은 대표자의 단체협약체결권한을 전면적·포괄적으로 제한함으로써 사실상 단체협약체결권한을 형해화하여 명목에 불과한 것으로 만드는 것이어서 노동조합 및 노동관계조정법 제29조 제1항의 취지에 위반된다(대판 2002.11.26, 2001다36504). 따라서 노동조합 위원장이 단체교섭의 결과에 따라 단체협약을 합의한 후 노동조합 총회나 대의원대회의 결의 또는 인준을 거치지 않았다 하더라도 위 단체협약을 무효로 볼 수는 없다.
> ④ 단체협약은 노사 간에 단체교섭을 통해 합의를 하고 그 합의사항을 서면으로 작성하여 쌍방이 서명 또는 날인을 함으로써 효력을 갖게 되는 것이지, 행정관청에의 신고를 그 효력발생요건으로 하는 것은 아니다.

21 교섭창구 단일화제도에 관한 설명으로 옳지 않은 것은?

① 교섭창구 단일화제도는 교섭대표 노동조합이 되지 못한 소수 노동조합의 단체교섭권을 제한하고 있지만, 단체교섭권의 실질적인 보장을 위한 불가피한 제도라고 볼 수 있다는 것이 헌법재판소의 입장이다.

② 공동교섭대표단에 참여할 수 있는 노동조합은 그 조합원 수가 교섭창구 단일화 절차에 참여한 노동조합의 전체 조합원 100분의 10 이상인 노동조합으로 한다.

③ 공동교섭대표단의 구성에 합의하지 못할 경우에 노동위원회는 사용자 또는 해당 노동조합의 신청에 따라 조합원 비율을 고려하여 이를 결정할 수 있다.

④ 하나의 사업 또는 사업장에서 현격한 근로조건의 차이, 고용형태, 교섭 관행 등을 고려하여 교섭 단위를 분리할 필요가 있다고 인정되는 경우에 노동위원회는 노동관계 당사자의 양쪽 또는 어느 한쪽의 신청을 받아 교섭단위를 분리하는 결정을 할 수 있다.

> **해설**
> ③ 공동교섭대표단의 구성에 합의하지 못할 경우에 노동위원회는 해당 노동조합의 신청에 따라 조합원 비율을 고려하여 이를 결정할 수 있다(노동조합 및 노동관계조정법 제29조의2 제6항).

22 노동조합 및 노동관계조정법상 단체협약에 관한 설명으로 옳지 않은 것은?

① 단체협약은 서면으로 작성하여 당사자 쌍방이 서명 또는 날인하여야 한다.
② 단체협약의 당사자는 단체협약의 체결일부터 15일 이내에 이를 행정관청에게 신고하여야 한다.
③ 단체협약의 유효기간에 관하여 단체협약에 그 유효기간이 경과한 후에도 새로운 단체협약이 체결되지 아니한 때에는 새로운 단체협약이 체결될 때까지 종전 단체협약의 효력을 존속시킨다는 취지의 별도의 약정이 있는 경우에는 그에 따른다.
④ 단체협약에 정한 근로조건 기타 근로자의 대우에 관한 기준에 위반하는 취업규칙 또는 근로계약의 부분은 무효로 하고, 무효로 된 부분은 노동조합규약에 정한 기준에 의한다.

> **해설**
> ④ 단체협약에 정한 근로조건 기타 근로자의 대우에 관한 기준에 위반하는 취업규칙 또는 근로계약의 부분은 무효로 한다. 근로계약에 규정되지 아니한 사항 또는 무효로 된 부분은 단체협약에 정한 기준에 의한다(노동조합 및 노동관계조정법 제33조).

23 단체협약에 관한 설명으로 옳은 것을 모두 고른 것은?(다툼이 있는 경우에는 판례에 의함)

> ㄱ. 단체협약상 조합원 해고에 관해서 노동조합의 동의를 받아야 한다는 조항이 있는 경우라 하더라도 노동조합의 동의 없이 이루어진 조합원 해고처분이 항상 무효가 되는 것은 아니다.
> ㄴ. 단체협약상 평화의무는 노동조합 스스로 단체협약 내용을 유효기간 도중에 변경하기 위한 쟁의행위를 하지 않아야 할 뿐 아니라 그 구성원이 그러한 쟁의행위를 하지 않도록 통제해야 할 의무를 포함한다.
> ㄷ. 근로조건을 불리하게 변경하는 내용의 단체협약의 효력이 인정되지만 현저히 합리성을 결하여 노동조합의 목적을 벗어난 것으로 볼 수 있는 특별한 사정이 있는 경우에는 그러한 단체협약은 무효가 된다.
> ㄹ. 경영난이 심각한 상황 하에서 노동조합과 사용자가 조합원에 대한 체불임금을 포기하도록 하는 내용의 단체협약을 체결한 경우 근로자들의 개별적인 동의가 없더라도 효력이 인정된다.

① ㄱ, ㄴ
② ㄴ, ㄷ
③ ㄷ, ㄹ
④ ㄱ, ㄴ, ㄷ

> **해설**
> ㄱ. (○) 대판 2003.6.10, 2001두3136
> ㄴ. (○) 대판 1994.9.30, 94다4042
> ㄷ. (○) 대판 2000.9.29, 99다67536
> ㄹ. (×) 근로자들의 개별적인 동의나 수권이 없는 한 효력이 없다고 보아야 한다(대판 2010.1.28, 2009다76317).

22 ④ 23 ④ 정답

24 단체교섭에 관한 설명으로 옳은 것은?(다툼이 있는 경우에는 판례에 의함)

① 단체교섭권에 단체협약체결권은 포함되지 않는다.
② 노동조합은 신의에 따라 성실히 교섭할 의무는 없다.
③ 단체교섭권을 위임한 단체교섭 당사자는 수임자와 경합적으로 단체교섭권을 갖는다.
④ 노동조합의 대표자는 원칙적으로 단체교섭의 당사자로 된다.

> **해설**
> ③ 대판 1998.11.13, 98다20790
> ① 단체협약을 체결할 권한도 포함하는 것으로 해석하여야 한다(대판[전합] 1993.4.27, 91누12257).
> ② 노동조합과 사용자 또는 사용자단체는 신의에 따라 성실히 교섭하고 단체협약을 체결하여야 하며 그 권한을 남용하여서는 아니 된다(노동조합 및 노동관계조정법 제30조).
> ④ 노동조합의 대표자는 사실행위로서 단체교섭을 행하는 담당자이지 당사자가 아니다(노동조합 및 노동관계조정법 제29조 제1항 참고).

25 교섭대표노동조합의 지위와 권한에 관한 설명으로 옳지 않은 것은?

① 조합원은 교섭대표노동조합에 의해 주도되지 않는 쟁의행위를 할 수 없다.
② 교섭대표노동조합은 필수유지업무협정이 체결되는 경우 사용자에게 필수유지업무에 근무하는 조합원 중 쟁의행위기간 동안 근무하여야 할 조합원을 통보하여야 한다.
③ 교섭대표노동조합은 쟁의행위기간에 대한 임금의 지급을 요구하여 이를 관철할 목적으로 쟁의행위를 하여서는 아니 된다.
④ 교섭대표노동조합은 행정관청이 요구하는 경우에는 교섭창구 단일화 절차에 참여한 다른 노동조합을 대표하여 운영상황을 보고하여야 한다.

> **해설**
> ④ 노동조합 및 조정관계조정법 제27조의 운영상황보고는 개별 노동조합의 의무이다.

26 노동조합 및 노동관계조정법상 공정대표의무에 관한 설명으로 옳은 것은?

① 교섭대표노동조합은 교섭창구 단일화 절차에 참여한 노동조합과 참여하지 않는 노동조합 간에 합리적 이유 없이 차별을 하여서는 아니 된다.
② 공정대표의무는 교섭대표노동조합 뿐만 아니라 사용자도 부담한다.
③ 공정대표의무 위반에 대해서 벌칙이 적용된다.
④ 교섭대표노동조합이 교섭권을 제3자에게 위임하는 것은 공정대표의무 위반이다.

② 교섭대표노동조합과 사용자는 교섭창구 단일화 절차에 참여한 노동조합 또는 그 조합원 간에 합리적 이유 없이 차별을 하여서는 아니 된다(노동조합 및 노동관계조정법 제29조의4 제1항).
① 교섭창구 단일화 절차에 참여한 노동조합 또는 그 조합원 간에 합리적 이유 없이 차별을 하여서는 안되지만 단일화 절차에 참여하지 않은 노동조합과 그 조합원에 대해서는 균등처우의무가 없다.
③ 공정대표의무 위반에 대해서 벌칙이 적용되지 않는다.
④ 교섭대표노동조합도 단체교섭권한을 제3자에게 위임할 수 있다(노동조합 및 노동관계조정법 제29조).

27 단체협약의 효력에 관한 설명으로 옳지 않은 것은?(다툼이 있는 경우에는 판례에 의함)

① 단체협약 내에 근로조건 기타 근로자의 대우에 관한 기준을 정한 부분은 규범적 효력이 인정된다.
② 단체협약에 단체협약의 규정에 의하지 아니하고 조합원을 징계할 수 없다고 규정한 경우, 사용자는 취업규칙에 새로운 징계사유를 정하여 조합원을 징계할 수 없다.
③ 조합원에게 적용되는 면직기준을 취업규칙의 면직기준보다 불이익하게 개정한 단체협약의 효력은 단체협약의 본질적 기능을 침해하는 것으로 무효이다.
④ 임금을 인상하기로 한 단체협약을 소급적으로 적용하기로 하였더라도 단체협약 체결 이전에 이미 퇴직한 근로자에게는 소급적용이 되지 아니한다.

③ 개정된 단체협약에는 당연히 취업규칙상의 유리한 조건의 적용을 배제하고 개정된 단체협약이 우선적으로 적용된다는 내용의 합의가 포함된 것이라고 봄이 당사자의 의사에 합치한다고 할 것이고, 따라서 개정된 후의 단체협약에 의하여 취업규칙상의 면직기준에 관한 규정의 적용은 배제된다고 보아야 한다(대판 2002.12.27, 2002두9063).

28 단체협약에 위반하는 경우 벌칙이 적용되지 않는 사항은?

① 조직강제에 관한 사항　　　　　　② 안전보건에 관한 사항
③ 편의제공에 관한 사항　　　　　　④ 쟁의행위에 관한 사항

위반 시 벌칙이 적용되는 단체협약 사항(노동조합 및 노동관계조정법 제92조 제2호)
• 임금, 복리후생비, 퇴직금에 관한 사항
• 근로 및 휴게시간, 휴일, 휴가에 관한 사항
• 징계 및 해고의 사유와 중요한 절차에 관한 사항
• 안전보건 및 재해부조에 관한 사항
• 시설, 편의제공 및 근무시간 중 회의참석에 관한 사항
• 쟁의행위에 관한 사항

04 단체행동권

제 1 절 총 설

1 단체행동의 의의

(1) 단체행동의 개념

단체행동의 개념에 대해서는 업무의 정상적 운영을 저해하는 쟁의행위로 파악하는 협의설, 업무의 정상적 운영을 저해하는 쟁의행위는 물론 완장착용 등과 같이 반드시 업무의 정상적 운영을 저해하지 않는 단체과시도 포함된다는 광의설(다수설, 판례), 쟁의행위 및 단체과시는 물론 조합활동도 포함된다는 최광의설이 있다.

(2) 구별개념

① 노동쟁의

노동쟁의라 함은 노동조합과 사용자 또는 사용자단체 간에 임금·근로시간·복지·해고, 기타 대우 등 근로조건의 결정에 관한 주장의 불일치로 인하여 발생한 분쟁상태를 말한다. 실제적인 실력행사를 필요로 하는 쟁의행위 및 단체과시 등과 구별된다.

② 쟁의행위

쟁의행위라 함은 파업·태업·직장폐쇄, 기타 노동관계 당사자가 그 주장을 관철할 목적으로 행하는 행위와 이에 대항하는 행위로서 업무의 정상적인 운영을 저해하는 행위를 말한다.

③ 조합활동

일반적으로 조합의 조직 및 운영에 관한 활동 중에서 단체교섭권 및 단체행동권의 행사와 직접적인 관련이 없는 활동을 조합활동이라 한다.

2 단체행동의 종류

(1) 단체행동의 종류

단체행동 중 쟁의행위는 반드시 단체교섭을 거쳐야 한다. 반면에 쟁의행위에 해당하지 않는 단체행동은 단체교섭을 거칠 필요가 없다.

(2) 쟁의행위의 종류

① 근로자측의 쟁의행위

근로자측의 쟁의행위에는 파업·태업·준법투쟁·생산관리·보이콧·피케팅 및 직장점거 등이 있다. 이 중 파업·태업·준법투쟁·생산관리 등은 그 자체가 쟁의행위에 해당하나 보이콧·피케팅 및 직장점거 등은 그 자체 쟁의행위가 아니라 쟁의행위에 부수하거나 이를 지원하기 위한 단체행동이다.

② 사용자측의 쟁의행위

사용자는 헌법상의 단체행동권을 갖지 못한다. 다만, 쟁의행위는 할 수 있는데 사용자의 쟁의행위에는 직장폐쇄가 있다.

제2절 ▶ 쟁의행위의 성립요건

1 쟁의행위의 실질적 성립요건

(1) 의 의

쟁의행위의 실질적 성립요건이란 쟁의행위가 헌법적 보호를 받기 위하여 최소한도로 갖추어야 하는 쟁의행위의 본질적 요소를 말한다. 쟁의행위의 정당성 판단여부에 대한 기준이 된다. 쟁의행위의 정당성 요건으로서 실질적 성립요건은 쟁의행위의 주체·목적·상대방 및 방법의 4가지 관점에서 고찰할 수 있다.

(2) 쟁의행위의 주체

① 노동조합

㉠ 법상의 노동조합

노동조합의 실질적 요건과 형식적 요건을 모두 구비한 법상의 노동조합은 당연히 쟁의행위의 주체가 된다. 쟁의행위는 기본적으로 단체교섭이 결렬되는 경우 그 주장을 관철할 목적으로 수행되는 것이므로, 원칙적으로 쟁의행위의 주체는 당해 단체교섭의 주체와 일치한다고 볼 수 있다.

㉡ 비노조쟁의행위

이는 법상의 노동조합이 아닌 근로자 단결체, 즉 노동조합의 실질적 요건을 갖추지 못한 쟁의단, 실질적 요건은 갖추었으나 형식적 요건을 갖추지 못한 법외노조 등이 행하는 쟁의행위를 말한다.

㉮ 법외노조

법외노조가 단체교섭 및 쟁의행위의 주체가 될 수 있는지의 여부에 대하여는 이를 긍정하는 것이 다수설이다.

㉯ 쟁의단

쟁의단 등 우발적·일시적 집단이 정당한 쟁의행위의 주체가 될 수 있는지 여부에 대해서는 견해가 나뉘는데 긍정설이 다수설이다.

ⓒ 비공인쟁의행위(Wildcat Strike)

노동조합의 내부에서 일부 조합원 또는 지부·지회가 노동조합의 의사와 무관하게 또는 이에 반하여 행하는 쟁의행위를 말한다.

㉮ 소수조합원 또는 비독립적 지부·지회

법 제37조 제2항은 조합원은 노동조합에 의하여 주도되지 아니한 쟁의행위를 하여서는 아니 된다고 규정하고 있다. 그럼에도 불구하고 소수조합원 또는 비독립적 지부·지회가 정당한 쟁의행위의 주체가 될 수 있는지 여부에 대해서 긍정설과 부정설이 대립한다. 판례는 "전국기관차협의회는 노동조합법상의 노동조합이라고 볼 수 없고, 따라서 단체교섭권도 없어 쟁의행위의 정당한 주체로 될 수 없다(대판 1997.2.11, 96누2125)"라고 한다.

㉯ 독립적 지부·지회

견해가 대립하나 다수설과 판례는 독립적 지부·지회는 그 자체로서 노사관계법상의 노동조합으로 보아야 하므로 정당한 쟁의행위의 주체가 될 수 있다고 한다.

② 쟁의행위의 주체에 대한 제한 및 금지

공무원, 교원, 주요방위산업체의 근로자 중 일부, 선원(일정한 경우) 등의 쟁의행위는 제한되거나 금지된다.

(3) 쟁의행위의 목적

법 제2조 제6호는 주장을 관철할 목적이라고 규정하고 있다. 또한 법 제37조 제1항은 쟁의행위는 목적에 있어서 법령 기타 사회질서에 위반되어서는 아니 된다고 규정하고 있다. 쟁의행위에서 추구하는 목적이 여러 가지이고 그 중 일부가 정당하지 못한 경우에는 주된 목적 내지 진정한 목적의 당부에 의하여 그 쟁의목적의 당부를 판단하여야 하고, 부당한 요구사항을 제외하였다면 쟁의행위를 하지 않았을 것이라고 인정되는 경우에는 그 쟁의행위 전체가 정당성을 갖지 못한다고 보아야 한다(대판 2009.6.23, 2007두12859).

① 쟁의행위의 목적과 단체교섭의 대상

반대견해도 있으나 판례는 쟁의행위의 목적은 임금, 근로시간, 후생, 해고, 기타 대우 등 근로 조건에 관한 당사자의 주장을 관철할 목적으로 행하는 행위로서 쟁의행위의 목적은 근로조건의 유지·개선인 단체교섭의 대상과 일치한다고 한다.

② 구체적인 사례

㉠ 사용자의 경영권

사용자의 경영권 등 사용자가 법률상 또는 사실상 처분할 수 있는 사항이 쟁의행위의 목적에 포함되는지 여부에 대해서는 견해가 대립되고 있다. 판례는 정리해고나 사업조직의 통·폐합 등 기업의 구조조정실시 여부는 경영주체의 고도의 경영상 결단에 속하는 것으로서 이는 단체교섭의 대상이 될 수 없고 이를 목적으로 하는 쟁의행위는 정당성이 결여된다고 판시하고 있다.

㉡ 단체교섭의 실시 여부

단체교섭대상에 일단 해당하기만 하면 실제 이에 대하여 단체교섭을 실시하지 아니하였더라도 모두 쟁의행위의 목적에 해당하는지 여부가 문제된다. 쟁의행위는 단체교섭의 실시결과 당사자 간의 주장이 불일치하는 단체교섭대상에 국한되는 것이 원칙이고, 다만 근로자가 단체협약체결의 노력을 기울였음에도 불구하고 사용자가 정당한 이유 없이 단체교섭을 거부하거나 단체협약을 체결하지 아니한 경우 노동쟁의가 발생된 것으로 간주하여 쟁의행위를 할 수 있다.

ⓒ 부당노동행위

부당노동행위와 같이 노동3권을 침해하는 사용자의 행위에 대하여 쟁의행위를 할 수 있는가라는 문제에 대하여는 사용자의 부당노동행위는 근로자의 헌법상 노동3권을 침해하는 행위로서 이에 대항하여 근로자의 노동3권을 보호하는 것을 목적으로 하는 쟁의행위는 무방하다. 예컨대 사용자가 단체교섭을 정당한 이유 없이 거부하거나 해태하는 경우 사용자에게 단체교섭의 개시를 목적으로 하는 쟁의행위는 당연히 인정되어야 한다. 판례도 사용자측이 정당한 이유 없이 근로자의 단체협약 체결 여부를 거부하거나 해태한 경우에 부당노동행위 구제신청을 하지 아니하고 노동쟁의의 방법을 택하였다고 하여 노동조합법을 위반한 것이라 할 수 없다고 하고 있다.

ⓒ 권리분쟁에 관한 사항

쟁의행위는 단체교섭, 즉 단체협약체결을 유리하게 전개하기 위한 수단이므로 법령·단체협약의 이행 및 해석은 법원 또는 노동위원회를 통하여 해결하는 것이 원칙이며 이를 쟁의행위에 호소하여 실현하는 것은 허용되지 아니한다.

ⓜ 평화의무

평화의무는 협약에 본질적으로 내재하는 의무이므로 평화의무에 위반하는 쟁의행위는 민·형사책임이 면책되지 않는다. 한편, 평화의무의 법적 근거를 당사자의 합의 내지 계약에서 구하는 견해는 평화의무위반의 쟁의행위는 당연히 허용되며 단지 그 의무위반에 대하여 채무불이행의 책임을 질 뿐이라고 한다.

ⓗ 정치파업

정치파업이란 행정부 및 입법부 등 국가기관으로 하여금 그 권한에 속하는 일정한 법령·정책 등을 취하게 하거나 이를 저지할 목적으로 또는 이에 대한 의견을 표명할 목적으로 행하는 파업을 말한다.

㉮ 정치파업 긍정설

정치파업은 어떠한 경우에나 그 목적이 정당하다고 주장하는 견해와 정치파업을 경제적 파업과 순수 정치파업으로 구분하여 전자의 경우만 정당하다는 견해로 나뉜다.

㉯ 정치파업 부정설

헌법상의 쟁의권이 사용자와의 단체교섭을 보장하기 위한 수단이라고 이해하는 입장에서는 쟁의행위는 단체교섭의 대상의 범위 내에서만 보장되는 것이므로 정치파업은 허용되지 아니한다고 한다. 따라서 쟁의행위가 주로 구속근로자에 대한 항소심 구형량이 1심보다 무거워진 것에 대한 항의와 석방촉구를 목적으로 이루어진 것이라면 노동조합 및 노동관계조정법의 적용대상인 쟁의행위에 해당하지 않는다(대판 1991.1.23, 90도2852).

ⓢ 상부노조와 하부노조 또는 지부·지회의 파업목적이 다른 경우

사업장 단위의 단체교섭 및 파업이 정당성을 갖추고 있는 경우에도 상부단체의 실제 파업목적이 정당하지 못한 경우에는 파업 전체가 정당성을 상실한다.

(4) 쟁의행위의 상대방

근로자의 쟁의행위는 단체교섭의 상대방인 사용자 또는 사용자단체를 그 상대방으로 하여야 하고 사용자의 쟁의행위는 근로자를 상대방으로 수행하여야 한다. 따라서 동정파업이나 정치파업 등은 다른 사용자 또는 국회 또는 정부를 상대방으로 하는 쟁의행위이므로 비록 그 궁극적 목적이 근로조건의 유지·개선에 있다 할지라도 쟁의행위의 상대방 요건을 충족하지 못할 것이다.

① 동정파업

다른 노동조합이 행하는 쟁의행위를 지원하기 위한 파업을 말하며 연대파업이라고도 한다. 동정파업은 다른 노동조합의 원파업이 있어야 존재할 수 있는 부수적인 성격의 파업이다. 동정파업 긍정설과 부정설의 대립이 있고, 긍정설은 순수 긍정설과 제한적 긍정설로 나뉜다. 동정파업은 노동조합이 자신의 사용자에게 직접적이고 구체적인 요구를 하지 않고 사용자에게 처분권한이 없는 사항을 목적으로 하고 있으며 사용자는 직접상대방이 아닌 제3자로서 손해를 입는다는 점에서 동정파업을 부정하는 견해가 타당하다고 본다.

② 지역단위 노동조합

지역단위 노동조합은 일정한 지역에서 각기 다른 사업장에 종사하는 근로자들로 조직된 노동조합을 말한다. 즉, 일정한 지역 안에 노동조합은 하나밖에 없으나 사용자는 다수인 경우이다. 지역단위 노동조합과 어느 특정 사업주 간의 단체교섭이 결렬되어 쟁의행위를 하게 될 경우에 지역단위 노동조합에 소속된 모든 근로자들이 쟁의행위에 참여할 수 있는지, 아니면 당해 사업주에 고용된 근로자만이 쟁의행위에 참여할 수 있는지의 문제가 발생한다. 이에 대하여 특정사업장에서 쟁의행위가 발생하면 당해 사업장에 고용된 근로자만이 쟁의행위에 참여할 수 있고 다른 사업장에 고용된 근로자는 쟁의행위를 할 수 없다는 행정해석이 있다.

(5) 쟁의행위의 방법

① 쟁의행위의 수단

㉠ 법 제2조 제6호는 쟁의행위를 업무의 정상적인 운영을 저해하는 행위로 규정하고 있다. 따라서 집단적으로 완장 또는 리본을 착용하는 등의 단체과시는 쟁의행위로 볼 수 없다. 또한 쟁의행위의 수단은 과잉금지의 원칙에 위배되어서는 안 된다.

㉡ 과잉금지의 원칙이란 쟁의행위라는 수단이 헌법상 보장된 단체교섭의 목적달성에 적합하고 필요한 것이어야 하며, 그 정도를 초과하지 아니하도록 비례적이어야 한다는 것을 말한다. 따라서 쟁의행위가 전적으로 사용자 또는 사용자의 거래상대방 등 제3자의 재산·명예 등의 손해를 끼치려는 것을 목적으로 하는 가해목적의 쟁의행위는 정당성이 부정된다.

② 폭력·파괴행위 및 직장점거의 금지

㉠ 쟁의행위는 폭력이나 파괴행위 또는 생산, 기타 주요 업무에 관련되는 시설과 이에 준하는 시설로서 대통령령이 정하는 시설을 점거하는 형태로 이를 행할 수 없다(법 제42조 제1항).

㉡ 일부 조합원에 의하여 폭행·폭언 등이 산발적으로 행하여진 경우는 쟁의행위의 전체의 정당성 여부에 영향을 주지 아니한다.

③ 안전보호시설의 유지

㉠ 사업장의 안전보호시설에 대하여 정상적인 유지·운영을 정지·폐지 또는 방해하는 행위는 쟁의행위로서 이를 행할 수 없다(법 제42조 제2항).

㉡ 안전보호시설의 범위

㉮ 물적 시설

안전보호시설에는 인명·신체의 안전보호를 위한 시설만이 포함된다는 견해와 그 외에도 물적 설비의 보호를 위한 시설도 포함된다는 견해로 나뉜다.

ⓝ 인적 시설

안전보호시설의 범위에 병원에서 종사하는 약제사 및 간호사 등 인적 조직은 포함되지 않는다. 다만, 병원의 조리, 식기세척, 소독 등 환자의 급식 및 건강을 위한 시설은 안전보호시설에 포함된다.

ⓒ 안전보호시설의 정지·폐지·방해에 대한 행정절차

㉮ 행정관청은 쟁의행위가 사업장의 안전보호시설에 대하여 정상적인 유지, 운영을 정지·폐지 또는 방해하는 행위에 해당한다고 인정하는 경우에는 노동위원회의 의결을 얻어 그 행위를 중지할 것을 통보하여야 한다. 다만, 사태가 급박하여 노동위원회의 의결을 얻을 시간적 여유가 없을 때에는 그 의결을 얻지 아니하고 즉시 그 행위를 중지할 것을 통보할 수 있다(법 제42조 제3항).

㉯ ㉮ 단서의 경우에 행정관청은 지체 없이 노동위원회의 사후승인을 얻어야 하며 그 승인을 얻지 못한 때에는 그 통보는 그때부터 효력을 상실한다(법 제42조 제4항).

④ 쟁의행위의 범위 **19** 기출

㉠ 쟁의권과 재산권의 조화·균형

㉮ 쟁의행위는 사용자의 기업시설에 대한 소유권, 기타의 재산권과 조화를 이루어야 한다.

㉯ 작업시설의 손상이나 원료·제품의 변질 또는 부패를 방지하기 위한 작업은 쟁의행위기간 중에도 정상적으로 수행되어야 한다(법 제38조 제2항).

㉡ 쟁의권과 공공복리와의 조화

㉮ 중재 시 쟁의행위의 금지

노동쟁의가 중재에 회부된 때에는 그 날부터 15일간은 쟁의행위를 할 수 없다(법 제63조).

㉯ 긴급조정제도

ⓐ 고용노동부장관은 쟁의행위가 공익사업에 관한 것이거나 그 규모가 크거나 그 성질이 특별한 것으로서 현저히 국민경제를 해하거나 국민의 일상생활을 위태롭게 할 위험이 현존하는 때에는 긴급조정의 결정을 할 수 있다(법 제76조 제1항).

ⓑ 고용노동부장관은 긴급조정의 결정을 하고자 할 때에는 미리 중앙노동위원회 위원장의 의견을 들어야 한다(법 제76조 제2항).

ⓒ 고용노동부장관은 긴급조정을 결정한 때에는 지체 없이 그 이유를 붙여 이를 공표함과 동시에 중앙노동위원회와 관계 당사자에게 각각 통고하여야 한다(법 제76조 제3항).

ⓓ 관계 당사자는 긴급조정의 결정이 공표된 때에는 즉시 쟁의행위를 중지하여야 하며, 공표일부터 30일이 경과하지 아니하면 쟁의행위를 재개할 수 없다(법 제77조).

⑤ 쟁의행위의 절차

㉠ 조합원의 찬반투표절차 **20** 기출

노동조합의 쟁의행위는 그 조합원의 직접·비밀·무기명투표에 의한 조합원 과반수의 찬성으로 결정하지 아니하면 이를 행할 수 없다(법 제41조 제1항 전단).

㉮ 조합원의 찬반투표절차를 거치지 않은 경우

조합원의 찬반투표를 거치지 않은 경우에도 파업의 정당성 여부와는 무관하다는 견해가 다수설이다. 반면 판례는 "근로자가 쟁의행위를 함에 있어서 조합원의 직접·비밀·무기명투표에 의한 찬성결정이라는 절차를 위반한 쟁의행위는 그 절차를 따를 수 없는 객관적인 사정이 인정되지 아니하는 한 정당성이 상실된다(대판 2007.5.11, 2005도8005)"고 본다.

ⓝ 투표의 시기

찬반투표는 쟁의행위 이전에 행하여져야 한다.

ⓓ 투표의 방법

찬반투표는 조합원의 직접·비밀·무기명투표에 의하여야 한다. 찬반투표는 반드시 총회를 개최하여 실시할 필요는 없으며 사업장별·부서별로 분산 실시하여도 무방하다.

ⓡ 투표의 주체

조합원 과반수의 찬성을 얻어야 한다. 과반수라 함은 조합원 재적과반수를 의미하며 투표참가 조합원의 과반수를 의미하는 것이 아니다.

ⓜ 위반의 효과

찬반투표를 거치지 아니하고 쟁의행위를 하는 경우 1년 이하의 징역 또는 1천만원 이하의 벌금에 처한다(법 제91조).

ⓛ 노동쟁의조정전치주의

㉮ 쟁의행위는 노동쟁의조정절차를 거치지 아니하면 이를 행할 수 없다. 다만, 조정기간 중(일반사업의 경우 10일, 공익사업의 경우 15일)에 조정이 종료되지 아니하거나 중재회부 시 15일의 쟁의행위 금지기간 중에 중재재정이 이루어지지 아니한 경우에는 쟁의행위를 개시할 수 있다(법 제45조 제2항).

㉯ 위반 시 쟁의행위의 정당성 상실여부

소극설과 적극설의 대립이 있다. 한편, 대법원 판례는 조정절차의 형식적 위반보다는 파업이 실질적으로 사회·경제적 안정이나 사용자의 사업 운영에 예기치 않은 혼란이나 손해를 초래하였는지의 여부 등 구체적 사정을 살펴서 파업의 정당성 여부를 판단하고 있다.

㉰ 조정전치주의와 행정지도

노동위원회가 노동쟁의조정신청을 받은 경우 그 신청내용이 조정 또는 중재의 대상이 아니라고 인정할 경우에는 그 사유와 다른 해결방법을 알려주어야 한다(영 제24조 제2항). 노동조합이 행정지도에 따르지 아니하고 쟁의행위를 한 경우 쟁의행위의 정당성 여부에 관해 판례는 사용자의 단체교섭 거부로 인하여 실질적인 교섭이 이루어지지 않는 경우에 노동위원회가 단체교섭을 더 진행하도록 행정지도를 했으나 노동조합이 이에 따르지 아니하고 파업을 한 경우 파업의 정당성을 인정하고 단체교섭의 대상에 해당하지 아니한 쟁의행위의 경우 설사 노동쟁의조정절차를 거쳤다 할지라도 이를 정당성을 상실한 쟁의행위로 판결하고 있다.

⑥ 쟁의행위의 시기

쟁의행위는 당사자 간의 단체교섭이 결렬된 이후에 행하는 것이 원칙이다. 단체교섭의 결렬 여부는 쟁의행위를 개시하는 당사자의 주관적·일방적 기준에 의하여 판단되는 것이 아니라 더 이상 단체교섭을 진행시키는 것이 무의미·불가능하다는 객관적·구체적인 기준에 따라야 한다.

2 쟁의행위의 형식적 성립요건

(1) 의 의

쟁의행위의 형식적 성립요건이란 우리나라 노사관계의 특성에 비추어 행정정책상의 목적달성이나 당사자 간의 편의도모를 위하여 쟁의행위의 시간·절차 및 장소 등에 관하여 법령·단체협약 또는 조합규약으로 규정하고 있는 요건을 말한다.

(2) 형식적 성립요건의 유형

① 노동쟁의의 통보의무

노동관계 당사자는 노동쟁의가 발생한 때에는 어느 일방이 이를 상대방에게 서면으로 통보하여야
한다(법 제45조 제1항). 동조 위반에 대하여는 벌칙 규정이 없다. 단지 훈시적 성격을 갖고 있는
것으로 해석된다.

② 조정안의 해석·이행에 대한 쟁의행위금지

조정안의 해석 또는 이행방법에 관한 견해가 제시될 때까지는 관계 당사자는 당해 조정안의 해석
또는 이행에 관하여 쟁의행위를 할 수 없다(법 제60조 제5항). 조정위원회 또는 단독조정인은 조정
안의 해석 또는 이행방법에 관한 견해 제시 요청을 받은 때에는 그 요청을 받은 날부터 7일 이내에
명확한 견해를 제시하여야 한다(법 제60조 제4항).

③ 쟁의행위의 사전신고

노동조합은 쟁의행위를 하고자 할 경우에는 고용노동부령이 정하는 바에 따라 행정관청과 관할노동
위원회에 쟁의행위의 일시·장소·참가인원 및 그 방법을 미리 서면으로 신고하여야 한다(영 제17조).

④ 평화조항 위반의 쟁의행위

학설은 평화조항 위반의 쟁의행위가 정당성을 상실하는지에 대해 견해가 대립하고 있다.

⑤ 조합규약 위반의 쟁의행위

조합규약상의 쟁의행위의 절차에 위반하여 개시된 쟁의행위의 정당성에 관하여 중대한 절차위반으
로 정당성을 상실한다는 견해와 단순한 조합내부의 의사형성과정의 하자에 불과하여 정당성 문제에
는 영향을 주지 아니한다는 견해가 대립한다.

제3절 쟁의행위의 정당성

1 서 설

(1) 의 의

쟁의행위의 정당성이란 헌법상 쟁의행위로서 요구되는 최소한도의 요건을 갖추고 있는 쟁의행위에 대
하여 부여되는 법적 효과를 말한다.

(2) 정당성판단의 기준

쟁의행위의 정당성판단의 기준은 쟁의행위의 실질적 성립요건의 충족 여부가 된다. 이는 쟁의행위의
주체·목적·상대방·방법 등 제반사정을 고려하여 구체적·개별적으로 판단되어야 한다. 쟁의행위
가 형식적 성립요건을 충족시키는지의 여부는 쟁의행위의 정당성판단에 아무런 영향을 주지 않는다.

2 정당한 쟁의행위의 민·형사면책

(1) 의 의
① 헌법상 단체행동권보장의 당연한 법적 효과로서 정당한 쟁의행위에 대하여는 민·형사책임이 면제된다. 노사관계법도 이를 확인하고 있다.
② 사용자는 이 법에 의한 단체교섭 또는 쟁의행위로 인하여 손해를 입은 경우에 노동조합 또는 근로자에 대하여 그 배상을 청구할 수 없다(법 제3조).
③ 형법 제20조(정당행위)는 노동조합이 단체교섭·쟁의행위 기타의 행위로서 노동조합 및 노동관계조정법의 목적을 달성하기 위하여 한 정당한 행위에 대하여 적용된다. 다만, 어떠한 경우에도 폭력이나 파괴행위는 정당한 행위로 해석되어서는 아니 된다(법 제4조).

(2) 민·형사면책의 법적 성질
① 위법성조각설
쟁의행위는 민법상의 채무불이행 또는 불법행위의 법률요건에 해당하거나 형법상의 범죄구성요건에 해당하는 행위로서 본래 위법한 행위이지만 예외적으로 위법성이 조각되어 민·형사책임이 면제된다고 본다.
② 구성요건해당성조각설
쟁의행위는 처음부터 민법상 채무불이행 또는 불법행위의 법률요건에 해당하지 아니하며 형사상 업무방해죄나 강요죄 등의 범죄구성요건에도 해당되지 않는다고 보는 견해이다.

(3) 근로자의 구속 제한
근로자는 쟁의행위기간 중에는 현행범 외에는 이 법 위반을 이유로 구속되지 아니한다(법 제39조).

3 정당하지 않은 쟁의행위와 민·형사책임

(1) 민사책임
① 손해배상책임
손해배상의 범위는 쟁의행위와 상당인과관계가 있는 손해에 국한된다.
㉠ 노동조합의 손해배상책임
㉮ 채무불이행으로 인한 손해배상책임
노동조합이 평화의무에 위반하여 쟁의행위를 한 경우 이로 인하여 발생한 손해에 대한 배상책임을 진다.
㉯ 불법행위로 인한 손해배상책임
법인인 노동조합이 불법행위책임의 주체가 되기 위해서는 노동조합의 대표자인 임원의 불법행위가 성립하여야 한다. 그러나 노동조합의 대표자가 정당하지 아니한 쟁의행위에 반대하였음에도 불구하고 조합원이 찬반투표를 거쳐 정당하지 못한 쟁의행위를 감행한 경우에는 노동조합은 대표자의 불법행위 없이도 불법행위책임의 주체가 된다.

ⓛ 조합원 개인의 손해배상책임

㉮ 인정여부

ⓐ 개인책임 부정설

근로자 개인의 행위는 노동조합의 집단적 의사에 따라 그 정당성 여부에 관계없이 노동조합의 집단적 행위로 전환되므로 그 집단적 행위의 책임주체가 될 수 없다고 한다.

ⓑ 개인책임 긍정설

쟁의행위는 근로자의 자유로운 의사결정에 따라 행사되고 있는 것이므로 실행행위의 주체로서 근로자 개인의 책임은 부정될 수 없다고 한다.

㉯ 조합원의 개인책임을 인정할 경우의 책임의 주요내용

ⓐ 일반조합원의 책임

근로계약의 불이행으로 인한 손해배상책임과 불법행위로 인한 손해배상책임을 진다. 불법행위책임의 경우 노동조합, 조합간부 및 일반조합원은 연대책임을 진다. 다만, 노동조합의 통제·주도에서 벗어나 일반조합원만이 정당하지 못한 쟁의행위에 참가한 경우에는 일반조합원만이 이에 대한 손해배상책임을 진다.

ⓑ 조합간부의 책임

조합간부가 쟁의행위를 조직·주도·지시하는 경우 근로계약 위반으로 인한 손해배상책임과 불법행위로 인한 손해배상책임을 진다.

② 징계책임

㉠ 의 의

정당하지 아니한 쟁의행위에 참여한 조합원에 대하여 사용자가 징계처분을 하는 경우가 있는데, 이러한 징계처분은 성질상 노동조합에는 행하여질 수 없고 근로자 개인에게만 행해진다. 조합원 개인에 대한 손해배상책임을 부정하는 견해는 대체로 조합원 개인에 대한 징계책임도 부정한다.

㉡ 내 용

㉮ 일반조합원도 징계처분의 대상이 될 수 있음은 물론이나 일반적으로 쟁의행위를 지시·주도한 조합간부에 대한 책임추궁의 일환으로 행해진다.

㉯ 조합간부에게 조합의 지시·통제를 벗어나려는 일부 조합원의 위법행위를 방지할 의무가 존재하여 이를 위반하는 경우 징계가 가능한지 여부는 개인책임의 원리와 관련하여 긍정설과 부정설의 대립이 있다.

(2) 형사책임

① 의 의

정당하지 못한 쟁의행위는 형사면책의 특권이 배제되어 일반형법이론에 의해 범죄의 구성요건을 충족시키는 경우에 형사책임을 진다. 정당하지 아니한 쟁의행위에 대하여 부과되는 형사책임으로는 업무방해죄가 일반적이다. 그 외에 재물손괴죄, 불법감금죄, 강요죄, 건조물 침입죄, 주거침입죄, 퇴거불응죄 등이 문제될 것이다.

② 형사책임의 귀속

㉠ 노동조합의 형사책임

관련법령에 명시적 규정이 있는 경우에 한해 인정된다. 법 제94조는 노동조합의 대표자·대리인·사용인, 기타의 종업원이 노동조합의 업무에 관하여 위법행위를 한 경우 노동조합에도 벌금형을 부과한다.

ⓛ 근로자 개인의 형사책임
　㉮ 조합간부의 책임
　　정당하지 아니한 쟁의행위를 결의・주도・지시하였거나 참여한 경우, 정당한 쟁의행위를 하
　　는 과정에서 독자적으로 정당하지 아니한 쟁의행위를 주도・지시・참여하는 경우 관련 형사
　　범죄의 공동정범・교사범・방조범의 책임이 인정된다.
　㉯ 일반조합원의 형사책임
　　일반조합원이 노동조합이 주도한 정당하지 아니한 쟁의행위에 참여한 경우 형사책임을 부담
　　한다.

4 쟁의행위의 유형과 정당성

(1) 파 업

① 의 의
　파업이란 다수의 근로자가 하나의 단결체를 형성하여 근로조건의 유지・개선을 목적으로 조직적으
　로 사용자에게 일시적으로 근로제공을 거부하는 행위를 말한다.

② 종 류
　㉠ 주체상의 구별
　　노동조합의 조합원이 행하는 조합파업(조직파업, 노조파업)과 조합원이 아닌 자가 행하는 비조
　　합파업(비조직파업, 비노조파업)이 있다. 조합파업 중에서 노동조합의 통제나 지시를 벗어나 소
　　수조합원에 의하여 행하여지는 파업을 비공인파업(Wildcat Strike)이라고 한다.
　㉡ 규모상의 구별
　　전면파업과 부분파업이 있다. 총파업은 모든 산업 또는 전국적으로 행하여지는 파업으로 전면파
　　업보다 범위가 넓다.
　㉢ 목적상의 구별
　　경제적 파업과 부당노동행위파업이 있다.
　㉣ 상대방에 의한 구별
　　정치파업과 동정파업 또는 연대파업이 있다.

③ 파업의 정당성
　㉠ 파업은 근로제공거부의 효율성을 강화하기 위하여 피케팅과 직장점거가 동반되기도 하는 바 그
　　러한 이유로 파업자체가 정당성을 상실하지는 아니한다.
　㉡ 총파업, 지명파업, 부분파업도 조합의 통일적 의사결정에 따라 이루어진 이상 정당성을 상실하
　　지는 아니한다.
　㉢ 파업에 참가한 근로자들이 적극적으로 사용자에 의한 생산설비의 지배・관리를 방해하거나 환
　　자의 생명・신체의 안전에 관계되는 의료행위를 거부하거나 공장 또는 사업장의 안전에 관한 보
　　안작업을 거부하는 행위는 정당한 쟁의행위로 볼 수 없다.

(2) 태 업

① 의 의

태업은 다수의 근로자가 하나의 단결체를 결성하여 근로조건의 유지·개선을 위하여 조직적인 방법에 의해 작업능률을 저하시키는 쟁의행위를 말한다. 사보타주는 생산 또는 업무를 방해하는 행위로서 단순한 방법의 태업에 그치지 아니하고 생산설비를 파괴하는 행위까지 포함하는 개념이다.

② 태업의 정당성

㉠ 태업은 단순히 작업능률을 저하시키는 것에 불과하고 근로자가 아직 사용자의 지휘·명령을 받고 있으므로 그 정당성이 인정된다.

㉡ 사보타주는 그 정당성이 부정되거나 제한된 범위 내에서만 인정된다.

(3) 준법투쟁

① 의 의

준법투쟁이란 노동조합의 통제 하에 다수의 근로자들이 근로기준법 및 노사관계법 등 관련법령 및 단체협약·취업규칙·근로계약 등에 규정된 권리를 동시에 행사하거나 의무를 동시에 이행하여 파업이나 태업과 같은 쟁의행위의 효과를 발생시키는 것을 말한다.

② 준법투쟁의 정당성

㉠ 법령 등에서 근로제공이 의무화되어 있지 아니하거나 근로의 제공이 위법한 경우 또는 근로조건이 법령 등에 위배되는 경우 이의 불이행은 쟁의행위에 해당하지 아니한다.

㉡ 근로제공이 법령 등에서 의무화되어 있는 경우 이의 불이행은 쟁의행위에 해당된다.

㉢ 법령 등에서 근로제공이 의무화하고 있지 아니하나 근로제공이 관행화되어 있는 경우 또는 법령 등에서 근로제공의 최저기준만을 규정하고 그 이상의 근로제공은 근로자의 자유재량에 따라 합리적으로 수행하는 경우 동 근로제공을 거부하는 것이 쟁의행위에 해당하는지의 여부

㉮ 사실정상설

쟁의행위는 업무의 정상적인 운영을 저해하는 것인바 동 업무를 통상적으로 제공하여 온 사실상의 업무로 보고 있다. 따라서 쟁의행위에 해당한다.

㉯ 법률정상설

업무를 법률 등에 규정된 업무로 보고 있다. 따라서 이러한 경우에 업무의 정상적인 운영을 저해하는 것이 아니므로 쟁의행위에 해당하지 아니한다.

㉰ 판 례

근로자들이 통상적으로 해 오던 연장근로를 집단적으로 거부하도록 함으로써 회사업무의 정상운영을 방해하였다면 이는 쟁의행위로 보아야 한다(대판 1996.2.27, 95도2970).

(4) 생산관리

① 의 의

생산관리는 근로자들이 사용자의 지휘·명령을 거부하면서 사업장 또는 공장을 점거하여 조합간부의 지휘하에 생산관리를 위한 근로를 제공하는 쟁의행위이다.

② 유 형

근로자들이 직접 경영을 하되 종전의 경영방침에 따라 임금을 지급하거나 생산활동을 하는 경우와 기존의 회사경영방침을 무시하고 독자적인 경영방침을 세워 생산활동을 하거나 회사의 이익금을 일방적으로 인상한 임금에 충당하는 경우의 2가지 형태가 있다.

③ 생산관리의 정당성

쟁의행위는 소극적인 근로제공의 거부를 원칙으로 하기 때문에 사용자의 생산수단을 적극적으로 통제하는 생산관리는 정당한 쟁의행위가 아니라고 하는 생산관리부당설이 다수설이다.

(5) 쟁의행위에 대한 보조적 행위

① 보이콧

⊙ 의 의

노동조합이 쟁의행위의 상대방인 사용자의 제품의 불매를 호소하거나 그 제품의 취급을 거부하게 함으로써 그 제품의 거래를 방해하는 쟁의수단이다.

ⓛ 보이콧의 정당성

㉮ 1차 보이콧

노동조합이 사용자가 생산한 제품의 불매를 호소하거나 일반시민에게 불매 또는 거래정지를 호소하는 쟁의수단이다. 이 경우는 폭행 등의 쟁의행위의 실질적 성립요건을 침해하는 것이 아닌 한 정당성이 인정된다.

㉯ 2차 보이콧

사용자의 거래상대방에게 사용자와의 거래를 정지하도록 요구하고 이에 불응하면 그 거래상대방의 상품에 보이콧을 행하는 것으로, 정당성을 인정하는 견해와 부정하는 견해가 대립한다. 쟁의행위는 원래 당사자 간의 실력행사이므로 2차 보이콧은 정당한 쟁의행위가 아니라는 견해가 다수설이다. 미국의 태프트-하틀리법은 제3자의 이익을 해하는 일련의 행위를 노동조합에 의한 부당노동행위로 규정함으로써 2차 보이콧을 불법화하고 있다.

② 피케팅

⊙ 의 의

파업참가자의 파업이탈을 감시하고 파업 비참가인 근로자들이 사업장에 출입하는 것을 저지하거나 파업에 동참할 것을 요구하며, 또한 일반인들에게 노동조합의 요구를 이해하고 지지하도록 하는 문언을 작성하여 이를 파업 장소에 게시·비치 또는 방송하는 쟁의행위이다. 쟁의행위의 보조적 행위인 것이 일반적이나 단체과시로서 독자적으로 수행되는 경우도 있다.

ⓛ 피케팅의 정당성

㉮ 평화적 설득론

피케팅의 수단으로서 파업에 가담하지 아니하고 근무하려는 자에 대하여 평화적 설득을 하는 경우에만 이를 정당하다고 볼 수 있다고 한다.

㉯ 실력저지인정설

피케팅은 언어적 설득 등의 평화적 설득의 범위를 넘어 실력에 의한 저지행위로 나아간 경우에도 정당성이 인정될 수 있다고 한다. 사용자의 시설관리권·경영권을 배타적·전면적으로 배제하거나 또는 적극적으로 폭행·협박에 이르지 아니하는 한 어느 정도의 강경한 설득 내지 집단적 시위가 행하여지더라도 이를 정당하다고 본다.

㉰ 판 례

피케팅은 파업의 보조수단으로서, 파업에 가담하지 않고 조업을 계속하려는 자에 대하여 평화적 설득, 구두와 문서에 의한 언어적 설득의 범위 내에서 정당성이 인정되는 것이 원칙이다 (대판 1992.7.14, 91다43800).

ⓒ 피케팅의 범위 및 정당성

㉮ 출입 등 방해의 금지

쟁의행위는 그 쟁의행위와 관계없는 자 또는 근로를 제공하고자 하는 자의 출입·조업, 기타 정상적인 업무를 방해하는 방법으로 행하여져서는 아니 된다(법 제38조 제1항).

㉯ 폭행·협박, 기타 위력의 사용금지

쟁의행위의 참가를 호소하거나 설득하는 행위로서 폭행·협박을 사용하여서는 아니 된다(법 제38조 제1항).

③ 직장점거

㉠ 의 의

직장점거는 파업에 참가한 근로자가 파업의 실효성을 제고하기 위하여 사용자의 의사에 반하여 사업장에 체류하는 부수적 쟁의행위이다. 연좌 또는 농성을 하는 연좌파업의 모습을 띠는 경우도 있다.

㉡ 직장점거의 정당성

㉮ 쟁의행위의 본질은 근로자의 근로제공을 소극적으로 거부하는 데 있으므로 사용자가 소유·경영하는 시설을 실력으로 점거하는 직장점거는 원칙적으로 정당한 쟁의행위가 되지 못한다.

㉯ 쟁의행위는 폭력이나 파괴행위 또는 생산, 기타 주요 업무에 관련되는 시설과 이에 준하는 시설로서 대통령령이 정하는 시설을 점거하는 형태로 이를 행할 수 없다(법 제42조 제1항).

㉰ 직장점거는 사용자측의 점유를 완전히 배제하지 아니하고 그 조업도 방해하지 않는 부분적, 병존적 점거일 경우에 한하여 정당성이 인정되는 것이고, 이를 넘어 사용자의 기업시설을 장기간에 걸쳐 전면적, 배타적으로 점유하는 것은 사용자의 시설관리권능에 대한 침해로서 정당화될 수 없는 것이다(대판 1992.7.14, 91다43800).

제4절   쟁의행위의 법적 효과

1 쟁의행위와 노사당사자 간의 법적 관계

쟁의행위가 정당한 경우 대표적인 법적 효과로서 민·형사면책이 인정된다.

① 파업과 근로계약관계

㉠ 근로계약파기설

파업에 의해 근로계약이 파기된다고 하며 근로자측 계약파기설과 사용자측 계약파기설로 나뉜다. 근로계약파기설은 파업이 종료된 후 파기된 근로계약을 다시 체결하지 아니하고도 근로자가 다시 업무에 복귀하는 것을 설명할 수 없다.

㉡ 근로계약정지설

파업에 의하여 근로계약은 일시로 정지될 뿐이며 파기되는 것은 아니라고 한다. 즉, 파업에 의하여 근로자의 근로제공의무와 임금청구권, 사용자의 근로급부청구권과 임금지급의무 등의 주된 권리·의무가 정지되고 파업의 종료와 더불어 다시 원상복귀된다는 것이다. 현재의 통설이다.

② 쟁의행위와 임금관계
　　㉠ 파업과 임금관계
　　　㉮ 파업참가자의 임금청구권
　　　　ⓐ 임금지급의무의 부존재
　　　　　사용자는 쟁의행위에 참가하여 근로를 제공하지 아니한 근로자에 대하여는 그 기간 중의 임금을 지급할 의무가 없다(법 제44조 제1항). 이를 무노동·무임금의 원칙이라 한다. 다만, 사용자가 쟁의행위기간 중에 임금을 지급하거나 단체협약 및 취업규칙 등에 의하여 임금을 스스로 지급하는 것은 무방하다. 즉, 쟁의행위기간 중의 임금지급의무는 임의교섭 대상에 해당된다. 노동조합은 쟁의행위기간에 대한 임금의 지급을 요구하거나 이를 관철할 목적으로 쟁의행위를 하여서는 아니 된다(법 제44조 제2항).
　　　　ⓑ 무노동·무임금원칙의 적용범위
　　　　　• 임금이 근로시간에 비례하지 아니하는 경우
　　　　　　도급제, 능률급은 임금이 근로시간에 비례하여 지급되는 것이 아니므로 동 원칙이 적용되는 것이 아니라는 것이다.
　　　　　• 임금이 근로시간에 비례하는 경우
　　　　　　무노동·무임금의 원칙이 적용된다. 이때 임금의 범위가 문제되는데 종전 판례는 임금이분설에 따라 보장적 부분은 지급된다고 하였다가 최근의 대법원 판례는 임금일원론에 따라 파업기간 중에는 일체의 임금이 지급되지 아니한다고 하고 있다.
　　　　ⓒ 임의적인 임금지급의 허용
　　　　　• 파업기간 중에는 임금지급의무를 부담하지 않으나 임의로 지급하거나 단체협약 또는 취업규칙 등에 의하여 스스로 지급하는 것은 무방하다.
　　　　　• 단체협약 또는 취업규칙에 결근 시의 임금지급규정이 있는 경우 동 규정을 파업 시의 임금지급에 확대 적용할 수 있는지 여부
　　　　　　긍정설과 부정설로 나뉘나, 판례는 "단체협약이나 취업규칙 등에서 결근자 등에 관하여 어떤 임금을 지급하도록 규정하고 있거나 임금삭감 등을 규정하고 있지 않고 있거나 혹은 어떤 임금을 지급하여 온 관행이 있다고 하여 쟁의행위의 경우에 이를 유추하여 당사자 사이에 쟁의행위 기간 중 쟁의행위에 참가하여 근로를 제공하지 아니한 근로자에게 그 임금을 지급할 의사가 있다거나 임금을 지급하기로 하는 내용의 근로계약을 체결한 것이라고는 할 수 없다(대판[전합] 1995.12.21, 94다26721)"고 한다.
　　　㉯ 파업 비참가자의 임금청구권
　　　　ⓐ 근로를 제공한 경우
　　　　　당해 근로자들은 조합원 여부에 상관없이 당연히 임금청구권을 갖는다. 이 경우 근로를 제공하였다 함은 근로자가 자신의 노동력을 사용자가 처분할 수 있는 상태에 두는 것을 의미한다.
　　　　ⓑ 근로를 제공하지 아니한 경우
　　　　　파업 비참가자들이 스스로 근로를 제공하지 아니한 경우에는 당연히 임금청구권을 갖지 못한다.

- 조업계속 및 근로수령이 가능한 경우

  조업계속 및 근로수령이 가능함에도 불구하고 사용자가 근로의 수령을 임의로 거부한 경우 사용자는 임금전액을 지급하여야 한다. 사용자가 임금지급의무를 면하기 위해서는 직장폐쇄를 하여야 한다.

- 조업계속 및 근로수령이 불가능한 경우

  파업으로 인하여 전체 조업이 불가능하거나 부분적으로 조업이 가능하다 할지라도 일부 조업만으로는 그 자체가 무의미하여 근로의 제공을 거부한 경우 또는 조업의 계속은 가능하나 파업 중인 노동조합이 피케팅 및 직장점거 등을 통하여 출입·조업이 중단됨으로써 근로의 수령이 불가능한 경우의 임금지급에 대하여는 견해가 나뉘고 있다.

  – 임금지급 부정설 : 사용자에게 임금지급의무가 없다는 견해이다.

  – 임금지급 긍정설 : 휴업수당을 지급해야 한다는 견해와 임금전액을 지급해야 한다는 견해로 나뉘어 있다.

ⓛ 태업과 임금관계

태업의 경우 근로의 일부가 제공되지 아니하므로 제공되지 아니한 부분에 비례하여 임금이 삭감되는 것이 원칙이다. 다만, 근로의 불완전 제공 부분의 양과 질이 객관적이고 명확하게 산정될 수 있는 경우 그 비율에 따라 임금을 삭감할 수 있으나 실질적으로 이를 산정하는 것이 용이하지 아니하다는 문제점이 있다. 그러나 태업이 본래 근로의 불완전제공에 그치는 것이 아니라 본래 업무와 전혀 상이한 업무를 수행하거나 사보타주 등과 같이 위법한 태업의 경우 파업과 마찬가지로 임금지급의무가 발생하지 아니한다.

③ **파업과 고용관계** 21 기출

ⓐ 사용자의 대체 채용 제한

㉮ 사용자는 쟁의행위기간 중 그 쟁의행위로 중단된 업무의 수행을 위하여 당해 사업과 관계없는 자를 채용 또는 대체할 수 없다(법 제43조 제1항).

㉯ 사용자는 쟁의행위기간 중 그 쟁의행위로 중단된 업무를 도급 또는 하도급 줄 수 없다(법 제43조 제2항).

㉰ 근로자파견사업의 경우 파견사업주는 쟁의행위 중인 사업장에 그 쟁의행위로 중단된 업무의 수행을 위하여 근로자를 파견하여서는 아니 된다(파견근로자보호 등에 관한 법률 제16조 제1항).

ⓑ 파업종료 후의 근로관계

파업이 종료하는 경우 파업참가근로자들의 근로제공의무와 사용자의 임금지급의무는 원래대로 회복된다.

④ **파업과 기타의 근로관계**

ⓐ 파업과 근로일의 산정

노사자치원칙에 따라 근로계약·취업규칙 또는 단체협약이 정하는 바에 따른다. 명문의 규정이 없는 경우에는 다음과 같다.

㉮ 근속기간의 산정

파업에 참가하는 중에도 근로계약관계는 정지하거나 소멸하지 아니하고 그대로 계속되므로 파업기간은 근속기간에 포함된다.

㉯ 출근율의 산정

　　현행법상 유급주휴 또는 연차휴가의 부여 및 기간은 출근율을 기준으로 산정한다. 이 경우 쟁의행위기간을 출근기간으로 볼 수 있는지 여부에 관해서는 견해가 나뉜다. 한편, 근로기준법 시행령 제2조는 쟁의행위기간을 평균임금의 산정기간에서 제외하고 있다.

㉡ 파업과 산업재해보상보험

　파업 중에 발생한 근로자의 부상 등이 업무상 재해에 해당되는지 여부가 문제되는 바 이를 부정하는 것이 판례 및 일반적인 견해이다. 다만 판례는 "노동조합업무 전임자가 근로계약상 본래 담당할 업무를 면하고 노동조합의 업무를 전임하게 된 것이 단체협약 혹은 사용자인 회사의 승낙에 의한 것이라면 그 전임자가 노동조합업무를 수행하거나 이에 수반하는 통상적인 활동을 하는 과정에서 그 업무에 기인하여 발생한 재해는 산업재해보상보험법 소정의 업무상 재해에 해당한다(대판 2007.3.29, 2005두11418)"고 한다.

2 쟁의행위와 제3자 간의 법적 관계

(1) 사용자의 거래상대방에 대한 손해배상책임

① 사용자의 손해배상책임

　근로자의 쟁의행위로 인하여 사용자가 거래상대방과 체결한 계약상의 채무를 이행하지 못한 경우에 사용자는 그 거래상대방에 대하여 계약상의 채무불이행으로 인한 손해배상책임을 지는가에 대해 견해가 대립한다. 쟁의행위의 정당성으로 인한 민사면책은 노사당사자 간에만 효력이 미치는 것이 원칙이어서 사용자는 거래상대방에 대한 계약위반책임을 진다(분리설)는 견해와 사용자는 정당한 쟁의행위의 당사자이므로 거래상대방에 대한 채무불이행이 면제된다는 견해가 바로 그것이다.

② 근로자의 손해배상책임

㉠ 쟁의행위가 정당한 경우

　쟁의행위가 정당하다면 민사면책된다.

㉡ 쟁의행위가 정당하지 못한 경우

　쟁의행위가 불법행위의 성립요건을 충족시킨다면 불법행위로 인한 손해배상책임을 진다. 근로자는 사용자의 거래상대방과는 아무런 계약관계가 없기 때문에 채무불이행으로 인한 손해배상책임은 문제되지 않는다.

(2) 일반 제3자에 대한 손해배상책임

① 사용자의 손해배상책임

　사용자는 쟁의행위로 인하여 일반 제3자에게 발생한 손해에 대하여 아무런 민사책임도 지지 아니한다. 사용자는 일반 제3자와 아무런 계약도 체결하지 않고 있고, 또한 일반 제3자에 대하여 쟁의행위를 방지하여야 할 의무를 부담하지 않기 때문이다.

② 근로자의 손해배상책임
  ㉠ 쟁의행위가 정당한 경우
    근로자는 사용자뿐만 아니라 제3자에 대해서도 민사상의 손해배상책임을 지지 않는다. 다만, 정당한 쟁의행위일지라도 제3자의 개인적 이익을 침해하는 불법행위에 해당되는 경우에는 손해배상책임을 진다.
  ㉡ 쟁의행위가 정당하지 아니한 경우
    쟁의행위가 기업내부의 현상이므로 기업외부와의 관계에 있어서는 손해배상책임을 지지 아니한다는 견해와 정당하지 아니한 쟁의행위는 헌법상 보호되지 아니하므로 일반 사법원리에 기초하여 손해배상책임을 부담한다는 견해가 대립한다.

제5절 │ 사용자의 쟁의행위

1 직장폐쇄의 개념

직장폐쇄란 사용자가 노동조합의 쟁의행위에 대항하여 직장을 폐쇄함으로써 근로자들의 근로수령을 거부하고 임금을 지급하지 아니하는 사용자의 쟁의행위를 말한다.

2 직장폐쇄의 법적 성질

(1) 헌법적 근거

헌법 제33조에 근거한 것이 아니고 노사 간의 형평원칙 또는 노사대등의 원칙에서 구하는 견해가 다수설과 판례이다.

(2) 노동법적 특성

직장폐쇄는 집단해고를 하지 아니하고 근로자와의 근로계약을 존속시킴과 동시에 근로계약상의 근로수령 및 임금지급을 거부하면서도 손해배상책임을 부담하지 아니하는 특성을 지닌 노동법상의 제도이다.

3 직장폐쇄의 성립요건

(1) 직장폐쇄의 실질적 성립요건

직장폐쇄의 실질적 성립요건은 직장폐쇄의 주체·목적·상대방 및 방법에 있어 직장폐쇄의 본질상 그 성립에 반드시 갖추어야 할 최소한의 요건을 말한다. 이러한 요건을 갖추지 아니하는 경우에는 직장폐쇄로서 성립하지 아니하고 따라서 임금지불의 면책이 허용되지 아니한다.
① 주 체
  직장폐쇄의 주체는 쟁의행위가 발생한 사업장의 사용자이다. 사용자 중 사업의 경영담당자 또는 사업주를 위하여 행위하는 자는 내부위임 등에 의하여 직장폐쇄를 할 수 있는 권한을 갖고 있어야 한다.

② 목 적

직장폐쇄는 사용자의 재산권을 근로자의 쟁의행위로부터 보호하는 것을 그 목적으로 한다.

③ 상대방

㉠ 직장폐쇄의 상대방은 쟁의행위를 주도한 노동조합과 근로자이다.

㉡ 쟁의행위의 정당성과 직장폐쇄

근로자의 정당·합법적인 쟁의행위에 대하여 사용자가 직장폐쇄를 할 수 있음은 의문의 여지가 없으나 정당·합법하지 아니한 쟁의행위에 대해서도 직장폐쇄가 가능한지에 대해 긍정설과 부정설의 대립이 있다.

㉢ 쟁의행위에 참가하지 아니한 근로자에게도 직장폐쇄의 법적 효과가 미치는지 여부

전면적 직장폐쇄의 경우 조업을 희망한 근로자들에 대하여 사용자는 임금지급의무가 면제되는지 여부가 문제되는데 사용자는 조합원은 물론 비조합원을 포함한 모든 근로자들에게 임금지급의무가 면제된다.

④ 방 법

㉠ 시 기

직장폐쇄는 노동조합이 쟁의행위를 개시한 이후에만 이를 행할 수 있다(법 제46조 제1항). 선제적 직장폐쇄는 인정되지 아니하고 대항적 직장폐쇄만이 인정된다.

㉡ 수 단 22 기출

근로자가 제공하는 근로의 수령을 거부하는 것이다. 근로수령거부에 대하여 단지 사용자의 통고 내지 선언만으로 성립된다는 선언설과 현실적으로 사업장의 출입구를 폐쇄하여 근로자를 사실상 생산시설과 분리함으로써 사회통념상 근로자의 사업장 출입과 근로의 제공이 불가능한 상태로 만들어야 한다는 사실행위설로 견해가 나뉜다. 대법원 판례는 '근로자가 적법하게 직장점거를 개시한 경우에도 사용자가 적법하게 직장폐쇄하고 근로자에게 퇴거요구를 한 경우 근로자가 이에 응하지 아니하는 때에는 형법상의 퇴거불응죄를 구성한다.'고 하고 있다.

㉢ 태 양

직장폐쇄는 폭력이나 파괴행위로써 이를 행하여서는 아니 되며 안전보호시설의 정상적인 유지·운영을 정지·폐지 또는 방해하여서는 아니 된다(법 제42조 제1항 및 제2항). 또한 직장폐쇄는 대항적·방어적 성질에 국한되어야 하며 노조파괴를 위한 공격적 행위로 나아가 직장폐쇄의 필요성 및 정도의 상당성을 상실하여서는 아니 된다.

(2) 직장폐쇄의 형식적 성립요건 19 기출

직장폐쇄의 형식적 성립요건이란 직장폐쇄의 절차 등에 관한 요건으로서 직장폐쇄의 본질적 내용과는 관련이 없는 요건을 말한다.

① 단체협약 위반의 직장폐쇄

사용자가 직장폐쇄를 하지 아니하겠다는 단체협약상의 의무를 위반하여 직장폐쇄를 행한 경우에도 직장폐쇄는 유효하게 성립된다. 이 경우 사용자는 단체협약 위반으로 인한 손해배상책임만을 부담한다.

② 신고절차 위반의 직장폐쇄

사용자가 직장폐쇄를 할 경우 행정관청 및 노동위원회에 각각 신고하여야 한다(법 제46조 제2항). 사용자가 이를 위반하여 신고하지 아니한 경우에도 직장폐쇄는 유효하게 성립된다.

4 직장폐쇄의 법적 효과

(1) 당사자 간의 법적 효과

① 근로수령의 거부

정당한 직장폐쇄가 성립되면 사용자는 근로자를 생산수단으로부터 단절하고 근로의 수령을 거부할 수 있다. 다만, 쟁의행위 중에도 안전보호시설의 정상적인 유지·운영은 이를 정지·폐지 또는 방해할 수 없다. 따라서 사용자가 정당한 직장폐쇄를 한 경우에도 이 운영에 종사하는 근로자에게는 당연히 임금을 지급해야 한다. 사용자의 쟁의행위가 정당한 쟁의행위로 인정되지 아니한 경우 근로자가 사업장에 출입하여도 주거침입죄에 해당하지 아니한다. 직장폐쇄를 하는 경우 사업장에서의 출입금지는 물론 사업장 내에서의 합법적인 직장점거에 대하여 퇴거를 요구할 수 있다.

② 임금지급의무의 면제

정당한 직장폐쇄가 성립되면 사용자는 임금지급의무가 면제된다. 이 때 사용자의 직장폐쇄가 근로기준법상의 사용자의 귀책사유로 인한 휴업에 해당하는지의 여부가 문제된다. 이에 대해 긍정설과 부정설이 대립하고, 긍정설에는 다시 사용자는 직장폐쇄 및 휴업 중 어느 하나를 선택할 수 있다고 하는 견해와 사용자가 직장폐쇄를 하는 경우에도 휴업에 관한 규정이 적용된다는 견해로 나뉜다. 이것은 직장폐쇄의 경우에 임금 전액에 대한 지급의무가 면제되는지 아니면 휴업수당은 지급해야 하는지에 관한 문제이다.

③ 취업청구권

근로제공을 통해 근로자는 참다운 인격의 발전을 도모함으로써 자신의 인격을 실현시킬 수 있도록 배려해야 할 신의칙상의 배려의무를 부담한다. 따라서 사용자의 정당한 이유 없는 노무수령거부에 대해 근로자의 인격적 법익의 침해를 이유로 한 정신상 손해배상청구권을 인정하고 있다.

(2) 제3자 간의 법적 효과

직장폐쇄의 제3자에 대한 사용자의 손해배상책임여부에 대하여 합법적인 직장폐쇄의 경우에는 손해배상책임이 면제되나 위법적인 직장폐쇄의 경우에는 손해배상책임을 진다는 견해와 직장폐쇄는 사용자의 통제범위에 있는 예측 가능한 행위로서 합법·위법여부에 관계없이 손해배상책임을 진다는 견해가 있다.

01 노동조합 및 노동관계조정법령상 점거가 금지되는 시설로 옳은 것을 모두 고른 것은?

> ㄱ. 전기시설 　　　　　　　　　　 ㄴ. 철도의 차량
> ㄷ. 항행안전시설 　　　　　　　　 ㄹ. 항공기

① ㄱ, ㄴ 　　　　　　　　　　　　② ㄷ, ㄹ
③ ㄱ, ㄴ, ㄷ 　　　　　　　　　　④ ㄱ, ㄴ, ㄷ, ㄹ

해설

점거가 금지되는 시설(노동조합 및 노동관계조정법 시행령 제21조).
- 전기·전산 또는 통신시설
- 철도(도시철도를 포함)의 차량 또는 선로
- 건조·수리 또는 정박 중인 선박. 다만, 선원법에 의한 선원이 당해 선박에 승선하는 경우를 제외한다.
- 항공기·항행안전시설 또는 항공기의 이·착륙이나 여객·화물의 운송을 위한 시설
- 화약·폭약 등 폭발위험이 있는 물질 또는 화학물질관리법에 따른 유독물질을 보관·저장하는 장소
- 기타 점거될 경우 생산 기타 주요 업무의 정지 또는 폐지를 가져오거나 공익상 중대한 위해를 초래할 우려가 있는 시설로서 고용노동부장관이 관계중앙행정기관의 장과 협의하여 정하는 시설

02 노동조합 및 노동관계조정법상 쟁의행위 등에 관한 설명으로 옳지 않은 것은?(다툼이 있으면 판례에 따름)

① 사용자가 적법하게 직장폐쇄를 하게 되면, 사용자의 사업장에 대한 물권적 지배권이 전면적으로 회복된다.
② 사용자는 직장폐쇄를 할 경우에는 미리 행정관청 또는 노동위원회 어느 한 곳에 신고하여야 한다.
③ 사업장시설의 점거는 그 점거의 범위가 사업장시설의 일부분이고 사용자측의 출입이나 관리지배를 배제하지 않는 병존적인 점거에 지나지 않을 때에는 정당한 쟁의행위로 볼 수 있다.
④ 사용자의 직장폐쇄는 형평상 근로자측의 쟁의행위에 대한 대항·방위 수단이다.

② 사용자는 직장폐쇄를 할 경우에는 미리 행정관청 및 노동위원회에 각각 신고하여야 한다(노동조합 및 노동관계조정법 제46조 제2항).

① 사용자의 직장폐쇄는 사용자와 근로자의 교섭태도와 교섭과정, 근로자의 쟁의행위의 목적과 방법 및 그로 인하여 사용자가 받는 타격의 정도 등 구체적인 사정에 비추어 쟁의행위에 대한 방어수단으로서 상당성이 있어야만 사용자의 정당한 쟁의행위로 인정될 수 있고, 직장폐쇄가 정당한 쟁의행위로 평가받는 경우 사용자의 사업장에 대한 물권적 지배권이 전면적으로 회복되므로 사용자는 직장폐쇄의 효과로서 사업장의 출입을 제한할 수 있다고 할 것이다(대판 2010.6.10, 2009도12180).

③ 직장 또는 사업장시설의 점거는 적극적인 쟁의행위의 한 형태로서 그 점거의 범위가 직장 또는 사업장시설의 일부분이고 사용자측의 출입이나 관리지배를 배제하지 않는 병존적인 점거에 지나지 않을 때에는 정당한 쟁의행위로 볼 수 있으나, 이와 달리 직장 또는 사업장시설을 전면적, 배타적으로 점거하여 조합원 이외의 자의 출입을 저지하거나 사용자측의 관리지배를 배제하여 업무의 중단 또는 혼란을 야기케 하는 것과 같은 행위는 이미 정당성의 한계를 벗어난 것이라고 볼 수밖에 없다(대판 1991.6.11, 91도383).

④ 사용자의 직장폐쇄는 노사 간의 교섭태도, 경과, 근로자 측 쟁의행위의 태양, 그로 인하여 사용자 측이 받는 타격의 정도 등에 관한 구체적 사정에 비추어 형평상 근로자 측의 쟁의행위에 대한 대항·방위 수단이다(대판 2007.12.28, 2007도5204).

03 노동조합 및 노동관계조정법상 직장폐쇄에 관한 설명으로 옳지 않은 것은?(다툼이 있으면 판례에 의함)

① 직장폐쇄는 노동조합이 쟁의행위를 개시한 이후에만 행할 수 있다.

② 사용자는 직장폐쇄를 한 이후에 지체 없이 행정관청 및 노동위원회에 신고하여야 한다.

③ 사용자는 적법한 직장폐쇄를 한 경우에 임금지급의무를 면한다.

④ 사용자의 직장폐쇄에 대해서는 근로자의 단체행동권과 달리 헌법적 보장규정이 없다.

② 사용자는 직장폐쇄를 할 경우에는 미리 행정관청 및 노동위원회에 각각 신고하여야 한다(노동조합 및 노동관계조정법 제46조 제2항).

① 노동조합 및 노동관계조정법 제46조 제1항

③ 직장폐쇄가 정당한 쟁의행위로 평가받는 경우 사용자는 직장폐쇄 기간 동안의 대상 근로자에 대한 임금지불의무를 면한다(대판 2010.1.28, 2007다76566).

④ 헌법 제33조는 근로자의 단체행동권을 보장한다. 그러나 사용자 혹은 사용자의 직장폐쇄에 관하여는 보장하고 있지 아니하다.

04 노동조합 및 노동관계조정법상 필수유지업무에 관한 설명으로 옳지 않은 것은?

① 필수유지업무란 필수공익사업의 업무 중 고용노동부장관이 정하는 업무를 말한다.
② 노동관계 당사자는 필수유지업무협정을 서면으로 체결하여야 한다.
③ 필수유지업무협정에는 필수유지업무의 필요 최소한의 유지·운영 수준, 대상 직무 및 필요인원 등을 정하여야 한다.
④ 필수유지업무의 정당한 유지·운영을 정지·폐지 또는 방해하는 행위는 쟁의행위로서 이를 행할 수 없다.

> **해설**
>
> ① "필수유지업무"라 함은 필수공익사업의 업무 중 그 업무가 정지되거나 폐지되는 경우 공중의 생명·건강 또는 신체의 안전이나 공중의 일상생활을 현저히 위태롭게 하는 업무로서 대통령령이 정하는 업무를 말한다(노동조합 및 노동관계조정법 제42조의2 제1항).

05 쟁의행위에 관한 설명으로 옳지 않은 것은?(다툼이 있으면 판례에 의함)

① 정당성이 없는 쟁의행위는 불법행위를 구성하고 이로 말미암아 손해를 입은 사용자는 노동조합이나 근로자에 대하여 그 손해배상을 청구할 수 있다.
② 정당성 없는 쟁의행위로 인하여 손해를 입은 사용자는 노동조합의 책임 외에 불법행위를 기획, 지시, 지도하는 등으로 주도한 조합의 간부들 개인에 대하여도 책임을 지울 수 있다.
③ 근로자들이 집단적으로 근로의 제공을 거부하여 사용자의 정상적인 업무운영을 저해하고 손해를 발생하게 한 행위는 당연히 위력에 해당하여 정당한 쟁의행위로서의 위법성이 조각되는 경우가 아닌 한 업무방해죄를 구성한다.
④ 불법쟁의행위 시 노동조합 등의 지시에 따라 단순히 노무를 정지한 일반조합원은 노동조합 또는 조합 간부들과 함께 공동불법행위책임을 지지 않는다.

> **해설**
>
> ③ 업무방해죄에서 말하는 위력이란 폭행이나 협박은 물론 사람의 의사의 자유를 제압, 혼란케 할 세력을 가리키는 것으로서, 노동쟁의행위는 근로자들이 단결하여 사용자에게 압박을 가하는 것이므로 본질적으로 위력에 의한 업무방해의 요소를 포함하고 있는 것이고, 따라서 근로자들이 근무시간에 집단적으로 근무에 임하지 아니한 것은 다른 위법의 요소가 없는 한 근로제공의무의 불이행에 지나지 않는다고 할 것이다(대판 2003.12.26, 2001도1863).
>
> ① 대판 1994.3.25, 93다32828
> ②·④ 대판 2006.9.22, 2005다30610

06 필수공익사업의 쟁의행위시 사용자의 채용제한에 관한 설명이다. (　　) 안에 들어갈 내용으로 옳은 것은?

> 필수공익사업의 사용자는 쟁의행위기간 중에 한하여 당해 사업과 관계없는 자를 당해 사업 또는 사업장 (ㄱ)의 (ㄴ)을 초과하지 않는 범위 안에서 채용 또는 대체하거나 도급 또는 하도급 줄 수 있다.

① ㄱ : 조합원, ㄴ : 100분의 30
② ㄱ : 근로자, ㄴ : 100분의 50
③ ㄱ : 근로자, ㄴ : 100분의 30
④ ㄱ : 파업참가자, ㄴ : 100분의 50

해설

필수공익사업의 사용자가 쟁의행위기간 중에 한하여 당해 사업과 관계없는 자를 채용 또는 대체하거나 그 업무를 도급 또는 하도급 주는 경우 사용자는 당해 사업 또는 사업장 파업참가자의 100분의 50을 초과하지 않는 범위 안에서 채용 또는 대체하거나 도급 또는 하도급 줄 수 있다(노동조합 및 노동관계조정법 제43조 제4항).

07 쟁의행위에 관한 설명으로 옳지 않은 것은?(다툼이 있는 경우에는 판례에 의함)

① 사용자는 쟁의행위에 참가하여 근로를 제공하지 아니한 근로자에 대하여는 그 기간 중의 임금을 지급할 의무가 없다.
② 작업시설의 손상이나 원료·제품의 변질 또는 부패를 방지하기 위한 작업은 쟁의행위기간 중에도 정상적으로 수행되어야 한다.
③ 쟁의행위에서 추구되는 목적이 여러 가지이고 그 중 일부가 정당하지 못한 경우에는 주된 목적 내지 진정한 목적의 당부에 의하여 그 쟁의 목적의 당부를 판단하여야 한다.
④ 회사가 단체협약에 따라 관행적으로 시켜오던 휴일근로를 조합원들이 자신들의 주장을 관철할 목적으로 정당한 이유도 없이 집단적으로 거부함으로써 회사업무의 정상적인 운영을 저해하더라도 쟁의행위로 볼 수 없다.

해설

④ 노사 간에 체결된 단체협약에 작업상 부득이한 사정이 있거나 생산계획상 차질이 있는 등 업무상 필요가 있을 때에는 사용자인 회사가 휴일근로를 시킬 수 있도록 정하여져 있어서 회사가 이에 따라 관행적으로 휴일근로를 시켜왔음에도 불구하고 근로자들이 자신들의 주장을 관철할 목적으로 정당한 이유도 없이 집단적으로 회사가 지시한 휴일근로를 거부한 것은 회사업무의 정상적인 운영을 저해하는 것으로서 노동쟁의조정법 제3조 소정의 쟁의행위에 해당한다고 할 것이다(대판 1991.7.9, 91도1051).
① 노동조합 및 노동관계조정법 제44조 제1항
② 노동조합 및 노동관계조정법 제38조 제2항
③ 쟁의행위에서 추구되는 목적이 여러 가지이고 그 중 일부가 정당하지 못한 경우에는 주된 목적 내지 진정한 목적의 당부에 의하여 그 쟁의목적의 당부를 판단하여야 한다(대판 2011.1.27, 2010도11030).

08 노동조합 및 노동관계조정법상 필수공익사업에 해당하는 것은?

① 시외버스 여객운수사업
② 여객선운항사업
③ 시내버스 여객운수사업
④ 항공운수사업

해설

④ 필수공익사업이라 함은 공익사업으로서 그 업무의 정지 또는 폐지가 공중의 일상생활을 현저히 위태롭게 하거나 국민경제를 현저히 저해하고 그 업무의 대체가 용이하지 아니한 철도사업, 도시철도사업 및 항공운수사업, 수도사업, 전기사업, 가스사업, 석유정제사업 및 석유공급사업, 병원사업 및 혈액공급사업, 한국은행사업, 통신사업을 말한다(노동조합 및 노동관계조정법 제71조 제2항).

09 직장폐쇄에 관한 설명으로 옳지 않은 것은?(다툼이 있는 경우에는 판례에 의함)

① 사용자는 노동조합이 쟁의행위를 개시한 이후에만 직장폐쇄를 할 수 있다.
② 직장폐쇄는 사용자와 근로자의 교섭태도와 교섭과정, 근로자의 쟁의행위의 목적과 방법 및 그로 인하여 사용자가 받는 타격의 정도 등 구체적인 사정에 비추어 노동조합의 쟁의행위에 대한 방어수단으로서 상당성이 있어야만 사용자의 정당한 쟁의행위로 인정될 수 있다.
③ 사용자가 직장폐쇄를 할 경우에는 사후에 행정관청 및 노동위원회에 각각 신고하여야 한다.
④ 헌법은 사용자의 쟁의권에 관하여는 명문의 규정을 두고 있지 않다.

해설

③ 사용자는 직장폐쇄를 할 경우에는 미리 행정관청 및 노동위원회에 각각 신고하여야 한다(노동조합 및 노동관계조정법 제46조 제2항).
① 노동조합 및 노동관계조정법 제46조 제1항
② 대판 2005.6.9, 2004도7218
④ 헌법은 직장폐쇄 등 사용자의 쟁의권에 관해 규정을 두고 있지 않다.

10 노동조합 및 노동관계조정법령상 쟁의행위에 관한 설명으로 옳은 것은?(다툼이 있는 경우에는 판례에 의함)

① 직장 또는 사업장 시설을 전면적·배타적으로 점거하여 조합원 이외의 자의 출입을 저지하는 형태의 쟁의행위도 허용된다.

② 노동조합은 쟁의행위를 하고자 할 경우에는 관할 노동위원회에 쟁의행위의 일시·장소·참가인원 및 그 방법을 미리 서면·구두 또는 전화 기타의 적당한 방법으로 통보하여야 한다.

③ 사업장의 안전보호시설에 대하여 정상적인 유지·운영을 정지·폐지 또는 방해하는 행위는 쟁의행위로서 이를 행할 수 있다.

④ 쟁의행위는 그 쟁의행위와 관계없는 자 또는 근로를 제공하고자 하는 자의 출입·조업 기타 정상적인 업무를 방해하는 방법으로 행하여져서는 아니 된다.

해설

④ 노동조합 및 노동관계조정법 제38조 제1항

① 근로자들의 직장 또는 사업장 시설의 점거는 적극적인 쟁의행위의 한 형태로서 그 점거의 범위가 직장 또는 사업장 시설의 일부분이고 사용자 측의 출입이나 관리지배를 배제하지 않는 병존적인 점거에 지나지 않을 때에는 정당한 쟁의행위로 볼 수 있으나, 이와 달리 직장 또는 사업장 시설을 전면적·배타적으로 점거하여 조합원 이외의 자의 출입을 저지하거나 사용자 측의 관리지배를 배제하여 업무의 중단 또는 혼란을 야기케 하는 것과 같은 행위는 정당성의 한계를 벗어난 것이라고 볼 수밖에 없고, 단체교섭 사항이 될 수 없는 사항을 달성하려는 쟁의행위도 그 목적의 정당성을 인정할 수 없다(대판 2012.5.24, 2010도9963).

② 노동조합은 쟁의행위를 하고자 할 경우에는 행정관청과 관할 노동위원회에 쟁의행위의 일시·장소·참가인원 및 그 방법을 미리 서면으로 신고하여야 한다(노동조합 및 노동관계조정법 시행령 제17조).

③ 사업장의 안전보호시설에 대하여 정상적인 유지·운영을 정지·폐지 또는 방해하는 행위는 쟁의행위로서 이를 행할 수 없다(노동조합 및 노동관계조정법 제42조 제2항).

11 쟁의행위의 책임에 관한 설명으로 옳지 않은 것은?(다툼이 있는 경우에는 판례에 의함)

① 노동조합 간부와 노동조합 자체에 대하여는 불법쟁의행위로 인한 손해배상책임을 묻지 않으면서, 조합원 개인에게만 손해배상청구를 유지하는 것은 소권의 남용이 아니다.

② 불법쟁의행위를 기획·지시하는 등 이를 주도한 노동조합 간부 개인이 그 배상책임을 지는 배상액의 범위는 불법쟁의행위와 상당인과관계에 있는 모든 손해이다.

③ 일반조합원이 불법쟁의행위시 노동조합의 지시에 따라 단순히 노무를 정지한 것만으로는 노동조합과 함께 공동불법행위의 민사책임을 진다고 할 수 없다.

④ 근로자들이 집단적으로 근로의 제공을 거부하여 사용자의 정상적인 업무를 저해하고, 사용자에게 손해를 발생하게 한 불법쟁의행위는 당연히 업무방해죄를 구성한다.

해설

④ 쟁의행위로서의 파업이 언제나 업무방해죄에 해당하는 것으로 볼 것은 아니고 전후 사정과 경위 등에 비추어 사용자가 예측할 수 없는 시기에 전격적으로 이루어져 사용자의 사업운영에 심대한 혼란 내지 막대한 손해를 초래하는 등으로 사용자의 사업계속에 관한 자유의사가 제압, 혼란될 수 있다고 평가할 수 있는 경우에 비로소 그 집단적 노무제공의 거부가 위력에 해당하여 업무방해죄가 성립한다(대판 2011.3.17, 2007도482).

①·②·③ 대판 2006.9.22, 2005다30610

12 점거하는 형태로 쟁의행위를 할 수 있는 시설에 해당하는 것은?

① 도시철도의 차량
② 임원 회의실
③ 전기·전산 또는 통신시설
④ 폭약 등 폭발위험이 있는 물질을 보관하는 장소

> **해설**
>
> 점거가 금지되는 시설(노동조합 및 노동관계조정법 시행령 제21조)
> • 전기, 전산 또는 통신시설
> • 철도(도시철도 포함)의 차량 또는 선로
> • 건조, 수리 또는 정박 중인 선박. 다만, 선원법에 의한 선원이 당해 선박에 승선하는 경우를 제외한다.
> • 항공기, 항행안전시설 또는 항공기의 이·착륙이나 여객, 화물의 운송을 위한 시설
> • 화약, 폭약 등 폭발 위험이 있는 물질 또는 화학물질관리법에 따른 유독물질을 보관, 저상하는 상소
> • 기타 점거될 경우 생산 기타 주요 업무의 정지 또는 폐지를 가져오거나 공익상 중대한 위해를 초래할 경우가 있는 시설로서 노동부장관이 관계 중앙행정기관의 장과 협의하여 정하는 시설

13 쟁의행위의 정당성에 관한 설명으로 옳은 것을 모두 고른 것은?(다툼이 있는 경우에는 판례에 의함)

> ㄱ. 쟁의행위를 함에 있어 조합원의 직접·비밀·무기명투표에 의한 조합원 과반수의 찬성결정이라는 절차를 거쳐야 하며, 그 절차를 위반한 쟁의행위는 그 절차를 따를 수 없는 객관적인 사정이 인정되지 아니하는 한 정당성이 상실된다.
> ㄴ. 하나의 쟁의행위에서 추구되는 목적이 여러 가지이고 그 중 일부가 정당하지 못한 경우에는 주된 목적 내지 진정한 목적의 당부에 의하여 그 쟁의목적의 당부를 판단하여야 한다.
> ㄷ. 직장점거의 범위가 직장 또는 사업장시설의 일부분이고 사용자측의 출입이나 관리지배를 배제하지 않는 병존적인 점거에 지나지 않을 때에는 정당한 쟁의행위로 볼 수 있다.
> ㄹ. 노동조합이 사용자에게 다소 무리한 임금인상을 요구함으로써 발생한 쟁의행위는 목적의 정당성을 인정할 수 없다.

① ㄱ, ㄴ, ㄷ
② ㄱ, ㄴ, ㄹ
③ ㄱ, ㄷ, ㄹ
④ ㄴ, ㄷ, ㄹ

> **해설**
>
> ㄱ. (○) 대판[전합] 2001.10.25, 99도4837
> ㄴ. (○) 대판 1992.5.12, 91다34523
> ㄷ. (○) 대판 2007.12.28, 2007도5204
> ㄹ. (×) 노동조합이 회사로서는 수용할 수 없는 요구를 하고 있었다고 하더라도 이는 단체교섭의 단계에서 조정할 문제이지 노동조합측으로부터 과다한 요구가 있었다고 하여 막바로 그 쟁의행위의 목적이 부당한 것이라고 해석할 수는 없다(대판 1992.1.21, 91누5204).

14 쟁의행위에 관한 설명으로 옳지 않은 것은?(다툼이 있는 경우에는 판례에 의함)

① 근로자는 쟁의행위 기간 중에는 현행범 외에는 노동조합 및 노동관계조정법 위반을 이유로 구속되지 아니한다.

② 안전보호시설의 운영을 방해하는 행위가 있었다 하더라도 사전에 필요한 안전조치를 취하는 등으로 사람의 생명이나 신체에 대한 위험이 전혀 발생하지 않는 경우에는 노동조합 및 노동관계조정법 위반죄가 성립하지 않는다.

③ 필수공익사업의 사용자는 쟁의행위 기간 동안 그 사업장 파업참가자의 100분의 50을 초과하지 않는 범위 내에서 하도급을 줄 수 있다.

④ 쟁의행위 기간 중 노동조합은 근로를 제공하고자 하는 자의 출입을 금지시킬 수 있다.

> **해설**
> ④ 쟁의행위는 그 쟁의행위와 관계없는 자 또는 근로를 제공하는 자의 출입, 조업 기타 정상적인 업무를 방해하는 방법으로 행하여져서는 아니 되며 쟁의행위의 참가를 호소하거나 설득하는 행위로서 폭행, 협박을 사용하여서는 안 된다(노동조합 및 노동관계조정법 제38조 제1항).
> ① 노동조합 및 노동관계조정법 제39조
> ② 대판 2006.5.12, 2002도3450
> ③ 노동조합 및 노동관계조정법 제43조 제4항

15 노동조합 및 노동관계조정법상 필수공익사업에 해당하는 것은?

① 혈액공급사업

② 은행 및 조폐사업

③ 방송사업

④ 공중위생사업

> **해설**
> 필수공익사업(노동조합 및 노동관계조정법 제71조 제2항)
> • 철도사업, 도시철도사업 및 항공운수사업
> • 수도사업, 전기사업, 가스사업, 석유정제사업 및 석유공급사업
> • 병원사업 및 혈액공급사업
> • 한국은행사업
> • 통신사업

16 노동조합 및 노동관계조정법상 필수유지업무에 관한 설명으로 옳은 것은?

① 필수유지업무라 함은 필수공익사업의 업무 중 그 업무가 정지되거나 폐지되는 경우 공중의 생명·건강 또는 신체의 안전이나 공중의 일상생활을 현저히 위태롭게 하는 업무로서 단체협약이 정하는 업무를 말한다.

② 필수유지업무의 정당한 유지·운영을 정지·폐지하는 행위는 쟁의행위로서 행할 수 없으나, 방해하는 행위는 쟁의행위로서 이를 행할 수 있다.

③ 노동관계 당사자는 쟁의행위기간 동안 필수유지업무의 정당한 유지·운영을 위하여 필수유지업무의 필요 최소한의 유지·운영수준, 대상직무 및 필요인원 등을 정한 협정을 체결하여야 하며, 이때 그 협정이 반드시 서면에 의하여야 하는 것은 아니다.

④ 노동위원회가 필수유지업무에 관하여 결정하는 경우 그 결정은 특별조정위원회가 담당하며, 그 결정에 따라 쟁의행위를 한 때에는 필수유지업무를 정당하게 유지·운영하면서 쟁의행위를 한 것으로 본다.

> **해설**
> ④ 노동조합 및 노동관계조정법 제42조의4 및 제42조의5
> ① 필수유지업무라 함은 필수공익사업의 업무 중 그 업무가 정지되거나 폐지되는 경우 공중의 생명·건강 또는 신체의 안전이나 공중의 일상생활을 현저히 위태롭게 하는 업무로서 대통령령이 정하는 업무를 말한다(노동조합 및 노동관계조정법 제42조의2 제1항).
> ② 필수유지업무의 정당한 유지·운영을 정지·폐지 또는 방해하는 행위는 쟁의행위로서 이를 행할 수 없다(노동조합 및 노동관계조정법 제42조의2 제2항).
> ③ 노동관계 당사자는 쟁의행위기간 동안 필수유지업무의 정당한 유지·운영을 위하여 필수유지업무의 필요 최소한의 유지·운영수준, 대상직무 및 필요인원 등을 정한 협정을 서면으로 체결하여야 한다(노동조합 및 노동관계조정법 제42조의3).

17 노동조합 및 노동관계조정법상 쟁의행위에 관한 설명으로 옳지 않은 것은?

① 노동조합은 그 조합원의 직접·비밀·무기명투표에 의한 조합원 과반수의 찬성으로 결정하지 아니하면 쟁의행위를 행할 수 없다.

② 방위사업법에 의하여 지정된 주요 방위산업체에 종사하는 근로자 중 전력, 용수 및 주로 방산물자를 생산하는 업무에 종사하는 자는 쟁의행위를 행할 수 없다.

③ 사업장의 안전보호시설에 대하여 정상적인 유지·운영을 정지·폐지 또는 방해하는 행위는 쟁의행위로서 이를 행할 수 없다.

④ 쟁의행위에 참가하여 근로를 제공하지 아니한 근로자에 대하여 사용자가 그 기간 중의 임금을 지급하는 것은 금지된다.

> **해설**
> ④ 사용자는 쟁의행위에 참가하여 근로를 제공하지 아니한 근로자에 대하여는 그 기간 중의 임금을 지급할 의무가 없다(노동조합 및 노동관계조정법 제44조 제1항). 따라서 사용자가 자발적으로 해당 임금을 지급하는 것은 금지되지 아니한다.
> ① 노동조합 및 노동관계조정법 제41조 제1항
> ② 노동조합 및 노동관계조정법 제41조 제2항
> ③ 노동조합 및 노동관계조정법 제42조 제2항

CHAPTER 05 노동쟁의조정제도

제1절 총설

1 노동쟁의조정제도의 의의

집단적 노사관계는 당사자가 단체교섭을 행하고 단체교섭의 결과 양 당사자의 이해관계가 일치하여 단체협약을 체결하는 것이 가장 이상적이다. 그러나 현실적으로 노사 간의 이해대립이 언제나 평화적으로 해결되기는 어렵기 때문에 단체교섭을 행하는 경우 당사자 간의 이해관계가 일치하지 아니하여 단체협약을 체결하지 못하고 분쟁상태에 놓이게 되는데, 이러한 분쟁상태를 해결하기 위한 제도가 노동쟁의조정제도이다.

2 노동분쟁의 유형

(1) 개별분쟁과 집단분쟁

근로자 개인과 사용자 사이의 분쟁을 개별분쟁이라 하고 노동조합과 사용자의 분쟁을 집단분쟁이라고 한다. 다수의 근로자가 관련된 경우라도 노동조합이 개입되지 아니하고 각기 자신의 문제를 주장하는 경우에는 개별분쟁에 해당된다. 집단분쟁은 이익분쟁이나 권리분쟁에 모두 해당할 수 있으나 개별분쟁은 대부분 권리분쟁이다.

(2) 이익분쟁과 권리분쟁

이익분쟁이란 근로계약이나 단체협약을 체결하기 이전, 즉 권리·의무관계가 형성되기 이전에 당사자가 이러한 권리·의무관계를 어떠한 내용으로 형성할 것인지에 대하여 각자의 이익을 주장함으로써 발생하는 분쟁을 말한다. 반면에, 권리분쟁이란 근로자의 권리·의무관계를 이미 형성하고 있는 근로계약, 단체협약 및 법률의 해석 적용에 관한 당사자 간의 분쟁을 의미한다.

1 서 설

(1) 노동쟁의조정제도의 기본원칙

① 자주성

노동쟁의의 당사자 간의 자주적 해결원칙(법 제47조 및 제48조), 사적조정제도의 채택(법 제52조), 노동쟁의의 자주적 해결을 위한 정부의 조력(법 제49조) 등은 모두 노사자치의 원칙을 구현한 조항이다.

② 신속성

국가 및 지방자치단체의 신속처리노력(법 제49조), 당사자와 노동위원회의, 기타 관계기관의 신속한 사건 처리의무(법 제50조) 등은 신속성의 원칙을 규정하고 있다.

③ 공정성

국가 및 지방자치단체의 공정한 해결을 위한 노력의무(법 제49조)를 규정하고 있다.

④ 공익성

국가·지방자치단체·국공영기업체·방위산업체·공익사업에 있어서 노동쟁의조정의 우선적 취급(법 제51조), 노사위원회의 위원에 공익위원을 포함시키는 것은 공익을 위한 취지이다.

(2) 노동쟁의조정제도의 적용범위

① 권리분쟁

㉠ 일반법원

노동분쟁에 관한 일반법원의 관할은 권리분쟁에 국한되며 이익분쟁은 소송물이 될 수 없다.

㉡ 노동위원회

㉮ 명문의 규정이 있는 경우

관련법령에서 노동위원회에 권리분쟁에 관한 조정권한을 부여하는 경우가 있다. 단체협약, 조정안, 중재재정, 노사협의회의 의결사항의 해석 또는 이행방법에 관하여 당사자 간의 의견의 불일치가 있는 경우에 노동위원회가 이를 해석하고 그 해석에 중재재정과 동일한 효력을 부여하는 경우가 이에 해당한다. 또한 휴직 및 해고자의 복직요구와 같은 권리분쟁은 노동위원회의 중재에 의한 해결방법으로는 적절하지 아니하므로 위 분쟁사항에 대하여 노동위원회가 사법적 절차에 의하여 해결하라는 취지의 재정을 할 수 있다(대판 1994.1.11, 93누11883).

㉯ 명문의 규정이 없는 경우

긍정설과 부정설이 대립한다. 판례는 "노동쟁의의 정의에서 말하는 '노동조건에 관한 노동관계 당사자 간의 주장'이란 개별적 노동관계와 단체적 노동관계의 어느 것에 관한 주장이라도 포함하는 것이고, 그것은 단체협약이나 근로계약상의 권리의 주장(권리쟁의)과 그것들에 관한 새로운 합의의 형성을 꾀하기 위한 주장(이익쟁의)을 모두 포함하는 것이므로 중재위원회의 중재대상에는 이익분쟁과 권리분쟁이 모두 포함된다(대판 1990.9.28, 90도602)"고 본다.

② 이익분쟁

집단적 이익분쟁에 대하여는 노동위원회가 일반적인 관할권을 가지며 일반법원은 관할권을 가질 수 없는 것이 원칙이다.

2 노동쟁의조정제도의 기본체계

법은 노동분쟁의 해결에 있어서 노사자치의 원칙을 천명하고 있다. 이러한 원칙 아래 법은 노동쟁의조정의 방식으로서 사적조정절차와 공적조정절차를 두고 있다. 다만, 사적조정에 관한 당사자 간의 합의가 있는 경우 사적조정절차가 우선 적용된다.

① 사적조정절차

㉠ 성 립

조정·중재의 규정은 노동관계 당사자가 쌍방의 합의 또는 단체협약이 정하는 바에 따라 각각 다른 조정 또는 중재방법에 의하여 노동쟁의를 해결하는 것을 방해하지 아니한다. 노동관계 당사자가 이에 의하여 노동쟁의를 해결하기로 한 때에는 이를 노동위원회에 신고하여야 한다(법 제52조).

㉡ 내 용

㉮ 조정·중재의 형태는 법에 규정된 조정 및 중재의 형태와 반드시 일치하지 아니하여도 무방하다. 당사자는 조정·중재의 절차를 모두 선택할 수 있으며 이 중 어느 절차를 생략할 수도 있다. 다만, 사적조정절차는 물론 공적조정절차도 적용받지 않기로 하는 당사자 간의 약정은 무효이다.

㉯ 당사자는 사적조정절차의 조정인에 대하여 그 선임·구성·권한·비용 분담 등에 관하여 임의로 정할 수 있다.

㉢ 공적조정절차의 적용

당사자는 사적조정절차에 의하는 경우에도 모든 사항을 당사자의 합의에 의하여 임의로 약정할 수 있는 것은 아니다.

㉮ 사적조정절차에 의하는 경우에도 공적조정절차에 관한 규정이 적용되는 경우가 있다. 사적조정절차에도 노동쟁의조정전치주의의 원칙이 적용되며(법 제45조 제2항), 조정을 개시한 날로부터 일반사업에 있어서는 10일, 공익사업에 있어서는 15일 이내에 종료하여야 하고(법 제52조 제3항 제1호), 노동쟁의를 중재에 의하여 해결하기로 한 때에는 중재개시 이후 15일간은 쟁의행위를 할 수 없다(법 제52조 제3항 제2호).

㉯ 공적조정절차에 관한 사항 중 강행적 효력을 갖고 있는 규정은 이를 위반하여서는 아니 된다. 긴급조정절차는 사적조정절차의 대상이 될 수 없다.

㉣ 효 력

㉮ 사적조정절차에 의하여 조정 또는 중재가 이루어진 경우에 그 내용은 단체협약과 동일한 효력을 갖는다(법 제52조 제4항).

㉯ 노동관계 당사자는 사적조정·중재에 의하여 노동쟁의가 해결되지 아니한 경우에는 노동쟁의를 조정 또는 중재하여 줄 것을 관할 노동위원회에 신청할 수 있다. 이 경우 관할 노동위원회는 지체 없이 조정 또는 중재를 개시하여야 한다(영 제23조 제3항).

② 공적조정절차

㉠ 개 시

당사자 간의 사적조정절차가 마련되어 있지 않거나 사적조정절차가 마련되어 있다 할지라도 이에 의하여 노동쟁의가 해결되지 아니하는 경우에는 당사자의 신청에 의해 공적조정절차가 적용된다.

㉡ 내 용

공적조정절차는 일반조정절차와 긴급조정절차가 있다.

㉢ 효 력

조정 또는 중재의 절차에 의해 분쟁이 해결되면 조정서 또는 중재재정서가 작성되고 그 내용은 단체협약과 동일한 효력을 갖는다.

3 노동쟁의조정의 종류와 절차

(1) 종 류

노동쟁의조정절차에는 크게 일반조정절차와 긴급조정절차가 있고, 일반조정절차에는 일반사업, 공익사업, 교원, 공무원에 관한 조정절차가 있다.

(2) 일반사업에 대한 조정절차

① 조 정 **18 20** 기출

㉠ 조정의 개시

노동위원회는 관계 당사자의 일방이 노동쟁의의 조정을 신청한 때에는 지체 없이 조정을 개시하여야 하며 관계 당사자 쌍방은 이에 성실히 임하여야 한다(법 제53조 제1항).

㉡ 조정의 진행

㉮ 조정의 담당자

조정위원회 또는 단독조정인이 조정을 행한다.

㉯ 조정위원회

노동쟁의의 조정을 위하여 노동위원회에 조정위원회(3인으로 구성)를 두고 조정위원은 당해 노동위원회의 위원 중에서 사용자를 대표하는 자, 근로자를 대표하는 자 및 공익을 대표하는 자 각 1인을 그 노동위원회의 위원장이 지명하되, 근로자를 대표하는 조정위원은 사용자가, 사용자를 대표하는 조정위원은 노동조합이 각각 추천하는 노동위원회의 위원 중에서 지명하여야 한다. 다만, 조정위원회의 회의 3일 전까지 관계 당사자가 추천하는 위원의 명단제출이 없을 때에는 당해 위원을 위원장이 따로 지명할 수 있다(법 제55조). 조정위원회의 위원장은 공익을 대표하는 조정위원이 된다(법 제56조 제2항).

㉰ 단독조정인

노동위원회는 관계 당사자 쌍방의 신청이 있거나 관계 당사자 쌍방의 동의를 얻은 경우에는 조정위원회에 갈음하여 단독조정인에게 조정을 행하게 할 수 있다. 단독조정인은 당해 노동위원회의 위원 중에서 관계 당사자의 쌍방의 합의로 선정된 자를 그 노동위원회의 위원장이 지명한다(법 제57조). 조정활동은 아래와 같다.

안심Touch

ⓐ 조정위원회 또는 단독조정인은 기일을 정하여 관계 당사자 쌍방을 출석하게 하여 주장의 요점을 확인하여야 한다(법 제58조).

ⓑ 조정위원회의 위원장 또는 단독조정인은 관계 당사자와 참고인 외의 자의 출석을 금할 수 있다(법 제59조).

ⓒ 조정위원회 또는 단독조정인은 조정안을 작성하여 이를 관계 당사자에게 제시하고 그 수락을 권고하는 동시에 그 조정안에 이유를 붙여 공표할 수 있으며, 필요한 때에는 신문 또는 방송에 보도 등 협조를 요청할 수 있다(법 제60조 제1항).

ⓒ 조정기간(법 제54조)

㉮ 조정은 조정의 신청이 있는 날부터 일반사업에 있어서는 10일, 공익사업에 있어서는 15일 이내에 종료하여야 한다.

㉯ 조정기간은 관계 당사자 간의 합의로 일반사업에 있어서는 10일, 공익사업에 있어서는 15일 이내에서 연장할 수 있다.

ⓔ 조정의 효력

㉮ 조정안이 수락된 경우

ⓐ 조정안이 관계 당사자에 의하여 수락된 때에는 조정위원 전원 또는 단독조정인은 조정서를 작성하고 관계 당사자와 함께 서명 또는 날인하여야 한다(법 제61조 제1항).

ⓑ 조정서의 내용은 단체협약과 동일한 효력을 가진다(법 제61조 제2항).

ⓒ 조정안이 관계 당사자 쌍방에 의하여 수락된 후 그 해석 또는 이행방법에 관하여 관계당사자 간에 의견의 불일치가 있는 때에는 관계 당사자는 당해 조정위원회 또는 단독조정인에게 그 해석 또는 이행방법에 관한 명확한 견해의 제시를 요청하여야 하며, 조정위원회 또는 단독조정인은 그 요청을 받은 날부터 7일 이내에 명확한 견해를 제시하여야 한다(법 제60조 제3항 및 제4항).

ⓓ 해석 또는 이행방법에 관한 견해가 제시될 때까지는 관계 당사자는 당해 조정안의 해석 또는 이행에 관하여 쟁의행위를 할 수 없다(법 제60조 제5항).

ⓔ 조정위원회 또는 단독조정인이 제시한 해석 또는 이행방법에 관한 견해는 중재재정과 동일한 효력을 가진다(법 제61조 제3항).

㉯ 조정안이 수락되지 아니한 경우

ⓐ 조정위원회 또는 단독조정인은 관계 당사자가 수락을 거부하여 더 이상 조정이 이루어질 여지가 없다고 판단되는 경우에는 조정의 종료를 결정하고 이를 관계 당사자 쌍방에 통보하여야 한다(법 제60조 제2항).

ⓑ 당사자 간에 중재합의를 한 경우에는 중재절차를 개시하고 합의가 없는 경우에는 노동조합은 쟁의행위를 개시할 수 있다.

② 중 재

중재는 조정과정에서 당사자 간의 합의가 이루어지지 아니하는 경우 개시되는 절차이다. 중재의 중재안이 당사자를 구속한다는 점에서 당사자를 구속하지 아니하는 조정과 구별된다. 중재에 대하여는 후술한다.

(3) 공익사업에 관한 조정절차

① 공익사업과 필수공익사업(법 제71조)

　㉠ 공익사업

　　㉮ 공익사업이라 함은 공중의 일상생활과 밀접한 관련이 있거나 국민경제에 미치는 영향이 큰 사업으로서 다음의 사업을 말한다.

　　　ⓐ 정기노선여객운수사업 및 항공운수사업

　　　ⓑ 수도사업, 전기사업, 가스사업, 석유정제사업 및 석유공급사업

　　　ⓒ 공중위생사업, 의료사업 및 혈액공급사업

　　　ⓓ 은행 및 조폐사업

　　　ⓔ 방송 및 통신사업

　　㉯ 국민건강보험공단, 투자금융회사와 종합금융회사 등은 공익사업에 해당되지 아니한다.

　　㉰ 지역난방사업이 공중의 일상생활에 없어서는 아니 된다면 공익사업에 해당되고, 위성방송노 방송통신사업에 해당된다.

　㉡ 필수공익사업

　　필수공익사업이라 함은 ㉠의 ㉮에 대한 공익사업으로서 그 업무의 정지 또는 폐지가 공중의 일상생활을 현저히 위태롭게 하거나 국민경제를 현저히 저해하고 그 업무의 대체가 용이하지 아니한 다음의 사업을 말한다.

　　㉮ 철도사업, 도시철도사업 및 항공운수사업

　　㉯ 수도사업, 전기사업, 가스사업, 석유정제사업 및 석유공급사업

　　㉰ 병원사업 및 혈액공급사업

　　㉱ 한국은행사업

　　㉲ 통신사업

② 공익사업에 대한 특칙

　㉠ 노동쟁의 우선 처리(법 제51조)

　　공익사업에 있어서의 노동쟁의의 조정은 우선적으로 취급하고 신속히 처리하여야 한다.

　㉡ 조정기간(법 제54조 제1항)

　　공익사업에 있어서의 조정은 조정의 신청이 있은 날부터 15일 이내에 종료하여야 한다.

　㉢ 긴급조정(법 제76조 제1항)

　　고용노동부장관은 쟁의행위가 공익사업에 관한 것이거나 그 규모가 크거나 그 성질이 특별한 것으로서 현저히 국민경제를 해하거나 국민의 일상생활을 위태롭게 할 위험이 현존하는 때에는 긴급조정의 결정을 할 수 있다.

③ 특별조정

　㉠ 특별조정의 담당자

　　㉮ 공익사업의 노동쟁의의 조정을 위하여 노동위원회에 특별조정위원회를 둔다(법 제72조 제1항).

　　㉯ 특별조정위원회는 특별조정위원 3인으로 구성한다(법 제72조 제2항).

ⓓ 특별조정위원은 그 노동위원회의 공익을 대표하는 위원 중에서 노동조합과 사용자가 순차적으로 배제하고 남은 4인 내지 6인 중에서 노동위원회의 위원장이 지명한다. 다만, 관계당사자가 합의로 당해 노동위원회의 위원이 아닌 자를 추천하는 경우에는 그 추천된 자를 지명한다(법 제72조 제3항).

ⓔ 위원장은 공익을 대표하는 노동위원회의 위원인 특별조정위원 중에서 호선하고, 당해 노동위원회의 위원이 아닌 자만으로 구성된 경우에는 그 중에서 호선한다. 다만, 공익을 대표하는 위원인 특별조정위원이 1인인 경우에는 당해 위원이 위원장이 된다(법 제73조 제2항).

ⓒ 조정활동

특별조정위원회의 조정절차 및 방법 등에 관하여 법은 아무런 명문규정을 두고 있지 아니하다. 일반사업에 대한 조정절차 및 방법 등이 적용되어야 할 것이다.

ⓒ 조정의 결과

㉮ 조정이 성립된 경우 : 조정안을 작성하여야 한다.

㉯ 조정이 성립되지 아니한 경우 : 일반사업과 마찬가지로 파업을 할 수 있다.

④ 중 재 **21** [기출]

노동위원회 위원장이 특별조정위원회의 권고에 의하여 중재에 회부한다는 결정을 한 때에 노동위원회는 중재를 행한다. 공익사업에 대한 중재절차 및 그 효력에 관한 사항은 일반사업의 경우와 동일하다.

ⓒ 중재의 개시

1) 관계 당사자와 쌍방이 함께 중재를 신청한 때(당사자 일방의 단독신청 불가), 2) 관계 당사자의 일방이 단체협약에 의하여 신청을 한 때(법 제62조), 3) 긴급조정에 있어 중앙노동위원회의 위원장이 조정이 성립될 가망이 없다고 인정한 경우에 공익위원의 의견을 들어 중재회부결정을 한 때(법 제79조) 및 4) 교원노조법 제10조·공무원노조법 제13조에 의하여 조정이 실패한 때에 직권으로 중재절차를 개시할 수 있도록 규정하고 있다. 앞의 1), 2)는 임의중재로서 노사자치원칙에 위배되지 아니하나, 3), 4)의 경우에는 강제중재이다. 종래 필수공익사업에 대한 직권중재제도는 폐지되었다.

ⓒ 중재의 진행

㉮ 중재의 담당자

ⓐ 중재는 노동위원회의 중재위원회가 담당한다(법 제64조 제1항).

ⓑ 중재위원회는 중재위원 3인으로 구성한다(법 제64조 제2항).

ⓒ 중재위원은 당해 노동위원회의 공익을 대표하는 위원 중에서 관계 당사자의 합의로 선정한 자에 대하여 그 노동위원회의 위원장이 지명한다. 다만, 관계 당사자 간에 합의가 성립되지 아니한 경우에는 노동위원회의 공익을 대표하는 위원 중에서 지명한다(법 제64조 제3항).

ⓓ 중재위원회에 위원장을 두며, 위원장은 중재위원 중에서 호선한다(법 제65조).

ᴸ 중재의 활동

　ⓐ 중재위원회는 기일을 정하여 관계 당사자 쌍방 또는 일방을 중재위원회에 출석하게 하여 주장의 요점을 확인하여야 한다(법 제66조 제1항).

　ⓑ 관계 당사자가 지명한 노동위원회의 사용자를 대표하는 위원 또는 근로자를 대표하는 위원은 중재위원회의 동의를 얻어 그 회의에 출석하여 의견을 진술할 수 있다(법 제66조 제2항).

　ⓒ 중재위원회의 위원장은 관계 당사자와 참고인 외의 자의 회의출석을 금할 수 있다(법 제67조).

ㄷ 중재의 효력

　㉮ 중재재정의 작성과 효력

　ⓐ 중재재정은 서면으로 작성하여 이를 행하며 그 서면에는 효력발생 기일을 명시하여야 한다(법 제68조 제1항).

　ⓑ 중재재정의 내용은 단체협약과 동일한 효력을 가진다(법 제70조 제1항).

　ⓒ 중재재정의 해석 또는 이행방법에 관하여 관계 당사자 간에 의견의 불일치가 있는 때에는 당해 중재위원회의 해석에 따르며 그 해석은 중재재정과 동일한 효력을 가진다(법 제68조 제2항).

　㉯ 중재재정에 대한 불복절차

　ⓐ 중재재정에 대한 불복절차에는 재심절차와 행정소송절차가 있으며 이러한 불복절차를 밟는 경우에도 이러한 불복절차의 개시에 의하여 중재재정 또는 재심결정은 그 효력이 정지되지 아니한다.

　ⓑ 관계 당사자는 지방노동위원회 또는 특별노동위원회의 중재재정이 위법이거나 월권에 의한 것이라고 인정하는 경우에는 그 중재재정서의 송달을 받은 날부터 10일 이내에 중앙노동위원회에 그 재심을 신청할 수 있다(법 제69조 제1항).

　ⓒ 관계 당사자는 중앙노동위원회의 중재재정이나 재심결정이 위법이거나 월권에 의한 것이라고 인정하는 경우에는 그 중재재정서 또는 재심결정서의 송달을 받은 날부터 15일 이내에 행정소송을 제기할 수 있다(법 제69조 제2항).

(4) 긴급조정절차

① 긴급조정의 의의

쟁의행위가 공익사업에서 행하여지거나 그 규모·성질이 특별한 것으로서 현저히 국민경제를 해치거나 국민의 일상생활을 위태롭게 할 위험이 있을 경우 고용노동부장관이 일시적으로 쟁의행위를 중지시키고 긴급하게 조정할 것을 결정하여 행하는 조정을 말한다. 긴급조정절차는 당사자의 의견과는 상관없이 고용노동부장관의 결정에 의하여 강제적으로 개시되고 쟁의행위가 이미 행하여진 후에도 이를 중지할 수 있으므로 쟁의권에 중대한 제한을 가져온다.

② 긴급조정의 요건

  ㉠ 실질적 요건

    쟁의행위가 공익사업에 관한 것이거나 또는 그 규모가 크거나 그 성질이 특별한 것으로서, 현저히 국민경제를 해하거나 국민의 일상생활을 위태롭게 할 위험이 현존하여야 한다(법 제76조 제1항).

  ㉡ 형식적 요건

    ㉮ 고용노동부장관은 긴급조정의 결정을 하고자 할 때에는 미리 중앙노동위원회 위원장의 의견을 들어야 한다(법 제76조 제2항). 고용노동부장관이 중앙노동위원회의 위원장의 의견에 구속되는 것은 아니다.

    ㉯ 고용노동부장관은 긴급조정을 결정한 때에는 지체 없이 그 이유를 붙여 이를 공표함과 동시에 중앙노동위원회와 관계 당사자에게 각각 통고하여야 한다(법 제76조 제3항).

③ 긴급조정결정의 효과

  ㉠ 쟁의행위의 중지

    관계 당사자는 긴급조정의 결정이 공표된 때에는 즉시 쟁의행위를 중지하여야 하며, 공표일로부터 30일이 경과하지 아니하면 쟁의행위를 재개할 수 없다(법 제77조).

  ㉡ 중앙노동위원회에 의한 조정과 중재

    ㉮ 중앙노동위원회는 고용노동부장관의 통고를 받은 때에는 지체 없이 조정을 개시하여야 한다(법 제78조).

    ㉯ 중앙노동위원회의 위원장은 조정이 성립될 가망이 없다고 인정한 경우에는 공익위원의 의견을 들어 그 사건을 중재에 회부할 것인가의 여부를 통고받은 날부터 15일 이내에 결정하여야 한다(법 제79조).

    ㉰ 중앙노동위원회는 당해 관계 당사자의 일방 또는 쌍방으로부터 중재신청이 있거나 중재회부의 결정을 한 때에는 지체 없이 중재를 행하여야 한다(법 제80조).

01 노동조합 및 노동관계조정법령상 쟁의행위의 절차에 관한 설명으로 옳지 않은 것은?(다툼이 있으면 판례에 따름)

① 노동조합의 쟁의행위는 그 조합원의 직접·비밀·무기명투표에 의한 조합원 과반수의 찬성으로 결정하지 아니하면 이를 행할 수 없다.

② 교섭대표노동조합이 결정된 경우에는 그 절차에 참여한 노동조합의 전체 조합원(해당 사업 또는 사업장 소속 조합원으로 한정)의 직접·비밀·무기명투표에 의한 과반수의 찬성으로 결정하지 아니하면 쟁의행위를 할 수 없다.

③ 업종별 노동조합의 경우에는 총파업이 아닌 이상 쟁의행위를 예정하고 있는 당해 지부나 분회 소속 조합원의 과반수의 찬성이 있으면 쟁의행위는 절차적으로 적법하다.

④ 쟁의행위를 위한 찬반투표절차를 거치지 아니한 경우 조합원의 민주적 의사결정이 실질적으로 확보되었다고 볼 수 있는 때에는 그 절차를 따를 수 없는 객관적인 사정이 없더라도 그 쟁의행위는 정당성을 상실하지 않는다.

> 해설

④ 특히 그 절차에 관하여 쟁의행위를 함에 있어 조합원의 직접·비밀·무기명투표에 의한 찬성결정이라는 절차를 거쳐야 한다는 노동조합 및 노동관계조정법 제41조 제1항의 규정은 노동조합의 자주적이고 민주적인 운영을 도모함과 아울러 쟁의행위에 참가한 근로자들이 사후에 그 쟁의행위의 정당성 유무와 관련하여 어떠한 불이익을 당하지 않도록 그 개시에 관한 조합의사의 결정에 보다 신중을 기하기 위하여 마련된 규정이므로 위의 절차를 위반한 쟁의행위는 그 절차를 따를 수 없는 객관적인 사정이 인정되지 아니하는 한 정당성이 상실된다(대판 2001.10.25, 99도4837).

노동조합 및 노동관계조정법령에 관한 설명으로 옳은 것은 모두 몇 개인가?(다툼이 있으면 판례에 따름)

> - 조합원은 노동조합이 주도하지 않더라도 쟁의행위를 할 수 있다.
> - 근로자는 쟁의행위 기간 중에는 현행범 외에는 노동조합 및 노동관계조정법 위반을 이유로 구속되지 아니한다.
> - 노동조합이 사업장의 안전보호시설의 정상적인 운영을 정지하는 쟁의행위를 하는 경우 사태가 급박하지 않더라도 행정관청은 직권으로 그 행위를 중지할 것을 통보할 수 있다.
> - 파업기간 중 파업참가자에게 임금을 지급하기로 한 단체협약상의 규정이 있더라도 사용자는 파업참가자에게 임금지급의무가 없다.
> - 방위사업법에 의하여 지정된 주요방위산업체에 종사하는 모든 근로자는 쟁의행위를 할 수 없다.

① 1개   ② 2개
③ 3개   ④ 4개

해설

- (×) 조합원은 노동조합에 의하여 주도되지 아니한 쟁의행위를 하여서는 아니 된다(노동조합 및 노동관계조정법 제37조 제2항).
- (○) 근로자는 쟁의행위 기간 중에는 현행범 외에는 이 법 위반을 이유로 구속되지 아니한다(노동조합 및 노동관계조정법 제39조).
- (×) 행정관청은 쟁의행위가 정상적인 유지·운영을 정지·폐지 또는 방해하는 행위에 해당한다고 인정하는 경우에는 노동위원회의 의결을 얻어 그 행위를 중지할 것을 통보하여야 한다. 다만, 사태가 급박하여 노동위원회의 의결을 얻을 시간적 여유가 없을 때에는 그 의결을 얻지 아니하고 즉시 그 행위를 중지할 것을 통보할 수 있다(노동조합 및 노동관계조정법 제42조 제3항).
- (×) 쟁의행위 시의 임금 지급에 관하여 단체협약이나 취업규칙 등에서 이를 규정하거나 그 지급에 관한 당사자 사이의 약정이나 관행이 있다고 인정되지 아니하는 한, 근로자의 근로제공의무 등의 주된 권리·의무가 정지되어 근로자가 근로를 제공하지 아니한 쟁의행위 기간 동안에는 근로제공의무와 대가관계에 있는 근로자의 주된 권리로서의 임금청구권은 발생하지 아니한다. 근로를 불완전하게 제공하는 형태의 쟁의행위인 태업도 근로제공이 일부 정지되는 것이라고 할 수 있으므로, 여기에도 이러한 무노동 무임금 원칙이 적용된다고 봄이 타당하다(대판 2013.11.28, 2011다39946).
- (×) 방위사업법에 의하여 지정된 주요방위산업체에 종사하는 근로자 중 전력, 용수 및 주로 방산물자를 생산하는 업무에 종사하는 자는 쟁의행위를 할 수 없으며 주로 방산물자를 생산하는 업무에 종사하는 자의 범위는 대통령령으로 정한다(노동조합 및 노동관계조정법 제41조 제2항).

03 노동조합 및 노동관계조정법령에 관한 설명이다. (   )에 들어갈 내용으로 옳은 것은?

> • 노동조합은 설립신고된 사항 중 노동조합의 명칭에 해당하는 사항에 변경이 있는 때에는 그 날부터
>   (ㄱ)일 이내에 행정관청에게 변경신고를 하여야 한다.
> • 필수공익사업의 사용자는 쟁의행위기간 중에 당해 사업 또는 사업장 파업참가자의 100분의 (ㄴ)
>   을 초과하지 않는 범위 안에서 당해 사업과 관계없는 자를 채용 또는 대체하거나 그 업무를 도급
>   또는 하도급을 줄 수 있다.

① ㄱ : 15, ㄴ : 15
② ㄱ : 30, ㄴ : 30
③ ㄱ : 30, ㄴ : 50
④ ㄱ : 50, ㄴ : 50

해설

• 노동조합은 설립신고 된 사항 중 다음의 어느 하나에 해당하는 사항에 변경이 있는 때에는 그 날부터 30일 이내에 행정관청에게 변경신고를 하여야 한다(노동조합 및 노동관계조정법 제13조 제1항).
  – 명 칭
  – 주된 사무소의 소재지
  – 대표자의 성명
  – 소속된 연합단체의 명칭
• 필수공익사업의 사용자가 쟁의행위 기간 중에 한하여 당해 사업과 관계없는 자를 채용 또는 대체하거나 그 업무를 도급 또는 하도급 주는 경우에는 적용하지 아니한다(노동조합 및 노동관계조정법 제43조 제3항). 필수공익사업의 사용자는 당해 사업 또는 사업장 파업참가자의 100분의 50을 초과하지 않는 범위 안에서 채용 또는 대체하거나 도급 또는 하도급 줄 수 있다. 이 경우 파업참가자 수의 산정 방법 등은 대통령령으로 정한다(노동조합 및 노동관계조정법 제43조 제4항).

04 노동조합 및 노동관계조정법령상 필수공익사업에 해당하지 않는 것은?

① 철도사업
② 조폐사업
③ 혈액공급사업
④ 항공운수사업

해설

② 조폐사업은 공익사업이며, 필수공익사업은 아래와 같다(노동조합 및 노동관계조정법 제71조).
  • 철도사업, 도시철도사업 및 항공운수사업
  • 수도사업, 전기사업, 가스사업, 석유정제사업 및 석유공급사업
  • 병원사업 및 혈액공급사업
  • 한국은행사업
  • 통신사업

05 노동조합 및 노동관계조정법령상 긴급조정에 관한 설명으로 옳지 않은 것은?

① 중앙노동위원회는 고용노동부장관으로부터 긴급조정 결정의 통고를 받은 때에는 지체없이 조정을 개시하여야 한다.
② 관계 당사자는 긴급조정의 결정이 공표된 때에는 즉시 쟁의행위를 중지하여야 하며, 공표일로부터 30일이 경과하지 아니하면 쟁의행위를 재개할 수 없다.
③ 중앙노동위원회의 위원장은 조정이 성립될 가망이 없다고 인정한 경우에는 공익위원의 의견을 들어 그 사건을 중재에 회부할 것인가의 여부를 결정하여야 한다.
④ 고용노동부장관은 긴급조정의 결정을 하고자 할 때에는 미리 중앙노동위원회 위원장의 동의를 얻어야 한다.

해설

④ 고용노동부장관은 긴급조정의 결정을 하고자 할 때에는 미리 중앙노동위원회 위원장의 의견을 들어야 한다(노동조합 및 노동관계조정법 제76조 제2항).

06 노동조합 및 노동관계조정법령상 노동쟁의의 조정(調整)에 관한 설명으로 옳지 않은 것은?

① 사적조정 등을 수행하는 자는 노동관계 당사자로부터 수수료 등을 받을 수 없다.
② 사적조정 등에 의하여 조정 또는 중재가 이루어진 경우 그 내용은 단체협약과 동일한 효력을 가진다.
③ 국가·지방자치단체·국공영기업체·방위산업체 및 공익사업에 있어서의 노동쟁의의 조정은 우선적으로 취급하고 신속히 처리하여야 한다.
④ 노동위원회는 조정신청 전이라도 원활한 조정을 위하여 교섭을 주선하는 등 관계 당사자의 자주적인 분쟁 해결을 지원할 수 있다.

해설

① 사적조정 등을 수행하는 자는 노동관계 당사자로부터 수수료, 수당 및 여비 등을 받을 수 있다(노동조합 및 노동관계조정법 제52조 제5항).

07 노동조합 및 노동관계조정법령상 쟁의행위에 관한 설명으로 옳지 않은 것은?

① 쟁의행위는 그 쟁의행위와 관계없는 자 또는 근로를 제공하고자 하는 자의 출입·조업 기타 정상적인 업무를 방해하는 방법으로 행하여져서는 아니된다.

② 단체협약이 새로 체결된 직후부터 뚜렷한 무효사유를 내세우지도 아니한 채 단체협약의 전면 무효화를 주장하면서 평화의무에 위반되는 쟁의행위를 행하는 것은 이미 노동조합활동으로서의 정당성을 결여한 것이다.

③ 임금인상 주장을 관철하기 위하여 종래 통상적으로 실시해 오던 휴일근무를 집단적으로 거부하여 회사업무의 정상적인 운영을 저해하더라도 이는 쟁의행위에 해당하지 않는다.

④ 불법쟁의행위에 대한 귀책사유가 있는 노동조합이나 불법쟁의행위를 기획·지시·지도하는 등 이를 주도한 노동조합 간부 개인이 그 배상책임을 지는 배상액의 범위는 불법쟁의행위와 상당인과관계에 있는 모든 손해이다.

> **해설**
> ③ 종래 통상적으로 실시되어 오던 휴일근무를 근로자들이 집단적으로 거부하였다면 이는 회사업무의 정상적인 운영을 저해하는 쟁의행위에 해당한다(대판 1995.4.7, 94다27342).

08 노동조합 및 노동관계조정법령상 쟁의행위에 관한 설명으로 옳지 않은 것은?

① 조합원은 노동조합에 의하여 주도되지 아니한 쟁의행위를 하여서는 아니된다.

② 근로자는 쟁의행위 기간 중에는 현행범 외에는 노동조합 및 노동관계조정법 위반을 이유로 구속되지 아니한다.

③ 사용자는 쟁의행위 기간 중 그 쟁의행위로 중단된 업무의 수행을 위하여 당해 사업과 관계있는 자를 채용 또는 대체할 수 없다.

④ 작업시설의 손상을 방지하기 위한 작업은 쟁의행위 기간 중에도 정상적으로 수행되어야 한다.

> **해설**
> ③ 사용자는 쟁의행위 기간 중 그 쟁의행위로 중단된 업무의 수행을 위하여 당해 사업과 관계없는 자를 채용 또는 대체할 수 없다(노동조합 및 노동관계조정법 제43조 제1항).

09 노동조합 및 노동관계조정법령상 쟁의행위에 관한 설명으로 옳지 않은 것은?(다툼이 있으면 판례에 따름)

① 단체협약의 내용 중 쟁의행위에 관한 사항을 위반한 자는 1천만원 이하의 벌금에 처한다.

② 노동조합은 규약에 쟁의행위와 관련된 찬반투표 결과의 공개, 투표자 명부 및 투표용지 등의 보존·열람에 관한 사항을 기재하여야 한다.

③ 단순히 노동조합이 사용자에게 다소 무리한 임금인상을 요구함으로써 분쟁이 발생하였고, 노동조합의 쟁의행위 결과 사용자의 정상적인 업무수행이 저해되었다면, 노동조합의 쟁의행위는 그것만으로 정당성이 결여된다.

④ 교섭대표노동조합이 결정된 경우에는 교섭창구 단일화 절차에 참여한 노동조합의 전체 조합원(해당 사업 또는 사업장 소속 조합원으로 한정한다)의 직접·비밀·무기명투표에 의한 과반수의 찬성으로 결정하지 아니하면 쟁의행위를 할 수 없다.

> **해설**
> ③ 단순히 노동조합이 사용자에게 다소 무리한 임금인상을 요구함으로써 분쟁이 발생하였으며 또한 노동조합의 쟁의행위 결과 사용자의 정상적인 업무수행이 저해되었다 하더라도, 그것만으로 노동조합의 쟁의행위가 정당성을 결하는 것은 아니다(대판 2000.5.26, 98다34331).

10 노동조합 및 노동관계조정법령상 직장폐쇄에 관한 설명으로 옳지 않은 것은?(다툼이 있으면 판례에 따름)

① 사용자는 노동조합이 쟁의행위를 개시하기 이전이라도 직장폐쇄를 할 수 있다.

② 사용자는 직장폐쇄를 할 경우에는 미리 행정관청 및 노동위원회에 각각 신고하여야 한다.

③ 직장폐쇄가 정당한 쟁의행위로 평가받을 때 사용자는 직장폐쇄 기간 동안의 대상 근로자에 대한 임금지불의무를 면한다.

④ 근로자들의 직장점거가 개시 당시 적법한 것이었다 하더라도 이에 대응하여 적법하게 직장폐쇄를 단행한 사용자로부터 퇴거요구를 받고도 불응한 채 직장점거를 계속한 행위는 퇴거불응죄를 구성한다.

> **해설**
> ① 사용자는 노동조합이 쟁의행위를 개시한 이후에만 직장폐쇄를 할 수 있다(노동조합 및 노동관계조정법 제46조 제1항).

11 노동조합 및 노동관계조정법상 노동쟁의의 조정(調停)에 관한 설명으로 옳지 않은 것은?

① 노동위원회는 관계 당사자의 일방이 노동쟁의의 조정을 신청한 때에는 지체 없이 조정을 개시하여야 한다.

② 조정은 조정의 신청이 있은 날부터 일반사업에 있어서는 10일 이내에 종료하여야 한다.

③ 조정기간은 관계 당사자의 일방의 신청으로 공익사업에 있어서는 15일 이내에서 연장할 수 있다.

④ 노동위원회는 관계 당사자 쌍방의 신청이 있는 경우 조정위원회에 갈음하여 단독조정인에게 조정을 행하게 할 수 있다.

해설

③ 조정기간은 관계 당사자 간의 합의로 일반사업에 있어서는 10일, 공익사업에 있어서는 15일 이내에서 연장할 수 있다(노동조합 및 노동관계조정법 제54조 제2항).

12 노동조합 및 노동관계조정법상 긴급조정에 관한 설명으로 옳지 않은 것은?

① 고용노동부장관은 쟁의행위가 공익사업에 관한 것이거나 그 규모가 크거나 그 성질이 특별한 것으로서 현저히 국민경제를 해하거나 국민의 일상생활을 위태롭게 할 위험이 현존하는 때에는 긴급조정의 결정을 할 수 있다.

② 고용노동부장관은 긴급조정의 결정을 하고자 할 때에는 미리 중앙노동위원회의 의결을 거쳐야 한다.

③ 긴급조정 결정의 공표는 신문·라디오 기타 공중이 신속히 알 수 있는 방법으로 하여야 한다.

④ 고용노동부장관은 노동조합 및 노동관계조정법상의 소정 절차를 거쳐 긴급조정을 결정한 때에는 지체 없이 그 이유를 붙여 이를 공표함과 동시에 중앙노동위원회와 관계 당사자에게 각각 통고하여야 한다.

해설

② 고용노동부장관은 긴급조정의 결정을 하고자 할 때에는 미리 중앙노동위원회 위원장의 의견을 들어야 한다(노동조합 및 노동관계조정법 제76조 제2항).

13 노동조합 및 노동관계조정법상 필수유지업무에 관한 설명으로 옳지 않은 것은?

① 필수유지업무라 함은 필수공익사업의 업무 중 그 업무가 정지되거나 폐지되는 경우 공중의 생명·건강 또는 신체의 안전이나 공중의 일상생활을 현저히 위태롭게 하는 업무로서 대통령령이 정하는 업무를 말한다.

② 필수유지업무협정은 노동관계 당사자 쌍방이 서명 또는 날인하여야 하는 것은 아니다.

③ 노동관계 당사자 쌍방 또는 일방은 필수유지업무협정이 체결되지 아니하는 때에는 노동위원회에 필수유지업무의 필요 최소한의 유지·운영 수준, 대상직무 및 필요인원 등의 결정을 신청하여야 한다.

④ 노동위원회는 노동조합 및 노동관계조정법상의 규정에 따라 필수유지업무 수준 등 결정을 하면 지체 없이 이를 서면으로 노동관계 당사자에게 통보하여야 한다.

> **해설**
> ② 노동관계 당사자는 쟁의행위기간 동안 필수유지업무의 정당한 유지·운영을 위하여 필수유지업무의 필요 최소한의 유지·운영 수준, 대상직무 및 필요인원 등을 정한 협정(이하 '필수유지업무협정'이라 함)을 서면으로 체결하여야 한다. 이 경우 필수유지업무협정에는 노동관계 당사자 쌍방이 서명 또는 날인하여야 한다(노동조합 및 노동관계조정법 제42조의3).

14 노동조합 및 노동관계조정법령상 긴급조정에 관한 설명으로 옳지 않은 것은?

① 고용노동부장관은 쟁의행위가 공익사업에 관한 것이거나 그 규모가 크거나 그 성질이 특별한 것으로서 현저히 국민경제를 해하거나 국민의 일상생활을 위태롭게 할 위험이 현존하는 때에는 긴급조정의 결정을 할 수 있다.

② 고용노동부장관은 긴급조정의 결정을 하고자 할 때에는 미리 중앙노동위원회 위원장의 의견을 들어야 한다.

③ 고용노동부장관은 긴급조정을 결정한 때에는 지체 없이 그 이유를 붙여 이를 공표함과 동시에 중앙노동위원회와 관계 당사자에게 각각 통고하여야 한다.

④ 관계 당사자는 긴급조정의 결정이 공표된 때에는 즉시 쟁의행위를 중지하여야 하며, 공표일부터 15일이 경과하지 아니하면 쟁의행위를 재개할 수 없다.

> **해설**
> ④ 관계 당사자는 긴급조정의 결정이 공표된 때에는 즉시 쟁의행위를 중지하여야 하며, 공표일부터 30일이 경과하지 아니하면 쟁의행위를 재개할 수 없다(노동조합 및 노동관계조정법 제77조).

15 노동조합 및 노동관계조정법령상 노동쟁의의 조정(調整)에 관한 설명으로 옳은 것은?

① 노동위원회는 직권으로 조정위원회에 갈음하여 단독조정인에게 조정을 행하게 할 수 있다.
② 공익사업에 있어서 특별조정위원회 위원은 그 노동위원회의 공익을 대표하는 위원 중에서 노동조합과 사용자가 추천한 자 중에서 고용노동부장관이 지명한다.
③ 조정안이 관계 당사자에 의하여 수락된 때에는 조정위원 전원 또는 단독조정인은 조정서를 작성하고 관계 당사자와 함께 서명 또는 날인하여야 하며 조정서의 내용은 단체협약과 동일한 효력을 가진다.
④ 사적중재에 의하여 노동쟁의를 해결하기로 한 경우에는 중재 시 쟁의행위의 금지기간에 관한 노동조합 및 노동관계조정법 규정이 적용되지 않는다.

> **해설**
>
> ③ 노동조합 및 노동관계조정법 제61조 제1항 및 제2항
> ① 노동위원회는 관계 당사자 쌍방의 신청이 있거나 관계 당사자 쌍방의 동의를 얻은 경우에는 조정위원회에 갈음하여 단독조정인에게 조정을 행하게 할 수 있다(노동조합 및 노동관계조정법 제57조 제1항).
> ② 특별조정위원은 그 노동위원회의 공익을 대표하는 위원 중에서 노동조합과 사용자가 순차적으로 배제하고 남은 4인 내지 6인 중에서 노동위원회의 위원장이 지명한다. 다만, 관계 당사자가 합의로 당해 노동위원회의 위원이 아닌 자를 추천하는 경우에는 그 추천된 자를 지명한다(노동조합 및 노동관계조정법 제72조 제3항).
> ④ 사적조정·중재에 의하여 노동쟁의를 해결하기로 한 때에는 다음의 규정이 적용된다(노동조합 및 노동관계조정법 제52조 제3항).
> • 조정에 의하여 해결하기로 한 때에는 제45조 제2항 및 제54조의 규정. 이 경우 조정기간은 조정을 개시한 날부터 기산한다.
> • 중재에 의하여 해결하기로 한 때에는 제63조의 규정. 이 경우 쟁의행위의 금지기간은 중재를 개시한 날부터 기산한다.

16 노동조합 및 노동관계조정법상 부당노동행위 구제제도에 관한 설명으로 옳지 않은 것은?

① 부당노동행위에 대하여 구제주의 이외에 처벌주의를 병용하는 입법정책을 취하고 있다.
② 노동위원회는 관계 당사자에 대하여 증거의 제출과 증인에 대한 반대심문을 할 수 있는 충분한 기회를 주어야 한다.
③ 구제명령은 재심 또는 행정소송에 의하여 그 효력이 정지되지 아니한다.
④ 노동위원회는 관계 당사자의 신청이 없는 경우에는 증인을 출석하게 하여 필요한 사항을 질문할 수 없다.

> **해설**
>
> ④ 노동위원회는 심문을 할 때에는 관계 당사자의 신청에 의하거나 그 직권으로 증인을 출석하게 하여 필요한 사항을 질문할 수 있다(노동조합 및 노동관계조정법 제83조 제2항).
> ① 부당노동행위에 대한 구제주의(노동조합 및 노동관계조정법 제82조 제1항)
> 부당노동행위에 대한 처벌주의(노동조합 및 노동관계조정법 제89조)
> ② 노동조합 및 노동관계조정법 제83조 제3항
> ③ 노동조합 및 노동관계조정법 제86조

17 노동쟁의조정제도에 관한 설명으로 옳지 않은 것은?(다툼이 있는 경우에는 판례에 의함)

① 공익사업에 있어서의 노동쟁의의 조정은 우선적으로 취급하고 신속히 처리하여야 한다.
② 사적조정 등을 수행하는 자는 노동관계 당사자로부터 수수료, 수당 및 여비 등을 받을 수 있다.
③ 중재위원회 위원장은 중재위원 중에서 호선한다.
④ 고용노동부장관은 긴급조정의 결정을 하고자 할 때에는 미리 중앙노동위원회의 의결을 얻어야 한다.

해설
④ 고용노동부장관은 긴급조정의 결정을 하고자 할 때에는 미리 중앙노동위원회 위원장의 의견을 들어야 한다(노동조합 및 노동관계조정법 제76조 제2항).

18 노동조합 및 노동관계조정법상 중재에 관한 설명으로 옳지 않은 것은?

① 노동위원회는 관계 당사자의 일방이 단체협약에 의하여 중재를 신청한 때에는 중재를 행한다.
② 노동쟁의가 중재에 회부된 때에는 그 날부터 일반사업에 있어서는 10일, 공익사업에 있어서는 15일간은 쟁위행위를 할 수 없다.
③ 노동쟁의의 중재 또는 재심을 위하여 노동위원회에 중재위원 3인으로 구성한 중재위원회를 둔다.
④ 관계 당사자가 지명한 노동위원회의 사용자를 대표하는 위원 또는 근로자를 대표하는 위원은 중재위원회의 동의를 얻어 그 회의에 출석하여 의견을 진술할 수 있다.

해설
② 노동쟁의가 중재에 회부된 때에는 그 날부터 15일간은 쟁의행위를 할 수 없다(노동조합 및 노동관계조정법 제63조).

19 노동쟁의조정제도에 관한 설명으로 옳지 않은 것은?

① 노동위원회는 조정신청내용이 노동조합 및 노동관계조정법에 의한 조정 또는 중재의 대상이 아니라고 인정할 경우에는 그 사유와 다른 해결방법을 알려주어야 한다.
② 노동관계 당사자는 중재재정의 해석 또는 이행방법에 관하여 당사자 간에 의견의 불일치가 있는 경우에는 당해 중재위원회에 그 해석 또는 이행방법에 관한 명확한 견해의 제시를 요청할 수 있다.
③ 중재재정은 서면으로 작성하여 이를 행하며 그 서면에는 효력발생 기일을 명시하여야 한다.
④ 사적조정인은 인적사항을 첨부하여 관할 노동위원회에 신고하여야 한다.

④ 사적조정·중재에 따라 노동쟁의를 해결하기로 한 노동관계 당사자는 사적조정·중재결정신고서에 사적조정인 또는 사적중재인의 인적사항을 첨부하여 관할 노동위원회에 신고해야 한다(노동조합 및 노동관계조정법 시행규칙 제13조).

20 노동쟁의의 조정(調停)에 관한 설명으로 옳지 않은 것은?

① 노동위원회는 조정의 종료가 결정된 후에도 조정을 할 수 있다.
② 노동위원회는 필요하다고 인정하는 경우 조정기간의 연장을 결정할 수 있다.
③ 조정안이 관계 당사자에 의하여 수락된 때에는 조정위원 전원 또는 단독조정인은 조정서를 작성하고 관계 당사자와 함께 서명 또는 날인하여야 한다.
④ 단독조정인은 당해 노동위원회의 위원 중에서 관계 당사자의 쌍방의 합의로 선정된 자를 그 노동위원회의 위원장이 지명한다.

② 조정기간은 관계 당사자 간의 합의로 연장할 수 있다(노동조합 및 노동관계조정법 제54조 제2항).
① 노동조합 및 노동관계조정법 제61조의2 제1항
③ 노동조합 및 노동관계조정법 제61조 제1항
④ 노동조합 및 노동관계조정법 제57조 제2항

21 노동조합 및 노동관계조정법상 노동쟁의의 조정에 관한 설명으로 옳지 않은 것은?

① 노동조합 및 노동관계조정법상의 노동조합이 아니면 노동쟁의의 조정을 신청할 수 없다.
② 노동쟁의의 조정은 노동관계 당사자가 직접 노사협의 또는 단체교섭에 의하여 근로조건 기타 노동관계에 관한 사항을 정하거나 노동관계에 관한 주장의 불일치를 조정하고 이에 필요한 노력을 하는 것을 방해하지 아니한다.
③ 노동위원회는 관계 당사자의 일방만이 노동쟁의의 조정을 신청한 때에는 조정을 개시할 수 없다.
④ 노동관계의 조정을 할 경우에는 노동관계 당사자와 노동위원회 기타 관계기관은 사건을 신속히 처리하도록 노력하여야 한다.

③ 노동위원회는 관계 당사자의 일방이 노동쟁의의 조정을 신청한 때에는 지체 없이 조정을 개시하여야 하며 관계 당사자 쌍방은 이에 성실히 임하여야 한다(노동조합 및 노동관계조정법 제53조 제1항).

06 부당노동행위구제제도

제1절 총설

1 부당노동행위의 의의 및 연혁

(1) 의의

부당노동행위란 사용자가 근로자의 노동3권을 침해하는 행위를 말하며 부당노동행위구제제도란 사용자의 부당노동행위로부터 근로자의 노동3권을 보호하기 위하여 국가가 정책적으로 설정한 일종의 공법상의 구제제도이다.

(2) 부당노동행위제도의 연혁

① 와그너(Wagner)법(미국, 1935)

부당노동행위제도를 최초로 규정하였고 사용자의 부당노동행위만을 금지하였다.

② 태프트 하틀리(Taft-Hartley)법(미국, 1947)

노사 간의 교섭력의 균형을 유지하기 위해 기존의 사용자의 부당노동행위에 근로자측의 부당노동행위를 신설하였다.

③ ILO조약

ILO조약 제87호는 단결권의 적극적 보호와 조성을 요구하였으며 제98호는 부당노동행위제도의 정립을 요청하고 있다.

④ 우리나라의 부당노동행위제도

㉠ 1953년 노동조합법

초기에는 사용자의 부당노동행위와 노동조합의 부당노동행위까지 규정하였고 처벌주의를 채택하였다.

㉡ 1963년 노동조합법

사용자의 부당노동행위의 장을 신설·확대하고 노동조합측의 부당노동행위규정은 삭제하였다. 또한 부당노동행위의 구제명령제도 신설, 원상회복주의로 전환하였다.

㉢ 1986년 개정법 이후

기존의 원상회복주의에 처벌주의를 병행하였고 미확정된 구제명령 위반자에 대한 처벌규정의 헌법재판소의 위헌결정으로 1997년 긴급이행명령제도의 도입 및 부당노동행위를 한 자에 대하여 피해자의 명시적 의사를 불문하고 처벌하도록 하였다.

2 부당노동행위구제제도의 법적 성질

헌법 제33조 제1항의 노동3권보장과 부당노동행위의 법적 관계에 대하여 견해가 나뉜다. 노동3권보장설과 노사관계질서보장설이 그것이다. 전자의 견해는 부당노동행위제도의 본질을 헌법상의 단결권을 국가가 보장하는 데 있다고 보는 데 반하여 후자는 부당노동행위제도의 본질이 헌법상의 단결권보장에 있다는 점을 부정하는 것은 아니나 이보다는 그 위에 확립되어야 할 공정한 노사관계질서 혹은 노동3권의 법인단계에 있어서 합리적인 노사관계질서의 형성에 있다고 보는 견해이다.

3 부당노동행위의 주체

우리나라의 경우에는 사용자만이 부당노동행위의 주체가 된다. 부당노동행위의 주체로서의 사용자의 개념은 부당노동행위금지명령의 수규자(受規者), 부당노동행위구제명령의 수규자, 형벌부과대상자로서의 사용자로 구분된다.

① **부당노동행위금지명령의 수규자로서의 사용자**

법 제81조는 부당노동행위의 유형을 열거하고 사용자로 하여금 이러한 부당노동행위를 할 수 없다고 규정하고 있다. 부당노동행위금지명령의 수규자로서 사용자는 사업주는 물론 사업의 경영담당자 또는 그 사업의 근로자에 관한 사항에 사업주를 위하여 행동하는 자가 포함된다.

② **부당노동행위구제명령의 수규자로서의 사용자**

부당노동행위구제명령의 수규자로서 사용자는 고용주인 사용자에 국한된다.

③ **형벌부과대상자로서의 사용자**

형벌부과대상자로서 사용자는 부당노동행위금지명령의 수규자와 일치하는 것이 원칙이나 반드시 일치하는 것은 아니다.

4 부당노동행위구제신청의 주체

(1) 노동조합

노동조합의 실질적 요건 및 형식적 요건을 모두 갖춘 노동조합은 부당노동행위 구제신청을 할 수 있다. 부당노동행위 중 법 제81조 제1항 제1호·제2호 및 제5호에 규정된 사항은 법상의 노조는 직접 또는 조합원 개인이 구제신청을 할 수 있다. 반면에 법외노조는 부당노동행위구제신청을 할 수 없다(법 제7조 제1항).

(2) 조합원 개인

조합원 개인은 부당노동행위 중 법 제81조 제1항 제1호·제2호 및 제5호에 규정된 사항은 직접 부당노동행위구제신청을 할 수 있다. 조합원 개인에 대한 부당노동행위는 궁극적으로 노동조합의 조직 및 활동에 부정적 영향을 가져오므로 이에 대하여 노동조합도 부당노동행위구제신청을 할 수 있다.

1 서 설

법 제81조는 다섯 종류의 부당노동행위를 규정하고 이를 금지하고 있는 바, 이의 법적 성질이 문제된다.

① 예시설과 제한열거설

　　법 제81조 제1항에 규정된 다섯 가지 유형의 부당노동행위는 수많은 유형의 대표적인 것만 열거한 것에 불과하다고 보는 견해(예시설)나 우리나라의 노동위원회의 판결 및 법원의 판례는 사용자의 특정부당노동행위가 법 제81조 제1항 각 호 중 어느 것에 해당하는지를 해석하고 있으므로 사실상 제한열거설에 입각하고 있다고 보는 견해가 있다.

② 포괄규정설과 병렬열거설

　　법 제81조 제1항 제4호의 지배·개입에 통칙적 지위를 인정할 것인가에 대하여 우리나라 다수설은 법 제81조 제1항 제4호를 포괄규정으로 보거나 병렬열거로 보거나 모두 부당노동행위의 구제범위를 넓게 잡고자 한다는 점에서 커다란 차이점은 없다고 보고 노동위원회가 각 유형을 형식적·피상적으로 준별함이 없이 상호 보완적으로 해석·적용하면서 사안의 내용에 적합하게 부당노동행위를 구성하고 이에 대한 적절한 구제를 내리는 것이 중요하다고 한다.

2 불이익취급

(1) 의 의

근로자가 노동조합에 가입 또는 가입하려고 하였거나 노동조합을 조직하려고 하였거나 기타 노동조합의 업무를 위한 정당한 행위를 한 것을 이유로(법 제81조 제1항 제1호) 또는 근로자가 정당한 단체행위에 참가한 것을 이유로 하거나 또는 노동위원회에 대하여 사용자가 이 조의 규정에 위반한 것을 신고하거나 그에 관한 증언을 하거나 기타 행정관청에 증거를 제출한 것을 이유로 그 근로자를 해고하거나 그 근로자에게 불이익을 주는 행위(법 제81조 제1항 제5호)를 부당노동행위로서 금지하고 있다.

(2) 불이익취급의 사유 20 기출

① 불이익취급원인의 종류

　　㉠ 노동조합에 가입 또는 가입하려고 하였거나 노동조합을 조직하려고 한 행위

　　　㉮ 어느 노동조합의 조합원인 것을 이유로 하는 불이익취급에는 조합원을 비조합원과 차별하는 경우만이 아니라 다른 조합의 조합원과 차별하여 불이익취급을 하는 경우도 포함된다.

　　　㉯ 노동조합은 법상의 자주성과 민주성을 갖춘 조합이어야 한다. 다만, 현재는 노동조합의 실질적 요건 또는 형식적 요건을 갖추지 못한 근로자단체에 불과할지라도 법상의 노동조합으로 만들려는 조직, 준비과정에 있는 근로자단체는 여기에서 보호하고자 하는 노동조합에 포함된다.

ⓛ 노동조합의 업무를 위한 정당한 행위를 한 것

㉮ 취업규칙과 노사협의에 의하여 지급하도록 정하여진 목욕권과 예비군 훈련기간의 수당을 지급하지 않는다고 노동부에 진정한 행위는 노동조합의 목적인 근로조건의 유지개선, 기타 근로자의 경제적 지위향상을 도모하기 위한 행위로서 조합의 묵시적 승인 내지 수권을 얻은 행위라고 보아야 할 것이므로 근로조합의 업무를 위한 정당한 행위로 볼 것이다(대판 1990. 8.10, 89누8217).

㉯ 조합원 개인이 노동조합의 업무를 위한 행위를 하는 경우 이에는 노동조합의 명시적·묵시적 결의·지시 또는 수권이 있어야만 노동조합의 활동으로 인정될 수 있다는 입장이 있다. 이에 반해 이러한 결의·지시 또는 수권이 없더라도 조합원에게 일반적으로 기대될 수 있는 행위로서 단결의 목적이나 단결의 강화에 이바지할 수 있는 것이면 모두 조합활동으로 보아야 한다는 견해도 있다.

㉰ 노동조합의 의사결정 또는 지시·통제에 위배되는 행위는 조합활동으로 볼 수 없다.

ⓒ 노동위원회에 대하여 사용자의 부당노동행위를 신고하거나 그에 관한 증언을 하거나 기타 행정관청에 증거를 제출하는 행위

② 불이익취급원인의 경합

㉠ 의 의

사용자의 불이익취급사유로서 근로자의 정당한 조합활동과 근로자에 대한 징계사유가 동시에 존재하는 경우에 이를 불이익취급원인의 경합이라 한다. 이러한 경우에 부당노동행위를 인정할 것인가에 대해 견해가 대립한다.

㉡ 학 설

부당노동행위 부정설, 부당노동행위 긍정설, 절충설로 결정적 원인설과 상당인과관계설이 있다. 근로자가 정당한 노동3권을 행사하지 아니하였더라면 불이익취급이 없었을 것으로 판단되는 경우에 부당노동행위의 성립을 인정하는 상당인과관계설이 다수설이다.

㉢ 판 례

정당한 노동3권의 행사와 정당한 해고 등의 불이익사유 중 어느 것이 불이익취급의 결정적 원인인가에 따라 판단되어야 한다는 결정적 원인설에 따른다.

(3) 불이익취급의 태양

① 가장 일반적 형태인 해고

② 기타의 불이익취급

㉠ 기타의 불이익취급으로서는 징계처분, 인사상의 불이익, 경제상의 불이익, 정신상의 불이익 등을 들 수 있다.

㉡ 조합원을 노동조합에 가입할 자격이 부여되지 아니하는 직위 또는 직급으로 승진·승급시키는 경우

㉮ 근로자가 이를 거부하는 것을 업무명령 위반이라 하여 불이익취급을 하면 부당노동행위가 성립된다.

㉯ 근로자가 개인적으로 이를 승낙하는 경우에도 근로자 개인에 대한 부당노동행위는 성립되지 아니하나 노동조합에 대한 사용자의 지배·개입에 해당될 수 있다.

(4) 인과관계

① 의 의

부당노동행위가 성립하기 위해서는 근로자들의 정당한 노동3권 행사와 사용자의 해고, 기타 불이익 취급 사이에 인과관계가 존재하여야 한다. 사용자에게 반조합적 의도 내지 동기와 같은 부당노동행 위의사를 필요로 한다는 주관적 인과관계설이 있지만 사용자의 주관적 의도 내지 동기는 문제되지 않고 외부에 나타난 행위에서 객관적으로 그 의사를 추정할 수 있으면 된다는 객관적 인과관계설이 다수설과 판례이다. 객관적 인과관계설에 의하면 사용자가 근로자의 정당한 쟁의행위를 정당하지 아니한 쟁의행위로 오인하고 이에 참가한 조합원을 해고한 경우에도 사용자는 이러한 착오에 상관 없이 부당노동행위가 성립한다.

② 인과관계의 입증 및 경합

㉠ 불이익처분의 실질적 이유를 판단함에 있어서 불이익처분당시의 제반사정을 종합적·구체적으로 고려하여야 한다.

㉡ 인과관계의 경합문제가 발생하는 경우 둘 이상의 부당노동행위 중 최소한 하나의 부당노동행위가 성립되는 한 사용자는 이에 대한 책임을 지게 된다.

3 황견계약(비열계약)

(1) 의 의

근로자가 어느 노동조합에 가입하지 아니할 것 또는 탈퇴할 것을 고용조건으로 하거나 특정한 노동조합의 조합원이 될 것을 고용조건으로 하는 계약을 황견계약이라 한다. 법 제81조 제1항 제2호 본문은 황견계약의 체결만으로 부당노동행위가 성립된다고 규정하고 있다. 황견계약은 강행규정위반으로 사법상 무효이다.

(2) 황견계약의 종류

① 조합불가입을 고용조건으로 하는 경우

모든 노동조합에의 불가입을 조건으로 하는 경우와 특정 노동조합에의 불가입을 조건으로 하는 경우를 포함한다.

② 조합탈퇴를 고용조건으로 하는 경우

③ 특정한 노동조합의 조합원이 될 것을 고용조건으로 하는 경우

다만, 법 제81조 제1항 제2호 단서에 의하면 유니온숍을 예외적으로 인정하고 있다.

④ 조합활동의 금지를 고용조건으로 하는 경우

이에 대한 명문의 규정은 없으나 고용조건뿐만 아니라 고용계속의 조건으로 되어도 황견계약에 해당된다.

(3) 유니온숍 제도

① 의 의

노동조합이 당해 사업장에 종사하는 근로자의 3분의 2 이상을 대표하고 있을 때에는 근로자가 그 노동조합의 조합원이 될 것을 고용조건으로 하는 단체협약의 체결은 예외로 하며, 이 경우 사용자는 근로자가 당해 노동조합에서 제명된 것을 이유로 신분상 불이익한 행위를 할 수 없다(법 제81조 제1항 제2호 단서).

② 주요내용

　㉠ 노동조합이 당해 사업장에 종사하는 근로자의 3분의 2 이상을 대표할 것

　　㉮ 근로자의 개념에는 해고자·실업자 등의 미취업자도 포함되나 여기에서의 근로자는 당해 사업장에 고용되어 있는 취업자만을 지칭하는 것임을 명문으로 규정하고 있다.

　　㉯ 노동조합의 조합원이 대량으로 조합을 탈퇴하여 노동조합이 근로자의 3분의 2 이상을 대표하지 못하는 경우에는 유니온숍 협정은 그 효력을 상실하게 되고 대량탈퇴자도 해고할 수 없는 것으로 보아야 한다.

　㉡ 근로자가 노동조합의 조합원이 될 것을 고용조건으로 하는 단체협약을 체결할 것

　　㉮ 유니온숍 협정의 체결 당시 근로자가 이미 다른 노동조합의 조합원인 경우에는 이들 소수 조합원의 단결권보장을 위하여 유니온숍 협정이 적용되지 아니한다.

　　㉯ 유니온숍 제도는 근로자의 단결을 강제함으로써 헌법상 단결권을 침해할 우려가 있는 바 이에 대해서는 견해가 나뉘고 있다.

　　　ⓐ 위헌설

　　　소극적 단결권 긍정론과 소극적 단결권 부정론 중 일반적 단결강제론은 유니온숍을 위헌으로 보고 있다.

　　　ⓑ 합헌설

　　　소극적 단결권을 부정하는 견해 중 제한적 단결강제론은 유니온숍은 근로자의 단결권을 침해하지 아니하게 된다.

　　　ⓒ 판 례

　　　유니온숍 협정이 근로자 개인의 조합에 가입하지 않을 자유나 조합 선택의 자유와 충돌하는 측면이 있기는 하지만 조직 강제의 일환으로서 노조의 조직 유지와 강화에 기여하는 측면을 고려하여 이를 합헌으로 보고 있다.

　㉢ 사용자는 근로자가 당해 노동조합에서 제명된 것을 이유로 신분상 불이익한 행위를 할 수 없을 것

　　㉮ 유니온숍 협정하에서는 조합원의 자격을 상실한 자에 대하여 사용자가 해고·전직 등 신분상의 불이익을 줄 수 있도록 허용하는 것이 원칙이다.

　　㉯ 조합원이 제명당한 경우

　　　사용자는 노동조합으로부터 제명된 근로자에게 신분상 불이익 조치를 금지하고 있다. 이는 유니온숍 협정의 실효성을 반감시킨다.

　　㉰ 조합원이 임의 탈퇴한 경우

　　　근로자가 노동조합에서 임의로 탈퇴한 경우에는 사용자가 신분상 불이익한 행위를 할 수 있는 것이 원칙이다. 이 경우에 사용자가 불이익처분을 반드시 의무적으로 하여야 하는지에 대해서는 반대 견해가 있으나, 판례는 "유니온숍 협정은 노동조합의 단결력을 강화하기 위한 강제의 한 수단으로서 근로자가 대표성을 갖춘 노동조합의 조합원이 될 것을 '고용조건'으로 하는 것이므로 단체협약에 유니온숍 협정에 따라 근로자는 노동조합의 조합원이어야만 된다는 규정이 있는 경우에는 다른 명문의 규정이 없더라도 사용자는 노동조합에서 탈퇴한 근로자를 해고할 의무가 있다. 다만, 단체협약상의 유니온숍 협정에 의하여 사용자가 노동조합을 탈퇴한 근로자를 해고할 의무는 단체협약상의 채무일 뿐이고, 이러한 채무의 불이행 자체가 바로 노동조합에 대한 지배·개입의 부당노동행위에 해당한다고 단정할 수 없다(대판 1998.3.24, 96누16070)"고 한다.

4 단체교섭거부

(1) 의 의

노동조합의 대표자 또는 노동조합으로부터 위임을 받은 자와의 단체협약체결, 기타의 단체교섭을 정당한 이유 없이 거부하거나 해태하는 행위는 부당노동행위로서 금지된다(법 제81조 제1항 제3호). 사용자의 단체교섭의무는 성실하게 단체교섭을 수행하는 것에 국한되며 반드시 단체교섭을 타결시켜 단체협약을 체결할 의무는 없다.

(2) 단체교섭거부의 정당한 이유

정당한 이유가 있는 경우에는 사용자는 예외적으로 단체교섭을 거부할 수 있다. 근로자측의 단체교섭요건의 충족문제와 사용자의 성실교섭의 문제가 정당한 이유의 기준이 된다.

① 단체교섭요건의 충족

근로자가 단체교섭의 주체·목적·방법 등에서 단체교섭의 요건을 충족시키지 못하는 경우 사용자가 단체교섭을 거부하여도 이는 단체교섭거부의 정당한 이유로서 부당노동행위에 해당하지 아니한다.

② 성실교섭의무

성실교섭의무는 그 개념상 단체교섭에 본질적으로 내재되어 있는 의무로서 당사자는 성실하게 단체교섭을 행할 의무가 있다(법 제30조). 사용자가 성실하게 단체교섭을 행하고 있는가는 구체적 사안 및 사회통념에 따라 판단되어야 한다.

5 지배·개입

(1) 의 의

근로자가 노동조합을 조직 또는 운영하는 것을 지배하거나 이에 개입하는 행위와 근로시간 면제한도를 초과하여 급여를 지급하거나 노동조합의 운영비를 지원하는 행위는 부당노동행위로서 금지된다(법 제81조 제1항 제4호).

(2) 지배·개입의 성립

① 지배·개입의 주체

지배·개입의 주체가 되는 자는 사업주, 회사임원·지배인·지점장 등 상급감독자나 부장·과장 등 상급관리직 직원의 행위는 사업주의 명확한 위임 또는 수권이 없더라도 사용자에 해당하고, 계장·주임 및 반장 등의 하급관리자의 행위는 사용자의 지시 또는 명시적·묵시적 승인하에 사용자의 행위로 간주되며, 기타의 제3자는 사용자의 명확한 위임이나 수권이 있는 경우에만 사용자로 간주된다고 한다.

② 지배·개입행위의 존재

㉠ 노동조합의 조직·운영에 대한 지배·개입행위

㉮ 조직·운영

노동조합의 조직이란 조직준비행위 등 노동조합의 결성을 지향하는 근로자의 일체의 행위를 말하고 노동조합의 운영이란 노동조합의 내부적 운영뿐 아니라 단체교섭 및 쟁의행위 등의 필요목적을 달성하기 위한 활동은 물론 선전·계몽 및 교육 등의 임의 목적을 달성하기 위한 활동을 포함하는 노동조합의 유지·존속 확대를 위한 일체의 행위를 의미한다.

ⓑ 지배·개입

법은 지배와 개입을 구별하고 있으나 지배나 개입은 그 정도의 차이는 있지만 노동3권에 대한 침해행위이고 그 구제의 내용과 방법도 다르지 아니하므로 특별히 양자를 엄밀하게 구별할 필요성은 없다 할 것이다.

ⓒ 근로시간 면제한도 초과급여 및 노동조합운영비의 지원행위

법은 이를 지배·개입과 구별하여 규정하고 있지만 이것은 운영비지원을 지배·개입의 특수한 형태로 예시적으로 규정한 것이라 해석한다.

ⓒ 사용자의 언론의 자유와 지배·개입

사용자는 헌법상의 언론의 자유는 근로자의 헌법상의 노동3권과 조화·균형을 이루어 행사되어야 한다. 사용자의 노사관계에 대한 비판 또는 의견표명 등의 발언이 지배·개입에 해당하는지 여부는 그 시기·장소·내용·대상·상황·노동조합의 조직·운영에 미치는 영향 및 사용자의 의도 등을 종합적·구체적으로 판단하여야 한다.

ⓔ 예외(지배·개입행위가 아닌 것, 법 제81조 제1항 제4호 단서)

㉮ 근로자가 근무시간 중에 사용자와 협의 또는 교섭하는 것

㉯ 근로자의 후생자금 또는 경제상의 불행, 기타의 재액의 방지와 구제 등을 위한 기금의 기부

㉰ 최소한의 규모의 노동조합사무소의 제공

③ **지배·개입의 결과 발생**

부당노동행위구제제도는 이미 발생된 손해의 배상을 목적으로 하는 것이 아니라 근로자의 노동3권 보호 자체에 그 목적을 두고 있으므로 구체적인 결과나 손해발생을 요건으로 하지 않는다.

④ **지배·개입의 의사**

부당노동행위의 성립에 사용자의 지배·개입의 의사가 필요한가에 대해서 의사필요설, 의사불요설, 절충설 등이 대립한다. 지배·개입에 의한 부당노동행위는 노동3권에 대한 침해행위의 배제가 목적이므로 객관적으로 지배·개입의 사실이 있다면 사용자의 의사 여하를 막론하고 부당노동행위가 성립한다는 견해가 다수설이다.

| 제**3**절 | **부당노동행위의 구제절차** |

1 서 설

부당노동행위 구제제도는 헌법에서 보장한 노동3권의 구체적 실현을 목적으로 한다. 부당노동행위의 구제는 노동위원회에 의한 행정적 구제와 법원에 의한 사법적 구제가 있다.

① **원상회복주의와 처벌주의**

현행법은 부당노동행위의 구제를 위한 원상회복주의와 부당노동행위를 예방하기 위한 처벌주의를 병행하고 있다.

㉠ 원상회복주의

㉮ 원상회복주의는 부당노동행위 그 자체를 범죄로 보지 않고, 다만 이에 대한 구제를 중요시하여 구제명령에 위반한 경우에야 비로소 당해 위반행위를 범죄로 본다는 주의이다.

　　　　㉯ 이는 구제명령을 통하여 부당노동행위가 행하여지기 이전의 상태로 원상회복시킴으로써 근로자의 침해된 권리를 바로잡는 데 그 실익이 있다.

　　　　㉰ 사용자는 언제든지 부당노동행위를 반복해서 행할 위험이 있다.

　　ⓒ 처벌주의

　　　　㉮ 처벌주의는 부당노동행위 그 자체를 범죄로 보고 이를 처벌함으로써 그러한 행위를 사전에 예방·억제하자는 주의이다.

　　　　㉯ 노동3권이 침해된 근로자의 피해를 회복하는 데 적합하지 않다.

② 노동위원회에 의한 구제제도와 사법적 구제제도

　　㉠ 노동위원회에 의한 구제

　　　　㉮ 부당노동행위 구제제도는 근로자의 노동3권의 보호를 주된 목적으로 하고 사용자의 부당노동행위에 대하여 책임을 부과하는 것은 부차적인 목적이다.

　　　　㉯ 노동3권의 보호는 그 성질상 구제절차의 신속성·간이성 및 전문성이 요구되는바 이를 위하여 제도화된 절차가 노동위원회에 의한 부당노동행위 구제제도이다.

　　㉡ 법원에 의한 구제

　　　　부당노동행위 결과 발생한 노사당사자 간의 권리·의무관계의 확정 및 손해의 전보 등을 위하여 사법적 구제제도가 필요하다.

　　㉢ 양자의 관계

　　　　㉮ 근로자는 동일한 부당노동행위에 대하여 양자에 의한 구제절차를 동시에 밟을 수 있다.

　　　　㉯ 두 절차가 경합하는 경우에 노동위원회에 의한 구제제도가 전속관할권을 가진다는 견해와 두 절차가 병행한다는 견해가 있다.

　　　　㉰ 법원에서 구제절차가 완료된 경우 이를 노동위원회에서 다시 구제신청을 진행할 수 없을 것이다.

2 노동위원회에 의한 구제절차

(1) 서 설

노동위원회에 의한 구제절차는 초심절차 및 재심절차로 나뉜다. 중앙노동위원회의 결정에 대하여 불복하는 자는 행정법원에 행정소송을 제기할 수 있다.

(2) 관 할

① 지방노동위원회의 관할

부당노동행위가 발생한 사업장의 소재지를 관할하는 지방노동위원회가 초심관할권을 갖는다.

② 특별노동위원회의 관할

부당노동행위가 특별노동위원회의 설치목적이 된 특정사항에 관한 것일 때에는 특별노동위원회가 초심관할권을 갖는다.

③ 중앙노동위원회의 관할

중앙노동위원회는 원칙적으로 지방노동위원회 또는 특별노동위원회를 초심으로 하는 사건의 관할권을 갖는다.

(3) 당사자

① 신청인

㉠ 사용자의 부당노동행위로 권리를 침해당한 근로자 또는 노동조합이다(법 제82조 제1항).

㉡ 노동조합은 노동조합의 성립요건을 모두 갖춘 법상의 노동조합을 말한다.

㉢ 근로자는 원칙적으로 법상의 노동조합의 조합원을 말한다.

㉣ 법상의 노동조합으로서의 성립요건을 갖추지 못하더라도 이를 지향·설립하는 과정에 있는 근로자단체 및 이에 속한 근로자는 신청인이 될 수 있다.

㉤ 법 제81조 제1항 제1호·제2호 및 제5호는 근로자가, 법 제81조 제1항 제3호 및 제4호는 노동조합이 신청인이 되는 것이 원칙이나 전자의 경우에 당해 조합원이 소속된 노동조합이 신청인이 될 수 있다.

㉥ 하나의 사안에 대하여 노동조합과 조합원개인이 동시에 구제신청권을 보유한 경우 양자는 상대방의 구제신청권과는 독립된 구제신청권을 보유하는 것이므로 근로자가 노동조합 조합원으로서의 자격을 상실한 경우 또는 구제신청을 포기하거나 반대하는 경우에도 노동조합은 독자적으로 구제신청을 할 수 있다.

② 피신청인

피신청인은 원칙적으로 사용자이다. 피신청인인 사용자의 범위에 대하여는 현실적인 부당노동행위를 행한 자도 포함된다는 견해가 있으나 사용자에 국한된다는 견해가 다수 견해이다.

(4) 초심절차

① 구제의 신청 19 기출

㉠ 사용자의 부당노동행위로 인하여 그 권리를 침해당한 근로자 또는 노동조합은 노동위원회에 그 구제를 신청할 수 있다(법 제82조 제1항).

㉡ 부당노동행위의 구제의 신청은 부당노동행위가 있은 날(계속하는 행위는 그 종료일)부터 3월 이내에 이를 행하여야 한다(법 제82조 제2항).

② 심 사 22 기출

㉠ 노동위원회는 구제신청을 받은 때에는 지체 없이 필요한 조사와 관계 당사자의 심문을 하여야 한다(법 제83조 제1항).

㉡ 노동위원회는 관계 당사자의 심문을 할 때에는 관계 당사자의 신청에 의하거나 그 직권으로 증인을 출석하게 하여 필요한 사항을 질문할 수 있다(법 제83조 제2항).

㉢ 노동위원회는 관계 당사자를 심문함에 있어서는 관계 당사자에 대하여 증거의 제출과 증인에 대한 반대심문을 할 수 있는 충분한 기회를 주어야 한다(법 제83조 제3항).

㉣ 부당노동행위의 심문을 행함에 있어서는 반드시 심문을 거쳐서 판정을 하여야 하며 조사를 끝낸 것만으로는 구제명령을 내릴 수 없다.

③ 판정회의(노동위원회규칙 제59조)

㉠ 심판위원회가 심문을 종결하였을 경우 판정회의를 개최하여야 한다.

㉡ 심판위원회위원장은 판정회의에 앞서 당해 심문회의에 참석한 근로자위원과 사용자위원에게 의견진술의 기회를 주어야 한다.

㉢ 심판위원회는 심문회의에서의 새로운 주장에 대한 사실 확인이나 증거의 보완 등이 필요하다고 판단되거나 화해를 위한 회의 진행으로 추가적인 사실심문 등이 필요한 경우에는 추후에 심문회의나 판정회의를 재개할 수 있다.

④ 화 해
   ㉠ 심판위원회는 사건의 조사과정이나 심문회의 진행 중에 당사자에게 화해를 권고하거나 주선할 수 있다(노동위원회규칙 제69조).
   ㉡ 화해는 당사자와 화해에 관여한 심판위원이 서명이나 날인함으로써 성립되며 화해가 성립된 후 당사자는 이를 번복할 수 없다(노동위원회규칙 제71조 제2항).
⑤ 구제명령 **21** 기출
   ㉠ 노동위원회는 심문을 종료하고 부당노동행위가 성립한다고 판정한 때에는 사용자에게 구제명령을 발하여야 하며, 부당노동행위가 성립되지 아니한다고 판정한 때에는 그 구제신청을 기각하는 결정을 하여야 한다(법 제84조 제1항).
   ㉡ 구제명령의 내용
   구제명령의 내용은 신청인의 구제청구내용을 존중하되 이에 반드시 구속되는 것이 아니며 노동위원회의 재량권에 속한다. 구제명령은 부당노동행위가 행하여지지 아니하였던 것과 동일한 상태로의 회복, 즉 원상회복을 목적으로 하므로 원상회복명령을 원칙으로 한다.
      ㉮ 불이익취급
      해고의 경우 근로자를 원직 또는 원직에 상당하는 지위에 복직시키도록 하고 해고에 의하여 근로자가 지급받지 못한 임금의 소급지급을 명하는 것이 원칙이다. 정직·감봉의 징계처분의 경우에는 그 처분을 취소하라는 명령을 내린다. 임금의 소급지급을 명하는 경우 근로자가 해고기간 동안 다른 직장에 취업하여 받은 중간수입을 소급지급액에서 공제하여야 하는지에 대하여는 견해가 대립한다.
      ㉯ 황견계약
      사용자가 근로자에 대하여 특정 조합에의 가입·불가입 및 탈퇴하도록 강요하는 것을 중지하거나 이러한 황견계약을 파기하도록 명한다.
      ㉰ 단체교섭의 거부
      교섭대상, 교섭담당자, 교섭시기 및 교섭방법 등을 정하여 성실하게 단체교섭을 할 것을 명한다.
      ㉱ 지배·개입
      지배·개입행위를 특정하여 이를 금지하는 부작위명령을 내린다.
   ㉢ 구제명령의 효력
      ㉮ 부당노동행위의 구제명령은 서면으로 하되 이를 사용자와 신청인에게 각각 교부하여야 한다(법 제84조 제2항).
      ㉯ 관계 당사자는 법 제84조 제1항의 규정에 의한 명령이 있을 때에는 이에 따라야 한다(법 제84조 제3항).
      ㉰ 정해진 기간 내에 재심을 신청하지 아니하거나 행정소송을 제기하지 아니한 때에는 그 구제명령·기각결정 또는 재심판정은 확정된다(법 제85조 제3항). 이 경우 관계 당사자는 확정된 기각결정 또는 재심판정을 따라야 하며(법 제85조 제4항) 이에 따르지 아니하는 경우에는 3년 이하의 징역 또는 3천만원 이하의 벌금이 부과된다(법 제89조 제2호).

ⓑ 구제명령의 사법상 효력

부당노동행위구제제도는 헌법상 노동3권의 대국가적 효력을 구체화한 제도로서 부당노동행위구제명령은 사용자에 대하여 공법상의 의무를 부담시키는 것에 국한되며 당사자 간의 사법상 법률관계를 발생·변경 또는 소멸시키는 것이 아니라고 본다. 근로자가 사법상의 권리구제를 받기 위하여서는 사용자를 상대로 민사소송을 법원에 제기하여야 한다.

(5) 재심절차

① 재심신청

지방노동위원회 또는 특별노동위원회의 구제명령 또는 기각결정에 불복이 있는 관계 당사자는 그 명령서 또는 결정서의 송달을 받은 날부터 10일 이내에 중앙노동위원회에 그 재심을 신청할 수 있다(법 제85조 제1항). 한편, 초심절차에서 신청인 또는 피신청인이 될 수 있었던 자는 비록 초심절차에서 신청인 또는 피신청인이 아니었을지라도 초심결정에 불복하여 재심을 신청할 수 있다.

② 재심범위

당사자의 재심 신청은 초심에서 신청한 범위를 넘어서는 아니되며, 중앙노동위원회의 재심 심리와 판정은 당사자가 재심신청한 불복의 범위 안에서 하여야 한다(노동위원회규칙 제89조).

③ 재심절차

초심절차에 관한 규정은 그 성질에 반하지 아니하는 한 재심절차에도 그대로 준용된다(노동위원회규칙 제33조).

④ 재심에서의 이행권고 및 구제명령

ⓐ 중앙노동위원회는 재심신청이 요건을 충족하지 못한 경우 재심신청을 각하하고, 재심신청이 이유없다고 판단하는 경우에는 기각하며, 이유있다고 판단하는 경우에는 지방노동위원회의 처분을 취소하고 구제명령이나 각하 또는 기각결정을 하여야 한다(노동위원회규칙 제94조 제1항).

ⓑ 중앙노동위원회는 근로관계의 소멸이나 사업장 폐쇄 등으로 초심의 구제명령 내용을 그대로 유지하는 것이 적합하지 않다고 판단하는 경우에는 그 내용을 변경할 수 있다(노동위원회규칙 제94조 제2항).

(6) 행정소송

① 소의 제기

ⓐ 중앙노동위원회의 재심판정에 대하여 관계 당사자는 그 재심판정서의 송달을 받은 날부터 15일 이내에 행정소송법이 정하는 바에 의하여 소를 제기할 수 있다(법 제85조 제2항).

ⓑ 해당 기간 내에 행정소송을 제기하지 아니한 때에는 그 구제명령·기각결정 또는 재심판정은 확정된다(법 제85조 제3항). 이 경우 관계 당사자는 이에 따라야 하며(법 제85조 제4항) 이에 따르지 아니하는 경우에는 형벌이 부과된다(법 제89조 제2호).

ⓒ 노동위원회의 구제명령·기각결정 또는 재심판정은 행정소송의 제기에 의하여 그 효력이 정지되지 아니한다(법 제86조).

ⓓ 취소소송에서의 피고는 당해 명령 또는 결정을 내린 중앙노동위원회의 위원장이다.

② 명령의 위법성 판단의 기준시기

법원이 노동위원회의 명령 또는 결정의 위법성을 판단하는 기준시기에 대하여 처분시설과 판결시설로 나뉜다.

③ 긴급이행명령제도

㉠ 의 의

긴급이행명령이란 사용자가 행정소송을 제기한 경우에 관할법원은 중앙노동위원회의 신청에 의하여 결정으로써 판결이 확정될 때까지 중앙노동위원회의 구제명령의 전부 또는 일부를 이행하도록 명할 수 있는 제도를 말한다(법 제85조 제5항). 이는 구제명령을 위반한 자에 대한 처벌규정이 헌법재판소에 의해 위헌으로 판정됨에 따라 구제명령의 실효성확보차원에서 인정된 것이다.

㉡ 내 용

ⓐ 사용자가 행정소송을 제기한 경우에 한하여 긴급이행명령은 허용된다.

ⓑ 중앙노동위원회가 관할법원에 대하여 결정으로써 확정판결 전까지 중앙노동위원회의 구제명령의 전부 또는 일부를 이행해 주도록 신청하여야 한다.

ⓒ 관할법원은 쌍방이 제출한 소명자료 등을 통하여 중앙노동위원회의 재심명령에 중대하고 명백한 하자가 없고 긴급이행의 필요성이 부정되는 등 특별한 사정이 없는 경우 긴급이행명령을 내린다. 이 경우 재심명령의 구체적 적법성은 본안심리에서 심사되어야 할 사항이다.

ⓓ 긴급이행명령은 판결이 확정될 때까지 효력이 지속된다. 다만, 판결이 확정되기 전에도 당사자의 신청에 의하여 또는 직권으로 그 결정을 취소할 수 있다.

㉢ 위반의 효과

법원의 명령에 위반한 자는 500만원 이하의 금액(당해 명령이 작위를 명하는 것일 때에는 그 명령의 불이행일수 1일에 50만원 이하의 비율로 산정한 금액)의 과태료에 처한다(법 제95조).

④ 판결의 내용

㉠ 중앙노동위원회에서 내린 각하 또는 기각처분에 대하여 법원이 취소한 경우 중앙노동위원회는 취소판결의 취지에 따라 다시 이전의 신청에 대한 처분을 하여야 한다(행정소송법 제30조 제2항).

㉡ 중앙노동위원회에서 부당노동행위가 성립한다고 내린 구제명령에 대하여 법원이 이를 취소한 경우에는 취소판결의 확정에 의하여 중앙노동위원회의 구제명령의 효력은 상실된다.

3 **법원에 의한 구제절차**

(1) 의 의

부당노동행위에 대한 구제는 신속하고 간편한 노동위원회에 의한 구제절차가 일반적이나 법원에 의한
사법적 구제도 받을 수 있다.

(2) 민사적 구제

① 노동위원회에 의한 구제조치는 원상회복으로 사법적 구제조치는 불법행위에 의한 손해배상청구 및
법적 지위의 확인 등으로 나타난다.

② 민사적 구제는 본소에 의한 구제와 가처분신청에 의한 구제가 있다.

③ 단체교섭거부에 대한 사법적 구제로서 단체교섭응낙가처분신청이 허용되는지에 대해서는 견해가
대립한다.

(3) 형사적 구제

현행법은 부당노동행위를 한 사용자에 대하여 직접 형벌을 과할 수 있도록 하고 있다(법 제90조).

01 노동조합 및 노동관계조정법령상 부당노동행위 구제명령의 확정에 관한 내용이다. (   ) 안에
들어갈 내용으로 옳은 것은?

> 중앙노동위원회의 재심판정에 대하여 관계 당사자는 그 재심판정서의 송달을 받은 날부터 (   )일
> 이내에 행정소송법이 정하는 바에 의하여 소를 제기할 수 있다.

① 15   ② 20
③ 30   ④ 50

해설

① 중앙노동위원회의 재심판정에 대하여 관계 당사자는 그 재심판정서의 송달을 받은 날부터 15일 이내에 행정소송법
이 정하는 바에 의하여 소를 제기할 수 있다(노동조합 및 노동관계조정법 제85조 제2항).

02 노동조합 및 노동관계조정법령상 부당노동행위에 관한 설명으로 옳지 않은 것은?(다툼이 있으면
판례에 따름)

① 부당노동행위금지규정은 효력규정인 강행법규이므로 이에 위반된 법률행위는 사법상으로도 그
효력이 없다.

② 지배·개입으로서의 부당노동행위의 성립에 반드시 근로자의 단결권의 침해라는 결과의 발생까
지 요하는 것은 아니다.

③ 노동조합을 조직하려고 하였다는 이유로 근로자에 대하여 한 부당노동행위에 대하여 후에 설립
된 노동조합은 독자적인 구제신청권을 가지지 않는다.

④ 사용자가 근로자의 정당한 노동조합활동을 실질적인 이유로 삼으면서도 표면적으로는 업무상
필요성을 들어 배치전환한 것으로 인정되는 경우에는 부당노동행위라고 보아야 한다.

해설

③ 사용자의 부당노동행위로 인하여 그 권리를 침해당한 근로자 또는 노동조합은 노동위원회에 그 구제를 신청할 수
있도록 되어 있으므로 노동조합을 조직하려고 하였다는 것을 이유로 근로자에 대하여 한 부당노동행위에 대하여는
후에 설립된 노동조합도 독자적인 구제신청권을 가지고 있다고 보아야 할 것이다(대판 1991.1.25, 90누4952).

03 노동조합 및 노동관계조정법령상 부당노동행위에 관한 설명으로 옳지 않은 것은?

① 사용자가 중앙노동위원회의 재심판정에 대하여 행정소송을 제기한 경우에 관할법원은 중앙노동위원회의 신청에 의하여 결정으로써, 판결이 확정될 때까지 중앙노동위원회의 구제명령의 전부 또는 일부를 이행하도록 명할 수 있다.
② 노동위원회는 부당노동행위 구제신청의 심문을 함에 있어서는 관계 당사자에 대하여 증거의 제출과 증인에 대한 반대심문을 할 수 있는 충분한 기회를 주어야 한다.
③ 노동위원회의 구제명령·기각결정 또는 재심판정은 중앙노동위원회에의 재심신청이나 행정소송의 제기에 의하여 그 효력이 정지되지 아니한다.
④ 노동위원회는 부당노동행위 구제신청의 심문을 할 때에 증인의 출석과 질문은 관계 당사자의 신청에 의하여야 하며 그 직권으로는 할 수 없다.

> **해설**
> ④ 노동위원회는 부당노동행위 구제신청의 심문을 할 때에는 관계 당사자의 신청에 의하거나 그 직권으로 증인을 출석하게 하여 필요한 사항을 질문할 수 있다(노동조합 및 노동관계조정법 제83조 제2항).

04 사용자의 행위 중에서 노동조합 및 노동관계조정법상 부당노동행위 유형으로 명시되어 있지 않은 행위는?

① 근로자가 노동조합의 업무를 위한 정당한 행위를 한 것을 이유로 그 근로자를 해고하는 행위
② 노동조합의 대표자와의 단체협약체결 기타의 단체교섭을 정당한 이유 없이 해태하는 행위
③ 근로자가 노동조합에 가입하려는 행위를 이유로 그 근로자에게 불이익을 주는 행위
④ 근로자의 경제상의 불행 기타 재액의 방지와 구제 등을 위한 기금의 기부행위

> **해설**
> 부당노동행위(노동조합 및 노동관계조정법 제81조 제1항)
> • 근로자가 노동조합에 가입 또는 가입하려고 하였거나 노동조합을 조직하려고 하였거나 기타 노동조합의 업무를 위한 정당한 행위를 한 것을 이유로 그 근로자를 해고하거나 그 근로자에게 불이익을 주는 행위
> • 근로자가 어느 노동조합에 가입하지 아니할 것 또는 탈퇴할 것을 고용조건으로 하거나 특정한 노동조합의 조합원이 될 것을 고용조건으로 하는 행위. 다만, 노동조합이 당해 사업장에 종사하는 근로자의 3분의 2 이상을 대표하고 있을 때에는 근로자가 그 노동조합의 조합원이 될 것을 고용조건으로 하는 단체협약의 체결은 예외로 하며, 이 경우 사용자는 근로자가 그 노동조합에서 제명된 것 또는 그 노동조합을 탈퇴하여 새로 노동조합을 조직하거나 다른 노동조합에 가입한 것을 이유로 근로자에게 신분상 불이익한 행위를 할 수 없다.
> • 노동조합의 대표자 또는 노동조합으로부터 위임을 받은 자와의 단체협약체결 기타의 단체교섭을 정당한 이유 없이 거부하거나 해태하는 행위
> • 근로자가 노동조합을 조직 또는 운영하는 것을 지배하거나 이에 개입하는 행위와 근로시간 면제한도를 초과하여 급여를 지급하거나 노동조합의 운영비를 원조하는 행위. 다만, 근로자가 근로시간 중에 활동을 하는 것을 사용자가 허용함은 무방하며, 또한 근로자의 후생자금 또는 경제상의 불행 기타 재액의 방지와 구제 등을 위한 기금의 기부와 최소한의 규모의 노동조합사무소의 제공은 예외로 한다.
> • 근로자가 정당한 단체행위에 참가한 것을 이유로 하거나 또는 노동위원회에 대하여 사용자가 이 조의 규정에 위반한 것을 신고하거나 그에 관한 증언을 하거나 기타 행정관청에 증거를 제출한 것을 이유로 그 근로자를 해고하거나 그 근로자에게 불이익을 주는 행위

05 노동조합 및 노동관계조정법상 부당노동행위 구제절차 등에 관한 설명으로 옳지 않은 것은?

① 부당노동행위로 인하여 그 권리를 침해당한 근로자는 노동위원회에 그 구제를 신청할 수 있다.

② 부당노동행위의 구제 신청은 부당노동행위가 있은 날(계속하는 행위는 그 종료일)부터 3월 이내에 이를 행하여야 한다.

③ 특별노동위원회의 구제명령에 불복이 있는 관계 당사자는 그 명령서의 송달을 받은 날부터 10일 이내에 중앙노동위원회에 그 재심을 신청할 수 있다.

④ 사용자가 중앙노동위원회 재심판정에 불복하여 행정소송을 제기한 경우에 중앙노동위원회는 법원의 판결이 확정될 때까지 중앙노동위원회의 구제명령의 전부 또는 일부를 이행하도록 명할 수 있다.

> **해설**
>
> ④ 사용자가 행정소송을 제기한 경우에 관할법원은 중앙노동위원회의 신청에 의하여 결정으로써, 판결이 확정될 때까지 중앙노동위원회의 구제명령의 전부 또는 일부를 이행하도록 명할 수 있으며, 당사자의 신청에 의하여 또는 직권으로 그 결정을 취소할 수 있다(노동조합 및 노동관계조정법 제85조 제5항).

06 부당노동행위에 관한 설명으로 옳지 않은 것은?(다툼이 있으면 판례에 의함)

① 사용자의 행위가 부당노동행위에 해당한다는 점은 이를 주장하는 근로자 또는 노동조합이 증명하여야 한다.

② 부당노동행위 의사가 존재하는지 여부는 이를 추정할 수 있는 객관적 사정을 종합하여 판단한다.

③ 부당노동행위가 성립되기 위해서는 근로자의 단결권의 침해라는 결과의 발생이 요구된다.

④ 부당노동행위인 법률행위는 사법상(私法上)으로도 그 효력이 없다.

> **해설**
>
> ③ 부당노동행위의 성립에 반드시 근로자의 단결권의 침해라는 결과의 발생을 요하는 것은 아니다(대판 1997.5.7, 96누2057).

07 부당노동행위에 관한 설명으로 옳지 않은 것은?(다툼이 있으면 판례에 의함)

① 소속 조합원으로 가입하려고 하는 것을 이유로 근로자에 대해 사용자가 불이익취급을 한 경우 노동조합은 자신의 명의로 부당노동행위 구제신청을 할 수 없다.

② 사용자가 연설 등을 통하여 의견을 표명하는 경우 노동조합의 조직이나 운영을 지배하거나 이에 개입하는 의사가 인정된다면 부당노동행위가 성립할 수 있다.

③ 부당노동행위는 노동위원회에 그 구제신청을 할 수 있고, 이와 별도로 불이익처분이 부당노동행위에 해당함을 이유로 민사소송을 제기할 수 있다.

④ 사업체가 실질적으로 폐업한 경우 불이익취급에 대한 원상회복의 구제명령을 신청할 구제이익은 없다.

> **해설**
> ① 노동조합으로서는 자신에 대한 사용자의 부당노동행위가 있는 경우뿐만 아니라, 그 소속 소합원으로 가입한 근로자 또는 그 소속 조합원으로 가입하려고 하는 근로자에 대하여 사용자의 부당노동행위가 있는 경우에도 노동조합의 권리가 침해당할 수 있으므로, 그 경우에도 노동조합은 자신의 명의로 그 부당노동행위에 대한 구제신청을 할 수 있는 권리를 가진다고 할 것이다(대판 2008.9.11, 2007두19249).

08 부당노동행위 구제에 관한 설명으로 옳지 않은 것은?

① 부당노동행위로 그 권리를 침해당한 근로자 또는 노동조합은 부당노동행위가 있은 날로부터 3월 이내에 노동위원회에 그 구제를 신청할 수 있다.

② 노동위원회가 구제신청을 받고 관계 당사자를 심문할 때 관계 당사자의 신청에 의하거나 그 직권으로 증인을 출석하게 하여 필요한 사항을 질문할 수 있다.

③ 지방노동위원회 또는 특별노동위원회의 구제명령 또는 기각결정에 불복이 있는 관계 당사자는 그 명령서 또는 결정서의 송달을 받은 날부터 15일 이내에 중앙노동위원회에 그 재심을 신청할 수 있다.

④ 중앙노동위원회의 재심판정에 대하여 불복한 사용자가 행정소송을 제기한 경우 관할 법원은 중앙노동위원회의 신청에 의하여 결정으로써, 판결이 확정될 때까지 중앙노동위원회의 구제명령의 전부 또는 일부를 이행하도록 명할 수 있다.

> **해설**
> ③ 지방노동위원회 또는 특별노동위원회의 구제명령 또는 기각결정에 불복이 있는 관계 당사자는 그 명령서 또는 결정서의 송달을 받은 날부터 10일 이내에 중앙노동위원회에 그 재심을 신청할 수 있다(노동조합 및 노동관계조정법 제85조 제1항).

09 부당노동행위에 관한 설명으로 옳지 않은 것은?(다툼이 있는 경우에는 판례에 의함)

① 사용자의 단체교섭 거부행위가 건전한 사회통념이나 사회상규상 용인될 수 없는 정도에 이른 것으로 인정되는 경우에는 그 단체교섭 거부행위는 부당노동행위로서 단체교섭권을 침해하는 위법한 행위로 평가되어 불법행위의 요건을 충족한다.

② 사용자가 근로자의 노동조합 활동을 혐오하거나 노동조합 활동을 방해하려는 의사로 노동조합 활동에 적극적으로 관여하는 근로자를 승진시켜 조합원 자격을 잃게 한 경우에는 부당노동행위가 성립될 수 있다.

③ 근로자가 연장근로를 희망할 경우 회사에서 반드시 이를 허가하여야 할 의무는 없으므로, 특정 근로자가 파업에 참가하였거나 노조활동에 적극적이라는 이유로 해당 근로자에게 연장근로를 거부하였어도 부당노동행위에 해당할 수 없다.

④ 사용자가 근로자를 해고함에 있어서 표면적으로 내세우는 해고사유와는 달리 실질적으로는 근로자의 정당한 노동조합 활동을 이유로 해고한 것으로 인정되는 경우에 있어서는 그 해고는 부당노동행위에 해당한다.

> **해설**
> ③ 일반적으로 근로자가 연장 또는 휴일근로를 희망할 경우 회사에서 반드시 이를 허가하여야 할 의무는 없지만 특정근로자가 파업에 참가하였거나 노조활동에 적극적이라는 이유로 해당 근로자에게 연장근로 등을 거부하는 것은 해당 근로자에게 경제적 내지 업무상의 불이익을 주는 행위로서 부당노동행위에 해당할 수 있다(대판 2006.9.8, 2006도388).

10 부당노동행위에 관한 설명으로 옳지 않은 것은?(다툼이 있는 경우에는 판례에 의함)

① 사용자의 의견표명이 노동조합의 조직이나 운영 및 활동을 지배하거나 이에 개입하는 의사가 인정되는 경우에는 부당노동행위가 성립한다.

② 산업별 노동조합이 지회에 한정한 쟁의행위를 예정하고 지회에 소속된 조합원을 대상으로 찬반 투표를 실시하여 그 조합원 과반수의 찬성을 얻어 쟁의행위를 한 것은 정당성이 없으므로 사업주가 쟁의행위 기간 중에 근로자를 신규 채용한 것은 부당노동행위에 해당하지 않는다.

③ 원청회사가 사내 하청업체 근로자들의 기본적인 노동조건 등에 관하여 실질적이면서 구체적으로 지배·결정할 수 있는 지위에 있다면 부당노동행위의 시정을 명하는 구제명령을 이행할 주체로서의 사용자에 해당할 수 있다.

④ 단체협약상의 유니온숍 협정에 의하여 사용자가 노동조합을 탈퇴한 근로자를 해고할 의무는 단체협약상의 채무일 뿐이고, 이러한 채무의 불이행 자체가 바로 노동조합에 대한 지배·개입의 부당노동행위에 해당한다고 단정할 수 없다.

> **해설**
> ② 당해 지부나 분회 소속 조합원의 과반수 찬성이 있으면 쟁의행위는 절차적으로 적법하다고 보아야 할 것이다(대판 2009.6.23, 2007두12859).

부 록

01 최저임금법령상 수습 중에 있는 근로자(단순 노무업무로 고용노동부장관이 정하여 고시한 직종에 종사하는 근로자는 제외)에 대한 최저임금액의 내용이다. (가)~(다)에 들어갈 내용을 바르게 연결한 것은?

> (가)년 이상의 기간을 정하여 근로계약을 체결하고 수습 중에 있는 근로자로서 수습을 시작한 날부터 (나)개월 이내인 사람에 대하여는 시간급 최저임금액에서 100분의 (다)을/를 뺀 금액을 그 근로자의 시간급 최저임금액으로 한다.

	(가)	(나)	(다)
①	1	2	5
②	1	3	10
③	2	3	5
④	2	3	10

해설

수습 중에 있는 근로자에 대한 최저임금액(최저임금법 시행령 제3조)
1년 이상의 기간을 정하여 근로계약을 체결하고 수습 중에 있는 근로자로서 수습을 시작한 날부터 3개월 이내인 사람에 대해서는 시간급 최저임금액(최저임금으로 정한 금액을 말함)에서 100분의 10을 뺀 금액을 그 근로자의 시간급 최저임금액으로 한다.

02 「노동조합 및 노동관계조정법」상 단체협약에 대한 설명으로 옳지 않은 것은?

① 단체협약은 당사자의 구두의 합의로도 성립한다.
② 행정관청은 단체협약 중 위법한 내용이 있는 경우에는 노동위원회의 의결을 얻어 그 시정을 명할 수 있다.
③ 단체협약에 정한 근로조건 기타 근로자의 대우에 관한 기준에 위반하는 취업규칙 또는 근로계약의 부분은 무효로 한다.
④ 단체협약의 당사자는 단체협약의 체결일부터 15일 이내에 이를 행정관청에게 신고하여야 한다.

> **해설**

① 단체협약은 서면으로 작성하여 당사자 쌍방이 서명 또는 날인하여야 한다(노동조합 및 노동관계조정법 제31조 제1항).
② 노동조합 및 노동관계조정법 제31조 제3항
③ 노동조합 및 노동관계조정법 제33조 제1항
④ 노동조합 및 노동관계조정법 제31조 제2항

03 「노동조합 및 노동관계조정법」상 부당노동행위에 대한 설명으로 옳지 않은 것은?

① 근로자가 노동조합에 가입 또는 가입하려고 한 것을 이유로 사용자가 그 근로자를 해고하거나 그 근로자에게 불이익을 주는 행위는 부당노동행위에 해당한다.
② 노동위원회는 구제신청에 대한 심문을 종료하고 부당노동행위가 성립한다고 판정한 때에는 사용자에게 구제명령을 발하여야 하며, 부당노동행위가 성립되지 아니한다고 판정한 때에는 그 구제신청을 기각하는 결정을 하여야 한다.
③ 노동위원회는 구제신청에 대한 심문을 할 때에 그 직권으로 증인을 출석하게 하여 필요한 사항을 질문할 수 없다.
④ 사용자가 근로자의 후생자금 또는 경제상의 불행 그 밖에 재해의 방지와 구제 등을 위한 기금을 기부하는 것과 최소한의 규모의 노동조합사무소를 제공하는 것 및 그 밖에 이에 준하여 노동조합의 자주적인 운영 또는 활동을 침해할 위험이 없는 범위에서의 운영비를 원조하는 행위는 부당노동행위에 해당하지 않는다.

> **해설**

③ 노동위원회는 구제신청에 대한 심문을 할 때에는 관계 당사자의 신청에 의하거나 그 직권으로 증인을 출석하게 하여 필요한 사항을 질문할 수 있다(노동조합 및 노동관계조정법 제83조 제2항).
① 노동조합 및 노동관계조정법 제81조 제1항 제1호
② 노동조합 및 노동관계조정법 제84조 제1항
④ 노동조합 및 노동관계조정법 제81조 제1항 제4호

04 「근로기준법」상 17세인 중학교를 졸업한 미성년자 A의 근로계약 등에 대한 설명으로 옳은 것은?

① A의 근로시간은 1일에 7시간, 1주에 35시간을 초과하지 못하지만, A와 사용자 사이의 합의에 따라 1일에 1시간, 1주에 5시간을 한도로 연장할 수 있다.

② A가 미성년자이므로 A의 친권자는 A의 근로계약을 대리할 수 있고, A는 독자적으로는 임금을 청구할 수 없다.

③ 18세 미만인 사람은 근로자로 사용하지 못하므로, 사용자는 A가 고용노동부장관이 발급한 취직인허증을 지녀야만 A를 근로자로 사용할 수 있다.

④ 사용자는 A의 동의가 있는 경우에는 고용노동부장관의 인가를 받지 않아도 A를 휴일에 근로시킬 수 있다.

해설

① 15세 이상 18세 미만인 사람의 근로시간은 1일에 7시간, 1주에 35시간을 초과하지 못한다. 다만, 당사자 사이의 합의에 따라 1일에 1시간, 1주에 5시간을 한도로 연장할 수 있다(근로기준법 제69조).

② 친권자나 후견인은 미성년자의 근로계약을 대리할 수 없다. 또한 미성년자는 독자적으로 임금을 청구할 수 있다(근로기준법 제67조 및 제68조).

③ 15세 미만인 사람(초·중등교육법에 따른 중학교에 재학 중인 18세 미만인 사람을 포함)은 근로자로 사용하지 못한다. 다만, 대통령령으로 정하는 기준에 따라 고용노동부장관이 발급한 취직인허증을 지닌 사람은 근로자로 사용할 수 있다(근로기준법 제64조).

④ 사용자는 임산부와 18세 미만자를 오후 10시부터 오전 6시까지의 시간 및 휴일에 근로시키지 못한다. 다만, 18세 미만자의 동의가 있는 경우, 산후 1년이 지나지 아니한 여성의 동의가 있는 경우, 임신 중의 여성이 명시적으로 청구하는 경우에 해당하는 경우로서 고용노동부장관의 인가를 받으면 그러하지 아니하다(근로기준법 제70조 제2항).

05 「노동조합 및 노동관계조정법」상 교섭창구 단일화 등에 대한 설명으로 옳지 않은 것은?

① 교섭대표노동조합의 대표자는 교섭을 요구한 모든 노동조합 또는 조합원을 위하여 사용자와 교섭하고 단체협약을 체결할 권한을 가진다.

② 교섭대표노동조합과 사용자는 교섭창구 단일화 절차에 참여한 노동조합 또는 그 조합원 간에 합리적 이유 없이 차별을 하여서는 아니 된다.

③ 하나의 사업 또는 사업장에서 현격한 근로조건의 차이, 고용형태, 교섭 관행 등을 고려하여 교섭단위를 분리하거나 분리된 교섭단위를 통합할 필요가 있다고 인정되는 경우에 노동위원회는 노동관계 당사자의 어느 한쪽의 신청을 받아 교섭단위를 분리하거나 분리된 교섭단위를 통합하는 결정을 할 수 있다.

④ 교섭창구 단일화 절차에서 조합원 수 산정은 해당 사업 또는 사업장에 종사하지 않는 조합원을 포함하여 모든 조합원을 기준으로 한다.

해설

④ 조합원 수 산정은 종사근로자인 조합원을 기준으로 한다(노동조합 및 노동관계조정법 제29조의2 제10항).
① 노동조합 및 노동관계조정법 제29조 제2항
② 노동조합 및 노동관계조정법 제29조의4 제1항
③ 노동조합 및 노동관계조정법 제29조의3 제2항

06 「최저임금법」에 대한 설명으로 옳지 않은 것은?

① 가사사용인에게는 「최저임금법」을 적용하지 아니한다.

② 동거하는 친족만을 사용하는 사업에는 「최저임금법」을 적용하지 아니한다.

③ 「선원법」의 적용을 받는 선원과 선원을 사용하는 선박의 소유자에게는 「최저임금법」을 적용하지 아니한다.

④ 정신장애나 신체장애로 근로능력이 현저히 낮은 사람으로서 사용자가 보건복지부장관의 인가를 받은 사람에 대하여는 최저임금을 적용하지 아니한다.

> **해설**
>
> ④ 정신장애나 신체장애로 근로능력이 현저히 낮은 사람, 그 밖에 최저임금을 적용하는 것이 적당하지 아니하다고 인정되는 사람에 해당하는 사람으로서 사용자가 대통령령으로 정하는 바에 따라 고용노동부장관의 인가를 받은 사람에 대하여는 최저임금을 적용하지 아니한다(최저임금법 제7조).
>
> ①·② 최저임금법은 근로자를 사용하는 모든 사업 또는 사업장(이하 '사업'이라 함)에 적용한다. 다만, 동거하는 친족만을 사용하는 사업과 가사사용인에게는 적용하지 아니한다(최저임금법 제3조 제1항).
>
> ③ 최저임금법 제3조 제2항

07 「최저임금법」에 대한 설명으로 옳은 것만을 모두 고른 것은?

> ㄱ. 사용자는 최저임금의 적용을 받는 근로자에게 최저임금액 이상의 임금을 지급하여야 한다는 조항(제6조 제1항)을 위반하여 최저임금액보다 적은 임금을 지급한 자에게는 과태료를 부과한다.
>
> ㄴ. 사용자는 「최저임금법」에 따른 최저임금을 이유로 종전의 임금수준을 낮추어서는 아니 된다는 조항(제6조 제2항)을 위반하여 최저임금을 이유로 종전의 임금을 낮춘 자에게는 과태료를 부과한다.
>
> ㄷ. 최저임금의 적용을 받는 사용자는 대통령령으로 정하는 바에 따라 해당 최저임금을 그 사업의 근로자가 쉽게 볼 수 있는 장소에 게시하거나 그 외의 적당한 방법으로 근로자에게 널리 알려야 한다는 조항(제11조)을 위반하여 근로자에게 해당 최저임금을 같은 조에서 규정한 방법으로 널리 알리지 아니한 자에게는 과태료를 부과한다.
>
> ㄹ. 고용노동부장관은 「최저임금법」의 시행에 필요한 범위에서 근로자나 사용자에게 임금에 관한 사항을 보고하게 할 수 있다는 조항(제25조)에 따른 임금에 관한 사항의 보고를 하지 아니하거나 거짓 보고를 한 자에게는 과태료를 부과한다.

① ㄱ, ㄴ

② ㄴ, ㄷ

③ ㄴ, ㄹ

④ ㄷ, ㄹ

> **해설**
>
> ㄷ·ㄹ. 최저임금법 제31조 제1항
>
> ㄱ·ㄴ. 최저임금액보다 적은 임금을 지급하거나 최저임금을 이유로 종전의 임금을 낮춘 자는 3년 이하의 징역 또는 2천만원 이하의 벌금에 처한다. 이 경우 징역과 벌금은 병과할 수 있다(최저임금법 제28조).

06 ④ 07 ④

08 「노동조합 및 노동관계조정법」상 노동조합 등에 대한 설명으로 옳지 않은 것은?

① 노동조합 임원의 임기는 규약으로 정하되 2년을 초과할 수 없다.

② 종사근로자가 아닌 노동조합의 조합원은 사용자의 효율적인 사업 운영에 지장을 주지 아니하는 범위에서 사업 또는 사업장 내에서 노동조합 활동을 할 수 있다.

③ 하나의 사업 또는 사업장을 대상으로 조직된 노동조합의 대의원은 그 사업 또는 사업장에 종사하는 조합원 중에서 선출하여야 한다.

④ 종사근로자인 조합원이 해고되어 노동위원회에 부당노동행위의 구제신청을 한 경우에는 중앙노동위원회의 재심판정이 있을 때까지는 종사근로자로 본다.

> **해설**
> ① 임원의 임기는 규약으로 정하되 3년을 초과할 수 없다(노동조합 및 노동관계조정법 제23조 제2항).
> ② 노동조합 및 노동관계조정법 제5조 제2항
> ③ 노동조합 및 노동관계조정법 제23조 제1항
> ④ 노동조합 및 노동관계조정법 제5조 제3항

09 「근로기준법」상 취업규칙에 대한 설명으로 옳은 것은?

① 사용자는 취업규칙의 작성에 관하여 해당 사업 또는 사업장에 근로자의 과반수로 조직된 노동조합이 없는 경우에는 근로자의 과반수를 대표하는 자의 의견을 들어야 한다.

② 근로자에 대하여 감급(減給)의 제재를 정할 경우에 그 감액은 1회의 금액이 통상임금의 1일분의 3분의 1을 초과하지 못한다.

③ 법령이나 해당 사업 또는 사업장에 대하여 적용되는 단체협약과 어긋나서는 아니 된다.

④ 고용노동부장관은 취업규칙이 법령에 어긋나는 경우에는 노동위원회의 의결을 얻어야 그 변경을 명할 수 있다.

> **해설**
> ③ 취업규칙은 법령이나 해당 사업 또는 사업장에 대하여 적용되는 단체협약과 어긋나서는 아니 된다(근로기준법 제96조 제1항).
> ① 사용자는 취업규칙의 작성 또는 변경에 관하여 해당 사업 또는 사업장에 근로자의 과반수로 조직된 노동조합이 있는 경우에는 그 노동조합, 근로자의 과반수로 조직된 노동조합이 없는 경우에는 근로자의 과반수의 의견을 들어야 한다. 다만, 취업규칙을 근로자에게 불리하게 변경하는 경우에는 그 동의를 받아야 한다(근로기준법 제94조 제1항).
> ② 취업규칙에서 근로자에 대하여 감급(減給)의 제재를 정할 경우에 그 감액은 1회의 금액이 평균임금의 1일분의 2분의 1을, 총액이 1 임금지급기의 임금 총액의 10분의 1을 초과하지 못한다(근로기준법 제95조).
> ④ 고용노동부장관은 법령이나 단체협약에 어긋나는 취업규칙의 변경을 명할 수 있다(근로기준법 제96조 제2항).

10 「근로기준법」상 징계 또는 해고에 대한 설명으로 옳지 않은 것은?(다툼이 있는 경우 판례에 의함)

① 당해 징계처분사유 전후에 저지른 징계사유로 되지 아니한 비위사실도 징계양정에 있어서의 참작자료가 될 수 있다.

② 취업규칙 등의 징계에 관한 규정에 징계혐의자의 출석 및 진술의 기회부여 등에 관한 절차가 규정되어 있지 않더라도 그와 같은 절차를 밟지 아니하고 징계해고하였다면 그 징계는 무효이다.

③ 원래의 징계 과정에 절차 위반의 하자가 있더라도 재심 과정에서 보완되었다면 그 절차 위반의 하자는 치유된다.

④ 인사규정 등에 대기발령 후 일정 기간이 경과하도록 복직발령을 받지 못하는 경우 당연퇴직된다는 규정을 두는 경우, 이에 따른 당연퇴직 처리는 실질상 해고에 해당한다.

해설

② 일반적으로 근로자를 징계해고함에 있어 취업규칙 등에 징계에 관한 절차가 정하여져 있으면 반증이 없는 한 그 절차는 정의가 요구하는 것으로서 징계의 유효조건이라고 할 것이나, 취업규칙 등의 징계에 관한 규정에 징계혐의자의 출석 및 진술의 기회부여 등에 관한 절차가 규정되어 있지 아니하다면 그와 같은 절차를 밟지 아니하고 해고하였다 하여 이를 들어 그 징계를 무효라고는 할 수 없다(대판 1986.7.8, 85다375).

① 대판 1998.5.22, 98다2365
③ 대판 1997.11.11, 96다23627
④ 대판 2007.5.31, 2007두1460

11 근로기준법령상 임금 등에 대한 설명으로 옳지 않은 것은?

① 사용자는 근로자가 퇴직한 경우에는 그 지급 사유가 발생한 때부터 14일 이내에 임금, 보상금, 그 밖의 모든 금품을 지급하여야 하지만, 특별한 사정이 있을 경우에는 당사자 사이의 합의에 의하여 기일을 연장할 수 있다.

② 1개월을 초과하는 기간의 출근 성적에 따라 지급하는 정근수당은 매월 1회 이상 일정한 날짜를 정하여 지급하지 않을 수 있다.

③ 평균임금이란 근로자에게 정기적이고 일률적으로 소정근로 또는 총 근로에 대하여 지급하기로 정한 시간급 금액, 일급 금액, 주급 금액, 월급 금액 또는 도급 금액을 말한다.

④ 임금은 통화로 직접 근로자에게 그 전액을 지급하여야 하나, 법령 또는 단체협약에 특별한 규정이 있는 경우에는 임금의 일부를 공제하거나 통화 이외의 것으로 지급할 수 있다.

해설

③ "평균임금"이란 이를 산정하여야 할 사유가 발생한 날 이전 3개월 동안에 그 근로자에게 지급된 임금의 총액을 그 기간의 총일수로 나눈 금액을 말한다. 근로자가 취업한 후 3개월 미만인 경우도 이에 준한다(근로기준법 제2조 제1항 제6호).

① 근로기준법 제36조
② 근로기준법 시행령 제23조
④ 근로기준법 제43조 제1항

12 밑줄 친 '사업'에 해당하지 않는 것은?

> 「근로기준법」은 「통계법」 제22조 제1항에 따라 통계청장이 고시하는 산업에 관한 표준의 중분류 또는 소분류 중 어느 하나에 해당하는 <u>사업</u>에 대하여 사용자가 근로자대표와 서면으로 합의한 경우에는 「근로기준법」 제54조에 따른 휴게시간을 변경할 수 있다고 규정하고 있다.

① 보건업
② 항공운송업
③ 수상운송업
④ 「여객자동차 운수사업법」 제3조 제1항 제1호에 따른 노선 여객자동차운송사업

해설

근로시간 및 휴게시간의 특례(근로기준법 제59조 제1항)
통계법 제22조 제1항에 따라 통계청장이 고시하는 산업에 관한 표준의 중분류 또는 소분류 중 다음의 어느 하나에 해당하는 사업에 대하여 사용자가 근로자대표와 서면으로 합의한 경우에는 주 12시간을 초과하여 연장근로를 하게 하거나 휴게시간을 변경할 수 있다.
- 육상운송 및 파이프라인 운송업. 다만, 여객자동차 운수사업법 제3조 제1항 제1호에 따른 노선 여객자동차운송사업은 제외한다.
- 수상운송업
- 항공운송업
- 기타 운송관련 서비스업
- 보건업

13 「근로기준법」상 사용자가 근로자대표와 서면으로 합의해야 하는 사항에 해당하지 않는 것은?

① 선택적 근로시간제 실시(제52조)
② 경영상 이유에 의한 해고 시 해고를 피하기 위한 방법 및 해고 기준 결정(제24조)
③ 보상 휴가제 실시(제57조)
④ 연차 유급휴가 대체(제62조)

해설

② 사용자는 해고를 피하기 위한 방법과 해고의 기준 등에 관하여 그 사업 또는 사업장에 근로자의 과반수로 조직된 노동조합이 있는 경우에는 그 노동조합에 해고를 하려는 날의 50일 전까지 통보하고 성실하게 협의하여야 한다(근로기준법 제24조 제3항).

14 「근로기준법」상 이행강제금에 대한 설명으로 옳지 않은 것은?

① 노동위원회는 이행강제금을 부과하기 30일 전까지 이행강제금을 부과·징수한다는 뜻을 사용자에게 미리 문서로써 알려 주어야 한다.

② 노동위원회는 최초의 구제명령을 한 날을 기준으로 매년 2회의 범위에서 구제명령이 이행될 때까지 반복하여 이행강제금을 부과·징수할 수 있으며, 이 경우 이행강제금은 2년을 초과하여 부과·징수하지 못한다.

③ 노동위원회는 구제명령을 받은 후 이행기한까지 구제명령을 이행하지 아니한 사용자에게 5천만원 이하의 이행강제금을 부과한다.

④ 근로자는 구제명령을 받은 사용자가 이행기한까지 구제명령을 이행하지 아니하면 이행기한이 지난 때부터 15일 이내에 그 사실을 노동위원회에 알려줄 수 있다.

> **해설**
> ③ 노동위원회는 구제명령(구제명령을 내용으로 하는 재심판정을 포함)을 받은 후 이행기한까지 구제명령을 이행하지 아니한 사용자에게 3천만원 이하의 이행강제금을 부과한다(근로기준법 제33조 제1항).
> ① 근로기준법 제33조 제2항
> ② 근로기준법 제33조 제5항
> ④ 근로기준법 제33조 제8항

15 영업양도와 근로관계에 대한 설명으로 옳지 않은 것은?(다툼이 있는 경우 판례에 의함)

① 영업양도 당사자 사이에 근로관계의 일부를 승계의 대상에서 제외하기로 하는 특약이 있는 경우에는 그에 따라 근로관계의 승계가 이루어지지 않을 수 있으나, 그러한 특약은 실질적으로 해고나 다름이 없다.

② 영업양도에 의하여 양도인과 근로자 사이의 근로관계는 원칙적으로 양수인에게 포괄승계되는 것이지만 근로자가 반대의 의사를 표시함으로써 양수기업에 승계되는 대신 양도기업에 잔류하거나 양도기업과 양수기업 모두에서 퇴직할 수도 있다.

③ 영업양도에 의하여 근로계약 관계가 포괄적으로 승계된 경우에 근로자의 종전 근로계약상의 지위도 그대로 승계된다.

④ 영업양도 이전에 민사소송에서 해고가 무효라는 내용의 판결이 확정된 경우라도 영업양도 당시에 근로자에 대한 양도인의 현실적인 복직조치가 없었다면 그 근로자와 양도인의 근로관계는 양수인에게 승계되지 않는다.

> **해설**
> ④ 근로자가 영업양도일 이전에 정당한 이유 없이 해고된 경우 양도인과 근로자 사이의 근로관계는 여전히 유효하고, 해고 이후 영업 전부의 양도가 이루어진 경우라면 해고된 근로자로서는 양도인과의 사이에서 원직 복직도 사실상 불가능하게 되므로, 영업양도 계약에 따라 영업 전부를 동일성을 유지하면서 이전받는 양수인으로서는 양도인으로부터 정당한 이유 없이 해고된 근로자와의 근로관계를 원칙적으로 승계한다(대판 2020.11.5, 2018두54705).
> ① 대판 1994.6.28, 93다33173
> ② 대판 2002.3.29, 2000두8455
> ③ 대판 1995.12.26, 95다41659

16 「노동조합 및 노동관계조정법」상 쟁의행위에 대한 설명으로 옳지 않은 것은?(다툼이 있는 경우 판례에 의함)

① 근로자들의 직장점거가 개시 당시 적법한 경우에는 사용자가 이에 대응하여 적법하게 직장폐쇄를 하더라도 사용자는 점거 중인 근로자들에 대하여 정당하게 사업장으로부터의 퇴거를 요구할 수 없다.

② 직장폐쇄의 개시 자체는 정당하더라도 어느 시점 이후에 근로자가 쟁의행위를 중단하고 진정으로 업무에 복귀할 의사를 표시하였음에도 사용자가 직장폐쇄를 계속 유지함으로써 근로자의 쟁의행위에 대한 방어적인 목적에서 벗어나 공격적 직장폐쇄로 성격이 변질되었다고 볼 수 있는 경우에는 그 이후의 직장폐쇄는 정당성을 상실하게 된다.

③ 노동조합은 사용자의 점유를 배제하여 조업을 방해하는 형태로 쟁의행위를 해서는 아니 된다.

④ 직장폐쇄가 정당한 쟁의행위로 평가받지 못하는 경우 사용자는 직장폐쇄 기간 동안의 대상 근로자에 대한 임금 지급 의무를 면할 수 없다.

> **해설**
> ① 근로자들의 직장점거가 개시 당시 적법한 것이었다 하더라도 사용자가 이에 대응하여 적법하게 직장폐쇄를 하게 되면, 사용자의 사업장에 대한 물권적 지배권이 전면적으로 회복되는 결과 사용자는 점거 중인 근로자들에 대하여 정당하게 사업장으로부터의 퇴거를 요구할 수 있고 퇴거를 요구받은 이후의 직장점거는 위법하게 되므로, 적법히 직장폐쇄를 단행한 사용자로부터 퇴거요구를 받고도 불응한 채 직장점거를 계속한 행위는 퇴거불응죄를 구성한다(대판 1991.8.13, 91도1324).
> ② · ④ 대판 2016.5.24, 2012다85335
> ③ 노동조합 및 노동관계조정법 제37조 제3항

17 근로기준법령상 임금에 대한 설명으로 옳지 않은 것은?

① 사용자는 임금을 지급하는 때에는 근로자에게 임금명세서를 서면으로 교부하여야 하며, 이 경우 그 서면에는 「전자문서 및 전자거래 기본법」 제2조 제1호에 따른 전자문서가 포함되지 아니한다.

② 사용자는 도급으로 사용하는 근로자에게 근로시간에 따라 일정액의 임금을 보장하여야 한다.

③ 사용자는 근로자가 혼인한 경우에 그 비용에 충당하기 위하여 임금 지급을 청구하면 지급기일 전이라도 이미 제공한 근로에 대한 임금을 지급하여야 한다.

④ 최종 3개월분의 임금은 사용자의 총재산에 대하여 질권·저당권 또는 「동산·채권 등의 담보에 관한 법률」에 따른 담보권에 따라 담보된 채권, 조세·공과금 및 다른 채권에 우선하여 변제되어야 한다.

> **해설**
> ① 사용자는 임금을 지급하는 때에는 근로자에게 임금의 구성항목·계산방법, 임금의 일부를 공제한 경우의 내역 등 대통령령으로 정하는 사항을 적은 임금명세서를 서면(「전자문서 및 전자거래 기본법」 제2조 제1호에 따른 전자문서를 포함)으로 교부하여야 한다(근로기준법 제48조 제2항).
> ② 사용자는 도급이나 그 밖에 이에 준하는 제도로 사용하는 근로자에게 근로시간에 따라 일정액의 임금을 보장하여야 한다(근로기준법 제47조).
> ③ 사용자는 근로자가 출산, 질병, 재해, 그 밖에 대통령령으로 정하는 비상한 경우의 비용에 충당하기 위하여 임금 지급을 청구하면 지급기일 전이라도 이미 제공한 근로에 대한 임금을 지급하여야 한다(근로기준법 제45조).
> ④ 근로기준법 제38조

18 「근로기준법」상 단시간근로자 등에 대한 설명으로 옳지 않은 것은?

① 단시간근로자란 1주 동안의 소정근로시간이 그 사업장에서 같은 종류의 업무에 종사하는 통상 근로자의 1주 동안의 소정근로시간에 비하여 짧은 근로자를 말한다.

② 단시간근로자의 근로조건은 그 사업장의 같은 종류의 업무에 종사하는 통상 근로자의 업무성과를 기준으로 산정한 비율에 따라 결정되어야 한다.

③ 4주 동안(4주 미만으로 근로하는 경우에는 그 기간)을 평균하여 1주 동안의 소정근로시간이 15시간 미만인 근로자에 대하여는 「근로기준법」 제55조(휴일)를 적용하지 아니한다.

④ 4주 동안(4주 미만으로 근로하는 경우에는 그 기간)을 평균하여 1주 동안의 소정근로시간이 15시간 미만인 근로자에 대하여는 「근로기준법」 제60조(연차 유급휴가)를 적용하지 아니한다.

> **해설**
> ② 단시간근로자의 근로조건은 그 사업장의 같은 종류의 업무에 종사하는 통상 근로자의 근로시간을 기준으로 산정한 비율에 따라 결정되어야 한다(근로기준법 제18조 제1항).
> ① 근로기준법 제2조 제1항 제9호
> ③·④ 4주 동안(4주 미만으로 근로하는 경우에는 그 기간)을 평균하여 1주 동안의 소정근로시간이 15시간 미만인 근로자에 대하여는 제55조(휴일)와 제60조(연차 유급휴가)를 적용하지 아니한다(근로기준법 제18조 제3항).

19 「근로기준법」상 전직처분에 대한 설명으로 옳지 않은 것은?(다툼이 있는 경우 판례에 의함)

① 근로자에 대한 전직처분은 원칙적으로 인사권자인 사용자의 권한에 속하므로 업무상 필요한 범위 내에서는 상당한 재량을 인정하여야 하는 것으로서, 그것이 「근로기준법」에 위반되거나 권리남용에 해당하는 등의 특별한 사정이 없는 한 무효라고 할 수 없다.

② 업무상 필요에 의한 전직에 따른 생활상의 불이익이 근로자가 통상 감수하여야 할 정도를 현저하게 벗어나지 않으면 이는 정당한 인사권의 범위 내에 속하므로 권리남용에 해당하지 않는다.

③ 전직처분을 할 때 근로자 본인과 성실한 협의절차를 거쳤는지는 정당한 인사권의 행사인지를 판단하는 하나의 요소이므로, 그러한 절차를 거치지 아니한 전직처분은 권리남용에 해당하여 당연히 무효가 된다.

④ 사용자가 전직처분을 할 때 요구되는 업무상의 필요란 인원 배치를 변경할 필요성이 있고 그 변경에 어떠한 근로자를 포함시키는 것이 적절할 것인가 하는 인원선택의 합리성을 의미한다.

> **해설**
> ③ 전보처분 등을 함에 있어서 근로자 본인과 성실한 협의절차를 거쳤는지의 여부는 정당한 인사권의 행사인지의 여부를 판단하는 하나의 요소라고는 할 수 있으나, 그러한 절차를 거치지 아니하였다는 사정만으로 전보처분 등이 권리남용에 해당하여 당연히 무효가 된다고는 볼 수 없다(대판 1997.7.22, 97다18165).
> ①·② 대판 1997.7.22, 97다18165, 18172
> ④ 대판 2013.2.28, 2010다52041

20 「근로기준법」상 해고 등에 대한 설명으로 옳지 않은 것은?(다툼이 있는 경우 판례에 의함)

① 사용자가 근로자로부터 사직서를 제출받고 이를 수리하는 의원면직의 형식을 취하여 근로계약관계를 종료시켰다고 할지라도 사직의 의사가 없는 근로자로 하여금 어쩔 수 없이 사직서를 작성, 제출하게 하였다면, 이는 해고에 해당한다.

② 사용자가 근로자를 징계해고할 만한 사유가 전혀 없는데도 오로지 근로자를 사업장에서 몰아내려는 의도하에 고의로 어떤 명목상의 해고사유를 내세워 징계라는 수단을 동원하여 해고한 경우에는 근로자에 대한 관계에서 불법행위를 구성할 수 있다.

③ 경영상 이유에 의하여 근로자를 해고한 사용자는 근로자를 해고한 날부터 3년 이내에 해고된 근로자가 해고 당시 담당하였던 업무와 같은 업무를 할 근로자를 채용하려고 할 경우 경영상 이유에 의하여 해고된 근로자가 원하면 그 근로자를 우선적으로 고용하여야 한다.

④ 사용자의 부당한 해고처분이 무효이거나 취소된 때에는 근로자는 계속 근로하였을 경우에 받을 수 있는 임금을 청구할 수 있으며, 여기에서 근로자가 지급을 청구할 수 있는 임금은 통상임금으로 국한된다.

해설

④ 사용자의 부당한 해고처분이 무효이거나 취소된 때에는 그동안 피해고자의 근로자로서 지위는 계속되고, 그간 근로의 제공을 하지 못한 것은 사용자의 귀책사유로 인한 것이므로 근로자는 민법 제538조 제1항에 의하여 계속 근로하였을 경우 받을 수 있는 임금 전부의 지급을 청구할 수 있다. 여기에서 근로자가 지급을 청구할 수 있는 임금은 근로기준법 제2조에서 정하는 임금을 의미하므로, 사용자가 근로의 대가로 근로자에게 지급하는 일체의 금원으로서 계속적·정기적으로 지급되고 이에 관하여 단체협약, 취업규칙, 급여규정, 근로계약, 노동관행 등에 의하여 사용자에게 지급의무가 지워져 있다면 명칭 여하를 불문하고 모두 이에 포함되며, 반드시 통상임금으로 국한되는 것은 아니다(대판 2020.7.23, 2020다221396).

① 대판 1993.1.26, 91다38686
② 대판 1996.4.23, 95다6823
③ 근로기준법 제25조 제1항

01 근로기준법상 용어의 뜻으로 옳지 않은 것은?

① '사용자'란 사업주 또는 사업 경영 담당자, 그 밖에 근로자에 관한 사항에 대하여 사업주를 위하여 행위하는 자를 말한다.

② '근로'란 정신노동과 육체노동을 말한다.

③ '임금'이란 사용자가 근로의 대가로 근로자에게 임금, 봉급, 그 밖에 어떠한 명칭으로든지 지급하는 모든 금품을 말한다.

④ '1주'란 휴일을 제외한 5일을 말한다.

> **해설**
> ④ '1주'란 휴일을 포함한 7일을 말한다(근로기준법 제2조 제1항 제7호).
> ① 근로기준법 제2조 제1항 제2호
> ② 근로기준법 제2조 제1항 제3호
> ③ 근로기준법 제2조 제1항 제5호

02 근로기준법상 근로시간과 휴식에 대한 설명으로 옳지 않은 것은?

① 제50조 제1항에 따른 1주간의 근로시간은 휴게시간을 제외하고 40시간을 초과할 수 없다.

② 제50조 제2항에 따른 1일의 근로시간은 휴게시간을 제외하고 8시간을 초과할 수 없다.

③ 업무의 성질에 비추어 업무 수행 방법을 근로자의 재량에 위임할 필요가 있는 업무로서 대통령령으로 정하는 업무는 사용자가 근로자대표와 서면 합의로 정한 시간을 근로한 것으로 본다.

④ 사용자는 근로자에게 1주에 평균 2회의 유급휴일을 보장하여야 한다.

> **해설**
> ④ 사용자는 근로자에게 1주에 평균 1회 이상의 유급휴일을 보장하여야 한다(근로기준법 제55조 제1항).
> ① 근로기준법 제50조 제1항
> ② 근로기준법 제50조 제2항
> ③ 근로기준법 제58조 제3항

03 노동조합 및 노동관계조정법상 부당노동행위 구제신청, 구제명령 등에 대한 설명으로 옳지 않은 것은?

① 사용자의 부당노동행위로 인하여 그 권리를 침해당한 근로자 또는 노동조합은 노동위원회에 그 구제를 신청할 수 있다.

② 노동위원회는 부당노동행위 구제신청을 받은 때에는 지체 없이 필요한 조사와 관계 당사자의 심문을 하여야 한다.

③ 노동위원회는 부당노동행위가 성립한다고 판정한 때에는 사용자에게 구제명령을 발하여야 하는데 이는 구두로 할 수 있다.

④ 지방노동위원회의 구제명령에 불복이 있는 관계 당사자는 그 명령서의 송달을 받은 날부터 10일 이내에 중앙노동위원회에 그 재심을 신청할 수 있다.

해설

③ 노동위원회는 심문을 종료하고 부당노동행위가 성립한다고 판정한 때에는 사용자에게 구제명령을 발하여야 하며, 부당노동행위가 성립되지 아니한다고 판정한 때에는 그 구제신청을 기각하는 결정을 하여야 한다. 판정·명령 및 결정은 서면으로 하되, 이를 당해 사용자와 신청인에게 각각 교부하여야 한다(노동조합 및 노동관계조정법 제84조 제1항 및 제2항).
① 노동조합 및 노동관계조정법 제82조 제1항
② 노동조합 및 노동관계조정법 제83조 제1항
④ 노동조합 및 노동관계조정법 제85조 제1항

04 노동조합 및 노동관계조정법상 쟁의행위에 대한 설명으로 옳지 않은 것은?

① 조합원은 노동조합에 의하여 주도되지 아니한 쟁의행위를 하여서는 아니된다.

② 노동조합은 쟁의행위가 적법하게 수행될 수 있도록 지도·관리·통제할 책임이 있다.

③ 사용자는 쟁의행위 기간 중 그 쟁의행위로 중단된 업무를 도급 줄 수 있다.

④ 근로자는 쟁의행위 기간 중에는 현행범 외에는 노동조합 및 노동관계조정법 위반을 이유로 구속되지 아니한다.

해설

③ 사용자는 쟁의행위 기간 중 그 쟁의행위로 중단된 업무를 도급 또는 하도급 줄 수 없다(노동조합 및 노동관계조정법 제43조 제2항).
① 노동조합 및 노동관계조정법 제37조 제2항
② 노동조합 및 노동관계조정법 제38조 제3항
④ 노동조합 및 노동관계조정법 제39조

05 노동조합 및 노동관계조정법상 노동조합 총회의 의결사항 중 재적조합원 과반수의 출석과 출석조합원 과반수의 찬성으로 의결이 가능한 것은?

① 규약의 변경에 관한 사항　　　　　② 임원의 해임에 관한 사항
③ 기금의 설치에 관한 사항　　　　　④ 조직형태의 변경에 관한 사항

> **해설**
> 총회의 의결사항(노동조합 및 노동관계조정법 제16조 제1항)
> • 규약의 제정과 변경에 관한 사항
> • 임원의 선거와 해임에 관한 사항
> • 단체협약에 관한 사항
> • 예산·결산에 관한 사항
> • 기금의 설치·관리 또는 처분에 관한 사항
> • 연합단체의 설립·가입 또는 탈퇴에 관한 사항
> • 합병·분할 또는 해산에 관한 사항
> • 조직형태의 변경에 관한 사항
> • 기타 중요한 사항

06 근로기준법상 연차 유급휴가 및 연차휴가수당에 대한 설명으로 옳지 않은 것은?(다툼이 있는 경우 판례에 의함)

① 근로자가 부당해고로 인하여 지급받지 못한 임금이 연차휴가수당인 경우에 해당 근로자의 연간 소정근로일수와 출근일수를 고려하여 1년간 80퍼센트 이상 출근하는 요건을 충족하면, 사용자는 연차유급휴가가 부여되는 것을 전제로 연차휴가수당을 지급하여야 한다.

② 근로자가 업무상 재해로 휴업한 기간은 장단을 불문하고 소정근로일수와 출근일수에 모두 포함 시키지 않고 출근율을 계산하여야 한다.

③ 근로자가 연차휴가에 관한 권리를 취득한 후 1년이 지나기 전에 퇴직하는 등의 사유로 인하여 더 이상 연차휴가를 사용하지 못하게 될 경우에는 사용자에게 연차휴가일수에 상응하는 임금인 연차휴가수당을 청구할 수 있다.

④ 연차 유급휴가를 사용할 권리 혹은 연차휴가수당 청구권은 연차휴가를 사용할 해당 연도가 아니라 그 전년도 1년간의 근로에 대한 대가에 해당한다.

> **해설**
> 출근율을 계산할 때 근로자가 업무상의 부상 또는 질병(이하 '업무상 재해'라고 함)으로 휴업한 기간은 출근한 것으로 간주하도록 규정하고 있다. 이는 근로자가 업무상 재해 때문에 근로를 제공할 수 없었음에도 업무상 재해가 없었을 경우보다 적은 연차휴가를 부여받는 불이익을 방지하려는 데에 취지가 있다. 그러므로 근로자가 업무상 재해로 휴업한 기간은 장단을 불문하고 소정근로일수와 출근일수에 모두 포함시켜 출근율을 계산하여야 한다. 설령 그 기간이 1년 전체에 걸치거나 소정근로일수 전부를 차지한다고 하더라도, 이와 달리 볼 아무런 근거나 이유가 없다. 근로자가 연차휴 가에 관한 권리를 취득한 후 1년 이내에 연차휴가를 사용하지 아니하거나 1년이 지나기 전에 퇴직하는 등의 사유로 인하여 더 이상 연차휴가를 사용하지 못하게 될 경우에는 사용자에게 연차휴가일수에 상응하는 임금인 연차휴가수당을 청구할 수 있다. 한편 연차휴가를 사용할 권리 혹은 연차휴가수당 청구권은 근로자가 전년도에 출근율을 충족하면서 근로를 제공하면 당연히 발생하는 것으로서, 연차휴가를 사용할 해당 연도가 아니라 그 전년도 1년간의 근로에 대한 대가에 해당한다(대판 2017.5.17, 2014다232296).

07 근로기준법상 직장 내 괴롭힘의 금지에 대한 설명으로 옳지 않은 것은?

① '직장 내 괴롭힘'이라 함은 사용자 또는 근로자가 직장에서의 지위 또는 관계 등의 우위를 이용하여 업무상 적정범위를 넘어 다른 근로자에게 신체적·정신적 고통을 주거나 근무환경을 악화시키는 행위를 말한다.

② 누구든지 직장 내 괴롭힘 발생 사실을 알게 된 경우 그 사실을 사용자에게 신고하여야 한다.

③ 사용자는 직장 내 괴롭힘 발생 사실을 신고한 근로자 및 피해근로자 등에게 해고나 그 밖의 불리한 처우를 하여서는 아니 된다.

④ 사용자는 직장 내 괴롭힘 발생 사실을 인지한 경우에는 지체 없이 그 사실 확인을 위한 조사를 실시하여야 한다.

해설

② 누구든지 직장 내 괴롭힘 발생 사실을 알게 된 경우 그 사실을 사용자에게 신고할 수 있다(근로기준법 제76조의3 제1항).

① 근로기준법 제76조의2

③ 근로기준법 제76조의3 제6항

④ 사용자는 직장 내 괴롭힘 발생 사실을 인지한 경우에는 지체 없이 당사자 등을 대상으로 그 사실 확인을 위하여 객관적으로 조사를 실시하여야 한다(근로기준법 제76조의3 제2항).

08 노동조합 및 노동관계조정법상 공정대표의무에 대한 설명으로 옳은 것은?

① 교섭대표노동조합은 교섭창구 단일화 절차에 참여하지 않았으나 해당 사업 또는 사업장 내에 합법적으로 설립되어 있는 노동조합에 대하여 공정대표의무를 부담한다.

② 공정대표의무 위반과 관련하여 중앙노동위원회의 재심판정에 대하여 관계 당사자는 그 재심판정서의 송달을 받은 날부터 15일 이내에 행정소송법이 정하는 바에 의하여 소를 제기할 수 있다.

③ 사용자는 공정대표의무를 부담하지 않는다.

④ 공정대표의무를 위반하여 차별을 받은 노동조합의 조합원은 노동위원회에 그 시정을 요청할 수 있다.

해설

② 노동조합 및 노동관계조정법 제85조 제2항

① 교섭창구 단일화 절차에 참여하지 않은 노동조합에 대하여 공정대표의무를 부담하지 않는다.

③ 교섭대표노동조합과 사용자는 교섭창구 단일화 절차에 참여한 노동조합 또는 그 조합원 간에 합리적 이유 없이 차별을 하여서는 아니 된다(노동조합 및 노동관계조정법 제29조의4 제1항).

④ 노동조합의 조합원이 아닌 노동조합이 노동위원회에 그 시정을 요청할 수 있다(노동조합 및 노동관계조정법 제29조의4 제2항).

09 근로기준법령상 상시 4명 이하의 근로자를 사용하는 사업 또는 사업장에 적용되는 규정만을 모두 고르면?

> ㄱ. 경영상 이유에 의한 해고의 제한(근로기준법 제24조)
> ㄴ. 해고의 예고(근로기준법 제26조)
> ㄷ. 휴게(근로기준법 제54조)
> ㄹ. 생리휴가(근로기준법 제73조)
> ㅁ. 법정근로시간(근로기준법 제50조)
> ㅂ. 금품 청산(근로기준법 제36조)

① ㄱ, ㄴ, ㅂ   ② ㄱ, ㄷ, ㅁ
③ ㄴ, ㄷ, ㅂ   ④ ㄴ, ㄹ, ㅁ

해설

상시 4명 이하의 근로자를 사용하는 사업 또는 사업장에 적용하지 않는 주요 규정

총 칙 (제1장)	법령요지 등의 게시(제14조)
근로계약 (제2장)	근로조건의 위반에 대한 노동위원회에의 손해배상청구 신청(제19조 제2항), 부당해고 등(제23조 제1항), 경영상 이유에 의한 해고의 제한(제24조), 부당해고 등의 구제신청(제28조), 퇴직급여제도(제34조)
임 금 (제3장)	휴업수당(제46조)
근로시간과 휴식 (제4장)	근로시간(제50조), 탄력적 근로시간제(제51조), 선택적 근로시간제(제52조), 연장근로의 제한(제53조), 연장·야간 및 휴일근로(제56조), 보상휴가제(제57조), 근로시간 계산의 특례(제58조), 근로시간 및 휴게시간의 특례(제59조), 연차 유급휴가(제60조), 유급휴가의 대체(제62조)
여성과 소년 (제5장)	임산부가 아닌 18세 이상 여성근로자의 보건상 유해·위험한 사업에의 사용금지(제65조 제2항), 18세 이상 여성근로자의 야간근로와 휴일근로의 제한(제70조 제1항), 생리휴가(제73조)

10 근로기준법상 임금에 대한 설명으로 옳지 않은 것은?(다툼이 있는 경우 판례에 의함)

① 사용자가 선택적 복지제도를 시행하면서 직원 전용 온라인 쇼핑사이트에서 물품을 구매하는 방식 등으로 사용할 수 있는 복지포인트를 단체협약, 취업규칙 등에 근거하여 근로자들에게 계속적·정기적으로 배정한 경우라고 하더라도, 이러한 복지포인트는 근로기준법에서 말하는 임금에 해당하지 않는다.

② 근로자가 그 임금채권을 양도한 경우에 양수인은 스스로 사용자에 대하여 임금의 지급을 청구할 수 있다.

③ 상여금이 계속적·정기적으로 지급되고 그 지급액이 확정되어 있다면 이는 근로의 대가로 지급되는 임금의 성질을 가지나, 그 지급사유의 발생이 불확정이고 일시적으로 지급되는 것은 임금이라고 볼 수 없다.

④ 사용자는 각 사업장별로 임금대장을 작성하고 임금과 가족수당 계산의 기초가 되는 사항, 임금액, 그 밖에 대통령령으로 정하는 사항을 임금을 지급할 때마다 적어야 한다.

② 근로기준법 제36조 제1항에서 임금직접지급의 원칙을 규정하는 한편 동법 제109조에서 그에 위반하는 자는 처벌을 하도록 하는 규정을 두어 그 이행을 강제하고 있는 취지가 임금이 확실하게 근로자 본인의 수중에 들어가게 하여 그의 자유로운 처분에 맡기고 나아가 근로자의 생활을 보호하고자 하는데 있는 점에 비추어 보면 근로자가 그 임금채권을 양도한 경우라 할지라도 그 임금의 지급에 관하여는 같은 원칙이 적용되어 사용자는 직접 근로자에게 임금을 지급하지 아니하면 안되는 것이고 그 결과 비록 양수인이라고 할지라도 스스로 사용자에 대하여 임금의 지급을 청구할 수는 없다(대판 1988.12.13, 87다카2803).

① 대판 2019.8.22, 2016다48785
③ 대판 2005.9.9, 2004다41217
④ 근로기준법 제48조 제1항

11 근로기준법상 사용자의 금품 청산과 임금채권의 소멸시효에 대한 규정의 내용이다. ⊙, ⓒ에 들어갈 숫자를 바르게 연결한 것은?

> • 사용자는 근로자가 사망 또는 퇴직한 경우에는 그 지급 사유가 발생한 때부터 (⊙)일 이내에 임금, 보상금, 그 밖의 일체의 금품을 지급하여야 한다(제36조).
> • 근로기준법에 따른 임금채권은 (ⓒ)년간 행사하지 아니하면 시효로 소멸한다(제49조).

	⊙	ⓒ
①	14	1
②	14	3
③	30	1
④	30	3

12 최저임금법상 최저임금에 대한 설명으로 옳지 않은 것은?

① 사용자는 근로자가 정신장애로 근로능력이 현저히 낮은 사람이라고 판단되는 경우에 직권으로 해당 근로자에 대하여 최저임금을 적용하지 않을 수 있다.

② 사용자는 최저임금법에 따른 최저임금을 이유로 종전의 임금수준을 낮추어서는 아니 된다.

③ 최저임금액(최저임금으로 정한 금액을 말한다)은 시간·일(日)·주(週) 또는 월(月)을 단위로 하여 정한다. 이 경우 일·주 또는 월을 단위로 하여 최저임금액을 정할 때에는 시간급(時間給)으로도 표시하여야 한다.

④ 최저임금은 근로자의 생계비, 유사 근로자의 임금, 노동생산성 및 소득분배율 등을 고려하여 정한다. 이 경우 사업의 종류별로 구분하여 정할 수 있다.

① 정신장애나 신체장애로 근로능력이 현저히 낮은 사람, 그 밖에 최저임금을 적용하는 것이 적당하지 아니하다고 인정되는 사람으로서 사용자가 대통령령으로 정하는 바에 따라 고용노동부장관의 인가를 받은 사람에 대하여는 최저임금을 적용하지 아니한다(최저임금법 제7조).

13 근로기준법상 18세 미만자 등의 보호에 대한 설명으로 옳은 것은?

① 사용자는 18세 미만인 사람에 대하여는 그 연령을 증명하는 가족관계기록사항에 관한 증명서와 친권자 또는 후견인의 동의서를 사업장에 갖추어 두어야 한다.

② 고용노동부장관은 근로계약이 미성년자에게 불리하다고 인정하는 경우에도 이를 해지할 수 없다.

③ 15세 이상 18세 미만인 사람의 근로시간은 1일에 7시간, 1주에 35시간을 초과하지 못한다. 다만 당사자 사이의 합의에 따라 1일에 2시간, 1주에 10시간을 한도로 연장할 수 있다.

④ 사용자가 고용노동부장관의 인가를 받으면 18세 미만자의 동의 여부와 관계없이 오후 10시부터 오전 6시까지의 시간에 근로를 시킬 수 있다.

해설

① 근로기준법 제66조

② 친권자, 후견인 또는 고용노동부장관은 근로계약이 미성년자에게 불리하다고 인정하는 경우에는 이를 해지할 수 있다(근로기준법 제67조 제2항).

③ 15세 이상 18세 미만인 사람의 근로시간은 1일에 7시간, 1주에 35시간을 초과하지 못한다. 다만, 당사자 사이의 합의에 따라 1일에 1시간, 1주에 5시간을 한도로 연장할 수 있다(근로기준법 제69조).

④ 사용자는 임산부와 18세 미만자를 오후 10시부터 오전 6시까지의 시간 및 휴일에 근로시키지 못한다. 다만, 18세 미만자의 동의가 있는 경우, 산후 1년이 지나지 아니한 여성의 동의가 있는 경우, 임신 중의 여성이 명시적으로 청구하는 경우로서 고용노동부장관의 인가를 받으면 그러하지 아니하다(근로기준법 제70조 제2항).

14 노동조합 및 노동관계조정법상 단체교섭의 당사자 및 담당자에 대한 설명으로 옳지 않은 것은?(다툼이 있는 경우 판례에 의함)

① 노동조합의 하부단체인 분회나 지부가 독자적인 규약 및 집행기관을 가지고 독립된 조직체로서 활동을 하는 경우 당해 조직이나 그 조합원에 고유한 사항에 대하여는 독자적으로 단체교섭하고 단체협약을 체결할 수 있다.

② 노동조합의 대표자는 그 노동조합 또는 조합원을 위하여 사용자나 사용자단체와 교섭하고 단체 협약을 체결할 권한을 가진다.

③ 노동조합이 단체교섭 권한을 위임할 경우 그 위임을 해지하는 등 별도의 의사표시를 하지 않는 한 그 노동조합의 교섭 권한은 소멸한다.

④ 노동조합과 단체교섭을 할 상대방인 사용자단체는 노동관계에 관하여 그 구성원인 사용자에 대하여 조정 또는 규제할 수 있는 권한을 가진 자이어야 하는데, 사용자단체가 이러한 권한을 갖기 위하여는 노동조합과의 단체교섭 및 단체협약을 체결하는 것을 그 목적으로 하고 또 그 구성원인 각 사용자에 대하여 통제력을 가지고 있어야 한다.

해설

③ 노동조합법에서 규정하고 있는 단체교섭권한의 '위임'이라고 함은 노동조합이 조직상의 대표자 이외의 자에게 조합 또는 조합원을 위하여, 조합의 입장에서 사용자 측과 사이에 단체교섭을 하는 사무처리를 맡기는 것을 뜻하고, 그 위임 후 이를 해지하는 등의 별개의 의사표시가 없더라도 노동조합의 단체교섭권한은 여전히 수임자의 단체교섭권한과 중복하여 경합적으로 남아 있다고 할 것이다(대판 1998.11.13, 98다20790).

① 대판 2001.2.23, 2000도4299

② 노동조합 및 노동관계조정법 제29조 제1항

④ 대판 1979.12.28, 79누116

15 근로기준법상 근로계약에 대한 설명으로 옳지 않은 것은?

① 근로기준법에서 정하는 기준에 미치지 못하는 근로조건을 정한 근로계약은 전부 무효로 한다.

② 사용자는 근로계약을 체결할 때에 근로자에게 소정근로시간을 명시하여야 한다.

③ 사용자는 근로계약을 체결할 때에 근로자에게 제60조에 따른 연차 유급휴가를 명시하여야 한다.

④ 사용자는 근로자에게 정당한 이유 없이 해고, 휴직, 정직, 전직, 감봉, 그 밖의 징벌(懲罰)을 하지 못한다.

> **해설**
> ① 근로기준법에서 정하는 기준에 미치지 못하는 근로조건을 정한 근로계약은 그 부분에 한정하여 무효로 한다(근로기준법 제15조 제1항).
> ② · ③ 근로기준법 제17조 제1항
> ③ 근로기준법 제23조 제1항

16 최저임금법에 대한 설명으로 옳지 않은 것은?

① 최저임금법상 근로자란 근로기준법상의 근로자를 말한다.

② 최저임금법상의 임금은 근로기준법상의 임금을 말한다.

③ 최저임금위원회 위원장은 최저임금을 결정한 때에는 지체 없이 그 내용을 고시하여야 한다.

④ 최저임금의 적용을 받는 사용자는 대통령령으로 정하는 바에 따라 해당 최저임금을 그 사업의 근로자가 쉽게 볼 수 있는 장소에 게시하거나 그 외의 적당한 방법으로 근로자에게 널리 알려야 한다.

> **해설**
> ③ 고용노동부장관은 최저임금을 결정한 때에는 지체 없이 그 내용을 고시하여야 한다(최저임금법 제10조 제1항).
> ① · ② 최저임금법 제2조
> ④ 최저임금법 제11조

17 근로기준법령상 경영상 이유에 의한 해고에 대한 설명으로 옳지 않은 것은?(다툼이 있는 경우 판례에 의함)

① 사용자는 경영상 이유에 의하여 해고된 근로자에 대하여 생계안정, 재취업, 직업훈련 등 필요한 조치를 우선적으로 취하여야 한다.
② 상시 근로자수가 99명 이하인 사업장에서 사용자가 1개월 동안에 10명 이상의 인원을 해고하려면 최초로 해고하려는 날의 30일 전까지 고용노동부장관에게 신고하여야 한다.
③ 경영 악화를 방지하기 위한 사업의 양도는 긴박한 경영상의 필요가 있는 것으로 본다.
④ 사업의 폐지를 위하여 해산한 기업이 그 청산과정에서 근로자를 해고하는 것은 기업 경영의 자유에 속하는 것으로서 정리해고에 해당하지 않는다.

> **해설**
> ① 정부는 경영상 이유에 의하여 해고된 근로자에 대하여 생계안정, 재취업, 직업훈련 등 필요한 조치를 우선적으로 취하여야 한다(근로기준법 제25조 제2항).
> ② 근로기준법 시행령 제10조 제1항
> ③ 근로기준법 제24조 제1항
> ④ 대판 2001.11.13, 2001다27975

18 최저임금법상 최저임금위원회에 대한 설명으로 옳지 않은 것은?

① 위원의 임기는 3년으로 하되, 연임할 수 있다.
② 위원은 임기가 끝났더라도 후임자가 임명되거나 위촉될 때까지 계속하여 직무를 수행한다.
③ 위원장과 부위원장은 공익위원 중에서 고용노동부장관이 선출하여 임명한다.
④ 위원이 궐위(闕位)되면 그 보궐위원의 임기는 전임자(前任者) 임기의 남은 기간으로 한다.

> **해설**
> ③ 위원장과 부위원장은 공익위원 중에서 위원회가 선출한다(최저임금법 제15조 제2항).
> ① 최저임금법 제14조 제3항
> ② 최저임금법 제14조 제5항
> ④ 최저임금법 제14조 제4항

19 근로기준법상 근로감독관에 대한 설명으로 옳지 않은 것은?

① 의사인 근로감독관이나 근로감독관의 위촉을 받은 의사는 취업을 금지하여야 할 질병에 걸릴 의심이 있는 근로자에 대하여 검진하여야 한다.

② 근로조건의 기준을 확보하기 위하여 고용노동부와 그 소속 기관에 근로감독관을 둔다.

③ 근로감독관은 사업장을 현장조사하고 장부와 서류의 제출을 요구할 수 있다.

④ 근로기준법이나 그 밖의 노동 관계 법령에 따른 현장조사, 서류의 제출, 심문 등의 수사는 검사와 근로감독관이 전담하여 수행한다. 다만, 근로감독관의 직무에 관한 범죄의 수사는 그러하지 아니하다.

> **해설**
> ① 의사인 근로감독관이나 근로감독관의 위촉을 받은 의사는 취업을 금지하여야 할 질병에 걸릴 의심이 있는 근로자에 대하여 검진할 수 있다(근로기준법 제102조 제2항).
> ② 근로기준법 제101조 제1항
> ③ 근로기준법 제102조 제1항
> ④ 근로기준법 제105조

20 근로기준법상 취업규칙에 대한 설명으로 옳지 않은 것은?(다툼이 있는 경우 판례에 의함)

① 고용노동부장관은 법령이나 단체협약에 어긋나는 취업규칙의 변경을 명할 수 있다.

② 취업규칙의 불이익 변경에 있어서 해당 사업 또는 사업장에 노동조합이 없는 경우에는, 사용자 측의 개입이나 간섭이 배제된 상태에서 사업장 전체 또는 기구별·단위 부서별로 근로자 간에 의견을 교환하여 찬반의 의사를 모으는 회의방식 기타 집단적 의사결정 방식에 의하여 근로자 과반수의 동의를 받아야 한다.

③ 하나의 취업규칙의 적용을 받는 근로자들 가운데 취업규칙의 변경이 일부 근로자에게는 유리하고 일부 근로자에게는 불리한 경우에는 전체적으로 보아 근로자에게 불리한 취업규칙으로 취급한다.

④ 사용자가 취업규칙에서 정한 근로조건을 근로자에게 불리하게 변경하면서 근로자집단의 동의를 얻지 않은 경우에 변경 후 신규로 입사한 근로자에 대한 관계에서는 당연히 변경 전의 취업규칙이 적용된다.

> **해설**
> ④ 사용자가 취업규칙에서 정한 근로조건을 근로자에게 불리하게 변경함에 있어서 근로자의 동의를 얻지 않은 경우에 취업규칙 변경의 효력이 없어 종전 취업규칙의 효력이 그대로 유지된다는 것은 그 변경으로 기득이익이 침해되는 기존의 근로자에 대한 관계에서 그렇다는 것일 뿐, 그 변경 후에 변경된 취업규칙에 따른 근로조건을 수용하고 근로관계를 갖게 된 근로자에 대한 관계에서는 당연히 변경된 취업규칙이 적용되어야 하고, 기득이익의 침해라는 효력배제사유가 없는 변경 후의 취업근로자에 대한 관계에서까지 그 변경의 효력을 부인하여 종전의 취업규칙이 적용되어야 한다고 볼 것은 아니다(대판 1993.1.15, 92다39778).
> ① 근로기준법 제96조 제2항
> ② 대판 2010.1.28, 2009다32362
> ③ 대판 1993.5.14, 93다1893

2020년 국가공무원 9급 노동법개론(가책형)

01 근로기준법상 근로계약에 대한 설명으로 옳지 않은 것은?

① 국가나 지방자치단체도 근로계약의 당사자가 될 수 있다.

② 친권자나 후견인은 미성년자의 근로계약을 대리할 수 없다.

③ 사용자는 근로계약 불이행에 대한 위약금을 예정하는 계약을 체결하지 못한다.

④ 사용자는 근로자 명부와 대통령령으로 정하는 근로계약에 관한 중요한 서류를 1년간 보존하여야 한다.

> **해설**
> ④ 사용자는 근로자 명부와 대통령령으로 정하는 근로계약에 관한 중요한 서류를 3년간 보존하여야 한다(근로기준법 제42조).
> ① 근로기준법에 따른 대통령령은 국가, 특별시·광역시·도, 시·군·구, 읍·면·동, 그 밖에 이에 준하는 것에 대하여도 적용된다(근로기준법 제12조).
> ② 근로기준법 제67조 제1항
> ③ 사용자는 근로계약 불이행에 대한 위약금 또는 손해배상액을 예정하는 계약을 체결하지 못한다(법 제20조).

02 근로기준법상 해고예고 규정의 적용 예외로 명시된 것이 아닌 것은?

① 월급 근로자로서 6개월이 되지 못한 경우

② 근로자가 계속 근로한 기간이 3개월 미만인 경우

③ 천재·사변, 그 밖의 부득이한 사유로 사업을 계속하는 것이 불가능한 경우

④ 근로자가 고의로 사업에 막대한 지장을 초래하거나 재산상 손해를 끼친 경우로서 고용노동부령으로 정하는 사유에 해당하는 경우

> **해설**
> 해고의 예고(근로기준법 제26조)
> 사용자는 근로자를 해고(경영상 이유에 의한 해고를 포함)하려면 적어도 30일 전에 예고를 하여야 하고, 30일 전에 예고를 하지 아니하였을 때에는 30일분 이상의 통상임금을 지급하여야 한다. 다만, 다음의 어느 하나에 해당하는 경우에는 그러하지 아니하다.
> • 근로자가 계속 근로한 기간이 3개월 미만인 경우
> • 천재·사변, 그 밖의 부득이한 사유로 사업을 계속하는 것이 불가능한 경우
> • 근로자가 고의로 사업에 막대한 지장을 초래하거나 재산상 손해를 끼친 경우로서 고용노동부령으로 정하는 사유에 해당하는 경우

03 근로기준법상 근로시간과 휴식에 대한 설명이다. ㉠~㉢에 들어갈 내용을 바르게 연결한 것은?

> • 1주간의 기준근로시간은 휴게시간을 제외하고 (㉠)시간을 초과할 수 없다.
> • 사용자는 계속해서 근로한 기간이 1년 미만인 근로자에게 1개월 개근 시 (㉡)일의 유급휴가를 주어야 한다.
> • 사용자는 야간근로(오후 10시부터 다음날 오전 6시 사이의 근로를 말한다)에 대하여는 통상임금의 100분의 (㉢) 이상을 가산하여 근로자에게 지급하여야 한다.

	㉠	㉡	㉢
①	40	1	100
②	40	1	50
③	52	3	50
④	52	3	100

해설
• 1주간의 근로시간은 휴게시간을 제외하고 (40)시간을 초과할 수 없다(근로기준법 제50조 제1항).
• 사용자는 계속하여 근로한 기간이 1년 미만인 근로자 또는 1년간 80퍼센트 미만 출근한 근로자에게 1개월 개근 시 (1)일의 유급휴가를 주어야 한다(근로기준법 제60조 제2항).
• 사용자는 야간근로(오후 10시부터 다음 날 오전 6시 사이의 근로를 말함)에 대하여는 통상임금의 100분의 (50) 이상을 가산하여 근로자에게 지급하여야 한다(근로기준법 제56조 제3항).

04 근로기준법상 임금의 지급에 대한 설명으로 옳지 않은 것은?

① 임금은 통화로 직접 근로자에게 그 전액을 지급하여야 한다. 다만, 법령 또는 단체협약에 특별한 규정이 있는 경우에는 임금의 일부를 공제하거나 통화 이외의 것으로 지급할 수 있다.
② 사용자는 근로자가 출산, 질병, 재해, 그 밖에 대통령령으로 정하는 비상한 경우의 비용에 충당하기 위하여 임금 지급을 청구하면 지급기일 전이라도 이미 제공한 근로에 대한 임금을 지급하여야 한다.
③ 임금은 매월 1회 이상 일정한 날짜를 정하여 지급하여야 한다. 다만, 임시로 지급하는 임금, 수당, 그 밖에 이에 준하는 것 또는 대통령령으로 정하는 임금에 대하여는 그러하지 아니하다.
④ 미성년자는 독자적으로 임금을 청구할 수 없다.

해설
④ 미성년자는 독자적으로 임금을 청구할 수 있다(근로기준법 제68조).
① 근로기준법 제43조 제1항
② 근로기준법 제45조
③ 근로기준법 제43조 제2항

05 근로기준법상 임금에 대한 설명으로 옳지 않은 것은?

① 사용자는 근로자를 해고(경영상 이유에 의한 해고를 포함한다)하려면 적어도 30일 전에 예고를 하여야 하고, 30일 전에 예고를 하지 아니하였을 때에는 30일분 이상의 평균임금을 지급하여야 한다.

② 임금채권은 3년간 행사하지 아니하면 시효로 소멸한다.

③ 사용자는 도급이나 그 밖에 이에 준하는 제도로 사용하는 근로자에게 근로시간에 따라 일정액의 임금을 보장하여야 한다.

④ 사용자의 귀책사유로 휴업하는 경우, 평균임금의 100분의 70에 해당하는 금액이 통상임금을 초과하는 경우에는 통상임금을 휴업수당으로 지급할 수 있다.

> **해설**
>
> ① 사용자는 근로자를 해고(경영상 이유에 의한 해고를 포함)하려면 적어도 30일 전에 예고를 하여야 하고, 30일 전에 예고를 하지 아니하였을 때에는 30일분 이상의 통상임금을 지급하여야 한다(근로기준법 제26조 본문).
>
> ② 근로기준법 제49조
>
> ③ 근로기준법 제47조
>
> ④ 사용자의 귀책사유로 휴업하는 경우에 사용자는 휴업기간 동안 그 근로자에게 평균임금의 100분의 70 이상의 수당을 지급하여야 한다. 다만, 평균임금의 100분의 70에 해당하는 금액이 통상임금을 초과하는 경우에는 통상임금을 휴업수당으로 지급할 수 있다(근로기준법 제46조 제1항).

06 근로기준법 제59조에 따르면, 통계법 제22조 제1항에 따라 통계청장이 고시하는 산업에 관한 표준의 중분류 또는 소분류 중 보건업에 대하여 사용자가 주 12시간을 초과하여 연장근로를 하게 하거나 휴게시간을 변경할 수 있다. 이 경우 절차상 필요한 것은?

① 근로자대표와의 서면 합의

② 취업규칙의 근거 규정

③ 고용노동부장관의 인가

④ 근로계약에 명시

> **해설**
>
> 근로시간 및 휴게시간의 특례(근로기준법 제59조 제1항)
>
> 통계법 제22조 제1항에 따라 통계청장이 고시하는 산업에 관한 표준의 중분류 또는 소분류 중 다음의 어느 하나에 해당하는 사업에 대하여 사용자가 근로자대표와 서면으로 합의한 경우에는 주 12시간을 초과하여 연장근로를 하게 하거나 휴게시간을 변경할 수 있다.
>
> • 육상운송 및 파이프라인 운송업. 다만, 여객자동차 운수사업법에 따른 노선 여객자동차운송사업은 제외한다.
>
> • 수상운송업
>
> • 항공운송업
>
> • 기타 운송관련 서비스업
>
> • 보건업

07 근로기준법상 근로자인지 여부를 판단하는 기준에 대한 설명으로 옳은 것은?(다툼이 있는 경우 판례에 의함)

① 계약의 형식이 고용계약인지 도급계약인지에 따라 판단한다.
② 계약의 실질에 있어 근로자가 사업 또는 사업장에 임금을 목적으로 종속적인 관계에서 사용자에게 근로를 제공하였는지 여부에 따라 판단한다.
③ 기본급이나 고정급이 정하여져 있어야만 근로기준법상의 근로자로 판단한다.
④ 직업의 종류에 따라 근로자인지 여부를 판단한다.

> **해설**
> ① · ② · ③ 근로기준법상의 근로자에 해당하는지 여부는 계약의 형식이 고용계약인지 도급계약인지보다 그 실질에 있어 근로자가 사업 또는 사업장에 임금을 목적으로 종속적인 관계에서 사용자에게 근로를 제공하였는지 여부에 따라 판단하여야 하고, 여기에서 종속적인 관계가 있는지 여부는 업무 내용을 사용자가 정하고 취업규칙 또는 복무 (인사)규정 등의 적용을 받으며 업무 수행 과정에서 사용자가 상당한 지휘·감독을 하는지, 사용자가 근무시간과 근무장소를 지정하고 근로자가 이에 구속을 받는지, 노무제공자가 스스로 비품·원자재나 작업도구 등을 소유하거나 제3자를 고용하여 업무를 대행케 하는 등 독립하여 자신의 계산으로 사업을 영위할 수 있는지, 노무 제공을 통한 이윤의 창출과 손실의 초래 등 위험을 스스로 안고 있는지, 보수의 성격이 근로 자체의 대상적 성격인지, 기본급이나 고정급이 정하여졌는지 및 근로소득세의 원천징수 여부 등 보수에 관한 사항, 근로 제공 관계의 계속성과 사용자에 대한 전속성의 유무와 그 정도, 사회보장제도에 관한 법령에서 근로자로서 지위를 인정받는지 등의 경제적·사회적 여러 조건을 종합하여 판단하여야 한다(대판 2006.12.7, 2004다29736).
> ④ 근로자란 직업의 종류와 관계없이 임금을 목적으로 사업이나 사업장에 근로를 제공하는 사람을 말한다(근로기준법 제2조 제1항 제1호).

08 근로기준법상 여성의 보호에 대한 설명으로 옳지 않은 것은?

① 사용자는 임신 중의 여성에게 출산 전과 출산 후를 통하여 90일(한 번에 둘 이상 자녀를 임신한 경우에는 120일)의 출산전후휴가를 주어야 한다.
② 생후 1년 미만의 유아를 가진 여성 근로자가 청구하면 1일 2회 각각 30분 이상의 유급 수유 시간을 주어야 한다.
③ 사용자는 임신 중의 여성 근로자의 요구가 있는 경우에는 시간외근로를 하게 할 수 있다.
④ 사업주는 출산전후휴가 종료 후에는 휴가 전과 동일한 업무 또는 동등한 수준의 임금을 지급하는 직무에 복귀시켜야 한다.

> **해설**
> ③ 사용자는 임신 중의 여성 근로자에게 시간외근로를 하게 하여서는 아니 되며, 그 근로자의 요구가 있는 경우에는 쉬운 종류의 근로로 전환하여야 한다(근로기준법 제74조 제5항).
> ① 근로기준법 제74조 제1항
> ② 근로기준법 제75조
> ④ 근로기준법 제74조 제6항

09 근로기준법상 취업규칙에 대한 설명으로 옳지 않은 것은?

① 상시 10명 이상의 근로자를 사용하는 사용자는 취업규칙을 작성하여 고용노동부장관에게 신고하여야 한다.
② 사용자가 취업규칙을 근로자에게 불리하게 변경하는 경우에는 해당 사업장에 근로자의 과반수로 조직된 노동조합이 없으면 그 근로자의 과반수 동의를 받아야 한다.
③ 취업규칙에서 근로자에 대하여 감급(減給)의 제재를 정할 경우에 그 감액은 1회의 금액이 평균임금의 1일분의 2분의 1을, 총액이 1임금지급기의 임금 총액의 10분의 1을 초과하지 못한다.
④ 취업규칙에서 정한 기준에 미달하는 근로조건을 정한 근로계약은 전부 무효이다.

해설

④ 취업규칙에서 정한 기준에 미달하는 근로조건을 정한 근로계약은 그 부분에 관하여는 무효로 한다(근로기준법 제97조).
① 근로기준법 제93조
② 사용자는 취업규칙의 작성 또는 변경에 관하여 해당 사업 또는 사업장에 근로자의 과반수로 조직된 노동조합이 있는 경우에는 그 노동조합, 근로자의 과반수로 조직된 노동조합이 없는 경우에는 근로자의 과반수의 의견을 들어야 한다. 다만, 취업규칙을 근로자에게 불리하게 변경하는 경우에는 그 동의를 받아야 한다(근로기준법 제94조 제1항).
③ 근로기준법 제95조

10 근로기준법상 경영상의 이유에 의한 해고의 제한에 대한 설명으로 옳지 않은 것은?(다툼이 있는 경우 판례에 의함)

① 사용자가 경영상의 이유에 의하여 근로자를 해고하려는 경우, 경영 악화를 방지하기 위한 사업의 양도 · 인수 · 합병은 긴박한 경영상의 필요가 있는 것으로 본다.
② 사용자는 근로기준법 제24조 제2항에 따른 해고를 피하기 위한 방법과 해고의 기준 등에 관하여 그 사업 또는 사업장에 근로자의 과반수로 조직된 노동조합이 있는 경우에는 그 노동조합에 해고를 하려는 날의 50일 전까지 통보하고 성실하게 협의하여야 한다.
③ 경영상의 이유로 근로자를 해고한 사용자는 근로자를 해고한 날부터 3년 이내에 해고된 근로자가 해고 당시 담당하였던 업무와 같은 업무를 할 근로자를 채용하려고 할 경우 경영상의 이유로 해고된 근로자가 원하면 그 근로자를 우선적으로 고용하여야 한다.
④ 사용자가 경영상의 이유로 근로자를 해고하고자 하는 경우 근로기준법 제24조 제1항 내지 제3항에 따라 합리적이고 공정한 해고의 기준을 정하고 이에 따라 대상자를 선정하여야 하는데, 이때 합리적이고 공정한 기준이 확정적 · 고정적인 것이어야 한다.

④ 사용자가 경영상의 이유로 근로자를 해고하고자 하는 경우 근로기준법 제24조 제1항 내지 제3항에 따라 합리적이고 공정한 해고의 기준을 정하고 이에 따라 대상자를 선정하여야 하는데, 이때 합리적이고 공정한 기준이 확정적·고정적인 것은 아니다(대판 2012.5.24, 2011두11310).

① 사용자가 경영상 이유에 의하여 근로자를 해고하려면 긴박한 경영상의 필요가 있어야 한다. 이 경우 경영 악화를 방지하기 위한 사업의 양도·인수·합병은 긴박한 경영상의 필요가 있는 것으로 본다(근로기준법 제24조 제1항).

② 근로기준법 제24조 제3항

③ 근로기준법 제25조 제1항

11 근로기준법의 내용으로 옳지 않은 것은?

① 사용자는 근로자에 대하여 남녀의 성(性)을 이유로 차별적 대우를 하지 못하고, 국적·신앙 또는 사회적 신분을 이유로 근로조건에 대한 차별적 처우를 하지 못한다.

② 사용자는 폭행, 협박, 감금, 그 밖에 정신상 또는 신체상의 자유를 부당하게 구속하는 수단으로써 근로자의 자유의사에 어긋나는 근로를 강요하지 못한다.

③ 누구든지 법률에 따르지 아니하고는 영리로 다른 사람의 취업에 개입하거나 중간인으로서 이익을 취득하지 못한다.

④ 사용자는 근로자가 근로시간 중에 선거권, 그 밖의 공민권 행사 또는 공(公)의 직무를 집행하기 위하여 필요한 시간을 청구하면 거부할 수 있다.

④ 사용자는 근로자가 근로시간 중에 선거권, 그 밖의 공민권 행사 또는 공(公)의 직무를 집행하기 위하여 필요한 시간을 청구하면 거부하지 못한다(근로기준법 제10조 본문).

① 근로기준법 제6조

② 근로기준법 제7조

③ 근로기준법 제9조

12 노동조합 및 노동관계조정법상 쟁의행위에 대한 설명으로 옳지 않은 것은?

① 쟁의행위는 그 목적·방법 및 절차에 있어서 법령 기타 사회질서에 위반되어서는 아니 된다.

② 조합원은 노동조합에 의하여 주도되지 아니한 쟁의행위를 하여서는 아니 된다.

③ 노동조합의 쟁의행위는 그 조합원의 직접·비밀·무기명투표에 의한 조합원 3분의 2의 찬성으로 결정하지 아니하면 이를 행할 수 없다.

④ 사용자는 노동조합이 쟁의행위를 개시하기 전에는 직장폐쇄를 할 수 없다.

③ 노동조합의 쟁의행위는 그 조합원의 직접·비밀·무기명투표에 의한 조합원 과반수의 찬성으로 결정하지 아니하면 이를 행할 수 없다(노동조합 및 노동관계조정법 제41조 제1항 전단).

①·② 노동조합 및 노동관계조정법 제37조 제1항 및 제2항

④ 사용자는 노동조합이 쟁의행위를 개시한 이후에만 직장폐쇄를 할 수 있다(노동조합 및 노동관계조정법 제46조 제1항).

13 노동조합 및 노동관계조정법상 노동쟁의의 조정(調整)에 대한 설명으로 옳지 않은 것은?

① 노동관계 당사자는 노동쟁의가 발생한 때에는 어느 일방이 이를 상대방에게 서면으로 통보하여야 한다.

② 노동위원회는 관계 당사자의 일방이 노동쟁의 조정(調停)을 신청한 때에는 지체없이 조정을 개시하여야 한다.

③ 노동관계 당사자는 쌍방의 합의에 따라 사적 조정에 의하여 노동쟁의를 해결할 수 있다.

④ 공정한 노동쟁의의 조정을 위하여 단독조정인에 의한 조정은 금지된다.

④ 노동위원회는 관계 당사자 쌍방의 신청이 있거나 관계 당사자 쌍방의 동의를 얻은 경우에는 조정위원회에 갈음하여 단독조정인에게 조정을 행하게 할 수 있다(노동조합 및 노동관계조정법 제57조 제1항).

① 노동조합 및 노동관계조정법 제45조 제1항

② 노동조합 및 노동관계조정법 제53조 제1항

③ 조정 및 중재의 규정은 노동관계 당사자가 쌍방의 합의 또는 단체협약이 정하는 바에 따라 사적조정 등에 의하여 노동쟁의를 해결하는 것을 방해하지 아니한다(노동조합 및 노동관계조정법 제52조 제1항).

14 근로기준법령상 상시 4명 이하의 근로자를 사용하는 사업 또는 사업장에 적용되는 규정으로 옳은 것은?

① 사용자의 귀책사유로 휴업하는 경우에 사용자는 휴업기간 동안 그 근로자에게 평균임금의 100분의 70 이상의 수당을 지급하여야 한다(법 제46조).

② 사용자는 18세 미만인 자에 대하여는 그 연령을 증명하는 가족관계기록사항에 대한 증명서와 친권자 또는 후견인의 동의서를 사업장에 갖추어 두어야 한다(법 제66조).

③ 사용자가 근로자에게 부당해고 등을 하면 근로자는 노동위원회에 구제를 신청할 수 있다(법 제28조).

④ 사용자는 1년간 80퍼센트 이상 출근한 근로자에게 15일의 유급휴가를 주어야 한다(법 제60조).

상시 4명 이하의 근로자를 사용하는 사업 또는 사업장에 적용하지 않는 주요 규정

총 칙 (제1장)	법령요지 등의 게시(제14조)
근로계약 (제2장)	근로조건의 위반에 대한 노동위원회에의 손해배상청구 신청(제19조 제2항), 부당해고 등(제23조 제1항), 경영상 이유에 의한 해고의 제한(제24조), 부당해고 등의 구제신청(제28조), 퇴직급여제도(제34조)
임 금 (제3장)	휴업수당(제46조)
근로시간과 휴식 (제4장)	근로시간(제50조), 탄력적 근로시간제(제51조), 선택적 근로시간제(제52조), 연장근로의 제한(제53조), 연장·야간 및 휴일근로(제56조), 보상휴가제(제57조), 근로시간 계산의 특례(제58조), 근로시간 및 휴게시간의 특례(제59조), 연차 유급휴가(제60조), 유급휴가의 대체(제62조)
여성과 소년 (제5장)	임산부가 아닌 18세 이상 여성근로자의 보건상 유해·위험한 사업에의 사용금지(제65조 제2항), 18세 이상 여성근로자의 야간근로와 휴일근로의 제한(제70조 제1항), 생리휴가(제73조)

15 노동조합 및 노동관계조정법상 노동조합 설립신고에 대한 설명으로 옳지 않은 것은?

① 행정관청에 설립신고를 하지 않은 노동조합은 부당노동행위 구제신청을 할 수 없다.

② 행정관청에 설립신고를 하지 않은 노동조합에 가입한 것을 이유로 불이익을 받은 근로자는 노동위원회에 부당노동행위 구제신청을 할 수 없다.

③ 항상 사용자의 이익을 대표하여 행동하는 자의 가입을 허용한 단체가 노동조합 설립신고를 하면, 행정관청은 설립신고서를 반려하여야 한다.

④ 노동조합이 신고증을 교부받은 경우에는 설립신고서가 접수된 때에 설립된 것으로 본다.

② 사용자의 부당노동행위로 인하여 그 권리를 침해당한 근로자 또는 노동조합은 노동위원회에 그 구제를 신청할 수 있다(노동조합 및 노동관계조정법 제82조 제1항).

① 이 법에 의하여 설립된 노동조합이 아니면 노동위원회에 노동쟁의의 조정 및 부당노동행위의 구제를 신청할 수 없다(노동조합 및 노동관계조정법 제7조 제1항).

③ 사용자 또는 항상 그의 이익을 대표하여 행동하는 자의 참가를 허용하는 경우 노동조합으로 보지 아니한다(노동조합 및 노동관계조정법 제2조 제4호 가목). 행정관청은 설립하고자 하는 노동조합이 이에 해당하는 경우에는 설립신고서를 반려하여야 한다(노동조합 및 노동관계조정법 제12조 제3항).

④ 노동조합 및 노동관계조정법 제12조 제4항

16 노동조합 및 노동관계조정법상 공정대표의무에 대한 설명으로 옳지 않은 것은?(다툼이 있는 경우 판례에 의함)

① 교섭대표노동조합과 사용자는 교섭창구 단일화 절차에 참여한 노동조합 또는 그 조합원 간에 합리적 이유 없이 차별을 하여서는 아니 된다.

② 공정대표의무는 헌법이 보장하는 단체교섭권의 본질적 내용이 침해되지 않도록 하기 위한 제도적 장치로 기능한다.

③ 공정대표의무는 단체협약의 이행과정에서도 준수되어야 한다.

④ 사용자가 단체협약에 따라 교섭대표노동조합에 노동조합 사무실을 제공한 이상 교섭창구 단일화 절차에 참여한 다른 노동조합에는 노동조합 사무실을 제공할 의무가 없다.

> **해설**
> ④ 교섭대표노동조합에는 노동조합 사무실을 제공하면서 교섭창구 단일화 절차에 참여한 다른 노동조합에는 물리적 한계나 비용 부담 등을 이유로 노동조합 사무실을 전혀 제공하지 않거나 일시적으로 회사 시설을 사용할 수 있는 기회를 부여하였다고 하여 차별에 합리적인 이유가 있다고 볼 수 없다(대판 2018.8.30, 2017다218642).
> ① 노동조합 및 노동관계조정법 제29조의4 제1항
> ②·③ 공정대표의무는 헌법이 보장하는 단체교섭권의 본질적 내용이 침해되지 않도록 하기 위한 제도적 장치로 기능하고, 교섭대표노동조합과 사용자가 체결한 단체협약의 효력이 교섭창구 단일화 절차에 참여한 다른 노동조합에게도 미치는 것을 정당화하는 근거가 된다. 이러한 공정대표의무의 취지와 기능 등에 비추어 보면, 공정대표의무는 단체교섭의 과정이나 그 결과물인 단체협약의 내용뿐만 아니라 단체협약의 이행과정에서도 준수되어야 한다고 봄이 타당하다(대판 2018.8.30, 2017다218642).

17 노동조합 및 노동관계조정법상 단체협약에 대한 설명으로 옳지 않은 것은?(다툼이 있는 경우 판례에 의함)

① 일반적 구속력에 의하여 단체협약의 적용이 확대되는 '동종의 근로자'에는 단체협약에 의하여 조합원이 될 수 없는 자도 포함된다.

② 하나의 지역에 있어서 종업하는 동종의 근로자 3분의 2 이상이 하나의 단체협약의 적용을 받게 된 때에는 행정관청은 직권으로 노동위원회의 의결을 얻어 당해 지역에서 종업하는 다른 동종의 근로자와 그 사용자에 대하여도 당해 단체협약을 적용한다는 결정을 할 수 있다.

③ 단체협약에 그 유효기간이 경과한 후에도 새로운 단체협약이 체결되지 아니한 때에는 새로운 단체협약이 체결될 때까지 종전 단체협약의 효력을 존속시킨다는 취지의 별도의 약정을 할 수 있다.

④ 단체협약의 해석 또는 이행방법에 관하여 관계 당사자 간에 의견의 불일치가 있는 때에는 당사자 쌍방 또는 단체협약에 정하는 바에 의하여 어느 일방이 노동위원회에 그 해석 또는 이행방법에 관한 견해의 제시를 요청할 수 있다.

① 단체협약의 적용을 받게 되는 동종의 근로자라 함은 당해 단체협약의 규정에 의하여 그 협약의 적용이 예상되는 자를 가리키며, 한편 단체협약 등의 규정에 의하여 조합원의 자격이 없는 자는 단체협약의 적용이 예상된다고 할 수 없어 단체협약의 일반적 구속력이 미치는 동종의 근로자라고 할 수 없다(대판 2004.2.12, 2001다63599).

② 하나의 지역에 있어서 종업하는 동종의 근로자 3분의 2 이상이 하나의 단체협약의 적용을 받게 된 때에는 행정관청은 당해 단체협약의 당사자의 쌍방 또는 일방의 신청에 의하거나 그 직권으로 노동위원회의 의결을 얻어 당해 지역에서 종업하는 다른 동종의 근로자와 그 사용자에 대하여도 당해 단체협약을 적용한다는 결정을 할 수 있다(노동조합 및 노동관계조정법 제36조 제1항).

③ 단체협약에 그 유효기간이 경과한 후에도 새로운 단체협약이 체결되지 아니한 때에는 새로운 단체협약이 체결될 때까지 종전 단체협약의 효력을 존속시킨다는 취지의 별도의 약정이 있는 경우에는 그에 따르되, 당사자 일방은 해지하고자 하는 날의 6월 전까지 상대방에게 통고함으로써 종전의 단체협약을 해지할 수 있다(노동조합 및 노동관계조정법 제32조 제3항 후단).

④ 노동조합 및 노동관계조정법 제34조 제1항

18 노동조합 및 노동관계조정법상 부당노동행위에 대한 설명으로 옳지 않은 것은?(다툼이 있는 경우 판례에 의함)

① 지배·개입으로서의 부당노동행위가 성립되기 위해서는 반드시 근로자의 단결권 침해라는 결과의 발생이 필요하다.

② 근로자가 정당한 단체행위에 참가한 것을 이유로 그 근로자에게 불이익을 주는 행위는 부당노동행위이다.

③ 사용자의 행위가 부당노동행위에 해당하는지는 사용자의 부당노동행위 의사의 존재 여부를 추정할 수 있는 모든 사정을 전체적으로 심리 검토하여 종합적으로 판단하여야 한다.

④ 부당노동행위에 대한 증명책임은 이를 주장하는 근로자 또는 노동조합에 있다.

① 지배·개입으로서의 부당노동행위의 성립에 반드시 근로자의 단결권의 침해라는 결과의 발생까지 요하는 것은 아니다(대판 1997.5.7, 96누2057).

② 근로자가 노동조합에 가입 또는 가입하려고 하였거나 노동조합을 조직하려고 하였거나 기타 노동조합의 업무를 위한 정당한 행위를 한 것을 이유로 그 근로자를 해고하거나 그 근로자에게 불이익을 주는 행위(노동조합 및 노동관계조정법 제81조 제1항 제1호)

③·④ 사용자의 행위가 노동조합 및 노동관계조정법에 정한 부당노동행위에 해당하는지 여부는 사용자의 부당노동행위 의사의 존재 여부를 추정할 수 있는 모든 사정을 전체적으로 심리 검토하여 종합적으로 판단하여야 하고, 부당노동행위에 대한 증명책임은 이를 주장하는 근로자 또는 노동조합에게 있으므로, 필요한 심리를 다하였어도 사용자에게 부당노동행위 의사가 존재하였는지 여부가 분명하지 아니하여 그 존재 여부를 확정할 수 없는 경우에는 그로 인한 위험이나 불이익은 그것을 주장한 근로자 또는 노동조합이 부담할 수밖에 없다(대판 2007.11.15, 2005두4120).

19 최저임금법에 대한 설명으로 옳지 않은 것은?

① 선원법의 적용을 받는 선원에게는 적용하지 아니한다.
② '임금'이란 근로기준법 제2조에 따른 임금을 말한다.
③ 최저임금은 사업의 종류와 지역을 구분하여 정하여야 한다.
④ 최저임금의 적용을 받는 근로자와 사용자 사이의 근로계약 중 최저임금액에 미치지 못하는 금액을 임금으로 정한 부분은 무효이다.

> **해설**
> ③ 최저임금은 근로자의 생계비, 유사 근로자의 임금, 노동생산성 및 소득분배율 등을 고려하여 정한다. 이 경우 사업의 종류별로 구분하여 정할 수 있다(최저임금법 제4조 제1항).
> ① 선원법의 적용을 받는 선원과 선원을 사용하는 선박의 소유자에게는 적용하지 아니한다(최저임금법 제3조).
> ② 근로자, 사용자 및 임금이란 근로기준법에 따른 근로자, 사용자 및 임금을 말한다(최저임금법 제2조).
> ④ 최저임금법 제6조 제3항 전단

20 최저임금법상 최저임금의 결정기준으로 명시된 것이 아닌 것은?

① 직무 수행에 요구되는 작업조건
② 유사 근로자의 임금
③ 노동생산성
④ 소득분배율

> **해설**
> 최저임금은 근로자의 생계비, 유사 근로자의 임금, 노동생산성 및 소득분배율 등을 고려하여 정한다. 이 경우 사업의 종류별로 구분하여 정할 수 있다(최저임금법 제4조 제1항).

01 최저임금법의 적용 대상이 아닌 자는?

① 수습 중인 근로자
② 단시간근로자
③ 방위사업체 근로자
④ 선원법의 적용을 받는 선원

> 해설
>
> 적용 범위(최저임금법 제3조)
> • 근로자를 사용하는 모든 사업 또는 사업장(이하 '사업'이라 함)에 적용한다. 다만, 동거하는 친족만을 사용하는 사업과 가사 사용인에게는 적용하지 아니한다.
> • 선원법의 적용을 받는 선원과 선원을 사용하는 선박의 소유자에게는 적용하지 아니한다.

02 근로기준법상 단시간근로자에 대한 설명으로 옳지 않은 것은?

① 단시간근로자라 함은 1주 동안의 소정근로시간이 20시간 이하인 근로자를 말한다.
② 단시간근로자의 근로조건은 그 사업장의 같은 종류의 업무에 종사하는 통상 근로자의 근로시간을 기준으로 산정한 비율에 따라 결정되어야 한다.
③ 4주 동안을 평균하여 1주 동안의 소정근로시간이 15시간 미만인 근로자에게는 연차유급휴가를 주지 않아도 된다.
④ 4주 미만으로 근로하는 경우 그 기간을 평균하여 1주 동안의 소정근로시간이 15시간 미만인 근로자에게는 유급휴일을 주지 않아도 된다.

> 해설
>
> ① "단시간근로자"란 1주 동안의 소정근로시간이 그 사업장에서 같은 종류의 업무에 종사하는 통상 근로자의 1주 동안의 소정근로시간에 비하여 짧은 근로자를 말한다(근로기준법 제2조 제1항 제9호).

03 근로기준법상 여성과 소년에 대한 설명으로 옳지 않은 것은?

① 사용자는 18세 이상의 여성근로자에게는 해당 근로자의 동의 없이 휴일근로를 시킬 수 있다.
② 사용자는 18세 미만자의 동의가 있는 경우로서 고용노동부 장관의 인가를 받으면 휴일근로를 시킬 수 있다.
③ 사용자는 산후 1년이 지나지 아니한 여성의 동의가 있는 경우로서 고용노동부장관의 인가를 받으면 오후 10시부터 오전 6시까지의 시간에 근로를 시킬 수 있다.
④ 사용자는 산후 1년이 지나지 아니한 여성에 대하여는 단체협약이 있는 경우라도 1일에 2시간, 1주일에 6시간, 1년에 150시간을 초과하는 시간외근로를 시키지 못한다.

> **해설**
> ① 사용자는 18세 이상의 여성을 오후 10시부터 오전 6시까지의 시간 및 휴일에 근로시키려면 그 근로자의 동의를 받아야 한다(근로기준법 제70조 제1항).

04 노동조합 및 노동관계조정법상 부당노동행위 구제 등에 대한 설명으로 옳은 것은?(다툼이 있는 경우 판례에 의함)

① 부당노동행위에 대한 입증책임은 사용자가 부담한다.
② 사용자의 계속되는 부당노동행위로 인하여 권리를 침해당한 근로자가 노동위원회에 그 구제를 신청하는 경우 그 행위의 종료일부터 3월 이내에 구제신청을 행하여야 한다.
③ 노동조합 및 노동관계조정법에 의하여 설립된 노동조합이 아니더라도 노동위원회에 부당노동행위의 구제를 신청할 수 있다.
④ 사용자가 중앙노동위원회의 재심판정에 대하여 행정소송을 제기한 경우에 관할법원은 당사자의 신청에 의하여 결정으로써 판결이 확정될 때까지 중앙노동위원회의 구제명령의 전부 또는 일부를 이행하도록 명할 수 있다.

> **해설**
> ① 노동조합법 소정의 부당노동행위라는 사실은 원칙적으로 이를 주장하는 근로자에게 그 입증책임이 있다(대판 1992.6.23, 92누4253).
> ③ 이 법에 의하여 설립된 노동조합이 아니면 노동위원회에 노동쟁의의 조정 및 부당노동행위의 구제를 신청할 수 없다(노동조합 및 노동관계조정법 제7조 제1항).
> ④ 사용자가 중앙노동위원회의 재심판정에 대하여 행정소송을 제기한 경우에 관할법원은 중앙노동위원회의 신청에 의하여 결정으로써 판결이 확정될 때까지 중앙노동위원회의 구제명령의 전부 또는 일부를 이행하도록 명할 수 있으며 당사자의 신청에 의하여 또는 직권으로 그 결정을 취소할 수 있다(노동조합 및 노동관계조정법 제85조 제5항).

05 근로기준법상 근로시간에 대한 설명으로 옳지 않은 것은?(다툼이 있는 경우 판례에 의함)

① 근로시간이란 근로자가 사용자의 지휘·감독을 받으면서 근로계약에 따른 근로를 제공하는 시간을 말한다.

② 근로시간을 산정함에 있어 작업을 위하여 근로자가 사용자의 지휘·감독 아래에 있는 대기시간 등은 근로시간으로 본다.

③ 선택적 근로시간제는 임신 중인 여성 근로자에 대하여 적용하지 아니한다.

④ 1일 근로시간이 8시간이고 임신 12주 이내 또는 36주 이후에 있는 여성근로자가 1일 2시간의 근로시간 단축을 신청한 경우 사용자는 근로시간 단축을 이유로 해당 근로자의 임금을 삭감하지 않고 이를 허용하여야 한다.

> **해설**
> ③ 선택적 근로시간제는 15세 이상 18세 미만의 근로자에 대하여 적용하지 아니한다.
> **선택적 근로시간제(근로기준법 제52조 제1항)**
> 사용자는 취업규칙(취업규칙에 준하는 것을 포함)에 따라 업무의 시작 및 종료시각을 근로자의 결정에 맡기기로 한 근로자에 대하여 근로자대표와의 서면 합의에 따라 다음의 사항을 정하면 1개월 이내의 정산기간을 평균하여 1주간의 근로시간이 40시간을 초과하지 아니하는 범위에서 1주간에 40시간을, 1일에 8시간을 초과하여 근로하게 할 수 있다.
> • 대상 근로자의 범위(15세 이상 18세 미만의 근로자는 제외)
> • 정산기간
> • 정산기간의 총 근로시간
> • 반드시 근로하여야 할 시간대를 정하는 경우에는 그 시작 및 종료시각
> • 근로자가 그의 결정에 따라 근로할 수 있는 시간대를 정하는 경우에는 그 시작 및 종료시각
> • 그 밖에 대통령령으로 정하는 사항

06 근로기준법령상 이행강제금제도에 대한 설명으로 옳지 않은 것은?

① 노동위원회는 이행강제금을 부과하기 30일 전까지 이행강제금을 부과·징수한다는 뜻을 사용자에게 미리 문서로써 알려 주어야 하며 이에 대한 의견진술은 구술로도 가능하다.

② 이행강제금을 부과할 때에는 이행강제금의 액수, 부과사유, 납부기한, 수납기관, 이의제기방법 및 이의제기기관 등을 명시한 문서로써 하여야 한다.

③ 정당한 이유 없는 해고에 대한 구제명령을 이행하지 아니한 자에게 부과되는 이행강제금은 2년을 초과하여 부과·징수하지 못한다.

④ 노동위원회는 구제명령을 받은 자가 구제명령을 이행하면 구제명령을 이행하기 전에 이미 부과된 이행강제금은 징수하지 아니한다.

> **해설**
> ④ 노동위원회는 구제명령을 받은 자가 구제명령을 이행하면 새로운 이행강제금을 부과하지 아니하되 구제명령을 이행하기 전에 이미 부과된 이행강제금은 징수하여야 한다(근로기준법 제33조 제6항).

07 근로기준법상 근로자가 노동위원회에 신청할 수 있는 사항은?

① 성별을 이유로 한 차별에 따른 정신적 손해의 배상
② 근로계약 체결 시 명시된 근로조건이 사실과 다를 경우에 손해의 배상
③ 사용자의 불법적인 직장폐쇄로 인한 손해의 배상
④ 산업재해로 인한 손해의 배상

해설
② 근로자는 명시된 근로조건이 사실과 다를 경우에 근로조건 위반을 이유로 손해의 배상을 청구할 수 있으며 근로자가 손해배상을 청구할 경우에는 노동위원회에 신청할 수 있다(근로기준법 제19조 참조).

08 노동조합 및 노동관계조정법상 노동쟁의의 조정에 대한 설명으로 옳지 않은 것은?

① 고용노동부장관이 긴급조정의 결정을 하고자 할 때에는 미리 중앙노동위원회의 의결을 얻어야 한다.
② 노동위원회는 관계 당사자 일방의 조정신청 전이라도 원활한 조정을 위하여 교섭을 주선하는 등 관계 당사자의 자주적인 분쟁해결을 지원할 수 있다.
③ 관계 당사자가 수락을 거부하여 더 이상 조정이 이루어질 여지가 없다고 판단되어 조정위원회가 조정의 종료를 결정한 후에도 노동위원회는 노동쟁의의 해결을 위하여 조정을 할 수 있다.
④ 조정위원회는 조정안을 작성하여 이를 관계 당사자에게 제시하고 그 수락을 권고하는 동시에 그 조정안에 이유를 붙여 공표할 수 있으며 필요한 때에는 신문 또는 방송에 보도 등 협조를 요청할 수 있다.

해설
① 고용노동부장관은 긴급조정의 결정을 하고자 할 때에는 미리 중앙노동위원회 위원장의 의견을 들어야 한다(노동조합 및 노동관계조정법 제76조 제2항).

09 근로기준법상 근로자대표와의 서면합의를 필요로 하는 경우가 아닌 것은?

① 2주 단위 탄력적 근로시간제(제51조 제1항)
② 선택적 근로시간제(제52조)
③ 보상휴가제(제57조)
④ 유급휴가의 대체(제62조)

해설
① 사용자는 취업규칙(취업규칙에 준하는 것을 포함)에서 정하는 바에 따라 2주 이내의 일정한 단위기간을 평균하여 1주간의 근로시간이 40시간을 초과하지 아니하는 범위에서 특정한 주에 40시간을, 특정한 날에 8시간을 초과하여 근로하게 할 수 있다. 다만, 특정한 주의 근로시간은 48시간을 초과할 수 없다(근로기준법 제51조 제1항).

10 노동조합 및 노동관계조정법상 노동조합의 유지·관리에 대한 설명으로 옳은 것은?(다툼이 있는 경우 판례에 의함)

① 노동조합의 임원의 자격이나 임기에 관하여 제한규정을 두고 있지 않다.
② 노동조합의 대의원을 직접·비밀·무기명투표로 선출하여야 한다는 규정은 강행규정이다.
③ 임시총회 소집권자는 원칙적으로 노동조합의 대표자이나 행정관청이 필요하다고 인정하는 경우에는 노동위원회에 임시총회 소집권자의 지명을 요청할 수 있다.
④ 노동조합의 규약이 노동관계법령에 위반하는 경우에는 행정관청은 지방노동위원회 위원장의 의견에 따라 시정을 명할 수 있다.

> **해설**
> ① 노동조합의 임원 자격은 규약으로 정하며, 이 경우 하나의 사업 또는 사업장을 대상으로 조직된 노동조합의 임원은 그 사업 또는 사업장에 종사하는 조합원 중에서 선출하도록 정한다. 임원의 임기는 규약으로 정하되 3년을 초과할 수 없다(노동조합 및 노동관계조정법 제23조).
> ③ 임시총회 소집권자는 원칙적으로 노동조합의 대표자이다(노동조합 및 노동관계조정법 제18조 제1항 참조). 하지만 행정관청은 노동조합의 대표자가 회의의 소집을 고의로 기피하거나 이를 해태하여 조합원 또는 대의원의 3분의 1 이상이 소집권자의 지명을 요구한 때에는 15일 이내에 노동위원회의 의결을 요청하고 노동위원회의 의결이 있는 때에는 지체 없이 회의의 소집권자를 지명하여야 한다(노동조합 및 노동관계조정법 제18조 제3항). 또한 행정관청은 노동조합에 총회 또는 대의원회의 소집권자가 없는 경우에 조합원 또는 대의원의 3분의 1 이상이 회의에 부의할 사항을 제시하고 소집권자의 지명을 요구한 때에는 15일 이내에 회의의 소집권자를 지명하여야 한다(노동조합 및 노동관계조정법 제18조 제4항).
> ④ 행정관청은 노동조합의 규약이 노동관계법령에 위반한 경우에는 노동위원회의 의결을 얻어 그 시정을 명할 수 있다(노동조합 및 노동관계조정법 제21조 제1항).

11 근로기준법상 공민권 행사에 대한 설명으로 옳지 않은 것은?(다툼이 있는 경우 판례에 의함)

① 국회의원 선거 시에 투표하는 것은 공민권 행사에 해당한다.
② 근로자가 스스로 대통령 선거에 입후보하는 것은 공민권 행사에 해당한다.
③ 근로자가 근로시간 중에 공(公)의 직무를 집행하기 위하여 필요한 시간을 청구하면 사용자는 거부할 수 있다.
④ 사용자는 근로자의 권리 행사에 지장이 없으면 근로자가 근로시간 중에 공민권 행사를 위하여 청구한 시간을 변경할 수 있다.

> **해설**
> ③ 사용자는 근로자가 근로시간 중에 선거권, 그 밖의 공민권(公民權) 행사 또는 공(公)의 직무를 집행하기 위하여 필요한 시간을 청구하면 거부하지 못한다. 다만, 그 권리 행사나 공(公)의 직무를 수행하는 데에 지장이 없으면 청구한 시간을 변경할 수 있다(근로기준법 제10조).

12 근로기준법상 사용자에 대한 설명으로 옳지 않은 것은?(다툼이 있는 경우 판례에 의함)

① 사용자는 사업주 또는 사업의 경영담당자, 그 밖에 근로자에 관한 사항에 대하여 사업주를 위하여 행위하는 자를 말한다.

② 사업의 경영담당자라 함은 사업경영의 일반에 관하여 책임을 지는 자로서 사업주로부터 사업경영의 전부 또는 일부에 대하여 포괄적 위임을 받고 대외적으로 사업을 대표하거나 대리하는 자를 말한다.

③ 실질적으로는 회장으로서 회사를 직접 경영하여 왔더라도 형식상으로는 그 회사의 대표이사 및 이사직에서 사임하였다면 근로기준법상 사용자의 책임을 지지 아니한다.

④ 아파트 입주자 대표회의가 관리사무소 직원들에 대하여 임금지급의무가 있는 사용자로 인정되기 위해서는 그 직원들이 사실상 입주자 대표회의와 종속적인 관계에서 그에게 근로를 제공하며 입주자 대표회의는 그 대가로 임금을 지급하는 사정 등이 존재하여 관리사무소 직원들과 입주자 대표회의 사이에 적어도 묵시적인 근로계약관계가 성립되어 있어야 한다.

> **해설**
>
> ③ 형식상으로는 대표이사직에서 사임하였으나 실질적으로는 사주로서 회사를 사실상 경영하여 온 자는 임금 지불에 관한 실질적 권한과 책임을 가지는 자로서 근로기준법 소정의 사용자에 해당한다고 할 것이다(대판 2012.6.14, 2012도1283).

13 근로기준법상 근로계약에 대한 설명으로 옳지 않은 것은?(다툼이 있는 경우 판례에 의함)

① 사용자는 근로계약에 덧붙여 강제저축 또는 저축금의 관리를 규정하는 계약을 체결하지 못한다.

② 근로기준법에서 정하는 기준에 미치지 못하는 근로조건을 정한 근로계약의 부분에 대하여는 그 부분에 한하여 무효로 하고 무효로 된 부분은 민법에서 정한 기준에 따른다.

③ 사용자는 전차금(前借金)이나 그 밖에 근로할 것을 조건으로 하는 전대(前貸)채권과 임금을 상계하지 못한다.

④ 사용자는 근로계약 불이행에 대한 위약금 또는 손해배상액을 예정하는 계약을 체결하지 못한다.

> **해설**
>
> ② 근로기준법에서 정하는 기준에 미치지 못하는 근로조건을 정한 근로계약의 부분에 대하여는 그 부분에 한하여 무효로 하고 무효로 된 부분은 근로기준법에서 정한 기준에 따른다(근로기준법 제15조).

14 노동조합 및 노동관계조정법상 단체협약에 대한 설명으로 옳은 것은?(다툼이 있는 경우 판례에 의함)

① 유효기간을 정하지 아니한 단체협약은 무효이다.
② 서면으로 작성하여 당사자 쌍방이 서명 또는 날인하지 아니한 경우에도 그 내용이 명확하고 구체적이라면 단체협약으로 유효하다.
③ 단체협약의 당사자는 단체협약의 체결일부터 15일 이내에 이를 노동위원회에 신고하여야 유효하다.
④ 당사자 쌍방이 새로운 단체협약을 체결하고자 단체교섭을 계속하였음에도 새로운 단체협약이 체결되지 아니한 경우 별도의 약정이 없다면 종전의 단체협약은 그 효력만료일부터 3월까지 계속 유효하다.

> **해설**
> ① 단체협약에 그 유효기간을 정하지 아니한 경우 또는 3년을 초과하는 유효기간을 정한 경우에 그 유효기간은 3년으로 한다(노동조합 및 노동관계조정법 제32조 제2항).
> ② 노동조합과 사이에 체결한 단체협약이 유효하게 성립하려면 단체협약을 체결할 능력이 있는 사용자가 그 상대방 당사자로서 체결하여야 하고 나아가 서면으로 작성하여 당사자 쌍방이 서명·날인함으로써 노동조합 및 노동관계조정법 제31조 제1항 소정의 방식을 갖추어야 하며 이러한 요건을 갖추지 못한 단체협약은 조합원 등에 대하여 그 규범적 효력이 미치지 아니한다(대판 2001.1.19, 99다72422).
> ③ 단체협약의 당사자는 단체협약의 체결일부터 15일 이내에 이를 행정관청에게 신고하여야 한다(노동조합 및 노동관계조정법 제31조 제2항).

15 노동조합 및 노동관계조정법령상 행정관청이 노동조합 설립신고서를 반려하여야 하는 경우에 해당하는 것만을 모두 고르면?(다툼이 있는 경우 판례에 의함)

> ㄱ. 설립신고서의 기재사항 중 허위사실이 있는 경우
> ㄴ. 규약의 기재사항에 보완이 필요하여 보완을 요구하였음에도 그 기간 내에 보완을 하지 아니하는 경우
> ㄷ. 설립하고자 하는 노동조합이 근로자에 대한 인사, 급여, 징계, 감사, 노무관리 등 근로관계 결정에 직접 참여하는 자의 참가를 허용하는 경우
> ㄹ. 설립하고자 하는 지역별 노동조합이 구직 중인 자의 가입을 허용하는 경우

① ㄱ, ㄴ　　　　　　　　　　② ㄱ, ㄷ
③ ㄴ, ㄷ　　　　　　　　　　④ ㄷ, ㄹ

행정관청의 노동조합 설립신고서 반려사유(노동조합 및 노동관계조정법 제12조 제3항 및 제2조 제4호 참조)

행정관청은 설립하고자 하는 노동조합이 다음의 어느 하나에 해당하는 경우에는 설립신고서를 반려하여야 한다.

• 사용자 또는 항상 그의 이익을 대표하여 행동하는 자의 참가를 허용하는 경우
• 경비의 주된 부분을 사용자로부터 원조받는 경우
• 공제·수양 기타 복리사업만을 목적으로 하는 경우
• 근로자가 아닌 자의 가입을 허용하는 경우
• 주로 정치운동을 목적으로 하는 경우
• 설립신고서 또는 규약이 기재사항의 누락 등으로 보완이 필요한 경우 보완을 요구하였음에도 불구하고 그 기간 내에 보완을 하지 아니하는 경우

ㄱ. 해당 경우는 설립신고서의 보완을 요구하여야 하는 경우에 속하므로 반려하여야 하는 경우에 해당하지 않는다.

ㄹ. 노동조합법상 근로자란 타인과의 사용종속관계하에서 근로를 제공하고 그 대가로 임금 등을 받아 생활하는 사람을 의미하며 특정한 사용자에게 고용되어 현실적으로 취업하고 있는 사람뿐만 아니라 일시적으로 실업 상태에 있는 사람이나 구직 중인 사람을 포함하여 노동3권을 보장할 필요성이 있는 사람도 여기에 포함되는 것으로 보아야 한다(대판 2015.6.25, 2007두4995).

16 근로기준법에 대한 설명으로 옳지 않은 것은?

① 근로기준법에서 정하는 근로조건은 최저기준이므로 근로관계 당사자는 이 기준을 이유로 근로조건을 낮출 수 없다.

② 고용노동부장관은 근로기준법에 어긋나는 근로계약의 변경을 명할 수 있다.

③ 취업규칙에서 근로자에 대하여 감급(減給)의 제재를 정할 경우에 그 감액은 1회의 금액이 평균임금의 1일분의 2분의 1을, 총액이 1임금지급기의 임금 총액의 10분의 1을 초과하지 못한다.

④ 취업규칙에서 정한 기준에 미달하는 근로조건을 정한 근로계약은 그 부분에 관하여는 무효로 한다.

이 법을 위반한 근로계약(근로기준법 제15조)
• 이 법에서 정하는 기준에 미치지 못하는 근로조건을 정한 근로계약은 그 부분에 한정하여 무효로 한다.
• 무효로 된 부분은 이 법에서 정한 기준에 따른다.

17 근로기준법상 근로감독관에 대한 설명으로 옳지 않은 것은?

① 근로감독관이 근로기준법을 위반한 사실을 고의로 묵과하면 3년 이하의 징역 또는 5년 이하의 자격정지에 처한다.

② 근로감독관은 사업장, 기숙사, 그 밖의 부속건물을 현장조사하고 장부와 서류의 제출을 요구할 수 있으며 사용자를 심문(尋問)할 수 있으나 근로자를 심문할 수는 없다.

③ 근로기준법이나 그 밖의 노동관계 법령에 따른 현장조사, 서류의 제출, 심문 등의 수사는 검사와 근로감독관이 전담하여 수행한다. 다만, 근로감독관의 직무에 관한 범죄의 수사는 그러하지 아니하다.

④ 근로감독관은 근로감독관을 그만둔 경우에도 직무상 알게 된 비밀을 엄수하여야 한다.

> **해설**
> ② 근로감독관은 사업장, 기숙사, 그 밖의 부속건물을 현장조사하고 장부와 서류의 제출을 요구할 수 있으며 사용자와 근로자에 대하여 심문(尋問)할 수 있다(근로기준법 제102조 제1항).

18 노동조합 및 노동관계조정법상 행정관청 및 노동위원회에 각각 신고하여야 하는 경우는?

① 직장폐쇄의 신고
② 노동조합 설립의 신고
③ 노동관계 당사자가 합의하여 사적조정으로 노동쟁의를 해결할 때의 신고
④ 총회 또는 대의원회의 해산결의에 의한 노동조합의 해산 신고

> **해설**
> ① 사용자는 직장폐쇄를 할 경우에는 미리 행정관청 및 노동위원회에 각각 신고하여야 한다(노동조합 및 노동관계조정법 제46조 제2항).
> ② 각 단위노동조합별로 각각 고용노동부장관, 특별시장·광역시장·도지사, 특별자치시장·특별자치도지사, 시장·군수·구청장 등에게 신고서를 제출하여야 한다(노동조합 및 노동관계조정법 제10조 제1항).
> ③ 노동위원회에 신고하여야 한다(노동조합 및 노동관계조정법 제52조 제2항).
> ④ 행정관청에 신고하여야 한다(노동조합 및 노동관계조정법 제28조 제2항).

19 근로기준법상 해고에 대한 설명으로 옳은 것은?

① 사용자는 근로자가 업무상 부상 또는 질병의 요양을 위하여 휴업한 기간과 그 후 30일 동안은 비록 사업을 계속할 수 없게 된 경우라도 해고하지 못한다.

② 사용자가 경영상 이유에 의하여 근로자를 해고하려면 긴박한 경영상의 필요가 있어야 한다. 이 경우 사업의 양도·인수·합병은 긴박한 경영상의 필요가 있는 것으로 본다.

③ 경영상 이유에 의해 근로자를 해고한 사용자는 근로자를 해고한 날부터 3년 이내에 해고된 근로자가 해고 당시 담당하였던 업무와 같은 업무를 할 근로자를 채용하려고 할 경우 경영상 이유에 의해 해고된 근로자가 원하면 그 근로자를 우선적으로 고용하여야 한다.

④ 근로자가 과실로 사업에 막대한 지장을 초래한 경우에는 사용자는 해고의 예고를 하지 않고 해고할 수 있다.

> **해설**
> ① 사용자는 근로자가 업무상 부상 또는 질병의 요양을 위하여 휴업한 기간과 그 후 30일 동안 또는 산전(産前)·산후(産後)의 여성이 이 법에 따라 휴업한 기간과 그 후 30일 동안은 해고하지 못한다. 다만, 사용자가 일시보상을 하였을 경우 또는 사업을 계속할 수 없게 된 경우에는 그러하지 아니하다(근로기준법 제23조 제2항).
> ② 사용자가 경영상 이유에 의하여 근로자를 해고하려면 긴박한 경영상의 필요가 있어야 한다. 이 경우 경영 악화를 방지하기 위한 사업의 양도·인수·합병은 긴박한 경영상의 필요가 있는 것으로 본다(근로기준법 제24조 제1항).
> ④ 근로자가 고의로 사업에 막대한 지장을 초래하거나 재산상 손해를 끼친 경우로서 고용노동부령으로 정하는 사유에 해당하는 경우 사용자는 해고의 예고를 하지 않고 해고할 수 있다(근로기준법 제26조 제3호).

20 최저임금법령상 최저임금에 대한 설명으로 옳지 않은 것은?

① 사용자는 최저임금의 적용을 받는 근로자에게 최저임금액 이상의 임금을 지급하여야 한다.

② 사용자는 최저임금법에 따른 최저임금을 이유로 종전의 임금수준을 낮추어서는 아니 된다.

③ 사용자는 정신 또는 신체의 장애가 업무수행에 직접적으로 현저한 지장을 주는 것이 명백하다고 인정되는 자에 대하여는 고용노동부장관의 인가 없이도 최저임금의 적용을 제외할 수 있다.

④ 도급으로 사업을 행하는 경우 도급인이 책임져야 할 사유로 수급인이 근로자에게 최저임금액에 미치지 못하는 임금을 지급한 경우 도급인은 해당 수급인과 연대하여 책임을 진다.

> **해설**
> ③ 사용자가 고용노동부장관의 인가를 받아 최저임금의 적용을 제외할 수 있는 자는 정신 또는 신체의 장애가 업무수행에 직접적으로 현저한 지장을 주는 것이 명백하다고 인정되는 사람으로 한다(최저임금법 시행령 제6조).

좋은 책을 만드는 길
독자님과 함께하겠습니다.

도서나 동영상에 궁금한 점, 아쉬운 점, 만족스러운 점이
있으시다면 어떤 의견이라도 말씀해 주세요.
SD에듀는 독자님의 의견을 모아 더 좋은 책으로 보답하겠습니다.

www.sdedu.co.kr

올패스 9급 고용노동직류 노동법개론

개정5판1쇄 발행	2022년 08월 05일 (인쇄 2022년 06월 30일)
초 판 발 행	2018년 02월 05일 (인쇄 2018년 01월 09일)
발 행 인	박영일
책 임 편 집	이해욱
저 자	이용석 · SD공무원시험연구소
편 집 진 행	박종옥 · 한주승
표지디자인	박수영
편집디자인	곽은슬 · 임하준
발 행 처	(주)시대고시기획
출 판 등 록	제 10-1521호
주 소	서울시 마포구 큰우물로 75 [도화동 538 성지 B/D] 9F
전 화	1600-3600
팩 스	02-701-8823
홈 페 이 지	www.sdedu.co.kr
I S B N	979-11-383-2685-8 (13350)
정 가	24,000원

직업상담사 2급
단계별 합격 로드맵

P.S. 전략적으로 단계별 교재를 선택하기 위한 팁!

합격 완성

핵심기출 합격공략

기출문제를 심층분석해 만든 합격비밀!
출제유형에 맞춰 반복출제되는 문제만 모아
'70점으로 합격하기 프로젝트'가
시작됩니다.

1차 필기·2차 실기
동시대비기본서

기출문제 정복으로 실력다지기

꼼꼼하게 실전마무리

1단계

한권으로 끝내기!

시험에 출제되는 핵심이론부터
최근 기출문제, 필기부터 실기까지
한권에 담았습니다.

동영상 강의 교재

2단계

1차 필기 기출문제해설

알찬 해설과 전문가의 한마디로
개념정리부터 공부 방향까지
한 번에 잡을 수 있으며 '빨·간·키'를
통해 출제경향을 파악할 수 있습니다.

동영상 강의 교재

3단계

1차 필기 최종모의고사

최신 내용이 반영된
최종모의고사 10회분을 통해
합격에 가까이 다가갈 수 있습니다.

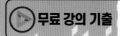
실무이론 되짚기
한권으로 끝내기와 함께하면
효율성 up!

수험생들이 가장 어려워 하는 2차 실무.
기출문제로 정복! 으싸! 으싸!

완벽하게 실전 마무리

4단계

5단계

과락잡기

2차 실무 이론서

기출문제를 완벽 분석하여 엄선한
핵심이론과 적중예상문제를 담았습니다.

동영상 강의 교재

2차 실무 기출문제해설

전문가의 연구와 노하우가 담긴
모범답안과 구체적인 해설로
합격을 보장합니다.

과락을 피하는 법
2차 실기

19년치의 기출복원문제를
완벽해부했습니다.

※ 본 도서의 세부구성 및 이미지는 변동될 수 있습니다.

나는 이렇게 합격했다

여러분의 힘든 노력이 기억될 수 있도록
당신의 합격 스토리를 들려주세요.

합격생 인터뷰
상품권 증정

추첨을 통해
선물 증정

베스트 리뷰자 1등
아이패드 증정

베스트 리뷰자 2등
에어팟 증정

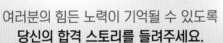

SD에듀 합격생이 전하는 합격 노하우

**"기초 없는 저도 합격했어요
여러분도 가능해요."**
검정고시 합격생 이*주

**"불안하시다고요?
SD에듀와 나 자신을 믿으세요."**
소방직 합격생 이*화

**"강의를 듣다 보니
자연스럽게 합격했어요."**
사회복지직 합격생 곽*수

**"선생님 감사합니다.
제 인생의 최고의 선생님입니다."**
G-TELP 합격생 김*진

**"시험에 꼭 필요한 것만 딱딱!
SD에듀 인강 추천합니다."**
물류관리사 합격생 이*환

**"시작과 끝은 SD에듀와 함께!
SD에듀를 선택한 건 최고의 선택"**
경비지도사 합격생 박*익

합격을 진심으로 축하드립니다!

합격수기 작성 / 인터뷰 신청

QR코드 스캔하고 ▷ ▷ ▷ ▶
이벤트 참여하여 푸짐한 경품받자!